NICARAGUA   VOR UNS DIE MÜHEN DER EBENE

Nicaragua –
Vor uns die Mühen der Ebene

Ausstellung vom 1. Juni bis 16. August 1982

Kunstamt Kreuzberg
Mariannenplatz 2
1000 Berlin (West) 36
Tel. (030) 25 88 35 25

Herausgeber
Carlos Rincón
Ministerio de Cultura de Nicaragua
und
Krista Tebbe
Kunstamt Kreuzberg

Mitarbeit
Gerda Schattenberg
und
Wolf Tirado, Managua
Petra Alberschewski
und
Michael Rediske, Berlin

Zusammenstellung der Ausstellung
Carlos Rincón, Krista Tebbe und das
Departamento de Artes Plásticas del
Ministerio de Cultura de Nicaragua:
Marlene Chow, Raquel Villarreal
Montoya

Für besondere Unterstützung danken wir
Samuel Rovinski, Eduardo Pérez Valle,
Will Graham, Julieta Campos,
Lesbia Rodriguez, Salvadora Navas
und dem Archiv der
Banco Central de Nicaragua

Kataloggestaltung
Udo Ropohl

Satz
Nagel Fototype, Berlin

Offsetreproduktionen
ORT Kirchner & Graser GmbH, Berlin

Druck
F. L. Wagener, Lemgo

© bei den Herausgebern, für Einzelbeiträge bei den Autoren und Fotografen

CIP-Kurztitelaufnahme der
Deutschen Bibliothek
Nicaragua –
vor uns die Mühen der Ebene
(Kulturministerium von Nicaragua und
Kunstamt Kreuzberg, Berlin.
1. 6.–16. 8. 1982): Hrsg. Carlos Rincón
und Krista Tebbe
Wuppertal: Peter Hammer 1982

Peter Hammer Verlag, Wuppertal
1. Auflage 8000 Exemplare
Wuppertal 1982
ISBN 3-87294-208-5

NICARAGUA
VOR UNS DIE MÜHEN DER EBENE

Herausgegeben von Carlos Rincón und Krista Tebbe

Kulturministerium von Nicaragua und Kunstamt Kreuzberg, Berlin

Peter Hammer Verlag, Wuppertal

Vorwort 7
Julio Cortázar
Das neue Nicaragua 8

GESCHICHTE

Chronologie der Geschichte Nicaraguas ... 13
Sergio Ramírez
Warum in Nicaragua immer Krieg ist 16
Rubén Darío
Dort weit 23
Ernesto Cardenal
Ein Nicaraguaner aus Niquinohomo 23
Humberto Ortega
Woher wir kommen 28
Fotografien von *Susan Meiselas*
mit einem Text von *John Berger*
Wie Susan Meiselas fotografiert 31

DER REVOLUTIONÄRE KRIEG

Tomás Borge
Da hörte die Vorgeschichte auf
und begann die Revolution 54
Gabriel García Márquez
Die Besetzung des Nationalpalastes in
Managua am 22. August 1978 56
Joaquín Cuadra
Kleine Niederlagen, große Siege 61
Antonio Skármeta
Die älteste Frau des Ortes 64
Carlos Núñez
Der Rückzug nach Masaya 66
Fotografien von *Koen Wessing*
mit einem Text von *Roland Barthes*
Warum die Fotografien von Koen Wessing
Aufmerksamkeit erregen 71

DER REVOLUTIONÄRE PROZESS

Daniel Ortega
Zwischenbilanz 91
Sharon Spewak
Die nicaraguanische Revolution –
Zwei oder drei Dinge, die ich von ihr weiß:
*Anmerkungen zur augenblicklichen
innen- und außenpolitischen Lage* 93
Fotografien von *Richard Cross*
mit einem Text von *Carlos Rincón*
Gesichtsbilder – Geschichtsbilder 101
Carlos Tünnermann
Der Kulturschock
der Alphabetisierungskampagne 125
Rodolfo Mattarollo
Revolution und Rechtsstaat 127
Robert Lasswell
Die ganz andere Geschichte
der Atlantikküste 131
Volker Wünderich
Der Marsch der Achttausend und
das Siedlungsprojekt »Tasba Pri« 133
Fotografien von *Cordelia Dilg* 139

KULTUR

Gabriel García Márquez
Phantasie und Dichtung
in Lateinamerika 158
José Coronel Urtecho
Lob auf den Mais 162
Eduardo Pérez Valle
Feste feiert jeder gern 163
Ernesto Cardenal
Eröffnungsrede zum Dichterseminar
in Palacagüina 166
Aus den Dichterwerkstätten
Gedichte von *Juan José Falcón, Modesto Silva,
Pedro Pablo Meneses* 169
Mario Marín
Dorffeste 170
Ernesto Cardenal
Kleine Einführung in die
naive Malerei Nicaraguas 173
Julio Cortázar
Apokalypse in Solentiname 176
Gedichte aus Solentiname
*Bosco Centeno, Nubia Arcia, Gloria Guevara,
Elvis Chavarría, Iván Guevara* 179
Kindergedichte aus Solentiname
Mauricio Chavarría 181
Claribel Alegría und Darwin J. Flakoll
Die Guerrilleros von Solentiname 182
Malergeschichten
aufgezeichnet von *Gerda Schattenberg* 186
   Olivia Guevara, Beim Malen
   entdecken wir uns selbst 186
   Rodolfo Arellano, Ich beobachte erst
   und dann male ich 188
   Elba Jiménez, In den Augen
   aller Menschen wohnt
   eine unstillbare Sehnsucht 190
   Gloria Guevara, Christus am Kreuz
   ist einer von uns 191
   Oscar Mairena, Zum Malen braucht man
   gute Pinsel, Farben, Leinwand
   und viel Zeit 192
   Mercedes Graham, Die Geschichte, wie
   Vasco Núñez de Balboa den Pazifik
   entdeckte und wie ich sie malte 194
Gerda Schattenberg
Carlos García – Ich male das Unbekannte .. 196
Samuel Rovinski
Solentiname im Herzen 198
Carlos Rincón
Ein Bild malen ist wie Mais anbauen
oder
Ortsbestimmung einer utopischen Kunst ... 200
Bauernmalerei 207

Quellen- und Übersetzernachweis 221
Fotonachweis 221
Bücher/Periodika/Bildmappen/
Schallplatten 222
Adressen 224

VORWORT

Keins ist ohne das andere zu verstehen: Geschichte, Revolution und Kultur Nicaraguas sind eins. Deshalb konnte Ernesto Cardenal die sandinistische Revolution »das größte kulturelle Ereignis der Geschichte Nicaraguas« nennen.

Das Modell dieser Revolution, der Versuch, aus einer Synthese der eigenen historischen, kulturellen und religiösen Traditionen eine unabhängige gesellschaftliche und politische Identität zu entwickeln, ist für alle Länder der Dritten Welt attraktiv und wirkt ansteckend – wird deshalb politisch ernst genommen und wird deshalb bekämpft.

Die spontane Sympathie, die wir für Nicaragua empfinden, enthält Bewunderung für ein Volk, das sich befreit hat, enthält die Faszination von Widerstand und Handlungsfähigkeit, vielleicht auch Neid auf die direkte Aktion, den eindeutigen Gegner. Aber fast alle Probleme einer fortschrittlichen Veränderung unserer Gesellschaft stellen sich anders.

Die Bilder dieser Ausstellung, die Fotografien und die Texte dieses Buches zeigen das, was uns an der nicaraguanischen Revolution unmittelbar betrifft, zeigen, warum unsere Solidarität für das neue Nicaragua mit dem Wunsch nach der Verwirklichung unserer eigenen Ziele identisch ist und wir helfen müssen, ein Scheitern zu verhindern:
▷ auf den Fotografien nicht nur die Schrecken eines jeden Krieges, der durch ungeheuren staatlichen Terror erzwungene Entschluß eines Volkes zum Aufstand, sondern der ganz andere Aspekt eines Befreiungskrieges: die Fähigkeit zum Widerstand ist nicht zu trennen von der Fähigkeit zu einer kollektiven Utopie.
▷ auf den Bildern der Bauernmaler nichts anderes: sie malen ihre Bilder, wie Diderot es in seinem 'Versuch über die Malerei' beschrieben hat: »So gibt der Künstler, dankbar gegen die Natur, die auch ihn hervorbrachte, ihr eine zweite Natur, aber eine gedachte, eine menschlich vollendete, zurück.«

Waldemar Schulze	Krista Tebbe
Bezirksstadtrat	Leiterin des Kunstamtes
für Volksbildung	Kreuzberg

JULIO CORTÁZAR
DAS NEUE NICARAGUA

Julio Cortázar, weltberühmter argentinischer Schriftsteller, der seit 1951 in Frankreich lebt, besuchte Nicaragua vier Monate nach dem Sieg über die Somoza-Diktatur. Er beschreibt seine Eindrücke von Menschen, die nach jahrelangem Krieg den Frieden noch gar nicht fassen können – Frieden als Anfang für das Neue, auch das Schwierige. Cortázar nennt es: das Lachen der Freiheit, zugleich: die Freiheit des Lachens.

Es fehlt mir nicht gerade an Vorstellungskraft, aber wenn mir vor einem Monat jemand gesagt hätte, ich würde in Somozas Privatflugzeug nach Nicaragua fliegen, hätte ich ihn ausgelacht. Wenn ich es genau bedenke, bin ich aber immer auf eine mehr als ungewöhnliche Weise nach Nicaragua gekommen. Vor drei Jahren nahmen wir – Ernesto Cardenal, Sergio Ramírez, Oskar Castillo und ich – in Costa Rica ein Flugzeug bis zur Grenze, wo uns Freunde erwarteten und erst im Jeep und dann im Boot nach Solentiname brachten – ich habe es an anderer Stelle erzählt und einige Leser haben mir sicher unterstellt, es erfunden zu haben. Zumindest, was mich betrifft, halte ich im Fall Nicaraguas die Grenzen zwischen Literatur und Wirklichkeit für fließend: auch meine zweite Reise besaß ihre phantastischen Seiten, obwohl sie nichts Heimliches an sich hatte, besser gesagt, sie begann mit einem Alptraum am hellichten Tag: Carol und ich wurden im belebten Zentrum von Panama, wo wir vor dem Abflug einen Spaziergang machten, überfallen und verloren fast alles, was wir bei uns hatten, auch unsere Pässe. Den Paß zu verlieren ist kein Kinderspiel; man kann nie sicher sein, daß einem die Behörden einen neuen ausstellen, und ohne ihn kann leider auch niemand einfach in ein Flugzeug steigen. Der Alptraum wurde auf der Polizeiwache vollends kafkaesk: wir sollten auf einem Formular ausführlich beschreiben, was in Sekunden geschehen war. In solchen Augenblicken fühle ich mich manchmal in eine zweite Ebene versetzt, beobachte mich selbst und alles um mich herum mit gleichmütiger Objektivität und allem mir verfügbaren Humor. Diesmal, wie ein Polizist seinen Kopf von der Schreibmaschine hebt und mich fragt: »Name Ihres Vaters?« und es mich durchfährt: was, verdammt, hat hier, unter diesen Umständen, ein Herr zu suchen, der vor 35 Jahren gestorben ist? Es hilft nichts, es muß gesagt werden, daß er Julio hieß, obwohl ich ihn genausogut Hilario oder Constantino nennen könnte.

Der kafkaeske Alptraum – es dehnt sich alles ins Unendliche, ebenso sinnlos wie undeutlich bedrohlich, als würden wir, die Opfer des Überfalls, nach und nach zu Verdächtigen und schließlich Schuldigen eines schweren Verbrechens – macht plötzlich der Wirklichkeit wieder Platz, die in solchen Augenblicken unbedingt vorzuziehen ist. Ein Beauftragter General Torrijos kommt und nimmt die Sache in die Hand.

Der General hatte von unserem Mißgeschick gehört und wollte uns sehen. Er hatte alle verfügbaren Kriminalbeamten auf die Suche nach dem Dieb geschickt, aber sie fanden keine Spur. Bei kühlen Drinks genossen wir die Gastfreundschaft eines Menschen, bei dem innere Kraft mit rauer Freundlichkeit gepaart schien. Ich spürte bei ihm dieselbe Schüchternheit gegenüber einem unbekannten Gesprächspartner, die ich bei mir selbst kenne, aber nach einigen Anfangsschwierigkeiten waren wir bald mitten in einem angeregten Gespräch. Müßte ich die Persönlichkeit Omar Torrijos in wenigen Worten beschreiben, dann mit dem Bild eines Leoparden, hinter dessen sanfter Lässigkeit sich eine stets zum Sprung bereite Kraft verbirgt.

Das Irrationale blieb weiter wirksam; Wirklichkeit im Übermaß verdichtet, wechselt schießlich ihre Vorzeichen, und alles wird möglich – wie in Träumen oder phantastischen Erzählungen. Torrijos schlug vor, uns in seinem Privatflugzeug nach Managua bringen zu lassen. Wir hatten gerade dankbar zugestimmt, als einer seiner Mitarbeiter die Nachricht brachte, daß in Managua schon alle von unseren Schwierigkeiten wußten und Tomás Borge uns am nächsten Morgen ein Flugzeug schicken würde. War unsere Reise schon ernsthaft in Frage gestellt gewesen, hatten wir jetzt plötzlich gleich zwei Flugzeuge zur Weiterreise zur Verfügung. Torrijos zog sein Angebot taktvoll zurück und ließ uns am nächsten Morgen in aller Frühe zum Flughafen bringen. Und das, was jetzt folgte, verdient einen besonderen Absatz.

Auf der Piste stand, klein, naß glänzend, mit zwei jungen Piloten und einer Stewardess (es war ihr erster Flug, und sie war genauso aufgeregt wie wir) – Somozas Privatflugzeug, zurückgeblieben bei der kläglichen Flucht dieses Tyrannen. Innen gab es eine Bank für vier Personen, gegenüber zwei Sessel um einen Tisch, alles lederbezogen. Der symbolische Höhepunkt: die Toilette, das notwendige Utensil nur mit Mühe erkennbar unter lauter Marmorschnörkeln – wie in einem prunkvoll orientalisch ausgestatteten Hollywoodfilm. In diesem Flugzeug nach Managua zu kommen überstieg alle Erwartungen. Wir kosteten jede Minute aus. Ich versuchte, mir die Gespräche vorzustellen, die hier zwischen Diktator und Gefolge geführt worden waren. Ich sah seine Aasgeieraugen vom Fenster aus die Wiesen und Felder als Privatbesitz abgrasen. Ich stellte mir den üblichen Empfang auf dem Flughafen vor, die in Reih und Glied aufgestellte Nationalgarde, die unterwürfigen Begrüßungen.

Wir landeten vor einem leeren Schuppen und sahen die Freunde am anderen Ende des Flughafens warten. Ein Auto brachte uns zu ihnen. Meine zweite Taufe in Nicaragua: das Eintauchen in ein durch Befreiung und Wiedergeburt glückliches Volk. Radio, Fernsehen, Blitzinterviews, dazwischen Umarmungen, Pläneschmieden, neue Nachrichten; der erste Anblick der Milizen, Jungen und Mädchen mit Maschinengewehren, Pistolen, manchmal unbeschreiblichen »Uniformen«; und überall: das Lachen der Freiheit, zugleich: die Freiheit des Lachens.

Tomás Borge hatte uns nicht nur das Flugzeug geschickt, er und seine Frau Josefina nahmen uns in ihrem Haus gastfreundlich auf. Ernesto Cardenal erwartete uns im Kulturministerium, überraschte mich mit einem so umfangreichen Arbeitsplan, daß ich ihn mit einiger Energie wieder kürzen mußte, um ihn auf ein menschliches Maß zu bringen. Ich war froh über die freundschaftliche Rivalität zwischen den beiden Ministern – ganz zu schweigen vom Dritten, Sergio Ramírez –, es wurde eine Woche, die nicht nur kulturelle Kontakte brachte, sondern auch die unmittelbare Nähe zu den arbeitenden Massen in der Stadt und auf dem Land. Ich tauschte ein paar Podiumsgespräche gegen Versammlungen in kleinen Dörfern im Landesinneren ein, manchmal nicht ohne Mühe, denn Zuneigung und Freundschaft verlangen nicht selten die Gabe der Allgegenwart. Aber ich glaube, daß diese eine Woche ausreichend war, um diese Enklave der Hoffnung, die Nicaragua heute in Lateinamerika ist, in großen Zügen zu erfassen. Ich ordne meine Erinnerungen nicht systematisch; ich kann nur einiges von dem beschreiben, was ich erlebt habe. Andere werden das gründlicher tun, viele Historiker, Soziologen, Journalisten beobachten die nicaraguanische Revolution vor Ort, machen sie besser bekannt und sorgen mit dafür, daß sie dadurch die Hilfe und Solidarität erhält, die sie braucht und die sie bisher bei weitem zu wenig erhält.

Ich verwende das Wort *Revolution* hier so, wie es heute in Nicaragua für den Zustand nach dem Sieg der FSLN über die jahrzehntelang herrschende, infame Somoza-Diktatur gebraucht wird. Etymologisch ist der Begriff nur dann korrekt, wenn man ihn als eine Zukunftsprojektion versteht, während das Wort *Befreiung* voll und ganz der heute gelebten Wirklichkeit entspricht: die Menschen fühlen sich befreit.

Allgemein bekannte Gründe veranlassen die Regierung, mit einer Behutsamkeit vorzugehen, die von radikalen Kreisen heftig kritisiert, von der Masse des Volkes aber verstanden und verteidigt wird. Deshalb war es möglich, in so kurzer Zeit so vieles zu erreichen. Erstaunlich zu sehen, was sich in nur vier Monaten bereits verändert hat, die unglaublichen Anstrengungen zu spüren, mit denen der umfassende Wiederaufbau eines Landes betrieben wird, das von der Raffgier und Zerstörungswut der zu Unrecht Nationalgarde genannten Armee Somozas in den letzten Phasen des Krieges schrecklich verwüstet wurde. Um ein Beispiel zu nennen: in dem Raum der Universität, in dem ich an einem Podiumsgespräch mit Schriftstellern und Studenten teilnahm, fielen mir als erstes die großen Wandtafeln mit den langen Listen der Freiwilligen für die im März beginnende Alphabetisierungskampagne auf. Gemeinsam diskutierten Lehrer und Studenten die Unterrichtsprogramme, die Aufteilung der Gruppen. Eine für die hiesigen Verhältnisse fast vollständige Volkszählung gibt über die totale kulturelle Vernachlässigung der Kinder und Jugendlichen unter Somozas Regime Auskunft. Auf allen Massenversammlungen, an denen ich teilnahm – und auf denen immer auch über die Alphabetisierung gesprochen wurde –, spürte ich die große Zustimmung und Unterstützung für die Kampagne. Kurz vor unserer Abreise trafen die ersten hundert kubanischen Lehrer, die große Erfahrungen aus ihrer eigenen Alphabetisierungskampagne mitbringen, ein.

Die Mitglieder der Regierung kennen die besonderen Probleme der Kinder und Jugendlichen. Viele von ihnen haben noch nicht gelernt. jetzt – im Frieden – wieder einfach Kind zu sein. Auf den Straßen ist den bartlosen Gesichtern der uniformierten, bewaffneten Jungen das Bewußtsein anzusehen, ein wohl erworbenes Recht auszuüben.

Gerade den Kinderschuhen entwachsene Jungen und Mädchen halten mit schweren Maschinenpistolen bewaffnet Wache. Wir hörten viele Berichte von Kindern, die sich als besonders unerschrockene Kämpfer gegen die Nationalgarde ausgezeichnet haben. An einem Nachmittag, an dem wir mit Sergio Ramírez und Tomás Borge ans Meer gefahren waren, trafen wir am Strand einen Jungen von vielleicht 14 Jahren. Er verbrachte den Tag mit uns, und wir erfuhren, daß er ein zielsicherer Schütze gewesen war und mehr als 30 Nationalgardisten getötet hatte. Jetzt leckte er an seinem Eis und beantwortete munter die Fragen von Sergio und Tomás. Man kann ihn sich nur schwer auf der Schulbank vorstellen. Jungen wie ihn gibt es viele im Land. Da sind die vielen Analphabeten und da ist eine Generation zwischen Kindheit und Erwachsensein, die das Drama der Erwachsenen miterlebt und mitgelebt hat, und heute – unter endlich normalisierten Bedingungen – riesige Schwierigkeiten hat, sich in einem normalen Leben zurechtzufinden.

Der Compañero David wachte über unsere Sicherheit; eine solche Maßnahme mag übertrieben erscheinen, sie entspricht aber dem Zustand im Land. Die fast unglaubliche Nachsicht der Sandinisten nach dem Sieg, der Beschluß der Regierung, die vielen Nationalgardisten, die bis zum letzten Augenblick die schlimmsten Verbrechen begangen hatten, nicht an die Wand zu stellen, war richtig. Das Volk hat diese Entscheidung unterstützt; es wandte sich unverzüglich der Zukunft zu – statt Rechnungen der Vergangenheit zu begleichen. Aber der Nachteil dieser Haltung zeigt sich darin, daß Banden von Heckenschützen Nacht für Nacht für Alarm und Angst sorgen und die Teile der Bevölkerung, die am bewaffneten Befreiungskampf nicht beteiligt waren, verunsichern. Am dritten Tag in Managua hörten wir früh morgens einen langanhaltenden Schußwechsel in dem Viertel, in dem Kommandant Borge wohnt. Man sagte uns später, daß einige Betrunkene sich dabei amüsiert hätten, auf die Sterne zu schießen. Aber das beruhigte uns nicht wirklich. Es wird einige Zeit vergehen, bis die Hauptstadt und die anderern Städte befreit sind von jenen Ex-Nationalgardisten, die noch immer hoffen, diese neu geschaffene Realität, der die gewaltige Mehrheit des Volkes zustimmt, rückgängig machen zu können.

Ausländische Gäste jedenfalls werden besonders beschützt, und es ist beeindruckend zu sehen, wie diszipliniert die jungen Milizionäre das tun, wie sie selbst ihre bewaffneten Kameraden erst eintreten lassen, wenn sie deren Identität und Anliegen überprüft haben. Man gewöhnt sich so sehr daran, von Pistolen und Maschinengewehren umgeben zu sein, daß es uns später in Caracas fast merkwürdig vorkam, auf dem Flughafen und in den Straßen keine Waffen zu sehen und im Auto keine Maschinenpistole an den Beinen zu spüren.

An David, einem freundlichen und aufgeschlossenen jungen Mann, mehr daran interessiert, über die Zukunft als über die Vergangenheit zu sprechen (nur einmal, als wir nach Léon fuhren, wo er gekämpft hatte, erzählte er uns vom Krieg) spüren wir oft ein großes Staunen darüber, was sich tagtäglich verändert: die Menschen können sich auf den Straßen frei bewegen, vor allem die Kinder mit ihrer fröhlichen, farbigen Gegenwart, ihrem Lachen und ihren Spielen – dort, wo noch vor kaum vier Monaten der Tod in Gestalt der Nationalgarde umging. Damals ließ niemand seine Kinder auf die Straße hinaus, erzählt uns David, oft töteten die Soldaten sie nur, um zu töten, um im Viertel Angst und Schrecken zu verbreiten. Die Nationalgarde wußte, daß auch die Kinder fähig waren, wie Männer zu kämpfen. Sie hatte Angst vor ihnen und haßte sie dafür. Es kam vor, daß ein Junge, der, um eine Frucht zu pflücken oder einfach nur, um herumzusehen, auf einem Baum geklettert war, von den Nationalgardisten »aus Vergnügen« heruntergeschossen wurde.

In Managua und den kleinen Provinzstädten wimmelt es von Kindern und Jugendlichen. Man sieht sie während der Massenkundgebungen auf dieselben Bäume klettern, auf denen sie vor kurzem vielleicht noch ihr Leben verloren hätten. Hoch über der Menschenmenge schauen sie wie Äffchen oder tropische Blüten zwischen den Zweigen hervor. Die Ärmsten sind zurückgekehrt zu ihren Gelegenheitsarbeiten, die Schuhputzer und die Zeitungsverkäufer stehen wieder an ihren Straßenecken; kleine Kinder bitten am Eingang der Restaurants um eine Münze. Ich kenne die Politik der Regierung für die Familienplanung nicht, aber ich weiß: es werden mehr Schulen, mehr Krankenhäuser, mehr Wohnungen gebraucht, viel mehr Schulbücher und Impfungen (gerade wird eine allgemeine Polio-Schutzimpfung vorbereitet, die sehr viel mehr kostet als der Staat sich im Augenblick leisten kann). Unwillkürlich denke ich an meine erste Reise nach Kuba, vor zwanzig Jahren, als Kuba das erste Beispiel einer lateinamerikanischen Revolution war. Ich sehe die gleichen Dinge. Die Alphabetisierung durchzieht wie ein Sturmwind von Lachen und Wandtafeln die Insel, Schulen schießen wie Pilze aus dem Boden, auf dem Land werden Krankenhäuser gebaut, Spielplätze entstehen, ich höre Fidel Castro von den Kindern sprechen wie jetzt Ernesto Cardenal oder den Minister für Gesundheit oder den Kommandanten Borge – alle, die in die Zukunft schauen und wissen, daß es immer und überall Kinder gibt, die hoffen und vertrauen.

Der Dichter Ernesto Cardenal – fast alle nennen ihn »Padre« – hat nicht auf seine Baskenmütze und sein weißes Bauernhemd verzichtet. Er hatte mich einmal selbst heimlich nachts in einem Boot in seine Gemeinde Solentiname gebracht. Jetzt »empfängt« er mich in seinem Büro im Kulturministerium, wo Leute ein- und ausgehen, diskutieren, Termine verabreden oder absagen, in dem sich Bücher und Papiere stapeln und Mitarbeiter mit den Telefonen kämpfen, mit Plänen, Vorträgen, Buchausgaben und immer mit dem Mangel an Geld, diese Vorhaben zu verwirklichen.

Sergio Ramírez' Büro ist nüchterner und leerer, schon deswegen, weil er nicht oft hier ist, sondern durchs Land fährt, um Maßnahmen anzukündigen, mit der Bevökerung zu diskutieren und die Mitglieder der regionalen Regierungsbehörden zu unterstützen – in Siuna sind es zum Beispiel drei Frauen in einem Bergarbeitergebiet – ein gutes Zeichen in einem Land, in dem wie in ganz Lateinamerika der Machismo meist das letzte Wort behält.

Ernesto Cardenal und Sergio Ramírez kenne ich seit vielen Jahren, die neu geschlossene Freundschaft mit Tomás Borge ist eins der größen Geschenke während dieser Reise. Wenn Elefanten ansteckend sind, wie die Surrealisten behaupten, dann sind es Kuba und Nicaragua in meinem Fall noch viel mehr. Und gegen diese Krankheit ist kein Kraut gewachsen. Das Erinnerungsbuch von Tomás Borge über Carlos Fonseca, den Mitbegründer der Sandinistischen Befreiungsfront und damit einen der Vorreiter der Bewegung, die schließlich der Somoza-Diktatur ein Ende bereitete, kannte ich bereits. In diesem kurzen, im Gefängnis geschriebenen Text kommt indirekt auch die Persönlichkeit von Tomás zum Ausdruck, ohne daß er sich selbst je in den Vordergrund rückt. Sie klingt an in Sätzen wie »besessen vom Gott des Zorns und vom Teufel der Zärtlichkeit«. Kein anderer als er hätte mit so wenigen Worten die bewundernswerte Persönlichkeit Carlos Fonsecas und zugleich sich selbst beschreiben können, im Stil frei von jeder Rhetorik und doch fähig, in einer Andeutung alles zu sagen – einen solchen Stil statt der Klischees, die wir ständig hören und lesen müssen, habe ich mir von Revolutionären immer gewünscht. Tomás Borges Buch ist ein seltenes Beispiel für diesen Stil.

Wenn die Mitglieder der Regierung das Wort »Solidarität« aussprechen, dann fast immer mit einem Lächeln zwischen Ironie und Enttäuschung. Denn – es muß gesagt werden – die internationale Solidarität hat sich im Hinblick auf Nicaragua nicht gerade besonders hervorgetan. Alle wissen inzwischen, was der Befreiungskrieg gekostet hat, welche Schäden er hinterlassen hat; alle wissen, daß Somoza nicht zögerte, die wichtigsten Städte des Landes aus rein faschistischer Freude an der Zerstörung bombardieren zu lassen. Felder blieben unbestellt, große Mengen Vieh gingen verloren, die kleinen Industrie- und Handwerksbetriebe lagen still, die Lebensbedingungen am Rande des Existenzminimums wurden noch prekärer.

Rechtfertigte das allein nicht die unverzügliche Bereitstellung von Medikamenten, von Maschinen und technischer Hilfe aus jenen Ländern, die sich in weniger dringlichen Notlagen oft aufgeschlossener gezeigt haben? Die Nicaraguaner bitten um nichts. Sie besitzen den stillen Stolz derjenigen, die ihre Schlacht allein gewonnen haben und bereit sind, sie weiterhin allein zu schlagen. Wir Ausländer jedoch, die wir das Land besuchen und die große Not mit eigenen Augen sehen, haben die Pflicht, für sie um Hilfe zu bitten, uns spontan zu Sprechern eines Volkes zu machen, das bald unter einer sogar noch zunehmenden Nahrungsmittelknappheit – auch an Milch für die Kinder – leiden wird, die aus Mangel an Devisen nicht behoben werden kann. Wenn wir Nicaragua heute helfen, dann helfen wir der Sache der Freiheit und Gerechtigkeit in Lateinamerika. Kommt etwa deswegen die Hilfe so spärlich, ihr Pseudodemokratien des Nordens und Westens?

Paradoxerweise war die Hilfe für Nicaragua nach dem schrecklichen Erdbeben, das 1972 große Teile Managuas zerstörte, viel großzügiger. Es wurde schnell allgemein bekannt, daß der größte Teil der Hilfeleistungen, die für die Bevölkerung bestimmt waren, in die Taschen des Somoza-Clans floß und Managua deshalb bis heute eine Ruinenstadt blieb. Es bleibt eine traurige Ironie, daß die Solidarität jetzt, wo sie endlich voll und ganz den Menschen, die für den Wiederaufbau des Landes und die Gesundheit der Kinder arbeiten, zugute kommt, tröpfchenweise gegeben oder ganz verweigert wird.

Verfallen wir am Schluß dieser Impressionen, die voller Licht und Hoffnung waren, nicht in Pessimismus. Vielleicht findet sich unter meinen Lesern ein Minister für Finanzen, Landwirtschaft oder Gesundheit oder der Präsident einer Stiftung oder einer Bank, die fähig sind, diese bittere Wirklichkeit zu begreifen und ein Hilfsprogramm in die Wege zu leiten. Die Nicaraguaner bitten um nichts, aber sie können nicht verhindern, daß ich es für sie tue, und zwar aus Bewunderung und Achtung für ihren Mut und für die fortschrittliche Lektion, die sie unserem notleidenden Lateinamerika erteilen.

CHRONOLOGIE DER GESCHICHTE NICARAGUAS

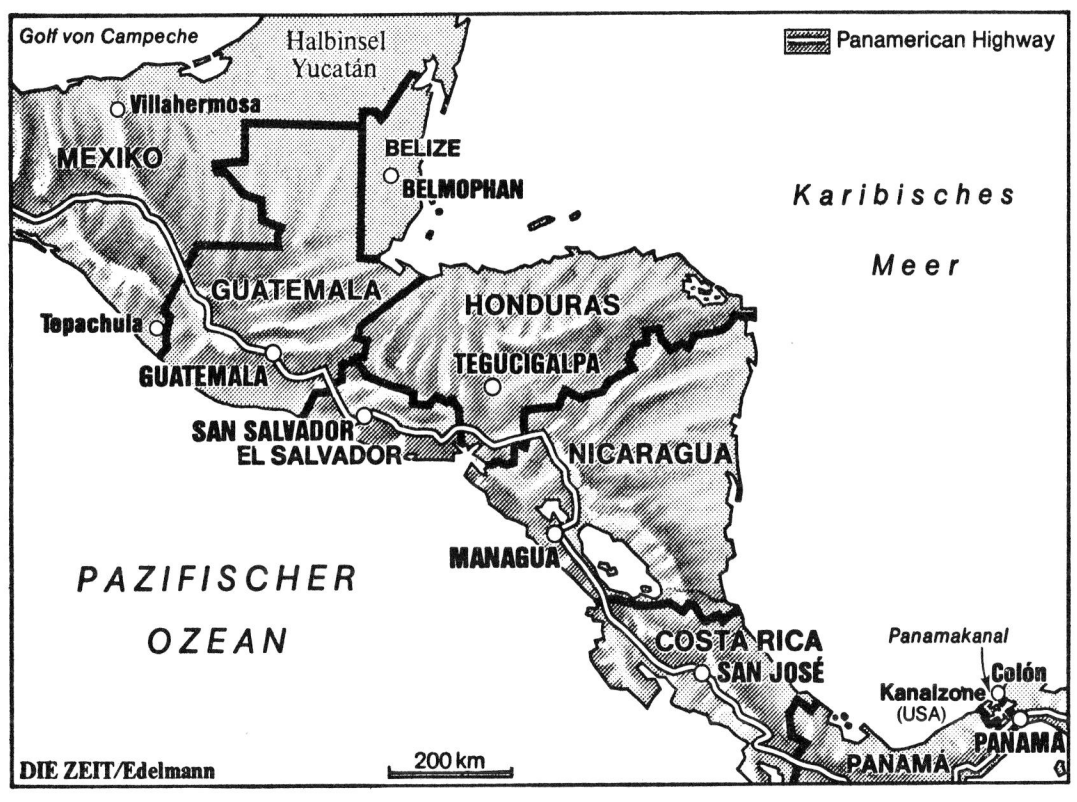

Fläche: 118 358 km², dazu 9 291 km² Seenfläche

Bevölkerung (1980): 2 732 520

Bevölkerungsdichte: 23 pro km²

Bevölkerungswachstum (1980): 3,4% (Geburtenrate 4,4, Sterberate 1,0)

Durchschnittliche Lebenserwartung (1975–80): 55,2 Jahre

Größte Städte:
Managua (614 947 Einw.)
León (90 926 Einw.)
Granada (63 184 Einw.)
Masaya (53 644 Einw.)
Cinandega (49 887 Einw.)
Estelí (29 494 Einw.)
Matagalpa (29 493 Einw.)

*»…Nur die Unbeweglichkeit und die Stille der Nacht gab es. Nur der Schöpfer und der, der die Form gibt, Tepeu und Gucamátz, waren im Wasser, von Helligkeit umgeben, verborgen unter grünen und blauen Federn. – Es war, als gäbe es den Himmel und das »Herz des Himmels« – was der Name Gottes ist. Dann kam das Wort. Tepeu und Gucamátz trafen sich in der Dunkelheit der Nacht, und nachdem sie nachgedacht hatten, wollten sie ihre Worte und ihre Gedanken vereinigen. Sie beschlossen, die Bäume wachsen zu lassen, sie beschlossen, die Geburt der Natur und die Erschaffung des Menschen. So wurde entschieden in der Nacht vom »Herzen des Himmels« – das Huracán heißt…«
Aus dem »Popul Vuh«, der alten Geschichte der Quiché.*

1502 Christoph Kolumbus sieht zum ersten Mal das Land der Nicaráguac. »Nican« heißt in der Nahua-Sprache »hier«, und »aráhuac« (»Menschen«) nennen sich die Aráhuaco-Indianer selbst.

1523 Der Kazike (Indianerführer) Nicarao trifft mit den spanischen Konquistadoren zusammen, die wie Raubritter die »Neue Welt« erobern wollen. Massaker und Völkermord an der indianischen Bevölkerung Mesoamerikas beginnen.

1538 Ein Großteil der Bevölkerung des heutigen Nicaragua wird deportiert und versklavt. Viele müssen in die Silberminen von Peru und Bolivien.

1552 Der Mönch Bartolomé de las Casas schreibt seinen berühmten Bericht über und gegen die Ausrottung der Indianer. Wie die Weißen seien auch sie beseelte Wesen, und ihr Untergang könne nur durch die Einfuhr afrikanischer Sklaven verhindert werden: »Im gesamten Nicaragua dürften heute 4000 bis 5000 Einwohner leben, früher war es eine der am dichtesten bevölkerten Provinzen der Welt.«

1601 Nach dem holländischen Freibeuter Bleeveldt wird die Piratensiedlung – und spätere britisch kontrollierte Hafenstadt an der Karibikküste – »Bluefields« genannt.

1604 Die spanischen Kolonisatoren fallen in den Norden und den Osten ein, in Gebiete der Xicaque und der Vorfahren der Mískito-Indianer.

1620 Die römisch-katholische Kirche verstärkt ihre Missionstätigkeit in der Pazifikregion.

1687 Der erste Mískito-König wird auf Jamaica vom britischen Gouverneur gekrönt. Sein Königreich steht unter britischem Protektorat, das jedoch keine zentrale staatliche Gewalt ausübt. Die Dorfgemeinschaften der Mískito bleiben selbständig, die anderen Tieflandindianer aber sind – zeitweise von Yucatán bis Panama – den Mískito Tributpflichtig.

1725 Aufstand der Indianer in León gegen die Spanier.

1740 Die britische Krone läßt ihre Fahne in Bluefields hissen und reklamiert die Mískitoküste, verballhornt »Mosquitia« genannt, für sich.

1777 Indianeraufstand gegen die Spanier in Boaco, angeführt vom Kaziken Yarince.

1811/12 In der gesamten Pazifikregion führen Volkserhebungen zum Beginn des Unabhängigkeitskrieges. Erste Forderung ist die Amtsenthebung des spanischen Statthalters. Die römisch-katholische Kirche steht fest auf der Seite Spaniens.

Wichtigste Ausfuhrgüter (1980, Mio. Dollar):
Kaffee	164,8
Fleisch	55,7
Gold	39,9
Chemische Produkte	31,0
Baumwolle	30,8
Zucker	25,9
Krabben u. Langusten	25,9
Gesamt	469,7

Wichtigste Handelspartner (Einfuhr plus Ausfuhr, 1980, in Tausend Dollar):
gesamt:	1 337 643
USA	405 940
Gemeinsamer Zentralamerik. Markt	375 980
Amerikanische Freihandelszone (ALALC)	179 925
RGW	10 586

Außenhandel in Mio US-Dollar:
	Exporte	Importe
1977	543	831
1978	584	666
1979	636	464
1980	529	870
1981	526	808

1821 Das Vizekönigreich von Guatemala, zu dem das nicaraguanische Territorium gehört, ruft seine Unabhängigkeit von der spanischen Krone aus.

1823 Der Präsident der Vereinigten Staaten, James Monroe, proklamiert die nach ihm benannte Doktrin »Amerika den Amerikanern«. Der Verfall der alten Kolonialreiche Spaniens und Großbritanniens und die wachsende Macht der USA machen deren expansionistische und klassisch imperialistische Politik gegenüber Lateinamerika möglich.

1839 Der Mískito-König Robert Charles Frederic vergibt riesige Ländereien an die Briten Shepherd und Kaly.

1843 Pläne des preußischen Königs für deutsche Kolonien an der Mískitoküste werden von der Protektoratsmacht Großbritannien nicht unterstützt.

1846 1921 deutsche Auswanderer gründen die Siedlung Karlstadt nördlich von Bluefields. Schon 1855 wird sie nach einer Epidemie wieder verlassen.

1847 Die Mährische Kirche (»Brudermission«) schickt ihre ersten Missionare nach Bluefields. Bis zum Ende des 19. Jahrhunderts hat die pietistische Brudermission aus Herrnhut (Böhmen) fast alle Indianer und afroamerikanischen »Creoles« christianisiert.

1850 Im Clayton-Bulwer-Vertrag beschließen England und die USA ohne Beteiligung Nicaraguas, gemeinsam das »Recht« auf den Bau eines interozeanischen Kanals durch Nicaragua in Anspruch zu nehmen.

1856 In einem Bürgerkrieg innerhalb der nicaraguanischen Oligarchie rufen die »Liberalen« den nordamerikanischen Abenteurer William Walker mit einer kleinen Privatarmee gegen die »Konservativen« zu Hilfe. Walker jedoch ist entschlossen, ganz Zentralamerika zu erobern, ruft sich selbst zum Präsidenten von Nicaragua aus und läßt die 1824 abgeschaffte Sklaverei wiedereinführen. 1857 wird er von der vereinigten Armee der zentralamerikanischen Staaten geschlagen und muß fliehen.

1860 Im »Vertrag von Managua« unterstellen Nicaragua und Großbritannien die Mískitoküste formell der Souveränität Nicaraguas und sichern den Mískito innere Autonomie zu.

1881 In einem Schiedsspruch bekräftigt der österreichische König Franz-Joseph I. die Selbstbestimmung der Mískito innerhalb der nicaraguanischen Republik. Handel und Ausbeutung der Naturschätze sollen der Mískitoregierung unterstehen. Campesinos in der Pazifikregion rebellieren gegen die Großgrundbesitzer, die ihnen für den expandierenden Kaffeeanbau ihr Land rauben und sie damit zur Lohnarbeit auf den Plantagen zwingen.

1882 Nordamerikanische Firmen beginnen, Bananenplantagen an der Mískitoküste anzulegen. Bis zur Jahrhundertwende gelingt es ihnen, die Kontrolle über beinahe den gesamten Handel des Gebietes zu erlangen.

1893 Mit dem Regime des Generals José Santos Zelaya kommt die ökonomisch bedeutend gewordene Kaffeeoligarchie der »Liberalen« an die Macht. Zelaya »modernisiert« Nicaragua, setzt die Trennung von Staat und Kirche und eine zentralstaatliche Kontrolle des ganzen Landes durch.

1909 Eine Militärrebellion an der Atlantikküste und der Druck der Vereinigten Staaten zwingen General Zelaya nach sechzehnjähriger Diktatur zum Rücktritt. Durch Aufnahme von Krediten in England und Verhandlungen mit der deutschen und japanischen Regierung über einen Kanalbau unter nicaraguanischer Souveränität hatte er sich die USA zum Feind gemacht.

1910 Im Bündnis mit der wieder an die Macht gelangten »konservativen« Oligarchie setzen die USA die »Dawson-Verträge« durch, in denen Nicaragua auf eine in jeder Hinsicht von ihnen abhängige Wirtschaft und Politik verpflichtet wird.

1911 Der neue »konservative« Präsident Adolfo Díaz, bis dahin Buchhalter einer nordamerikanischen Minengesellschaft in Nicaragua, nimmt bei US-Banken Millionenkredite auf und überläßt deren Regierung als Sicherheit die direkte Kontrolle der nicaraguanischen Zolleinnahmen.

1912 Die *Marines* landen in Nicaragua und retten die Regierung Díaz gegen ein aufständisches Heer des bisherigen Kriegsministers Luis Mena, indem sie die Städte Managua, Granada und León besetzen. Bis 1924 finden zehn weitere Versuche statt, die US-hörige Regierung zu stürzen. Die *Marines* bleiben bis 1925 im Land.

1914 Im »Chamorro-Bryan-Vertrag« überläßt die Regierung Díaz den USA für 3 Millionen Dollar »auf ewig« das exklusive Recht zum Bau eines interozeanischen Kanals.

1927 Im neu entflammten Bürgerkrieg zwischen der »konservativen« Regierung und den »Liberalen«, zu deren Generälen auch Augusto César Sandino gehört, erzwingt der persönliche Abgesandte des US-Präsidenten Coolidge den »Pakt von Espino Negro«, indem er dem Anführer der »Liberalen«, General Moncada, die Präsidentschaft verspricht. Nur Sandino legt die Waffen nicht nieder, sondern zieht sich mit 30 seiner Soldaten in die Berge zurück. Es gelingt ihm, von neuem ein kleines Heer aufzustellen und den US-Truppen im Laufe von sechs Jahren eine Reihe empfindlicher Niederlagen beizubringen.

1933 Die Nordamerikaner ziehen ihre Truppen ab, nachdem sie für die Aufstellung und Ausbildung einer »Nationalgarde« gesorgt und ihren Vertrauten, Luis Somoza García, zu deren Befehlshaber gemacht haben. Die Präsidentschaft übernimmt Somozas Onkel, der »Liberale« Juan Bautista Sacasa.

1934 Sandino und seine engsten Mitarbeiter, die beim Abzug der USA die Waffen niedergelegt haben, werden auf Veranlassung Somozas ermordet.

1936 Somoza putscht gegen Sacasa und läßt sich zum Präsidenten wählen. Bis 1979 gibt nun die Familie Somoza den Oberbefehl über die Nationalgarde nicht mehr ab und errichtet mit Raub und Korruption eines der größten Wirtschaftsimperien Lateinamerikas.

1943 Ungeachtet seiner bisherigen Sympathien für die deutschen und italienischen Faschisten stellt sich Luis Somoza García im 2. Weltkrieg auf die Seite der USA. Zugleich benutzt er die Gelegenheit, um alle Deutschen in Nicaragua zu enteignen und die meisten ihrer Besitztümer und Kaffeeplantagen persönlich an sich zu reißen.

1956 Ein junger patriotischer Dichter, Rigoberto Lopez Pérez, erschießt den Tyrannen auf einem Bankett und stirbt selbst im Kugelhagel von dessen Leibwächtern. Somozas ältester Sohn, Luis Somoza Debayle, tritt die Nachfolge an.
Während der Baumwollanbau an der Westküste zur wichtigsten Divisenquelle des Landes wird, ziehen sich die US-Firmen allmählich aus der Atlantikregion zurück. Ihre Bananenplantagen und der Raubbau an Gold, Silber und Edelhölzern haben tiefe Spuren hinterlassen. Ein riesiges Gebiet abgeholzten Urwaldes im Nordosten ist zur unfruchtbaren Steppe geworden.

1961 Im Anschluß an mehrere Guerrillaversuche Ende der fünfziger Jahre wird unter Führung von Carlos Fonseca Amador die »Sandinistische Front der Nationalen Befreiung« (FSLN) gegründet.

1963 Auf den ersten gescheiterten Versuch der FSLN, an der Grenze zu Honduras (Bocay und Río Coco) eine Landguerrilla aufzubauen, folgt in Managua das vierjährige Zwischenspiel einer »zivilen« Regierung unter dem somozatreuen Präsidenten René Schick.

1967 Anastasio Somoza Debayle, jüngerer Sohn des ermordeten Gründers der Dynastie und seit 1946 Chef der Nationalgarde, kommt durch Wahlbetrug an die Präsidentschaft. Im gleichen Jahr startet von Puerto Cabezar an der nicaraguanischen Atlantikküste ein Invasionsheer nach Kuba, das jedoch bei seiner Landung in der »Schweinebucht« von den Truppen der Revolution vernichtend geschlagen wird.
In den nördlichen Bergen von Pancasán kann sich ein neuer Guerrilla-

»Fokus« der FSLN nicht gegen die Nationalgarde Somozas behaupten.

1968 Im Atlantikhafen Bluefields brennt die gesamte Innenstadt aus alten Holzhäusern nieder. Von der Regierung in Managua kommt kaum Hilfe.

1972 Ein starkes Erdbeben zerstört Managua und fordert etwa 10 000 Todesopfer. Die Familie Somoza nutzt die Katastrophe wiederum zu ihrer Bereicherung. Sie läßt nicht nur große Teile der internationalen Hilfsgelder in ihre Tasche fließen, sondern dringt jetzt auch in das aufblühende Baugewerbe und das Bankgeschäft ein. Zum ersten Male beginnen größere Teile der nicaraguanischen Unternehmerschaft, sich durch den Expansionsdrang und unlauteren Wettbewerb des Somozakapitals bedroht zu fühlen.

1973/74 Ausgedehnte Streiks, vor allem der Bauarbeiter, stärken die Opposition gegen Somoza, die sich (mit Ausnahme der FSLN) im Dezember 1974 in der »Demokratischen Union für die Befreiung« (UDEL) zusammenschließt. Angeführt wird sie von dem Verleger der oppositionellen Tageszeitung »La Prensa«, Pedro Joaquín Chamorro.
Am 27. Dezember 1974 gelingt der FSLN mit einem spektakulären Überfall auf ein Bankett zu Ehren des US-Botschafters die Befreiung von 14 politischen Gefangenen. Somoza antwortet mit Kriegsrecht und harter Repression – nicht nur gegen die Guerrilla, sondern auch gegen die UDEL und die Gewerkschaftsbewegung.

1975/76 An der Frage, mit welcher Strategie jetzt gegen die Diktatur gekämpft werden solle, spaltet sich die FSLN. Während die GPP (»Guerra Popular Prolongada«) weiter am »Langen Volkskrieg« vom Lande her festhält, stellt die »Proletarische Tendenz« die politische Arbeit in den Städten in den Vordergrund.

1977 Die entscheidende Initiative ergreift jedoch die »Dritte Tendenz« *(Terceristas)*, die auf einen baldigen allgemeinen Volksaufstand hinarbeitet und dafür ein Bündnis mit den bürgerlichen Kräften eingehen will. Am 17. Oktober greift sie in mehreren Städten zugleich Kasernen der Nationalgarde an. Die Aktionen werden von der öffentlichen Erklärung angesehener Priester, Intellektuelle und Unternehmer im Exil – der »Gruppe der Zwölf« – begleitet, in der die Beteiligung der FSLN an der politischen Zukunft des Landes gefordert wird.

10. Januar 1978 Der UDEL-Führer Pedro Joaquín Chamorro wird auf Veranlassung des Kronprinzen der Dynastie, Anastasio Somoza Portocarrero, ermordet. Protestdemonstrationen, ein mehrtägiger Aufstand in Monimbó, dem indianischen Viertel von Masaya, und ein von der bürgerlichen Opposition ausgerufener Generalstreik bringen das Regime zum Wanken, doch noch nicht zum Sturz.

22. August 1978 Ein FSLN-Kommando unter Leitung von Edén Pastora besetzt den Nationalpalast in Managua und nimmt das gesamte Parlament, mehrere Minister und Familienangehörige Somozas zu Geiseln. Zwei Tage später wird die Triumphfahrt mit 60 befreiten politischen Gefangenen zum Flughafen zum Signal. Die »Breite Oppositionsfront« (FAO) ruft zum Generalstreik auf. Tägliche Massendemonstrationen im ganzen Land und ein spontaner Aufstand im nördlichen Matagalpa steigern die Ungeduld der Bevölkerung so, daß die FSLN sich geradezu genötigt sieht, am 9. September den allgemeinen Volksaufstand auszurufen. Zwölf Tage braucht die Nationalgarde, um mit unglaublicher Brutalität, mit Luftangriffen und Panzereinsätzen, die vier Städte Masaya, León, Chinandega und Estelí wieder einzunehmen, die von kleinen Einheiten der FSLN und der jugendlichen Bevölkerung – bewaffnet mit Schrotflinten, Pistolen und hausgemachten Sprengsätzen – gemeinsam verteidigt werden. 5000 Tote und etwa 10 000 Verletzte sind zu beklagen, fast ausschließlich unter der Zivilbevölkerung.

6. Oktober 1978 Eine Vermittlungskommission der Organisation Amerikanischer Staaten (OAS) unter Führung des US-Sonderbotschafters William Bowdler trifft in Managua ein. Die in der FAO vereinigte Opposition fordert zunächst Somozas bedingungslosen Rücktritt und die Bildung einer provisorischen Regierung aller antisomozistischen Gruppen. Als aber auf Druck der Vereinigten Staaten die bürgerliche Mehrheit der FAO einer Koalitionsregierung mit Somozas »Liberaler Partei« zustimmt, verläßt Sergio Ramírez, Vertreter der »Gruppe der Zwölf« in der FAO-Kommission, die Verhandlungen.
Dem Auseinanderbrechen der FAO folgt ein Einigungsprozeß all der Kräfte, die einen »Somozismus ohne Somoza« ablehnen. Der Aktionseinheit der drei FSLN-»Tendenzen« im Dezember 1978 folgt Anfang Februar die Bildung der »Nationalen Patriotischen Front« (FPN), eines breiten Parteienbündnisses.

8. März 1978 Die Wiedervereinigung der FSLN wird mit der Bildung einer neunköpfigen »Gemeinsamen Nationalen Führung« besiegelt.

16. Juni 1979 Während die USA noch im Mai einen Stützungskredit für Somoza im Internationalen Währungsfonds durchsetzen, wendet sich die internationale öffentliche Meinung immer mehr gegen die Diktatur. Als schließlich Mexiko die diplomatischen Beziehungen mit Nicaragua abbricht, löst die FSLN am 29. Mai die militärische Offensive aus und ruft für den 4. Juni zum unbefristeten Generalstreik auf. Er wird im ganzen Land befolgt – selbst an der Atlantikküste, wo keine Kämpfe stattfinden. In weniger als 3 Wochen hat die FSLN etwa 20 Städte, dazu die dicht besiedelten Randviertel im Osten Managuas besetzt und kündigt die Bildung einer fünfköpfigen »Regierungsjunta des nationalen Wiederaufbaus« an, zu der neben den drei Sandinisten Daniel Ortega, Moises Hassan und Sergio Ramírez auch der Unternehmer Alfonso Robelo und Violeta de Chamorro, Witwe des ermordeten »La-Prensa«-Verlegers, gehören. Die militärischen Stellungen der Sandinisten festigen sich immer weiter, und alle Versuche der Nationalgarde, die befreiten Städte zurückzugewinnen, schlagen fehl. Da unternehmen die Vereinigten Staaten einen letzten Versuch, die drohende Niederlage Somozas noch aufzuhalten. In der OAS spricht sich jedoch eine klare Mehrheit der amerikanischen Staaten gegen ihren Antrag aus, eine panamerikanische Interventionstruppe nach Nicaragua zu entsenden.

17. Juli 1979 Angesichts der aussichtslosen Lage flieht Somoza mit seiner Familie und dem Generalstab der Nationalgarde. Die USA haben mit der Drohung einer direkten Intervention noch durchgesetzt, daß die FSLN einen Waffenstillstand und die Verschmelzung von Nationalgarde und Guerrillaarmee akzeptiert. Doch der Übergangspräsident Francisco Urcuyo, der nur den Waffenstillstand unterzeichnen und die Macht an die neue »Regierungsjunta« übergeben soll, fordert stattdessen die FSLN auf, die Waffen niederzulegen und ihn als Präsidenten bis 1982 zu akzeptieren.

19. Juli 1979 Doch die Nationalgarde ist demoralisiert und befindet sich schon in Auflösung. Immer mehr Einheiten ergeben sich den Sandinisten, und nach 36 Stunden muß auch Urcuyo fliehen, während die neue Regierungsjunta sich schon in León, der zweitgrößten Stadt etabliert hat. Am Tag darauf erreichen sie und die Nationale Führung der FSLN im Triumphzug Managua.

SERGIO RAMÍREZ
WARUM IN NICARAGUA IMMER KRIEG IST

Sergio Ramírez ist Mitglied der Regierungsjunta und namhafter Erzähler und Essayist, u. a. auch Verfasser historischer Arbeiten über Augusto César Sandino, dessen Werk er seit 1976 herausgegeben hat.
Sergio Ramírez schlägt in diesem Aufsatz den Bogen von den Befreiungskriegen gegen die Spanier bis zum Beginn des Befreiungskampfes von Sandino. Er erklärt, wie Nicaragua in seiner Geschichte immer von der Gewalt – der Waffen und der Dollars – beherrscht worden ist:
– von den Kolonisatoren
– von Vanderbilt und der Accessory Transit Company
– von William Walker, der Englisch zur Staatssprache erklärte und die Sklaverei wieder einführte
– von den Bananengesellschaften wie der United Fruit Company, die sich in selbständige Staaten verwandelten, mit eigenen Gesetzen, Polizeitruppen und eigener Währung
– von den Vereinigten Staaten, die ihre Herrschaft abwechselnd durch Dollars und Waffen sicherten.

Im Herzen der Landenge zwischen dem Stillen und dem Atlantischen Ozean liegt Nicaragua. Das Land der nackten, hochaufragenden Vulkane mit ihren ewigen Rauchsäulen, in deren glühenden Kratergrund sich die gierigen und habsüchtigen spanischen Mönche stürzten in dem Glauben, daß flüssiges Gold sei, was dort zwischen den flammenden Felsen schwamm; das Land der riesigen Seen, welche die Konquistadoren staunend süße Meere nannten und die zusammen mit den Wasserläufen, die durch das Dschungeldickicht zum Meer hin strömten, einen natürlichen Durchgang für die Schiffahrt von einem Ozean zum anderen bildeten. Wenn die Spanier des 16. Jahrhunderts sehnsüchtig nach der legendären Stadt aus reinem Gold, die sie »El Dorado« nannten, suchten, so wollten sie in Nicaragua von Anfang an jenen interozeanischen Durchgang auf ihren Karten festlegen, den sie in ihren Briefen und Berichten als den »Estrecho Dudoso« bezeichneten.

Als die fünf Länder, die während der spanischen Kolonialherrschaft das »Reine de Guatemala« (Königreich von Guatemala) bildeten, am 15. September 1821 ihre Unabhängigkeit ausriefen, beschlossen sie, sich an das Kaiserreich von Iturbide in Mexiko anzuschließen. Aber das war ein so flüchtiger Staatenbund, daß sie wenig später die *Föderative Republik Mittelamerika* gründeten, die sich unter dem Einfluß der liberalen Caudillos an den politischen Ideen der französischen Aufklärung orientierte und sich die Verfassung der Vereinigten Staaten zum Vorbild nahm. Bald begann eine Reihe von blutigen Bürgerkriegen, und die *Föderative Republik* sollte nur sehr kurzlebig sein. Der Klerus und die Latifundisten, die Erben der Kolonialherrschaft, übernahmen, nachdem sie General Francisco Morazán, der jene liberalen Ideale verkörperte, erschießen ließen, erneut die Macht im Lande. Es folgten lange düstere Zeiten der Diktatur, in denen die *Föderative Republik* wieder in kleine unabhängige Staaten zerfiel, die, arm und ausgeblutet von den Kriegen, losgelöst voneinander und einander entfremdet, zu vergessenen Balkanländern Amerikas wurden.

Nicaragua ist eines der Länder, das am meisten durch die Bürgerkriege nach seiner Unabhängigkeitserklärung zu leiden hatte. Die Spanier hatten hier zwei bedeutende Städte gegründet: Granada am Ufer des Gran Lago, durch den Río San Juan mit dem Atlantik verbunden, und León, das zunächst in unmittelbarer Nähe des Lago Xolotlán lag, nach einer Reihe von Vulkanausbrüchen aber später weiter in die warmen Küstenstriche des Pazifik vorgeschoben wurde. León war mit dem Meer durch den Hafen von Realejo verbunden. Beide Städte führten ein selbständiges wirtschaftliches Leben und hatten nur wenig Verbindung untereinander. Sie betrieben auch ihren Handel mit den anderen amerikanischen Provinzen der Krone unabhängig voneinander. Und jede übte die politische Kontrolle über die landwirtschaftlichen Gebiete aus, die in ihrem Bereich lagen. Damit war eine zugleich ökonomische und politische Teilung des Landes gegeben: Granada beherrschte den östlichen, León den westlichen Teil des Landes.

Granada, über dessen Hafen das Gold und Silber aus Mittelamerika sowie der Kakao, das Indigo und der Purpur zum Export verschifft wurden, blühte sehr schnell auf. Eine Schicht reicher Händler und Plantagenbesitzer bildete sich heraus, die sich nach der Unabhängigkeit auf die Seite des Klerus stellte und die liberalen Bestrebungen der Leoneser Fraktion torpedierte. Die Leoneser Fraktion setzte sich aus mittleren Grundbesitzern, aber auch aus Handwerkern und den wenigen Gebildeten jener Zeit zusammen, welche aus dem *Colegio Mayor Tridentino* hervorgingen, das seit der Kolonialzeit in León bestand und 1812 zur Universität, der einzigen des Landes, aufrückte.

Beim Auseinanderfallen der *Mittelamerikanischen Föderation* wollten daher beide Städte, die in Fehde lagen und über eine regionale Autonomie verfügten, den Status der Hauptstadt für sich in Anspruch nehmen, das heißt, beide wollten etwas repräsentieren, das sie Nation nannten, das sich aber durch keine festen Umrisse bestimmen ließ. Die Republik Nicaragua war nichts anderes als eine unbekannte und unerforschte territoriale Ausdehnung, in der es wenig bebautes Land gab, eine zahlenmäßig geringe und rechtlose Landbevölkerung aus Mestizen, die in kleinen, weit auseinander liegenden Ansiedlungen verstreut lebten. Die Latifundisten und die Händler selbst hatten sich zur Nation erklärt und zogen in die Machtkämpfe der Bürgerkriege die Bauern mit hinein, ließen sie unter ihren Fahnen für nichts und wieder nichts kämpfen und sterben. 1854 begannen die konservative Partei der *Granadiner*, die sogenannte legitimistische Partei, und die liberale Partei der *Leoneser,* die demokratische, einen neuen Krieg, dessen Folgen alle anderen an Bitternis und Tragik übertraf.

Zwar verstärkte sich die imperialistische britische Expansion im 19. Jahrhundert, aber auch die ökonomische Macht der Vereinigten Staaten begann sich zu festigen. Diese richteten ihr Augenmerk sofort auf den amerikanischen Subkontinent. Zum Schutz dieses Jagdgeheges proklamierte Präsident James Monroe 1823 seine berühmte Doktrin »America for the Americans«.

Dieser Hegemonieanspruch der Vereinigten Staaten, der zur Annexion großer Teile mexikanischen Territoriums und später zum Krieg mit Spanien um den Besitz Kubas führte, beinhaltete als integralen Bestandteil den Bau eines interozeanischen Kanals quer durch Nicaragua. England trat dieses Recht 1850 im Vertrag Clayton-Bulwer an die Vereinigten Staaten ab, ohne daß natürlich die Regierung Nicaraguas je bei solchen Übereinkünften hinzugezogen worden wäre.

Zwei Jahre zuvor geschah jedoch etwas, das tiefgreifende Folgen auf das schon international im Kanalprojekt vorgesehene Territorium Nicaraguas haben sollte: 1848 wurde in Kalifornien Gold entdeckt, in dem Gebiet, das die Vereinigten Staaten nach dem Krieg gegen Mexiko als Kriegsbeute annektiert hatten. Abenteurer, Händler, Geschäftsleute, Glückssucher, Einwanderer strömten aus den nordamerikanischen Städten des Ostens nach Kalifornien, nach San Francisco, das bald von Menschen nur so wimmelte. Die Durchquerung der Wüsten und Prärien war gefährlich, noch immer war der far west terra incognita, das Gebiet feindlicher Indianer, die in jedem Moment die Karawanen überfallen konnten. Zu Schiff aber mußte man die Magellanstraße im äußersten Süden von Amerika umsegeln, in einer nichtendenwollenden und ermüdenden Reise, oder aber man konnte sich bis nach Panama einschiffen, doch auf der Strecke, die dann zu Land zurückgelegt werden mußte, um von einem Ozean zum anderen zu gelangen, erwarteten einen der Dschungel, die Sümpfe und das Fieber.

1849 erteilte die Regierung Nicaraguas dem Kommodore Cornelius Vanderbilt – eine der raffgierigen und skrupellosen Figuren aus der Ahnengalerie des Kapitalismus – eine Konzession für seine Gesellschaft *The Accessory Transit Company* zur Durchquerung des nicaraguanischen Territoriums; seine Schiffe brachten jetzt die Passagiere von New York bis zum Hafen San Juan del Norte an der Atlantikmündung des Río San Juan, sie wurden auf Flußschiffen durch die Río San Juan und den Gran Lago weiter transportiert, und die wenigen Meilen zu Land bis zum Hafen von La Virgen am Pazifik wurden in Reisewagen zurückgelegt. Von dort ging es weiter zu Schiff nach Kalifornien. Alles in allem eine schnelle und vor allen Dingen billige Reise. Vanderbilt verdiente in wenigen Jahren Millionen. Das kleine Fischerdorf San Juan del Norte füllt sich mit Fremden, Hotels werden errichtet, Handelsbüros, Banken, Konsulate schießen wie Pilze aus dem Boden, Gasbeleuchtung wird installiert, eine lebhafte und geschäftige Stadt entsteht da plötzlich mitten im Urwald, mit viktorianischen Gebäuden und Marmortreppen, mit Asphaltstraßen, Boulevards und Reisewagen, und wird Jahre später wieder vom Urwald verschlungen. Die Reisewagen des Kommodore waren in den Farben blau und weiß, der Flagge Nicaraguas, gehalten.

Vanderbilt beschließt, in dem Gefühl, reich zu sein wie kaum ein anderer auf der Welt, seinen Reichtum in großem Stil zu genießen, und läßt sich eine Jacht bauen, die er The White Star tauft und auf der er zu einer großartigen Kreuzfahrt durch das Mittelmeer aufbricht, um der europäischen Aristokratie an Bord seiner Jacht Feste zu geben. Aber nicht nur schenkt niemand diesen üppigen Festen Aufmerksamkeit, denn der Kommodore ist in den Augen der Grafen und Herzoge nichts weiter als ein »Neureicher«, sondern er sieht sich bei seiner Rückkehr vor die Tatsache gestellt, daß seine Teilhaber Morgan und Garrison durch den Aufkauf aller Aktien die Kontrolle der Gesellschaft in ihre Hände manövriert hatten.

Vanderbilt ist nicht der Mann, der klein beigibt. Sein einziger Wunsch ist jetzt, beide zu ruinieren. Er entfernt die Gardinen, Möbel und Teppiche, die Bilder und das Porzellan aus seinem White Star, verwandelt ihn in ein Passagierschiff und befährt die Panama-Route zu noch geringeren Fahrpreisen. Ein gnadenloser Kampf um die Vorherrschaft über die Reisewege nach Kalifornien setzt ein, ein Kampf, der dem Bürgerkrieg in Nicaragua, der 1854 begonnen hat, neue Nahrung gibt und ihn in einen mittelamerikanischen Krieg verwandelt.

Die Liberalen von León erklären die konservative Regierung von Frutos Chamorro in Granada für abgesetzt und beschließen nach dem offenen Ausbruch der Feindseligkeiten, eine Phalanx nordamerikanischer Söldner anzuheuern, um Chamorro zu stürzen. Ein Abenteurer aus den Südstaaten, Byron Cole, der später sein Leben lassen sollte, als er vom Schlachtfeld zu fliehen versuchte und Bauern ihn an einem Baum aufhängten, geht den Vertrag mit den Leonesern ein und rekrutiert in New Orleans ein Söldnerheer, das von William Walker kommandiert wird. Die Schiffahrtsunternehmer Morgan und Garrison finanzieren den Kauf von Waffen, Munition und Lebensmitteln.

Walker, ein typischer Mann aus dem Süden, ein Militär aus Instinkt und ein Verfechter der expansionistischen Politik der nordamerikanischen Sklavenhalterstaaten, hatte wenige Jahre zuvor bei einem Annexionsfeldzug, bei dem das mexikanische Territorium Südkaliforniens in die Vereinigten Staaten eingegliedert werden sollte, eine Niederlage erlitten. Er war Arzt und Rechtsanwalt und verwandte eine wissenschaftliche Sprache, um die Sklaverei als einen notwendigen Faktor für den Fortschritt zu verteidigen. Im Juni 1855 landet er mit seiner Phalanx in Nicaragua und wird von der liberalen Regierung in León mit Jubel empfangen. Er rüstet sich auch sogleich, im Rang eines Generals, in den man ihn erhoben hat, den Ort Rivas einzunehmen, aber es gelingt ihm nicht. Dann aber stürmt er in einem Überraschungsangriff Granada, und jetzt überstürzen sich die Ereig-

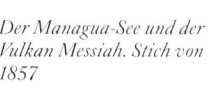
Der Managua-See und der Vulkan Messiah. Stich von 1857

nisse. Politiker werden erschossen, die Reihen der Phalanx werden immer zahlreicher, denn Monat um Monat kommen die Schiffe vollbeladen mit Söldnern, und so ruft Walker sich bereits im Juli 1856 zum Präsidenten von Nicaragua aus, erklärt die englische Sprache zur offiziellen Landessprache und verfügt im September 1856 die Wiedereinführung der Sklaverei.

Als Kernpunkt seines Eroberungsfeldzuges erklärt er die Konzession, die Vanderbilt gewährt worden war, für null und nichtig und unterzeichnet im Februar 1856 eine neue Konzession für Morgan und Garrison.

Auf den Standarten der Bataillone der Piratenphalanx stand ein lapidarer Satz: Five or none. Für Walker war das nicaraguanische Abenteuer nichts anderes als der Auftakt zur Eroberung ganz Mittelamerikas – seiner »fünf Länder oder gar keines« –, denn sein Ziel war die Bildung einer Sklavenföderation der Südstaaten.

Jetzt schlossen sich die mittelamerikanischen Länder über alle alten Streitigkeiten hinweg zusammen und vereinigten ihre Heere zu einem großen Feldzug, um den Eindringling zu verjagen. Vanderbilt, der seine eigenen Interessen verteidigte, und die englische Regierung, die ihr Augenmerk schon seit langem auf den Kanal gerichtet hatte, gaben ebenfalls Geld und Waffen zur Unterstützung dieses Krieges, der eine großartige Befreiungsaktion werden sollte. Denn kaum sechs Monate, nachdem sich Walker zum Präsidenten von Nicaragua ausgerufen hatte,

war die Piratenphalanx geschlagen, trotz der immer wieder aufbrechenden inneren Rivalitäten und des Cholerafiebers, das die Heere dezimierte: Im April 1857 siegten die Mittelamerikaner in der zweiten Schlacht von Rivas, und Walker kehrte unter dem Schutz der Vereinigten Staaten in sein Land zurück.

Hunderte von Mittelamerikanern ließen ihr Leben in diesen Kämpfen, die in vieler Hinsicht über das Überleben Nicaraguas entschieden. Walker hatte viele Männer ermorden lassen, ganze Ortschaften in Schutt und Asche gelegt. Als er im Dezember 1856 aus Granada abzog, hatte sein Befehlshaber die Stadt in Brand gesetzt und mitten in den rauchenden Ruinen die höhnische Aufschrift anbringen lassen: *Here was Granada*. Der Präsident der Vereinigten Staaten, Pierce, hatte einst die Regierung Walkers anerkannt und seinen Botschafter empfangen, und als Walker jetzt geschlagen nach New York zurückkehrte, wurde er in der Presse wie ein Held gefeiert.

Dieser Beifall und die unverminderte Unterstützung von seiten der Schiffahrtsunternehmer regten Walker zu neuen Eroberungszügen an. 1860 wurde er bei einem Landungsversuch an der Nordküste von Honduras überrascht, von einem Standgericht zum Tode verurteilt und in der Stadt Trujillo erschossen.

Dieser Krieg, der Mittelamerika aufrieb, schmiedete neue Glieder in der Kette der heldenmütigen Taten, die uns zu Sandino führen. Eine kleine Schar Soldaten, nicaraguanische Bauern, schlägt die Piraten bei der Verteidigung der Hazienda San Jacinto im September 1856 in die Flucht; ein Soldat mit Namen Andrés Castro bewaffnet sich, da er kein Gewehr besitzt, mit einem Stein, springt aus dem Schützengraben und streckt damit einen Nordamerikaner nieder. Und ein Lehrer aus Nicaragua und ein Trommler aus Costa Rica, fast ein Kind noch, laufen wiederholt mit einer brennenden Fackel in der Hand unter den feindlichen Kugeln hindurch und stecken die Stellungen der Falangisten in Brand. Sie waren Männer aus dem Volk, der Lehrer hieß Emmanuel Mongalo, der Trommler Juan Santamaría. Es war das gleiche Blut von Bauern und Handwerkern, das später in den Adern der Soldaten im Heer von Sandino fließen sollte.

Die streitenden Parteien in Nicaragua unterschrieben einen Friedensvertrag. Es folgte eine lange Zeit der Waffenruhe, in der fast dreißig Jahre die konservativen Familien von Granada das Land regierten. Diese Zeit fiel mit der Waffenruhe zusammen, die die kapitalistischen Länder hinsichtlich des Kanals einhielten, denn in den Vereinigten Staaten herrschten die Sezessionskriege, und England führte seine Kolonialkriege in Afrika. Das Kanalprojekt ruhte all diese Jahre über, in denen es zwar keine Kriege gab, aber sich auch nichts in Nicaragua veränderte. Eine patriarchalische Regierung herrschte über das Land, als handelte es sich um eine große Farm.

Nach der Niederschlagung der Pariser Commune 1871 machte der expansive Kapitalismus einen neuen Vorstoß, der stärker als je zuvor die peripheren Länder wie die mittelamerikanischen in die Rolle von Rohstofflieferanten für die Industrien der Metropolen abdrängte. Dieser neuen Ordnung der Welt zufolge wird Mittelamerika zuerst Kaffee- und dann Bananenexporteur. Der Kaffeeanbau hat zur Folge, daß das Land in den Händen einiger weniger konzentriert wird und daß eine große Zahl von Arbeitskräften erforderlich ist. Das gibt den liberalen Gruppen die Gelegenheit, die konservativen Regierungen mit Hilfe der Militärs zu stürzen und die Ländereien der Kirche zu enteignen.

Jetzt beginnt, zuerst 1872 in Guatemala, eine Regierungszeit liberal eingestellter Kaffeeplantagenbesitzer. Die große Welle der Veränderungen, die in Nicaragua allerdings erst viel später einsetzte, bewirkte 1893 den Sturz der Konservativen in Granada und die Errichtung einer liberalen Militärdiktatur unter General José Santos Zelaya.

Auf der anderen Seite nehmen nordamerikanische Gesellschaften wie die *United Fruit Company*, die bereits zu Beginn des 20. Jahrhunderts Bananen gepflanzt, exportiert und auf dem Weltmarkt gehandelt hat, riesige Flächen Landes in ihren Besitz. Die Niederlassungen der Bananengesellschaften verwandeln sich in Guatemala, Honduras und Costa Rica geradezu in selbständige Staaten, die ihre eigenen Gesetze, Städte, Polizeitruppen, Geschäfte und ihre eigene Währung haben, während die Länder selbst nur einen minimalen Anteil an den Gewinnen haben und am Rande dieser Imperien bleiben.

General Zelaya regiert Nicaragua sechzehn Jahre. Während seiner Amtszeit wechseln sich blutige Kämpfe gegen politische Feinde und einige fortschrittliche Maßnahmen ab. Niemals gab Zelaya die Hoffnung auf, daß eine Weltmacht den Bau des Kanals in Angriff nehmen würde, denn er glaubte getreu den Vorstellungen jener Zeit, daß der Fortschritt eine Hervorbringung des expansiven Kapitalismus sei, daß der Kanal eine Quelle des Reichtums für das Land bedeuten würde.

Gerade zu diesem Zeitpunkt treten die USA in ihrer Rolle als imperialistische Macht in eine neue Etappe ein, und die Losung *America for the Americans* erfährt eine neue Auslegung. Die USA haben den Krieg mit Spanien um die Macht über Kuba gewonnen, und Präsident Theodore Roosevelt bringt die Landenge von Panama gewaltsam in amerikanischen Besitz, indem er dieses Gebiet kurzerhand vom kolumbianischen Territorium abtrennt und auf diese Weise den Kanalbau sichert. Die Monroe-Doktrin hat sich in die des *big stick* verwandelt: Haiti, Santo Domingo, Kuba, Honduras, Mexiko und Nicaragua werden militärisch besetzt.

Als Zelaya von der Entscheidung Roosevelts über Panama Kenntnis erhält, wendet er sich an einige europäische Staaten, darunter auch an Deutschland, um mit ihnen über eine Kanalkonzession zu verhandeln. Sein Sturz 1909 und die unmittelbar darauffolgende Besetzung Nicaraguas durch die US-Kriegsmarine sind wohl vor allem auf diese Verhandlungen zurückzuführen, aber auch auf seine feindselige Haltung gegenüber den Vereinigten Staaten, die ihn in das Feuer der frisch verkündeten Doktrin der *dollar diplomacy* geraten läßt, nach der das State

Hipp Point: Zusammenfluß von Sarapiqui und Rio San Juan. Stich von 1856

Department zu einem Gewährsmann der Bankiers und Finanzleute bei ihrem Geschäften mit Anleihen und Hypotheken wird. Es werden folgsame Regierungen im karibischen Raum gebraucht, andernfalls stehen die *Marines* stets als ihre Polizei zur Verfügung und wachen auch darüber, daß der Friede in den Enklaven der Bananengesellschaften nicht gestört wird. Von nun an gehören die Länder Mittelamerikas der *United Fruit Company* und der *Baccaro Brothers & Co*, die Präsidenten absetzen, Abgeordnete kaufen, Gesetze für ungültig erkären oder neue erlassen und Kriege führen. Sie sind jetzt die *banana republics*.

Ende 1909 erheben sich die Konservativen mit der offenen Unterstützung des State Departments an der Atlantikküste, einer Gegend undurchdringlicher Dschungelwälder, die glänzend für Revolten geeignet ist, gegen Zelaya. Die *Rosario and Light Mines Company,* eine im Land ansässige nordamerikanische Bergwerksgesellschaft der Familie Buchanan, von der Zelaya ausstehende Steuerzahlungen eingefordert hatte, finanziert das Heer der Konservativen. Zwei Nordamerikaner, die Söldner in den Reihen des konservativen Heeres waren, werden von den Regierungstruppen erschossen. Das gibt Staatssekretär Mr. Philander C. Knox, der Rechtsanwalt der *Rosario & Light Mines Company* und Berater der Familie Buchanan ist, den willkommenen Anlaß, Zelaya in einer diplomatischen Note vom 9. Dezember 1909 für abgesetzt zu erklären. Vierundzwanzig Stunden später erfolgt sein Rücktritt, denn in dem Machtspiel der Vereinigten Staaten im karibischen Raum kam eine solche Mitteilung der Absetzung gleich. Die Präsidentschaft geht in die Hände des Doktor José Madriz über, der sich aber nicht an der Macht halten kann, denn die US-Kriegsschiffe patrouillieren vor den Küsten Nicaraguas, bringen den Konservativen Waffen und halten die vorrückenden Regierungstruppen auf, indem sie die von den Konservativen besetzten Gebiete zu »neutralen Zonen« erklären und sie ermächtigen, Zollgebühren zu erheben.

Die Generale der konservativen Partei ziehen in Managua ein und bilden im Einverständnis mit den Vereinigten Staaten eine Regierung,

San Juan del Norte. Stich von 1855

an deren Spitze bald der Hauptbuchhalter der *Rosario & Light Mines Company,* Adolfo Díaz, stehen sollte.

Mister Knox entsendet daraufhin einen der Anwälte seiner Gesellschaft, Mister Dawson, nach Nicaragua, um der konservativen Regierung eine Reihe von Bedingungen aufzuerlegen, die unter dem Namen *Dawson-Verträge* bekannt geworden sind: Aufnahme von Anleihen zur »Rettung der finanziellen Lage des Landes« ausschließlich bei nordamerikanischen Banken; keine Vergabe von Konzessionen, einschließlich der Kanalrechte natürlich, an andere Staaten; Empfehlungen, wie die neue Regierung auszusehen habe.

Nicaragua wurde in kürzester Zeit – und so wird es in den internationalen Finanzkreisen bekannt – die *Brown Brothers Republic,* denn diese Gesellschaft teilte sich gemeinsam mit der *J & W Seligman, U. S. Morgage Trust Company* und anderen Gesellschaften wie im Evangelium die Bodenschätze und Reichtümer des Landes: Sie nahmen seine Eisenbahn in ihre Verwaltung, kassierten die Zolleinnahmen, nahmen die Banken und die Bergwerke in ihren Besitz. 1912 eilte die Kriegsmarine auf den Hilferuf des »Hauptbuchhalters« unverzüglich herbei, als er Gefahr lief, von einem seiner früheren Verbündeten gestürzt zu werden. Sie bombardierte die Stadt Masaya, und die *Marines* selbst nahmen an diesem Kampf teil. Sie verhafteten den Anführer der Aufständischen und warfen ihn in ein Gefängnis in der Panamakanalzone. Jetzt erhebt sich ein anderer Mann aus dem Volk zum Nationalhelden: General Benjamín Zeledón, der »Indio Zeledón«, ergibt sich den Okkupationstruppen nicht. Er wird von ihnen gejagt und ermordet und sein Körper auf dem Rücken eines Pferdes zur Schau getragen.

Seitdem behielten die nordamerikanischen Okkupationstruppen das Land unter ihrer Kontrolle, beschützten mit ihren Bajonetten die konservativen Regierungen, die bis 1928 von einem Familienmitglied auf das andere übergehen und weiter gehorsam das Land den ausländischen Interessen ausliefern. Sie stürzen es in Schulden und verpfänden immer mehr nationale Reichtümer. Der Höhepunkt war 1914 erreicht, als General Emiliano Chamorro, Botschafter des Präsidenten Adolfo Díaz in Washington, mit Staatssekretär Mr. Jennis Bryan einen Vertrag unterzeichnete, der die Rechte über den Bau des interozeanischen Kanals der Regierung der Vereinigten Staaten übertrug, ihr die Souveränität über die erforderliche Fläche überließ und das Recht, Schiffsbasen im Golf von Fonseca und auf den Islas del Maiz zu errichten:

»Die Regierung der Vereinigten Staaten hat das Recht, die Pacht und die Konzessionen nach Ablauf der jeweiligen Frist für einen weiteren Zeitraum von neunundneunzig Jahren zu verlängern. Dabei ist ausdrücklich vereinbart, daß das Territorium, das hiermit in Pacht genommen wird, und die Schiffsbase, die kraft obengenannter Konzession errichtet werden kann, ausschließlich den Gesetzen und der Souveränität der Vereinigten Staaten unterliegen«, heißt es in diesem Vertrag, der die Souveränität eines Landes verkauft. Dafür erhielt die Regierung drei Millionen Dollar, die sofort an die Bankiers überwiesen wurden, um alte Schulden abzuzahlen. Es war ein so schäbiger Handel, daß ihn sogar der US-Kongreß jahrelang nicht ratifizieren wollte.

Die Vereinigten Staaten hatten mit diesem Vertrag nicht so sehr eine Konzession für den Bau eines Kanals erhalten, als vielmehr die Garantie, daß niemand ihn bauen wird. Denn der Panamakanal war im gleichen Jahr beendet worden, und darum waren sie nicht an einem neuen Unternehmen interessiert, das weitere Millionen Dollar verschlingen würde. Díaz und Chamorro regierten in Nicaragua, um dieses Vorzugsrecht zu garantieren, und die Kriegsmarine war zu ihrer Garantie im Lande.

1923 stirbt plötzlich einer der Präsidenten aus dem Familienclan, und die Präsidentschaft geht auf Don Bartolomé Martínez über, den ersten der konservativen Präsidenten, der nicht seiner Herkunft nach zur Oligarchie gehörte und darum einen gewissen Handlungsspielraum hatte. Die Überraschungen, die dieser unbekannte Politiker bereiten sollte, waren denn auch nicht wenige: Er tilgte nicht nur einen großen Teil der Schulden bei den nordamerikanischen

Bankiers, kaufte die Aktien der Nationalbank auf und verstaatlichte sie, sondern bemühte sich auch für die Wahlen, die 1925 stattfinden sollten, um eine Koalition mit den Liberalen gegen die konservative Oligarchie. Denn nach diesen Wahlen hatten die Vereinigten Staaten angekündigt, ihre Truppen abzuziehen

Die US-Kriegsmarine hatte sich nach all den Jahren, die sie schon im Land war, bei der Bevölkerung verhaßt gemacht. Die Zusammenstöße zwischen Marines und Nicaraguanern häuften sich in den Straßen. Einmal stürmten die Marines sogar das Büro einer Zeitung, weil sie abfällig über ihre Anwesenheit im Land geschrieben hatte. Und da der Vertrag Bryan-Chamorro den Nicht-Bau des Kanals garantierte, wird jetzt auch ihre Anwesenheit nicht mehr als so unbedingt erforderlich betrachtet.

Die Koalition unter Führung von Präsident Martínez gewinnt 1925 die Wahlen. Präsident wird Carlos Solórzano, ein Konservativer. Zu seinem Vizepräsidenten macht er Dr. Juan Bautista Sacasa, einen Angehörigen der liberalen Leoneser Oligarchie. General Emiliano Chamorro, dem die Nordamerikaner einst zur Präsidentschaft verholfen hatten, als er den Kanalvertrag unterschrieb, hatte eine Niederlage erlitten. Doch gab sich Chamorro, der ein militärischer Caudillo und von großem Ehrgeiz getrieben war, nicht geschlagen, zumal er sich noch immer in der Gunst des State Department wußte. Die Vereinigten Staaten jedoch billigten die Wahl Solórzanos und Sacasas. Sacasa hatte in den USA studiert, und Solórzano war ein unscheinbarer und einfältiger Mann, der Furcht hatte, allein das Land zu regieren, und darum die Marines inständigst bat, nicht abzuziehen, wie sie es angekündigt hatten.

Im August 1925 verließen die Marines Nicaragua und beendeten damit die zweite Periode der Okkupation, die das Land durchzumachen hatte. Aber sie verließen es nur, um nach wenigen Monaten zurückzukommen.

Die Regierung Solórzanos glich den vielen anderen, die das Land zuvor beherrscht hatten, doch die Mißstände mehrten sich mit seiner eigenen Apathie und Schwäche und mit der allgemeinen Korruption, die unter den Mitgliedern seiner Familie herrschte. Freilich beschloß Chamorro nicht aus diesen Gründen, ihn zu stürzen. Im Oktober 1925 besetzte er alle Garnisonen des Landes, und im Januar 1926 ließ er sich von der Nationalversammlung zum Präsidenten ausrufen. Allerdings ging seine Rechnung, den Segen der Yankees zu erhalten, ohne den er sich nicht an der Macht halten konnte, durch einen technischen Fehler nicht auf. Die USA hatten vor Jahren mit den mittelamerikanischen Staaten einen Vertrag »für Frieden und Freundschaft« abgeschlossen, und eine seiner wichtigsten Klauseln war, keine Regierung anzuerkennen, die durch einen Staatsstreich an die Macht gekommen war. Nicaraguas Liberale fordern, daß laut Verfassung des Landes die Präsidentschaft nach dem Sturz Solórzanos an Dr. Sacasa überzugehen habe. Um dieser Forderung Nachdruck zu verleihen, landen an dem immer gleichen Ort, der Atlantikküste, erste aufständische Truppen, die schnell von US-Kriegsschiffen eingekreist werden. Im Mai 1926 wird das ganze Landungsgebiet, die Stadt Bluefield, zur »neutralen Zone« erklärt und werden Truppen stationiert, »um das Leben gefährdeter Nordamerikaner zu schützen«.

Da es nur allzu offenkundig gewesen wäre, wenn das State Department über den Vertrag »für Frieden und Freundschaft« hinweg die Regierung seines alten und getreuen Dieners

Die Straße von Masaya in der Stadt Granada. Stich von 1856

Chamorro anerkannt hätte, läuft das Kriegsschiff The Denver im Hafen von Corrinto ein. Dort finden sich im Oktober 1926 Vertreter der beiden Parteien zu Friedensgesprächen ein, die zu keinem Ergebnis führen. Im Dezember richten die Liberalen mit Hilfe von Geld, Waffen und Schiffen der mexikanischen Regierung ihre Regierung mit Solórzano an der Spitze in Puerto Cabezas an der Atlantikküste ein. Ihr Kriegsminister und Oberkommandierender des Heeres war eine weitere verhängnisvolle Figur in der Ahnengalerie nicaraguanischer Politiker: General José María Moncada.

Die Männer, die die Geschicke Nicaraguas von Washington aus lenken, haben – trotz ihrer Vorliebe für Chamorro – keine andere Wahl, als ihn im gleichen Monat Dezember, in dem der Bürgerkrieg ausbricht, von seinem Posten abzuberufen. Sie schicken ihn als Botschafter nach Europa und lassen an seiner Stelle – welche Überraschung – den »Hauptbuchhalter« Adolfo Díaz zum Präsidenten ausrufen, der weder jetzt noch irgendwann Skrupel empfand, einfach, weil er keine Skrupel kannte.

Die Hilfe, die Mexiko den aufständischen Liberalen gewährte, diente der Regierung der USA als Vorwand, ihre Unterstützung für Díaz zu rechtfertigen. Sie anerkannte sofort seine Regierung und schickte auch alsbald eine große Anzahl Kriegsschiffe nach Nicaragua, um mit Hilfe der Marines den Vormarsch des »konstitutionalistischen Heeres«, das General Moncada befehligte, aufzuhalten. Zu diesem Zeitpunkt hatte die mexikanische Revolution, die 1911 begonnen hatte, ihren Höhepunkt erreicht. Eine umfassende Agrarreform war eingeleitet worden, und die nachrevolutionären Regierungen vertraten eine auf die nationalen Interessen ausgerichtete Politik, die die Nationalisierung der Bodenschätze als eine ihrer wichtigsten Forderungen beinhaltete, denn das mexikanische Erdöl an der Golfküste, in Veracruz und Tamaulipas, war im Besitz mächtiger US-Konsortien. (Jahre später überführte General Lázaro Cárdenas diese Vorkommen in mexikanischen Besitz.) In Washington beschuldigte Staatssekretär Frank B. Kellog die »mexikanischen Bolschewiki«, Unordnung und Unruhe in ein Land zu

Polizeistation auf dem Hauptplatz in Granada. Stich von 1856

tragen, das immer beispielhafte Regierungen gehabt habe.

Unterdessen wird die militärische Lage für die Regierung Adolfo Díaz immer ungünstiger, und die US-Kriegsmarine weiß, daß er sich ohne ihre Hilfe, die sie ihm auch ohne zu zögern gewährt, nicht an der Macht halten kann. Im Dezember 1926 landen die sieggewohnten Marineeinheiten wieder einmal an der Atlantikküste, wo sie nach ihrer berühmten Taktik der »neutralen Zone« die Regierung Sacasa einkreisen und isolieren und einen großen Teil der Waffen und der Munition ins Wasser werfen. Im Januar 1927 landen sie an der Pazifikküste, besetzen Häfen, die Eisenbahnlinie und die wichtigsten Städte. Am 9. Januar beteiligen sie sich mit ihren Flugzeugen an der Schlacht von Chinandega und setzen die Stadt in Brand.

Doch das »konstitutionalistische Heer« ist bereits auf dem Vormarsch durch den Dschungel, von der Laguna de Perlas aus über die Berge Las Segovias und die Hochebenen von Chontales und Boaco in Richtung Pazifik, und trotz der Präsenz der Marines sind sie im April in die Nähe der Hauptstadt gelangt und bereiten sich auf den Angriff vor.

Präsident Coolidge, der persönlich daran interessiert ist, daß der »Hauptbuchhalter« Adolfo Díaz nicht gestürzt wird, entsendet seinen persönlichen Freund Mr. Henry Stimson mit allen Vollmachten ausgestattet nach Nicaragua, um vor Ort die Lage zu klären, koste es, was es wolle. Mr. Stimson kommt Ende April in Nicaragua an und hat am 4. Mai in Tipitapa, wenige Kilometer von Managua entfernt, eine Unterredung mit General Moncada. Es herrscht Waffenruhe. Die liberalen Truppen halten schon Boaco besetzt, womit bereits mehr als die Hälfte des Landes unter ihrer Kontrolle ist. In dieser Unterredung stellt Stimson Moncada vor die Alternative, einen Waffenstillstand zu unterzeichnen, der Adolfo Díaz bis zu den nächsten Wahlen von 1928, die garantiert unter dem Schutz der natürlich weiter im Land verbleibenden Marines stattfinden würden, auf seinem Posten beläßt, oder andernfalls den Okkupationstruppen die Stirn zu bieten, die den Aufständischen sofort den Krieg erklären würden, um sie zu entwaffnen.

General Moncada wählt den ersten Weg. Mr. Stimson schreibt in seinen »Memoiren« über jene Mission in Nicaragua, daß ihm dieser aufständische General als ein sehr anziehender Mann von nicht geringem Talent erschien, was nichts anderes heißen sollte, als daß Moncada ein Mann war, der einmal zum Präsidenten gemacht werden konnte. Dieser Wink entgeht Moncada nicht, und als er bei seiner Rückkehr nach Boaco seinen Generalstab versammelt, empfiehlt er ihm, der Kapitulation zuzustimmen. Unterdessen werden freizügig öffentliche Posten unter die liberalen Krieger verteilt, jeder erhält die Maulesel und Pferde seiner Kolonne und außerdem zehn Dollar pro Kampftag ausgezahlt. Moncada ausgenommen, war der Preis der Kapitulation nicht hoch, doch alle geben ihre Zustimmung, und es wird ein Telegramm aufgesetzt, das am 8. Mai dem nordamerikanischen Militärkommandanten übergeben wird.

Alle geben ihre Zustimmung, nur einer nicht.

Und hier beginnt die Geschichte General Augusto César Sandinos.

Rubén Darío

DORT WEIT

Unter der nicaraguanischen Sonne
aus Gold sah ich dich schnauben, Ochse, als Kind,
auf dem reichen Feld, und der Tag verrinnt
in tropischer Harmonie. Und im Walde sind
die Taube, der Klang der Äxte und Vögel, der Wind
und wilde Stiere: mein ganzes Leben.

Schwerer Ochse, das frühe Aufgehn der Sonne
und Kühemelken rufst du zurück,
und mein Leben war weißes und rosa Glück,
die gurrende Bergtaube war mein Geschick,
Frühling im Blick,
der göttliche Frühling, mein Leben.

Rubén Darío (1867–1916), einer der größten Dichter der spanischen Sprache, ist bei uns bisher fast unbekannt.

Ernesto Cardenal

EIN NICARAGUANER AUS NIQUINOHOMO

Es gab einen Nicaraguaner im Ausland,
einen »Nica«* aus Niquinohomo,
der arbeitete in der Huasteca Petroleum Co. in Tampico.
Und er hatte fünftausend Dollar gespart.
Und er war weder Militär noch Politiker.
Und er nahm dreitausend Dollar von den fünftausend
und ging nach Nicaragua zu Moncadas Revolution*.
Doch als er ankam, ergab sich Moncada.
Der Nica blieb drei Tage traurig im *Cerro del Común*.*
Traurig, ohne zu wissen, was er nun tun sollte.
Und er war weder Militär noch Politiker.
Er dachte und dachte, und schließlich sagte er zu sich:
Jemand muß es tun.
    Und dann schrieb er sein erstes Manifest.

Der General Moncada telegraphiert den Amerikanern:
ALLE MEINE MÄNNER ERGEBEN SICH AUSSER EINEM.
Mr. Stimpson* stellt ihm ein Ultimatum.
»Das Volk wird Ihnen nicht danken...«
läßt ihm Moncada sagen.
Er versammelt seine Männer im Chipote-Gebirge,
29 Mann (und mit ihm 30) gegen die USA
    ...AUSSER EINEM.
(»einer aus Niquinohomo«...)
Und mit ihm 30.
»Wer den Erlöser spielt, stirbt am Kreuz«,
läßt ihm Moncada noch einmal sagen.
Weil Moncada und Sandino Nachbarn waren,
Moncada aus Masatepe und Sandino aus Niquinohomo.
Und Sandino antwortet Moncada:
»Der Tod bedeutet mir nichts.«
Und schreibt an Stimpson: »Ich vertraue auf den Mut meiner Leute.«
Und an Stimpson, nach der ersten Niederlage:
»Wer glaubt, wir seien besiegt, kennt meine Männer nicht.«

* Spitzname für Leute aus Nicaragua.

* Moncada, Präsident Nicaraguas, hatte sich gegen Soldaten Nordamerikas aufgelehnt.

* Gebirge in Nicaragua.

* Leiter der amerikanischen Intervention.

Und er war weder Militär noch Politiker.
Und seine Männer: viele waren Jungen,
mit Palmstrohhüten und mit Sandalen,
oder barfuß, mit Buschmessern, Alte
mit weißen Bärten, zwölfjährige Kinder mit ihren Gewehren,
Weiße, undurchdringliche Indios, und Blonde, und Schwarze
mit zerrissenen Hosen und ohne Proviant,
die Hosen in Fetzen,
in Indianerreihe marschierend, die Fahne voran,
– ein Lumpen an einen Stock gebunden –
schweigend durch den Regen, und müde,
die Sandalen waten durch die Pfützen des Dorfes
    Viva Sandino!
Und sie kamen vom Gebirge, und sie gingen ins Gebirge zurück,
marschierend, watend, mit der Fahne voran.
Eine Armee auf nackten Füßen oder in Sandalen, fast ohne Waffen,
in der weder Disziplin noch Unordnung herrschte,
und in der weder Führer noch Truppe Sold erhielten,
doch niemand war gezwungen zu kämpfen:
und es gab militärische Ränge, aber alle waren gleich
ohne Unterschied bei der Verteilung des Essens
und der Kleidung, dieselbe Ration für alle.
Und die Führer hatten keine Adjutanten;
eher eine Gemeinschaft als eine Armee
und einig eher durch Liebe als durch Militärdisziplin,
und doch gab es nie eine größere Einigkeit in einem Heer.
Ein fröhliches Heer, mit Gitarren, mit Umarmungen.
Ein Liebeslied war ihr Kriegsgesang:

    Wenn Adelita mit einem anderen ginge,
    Würde ich ihr folgen übers Land, übers Meer.
    Auf dem Meer nähm ich ein Kriegsschiff,
    Auf dem Land einen Zug des Militär.*

»Die Umarmung ist unser aller Gruß«,
sagte Sandino – und niemand hat so umarmt wie er.
Und immer, wenn sie von sich sprachen, sagten *alle:*
»Wir alle…« »Wir alle sind gleich.«
»Hier sind wir alle Brüder«, sagte Umanzor*.
Und alle blieben zusammen, bis man sie umgebracht hatte.
Gegen Flugzeuge kämpften sie mit Bauerntruppen,
einziger Sold das Essen, die Kleidung und die Waffen,
und jede Kugel, als sei sie aus purem Gold,
geschossen wurde mit Mörsern, aus Eisenrohren,
und mit Bomben aus Steinen und Glasstücken,
gefüllt mit Dynamit aus den Minen und in Felle gepackt,
mit Granaten aus Sardinenbüchsen.

»He is a bandido«, sagte Somoza, »a bandolero.«
Und Sandino hatte nie Eigentum.
Was übersetzt heißt:
Somoza nannte Sandino einen Straßenräuber.
Und Sandino hatte nie Eigentum.
Und Moncada nannte ihn Bandit bei den Banketten,
und Sandino hatte in den Bergen nicht mal Salz,
und seine Männer zitterten im Gebirge vor Kälte,
und auf das Haus seines Schwiegervaters
hatte er Geld aufgenommen,
um Nicaragua zu befreien, während im Präsidentenhaus
Moncada auf Nicaragua Geld aufnahm.
»Natürlich ist er kein Räuber«, meinte der amerikanische Minister

---

* *Mexikanisches Volkslied, das die Soldaten Pancho Villas sangen.*

* *Guerillageneral in Sandinos Armee.*

lachend, »aber wir nennen ihn bandolero im technischen Sinne.«
Was ist das für ein Licht in der Ferne? Ist es ein Stern?
Es ist das Licht Sandinos in den schwarzen Bergen.
Da ist er mit seinen Männern neben dem roten Strohfeuer,
die Gewehre geschultert und in Decken gehüllt,
rauchend oder traurige Lieder aus dem Norden singend,
reglos die Männer, ihre Schatten bewegt.

Sein Gesicht war ausdruckslos wie das eines Geistes,
entrückt beim Meditieren und in Gedanken
und ernst in Aktionen und bei Unwettern.
Und Sandino hatte kein Soldatengesicht,
sondern das eines Dichters, der Soldat wird aus Notwendigkeit,
und das eines unruhigen Menschen, der beherrscht ist von Heiterkeit.

Zwei Gesichter waren in seinem Gesicht:
ein Ausdruck, der dunkel war und gleichzeitig leuchtend;
traurig wie ein Nachmittag in den Bergen
und fröhlich wie der Morgen in den Bergen.
Im Licht verjüngte sich sein Gesicht,
und im Schatten wuchs darin die Erschöpfung.
Und Sandino war weder klug noch gebildet,
doch er kam klug zurück aus den Bergen.

»In den Bergen lernt sich alles«, sagte Sandino
(und er träumte von der Provinz Segovia – voller Schulen),
und er bekam Nachrichten von allen Bergen,
und es schien, als spioniere jede Hütte für ihn
(dort, wo der Fremde wie der Bruder aufgenommen wird,
jeder Fremde, auch der »americano«)
        »auch die Yankees...«
Und: »Gott wird für die Segovianer sprechen...« sagte er.
»Nie habe ich geglaubt, daß ich lebend diesen Krieg überstehe,
aber immer habe ich geglaubt, daß er notwendig war...«
Und: »Glaubt ihr, daß ich Großgrundbesitzer werde?«
Es ist Mitternacht in den Bergen Segovias.
Und das Licht ist Sandino! Ein Licht und ein Lied...
        Wenn Adelita mit einem anderen ginge.
Aber die Nationen haben ihr Schicksal.
Und Sandino war nie Präsident,
doch der Mörder Sandinos war Präsident,
und er war Präsident 20 Jahre lang.
        Wenn Adelita mit einem anderen ginge,
        Würd ich ihr folgen übers Land, übers Meer,
Die Entwaffnung wurde beschlossen. Man lud die Waffen auf Karren.
Mit Pittahanfstricken gebunden, verrostete Gewehre
und einige alte Maschinengewehre.
Und die Karren fahren herab vom Gebirge.
        Auf dem Meer nähm ich ein Kriegsschiff,
        Auf dem Land einen Zug des Militär.

Telegramm des amerikanischen Ministers (Mr. Lane)
an den Staatssekretär – aufgegeben in Managua
am 14. Februar 1934 um 18.05 Uhr
und empfangen in Washington um 20.50 Uhr:
    »Aus amtlicher Quelle erfahren wir,
    daß das Flugzeug nicht in Wiwilí landen konnte,
    folglich verzögert sich die Ankunft Sandinos...«

Das Telegramm des amerikanischen Ministers (Mr. Lane)
an den Staatssekretär vom 16. Februar,

die Ankunft Sandinos in Managua betreffend,
    Not Printed
wurde nicht im Bericht des Ministeriums veröffentlicht.

Wie die Guardatinaja, die aus dem Gebüsch
auf die Landstraße kommt und von Hunden in die Enge getrieben wird,
und vor den Schützen verharrt,
weil sie weiß, daß sie nirgendwohin kann…

I talked with Sandino for half an hour
– sagte Somoza dem amerikanischen Minister –
but I can't tell you what he talked about
because I don't know what he talked about.
because I don't know what he talked about.
»Und ihr werdet schon sehen, daß ich nie Eigentum haben werde…«
Und: »Es ist ver-fas-sungs-wi-drig!« sagte Sandino.
»Die Guardia Nacional* ist verfassungswidrig.«

»An insult!« sagte Somoza dem amerikanischen Minister
am EINUNDZWANZIGSTEN FEBRUAR um 18.00 Uhr.
»An insult! I want to stop Sandino.«

* Nationalgarde, bestehend aus Armee und Polizei. Die Somozas (Vater und Sohn) waren bisher die einzigen Kommandanten.

Vier Gefangene gruben ein Grab.

»Wer ist gestorben?« fragte ein Häftling.
»Niemand«, sagte die Wache.
»Wofür ist dann das Grab?«
»Was geht es dich an«, sagte die Wache, »grab weiter.«

Der amerikanische Minister ißt zu Mittag mit Moncada.
»Will you have coffee, Sir?«
Moncada sieht unbewegt zum Fenster.
»Will you have coffee, Sir?«
»It's very good coffee, Sir.«
»What?« Moncada sieht vom Fenster weg,
sieht den Diener an: »Oh yes, I'll have coffee.«
Und lacht. »Certainly.«

In einer Kaserne sind fünf Männer in einem verschlossenen Raum
mit Wachen vor Türen und Fenstern.
Einem der Männer fehlt ein Arm.
Kommt der fette Chef mit den Orden, sagt zu ihnen: »Yes.«
Ein anderer Mann wird in dieser Nacht
mit dem Präsidenten zu Abend speisen
(als der Mann, für den man das Grab grub),
und er sagt seinen Freunden: »Gehen wir. Es ist Zeit.«
Und sie fahren hinauf, um mit dem Präsidenten von Nicaragua
zu Abend zu speisen.
Um 10 Uhr nachts steigen sie in Managua aus dem Auto.
An der Stadteinfahrt hält sie die Guardia an.
die beiden Älteren nimmt man in einem Auto mit,
und die anderen drei in einem anderen Auto in eine andere Richtung,
wo vier Gefangene ein Grab gegraben hatten.
»Wohin fahren wir?«
fragt der Mann, für den man das Grab geschaufelt hat.
    Und niemand antwortete ihm.

Später hielt das Auto, und die Guardia sagte:
»Steigt aus.« Die drei stiegen aus,
und der Mann, dem ein Arm fehlte, rief: »Feuer!«

»I was in a concierto«, sagte Somoza.
Und so war es, er war in einem Konzert
oder bei einem Bankett oder er ließ eine Tänzerin tanzen oder
wer weiß welche Scheiße sonst –.
Und um 10 Uhr nachts hatte Somoza Angst.
Plötzlich schrillte das Telefon.
»Sandino möchte Sie sprechen.«
Und er hatte Angst. Einer seiner Freunde meinte:
»Sei nicht feige, du Bock.«
Somoza befahl, den Hörer nicht abzunehmen.
Die Tänzerin fuhr fort, für den Mörder zu tanzen.
Und draußen im Dunkel schrillte und schrillte das Telefon.

Beim Schein einer Taschenlampe
schaufeln vier Männer ein Grab zu.
Und beim Schein eines Februarmondes.

Es ist die Stunde, da der Morgenstern die Mädchen weckt
von Chontales, daß sie Maisbrei kochen,
und der Gummisammler, der Holzfäller
und der Wurzelsammler aufbrechen,
die Bananenfelder vom Mond noch in Silber getaucht,
da: das Heulen des einsamen Präriewolfs und der Schrei des kleinen Papagei
und das Pfeifen der Schleiereule im Mondlicht.
Die Guardatinaja und die Guatuza kommen aus ihren Löchern,
und die Pocoyos und die Gespensterhunde verkriechen sich wieder.
Die Weinende heult am Ufer der Flüsse:
»Hast du's gefunden?« »Nein.« »Hast du's gefunden?« »Nein.«
Ein Vogel klagt wie das Stöhnen eines Baumstumpfs,
dann schweigt die Schlucht, als horche sie auf etwas,
und da: ein Schrei…Von weiter spricht der Vogel
dasselbe traurige Wort, dasselbe traurige Wort.
Die Bauern beginnen ihre Kühe zu rufen:
Tóooo-tó-tótó, Tóooo-tó-tótó, Tóooo-tó-tótó,
die Fischer setzen die Segel auf ihren Booten,
der Telegraphist von San Rafael del Norte telegraphiert:
GUTEN MORGEN NICHTS NEUES IN SAN RAFAEL DEL NORTE
und der Telegraphist aus Juigalpa: NICHTS NEUES IN JUIGALPA

Und die Stämme kommen den Rio Escondito herunter
mit den Enten, die schreien cuá-cuá-cuá, und die Echos,
die Echos, während der Schlepper mit den Stämmen entschwindet
auf dem grünen Grasfluß,
hinunter zum Atlantik…

Und in den Salons des Präsidentenpalasts
und in den Höfen der Gefängnisse und in den Kasernen
und in der amerikanischen Botschaft und auf der Polizeistation
sehen sich die, die wach waren während der Nacht, im blassen
Morgenrot an, die Gesichter und Hände befleckt wie von Blut.

»I did it«, sagte später Somoza.
»I did it for the good of Nicaragua.«

Und William Walker* meinte, bevor man ihn umbrachte:
»Der Präsident Nicaraguas ist Nicaraguaner.«

* Amerikaner, der sich im 19. Jahrhundert selbst zum Präsidenten Zentralamerikas ernannt hatte.

HUMBERTO ORTEGA
WOHER WIR KOMMEN

*Humberto Ortega gehört der Regierung des Nationalen Wiederaufbaus als Verteidigungsminister an und ist Mitglied der Nationalen Leitung der FSNL; 1975 veröffentlichte er »Dreißig Jahre Geschichte des Befreiungskampfes in Nicaragua«, ein Standardwerk zu diesem Thema.
Er führt uns – anschließend an den Artikel von Sergio Ramírez – weiter vom Befreiungskampf des Augusto César Sandino, des großen Volkshelden Nicaraguas, zur Gründung der FSNL, die seit 1961 die Tradition des Befreiungskampfs wieder aufnimmt, bis zum Sieg über die Somoza-Diktatur im Volksaufstand.*

Der bewaffnete Volksaufstand vom Juni 79 ist Bestandteil eines geschichtlichen Entwicklungsprozesses, der von Sandino ausgeht.

Im sogenannten »konstitutionalistischen Krieg«, der 1926 ausbrach, kämpfte die liberale Partei mehr um die Regierungsmacht als um wesentliche gesellschaftliche Veränderungen, wie sie es vorgab. Um das Volk für sich zu gewinnen, präsentierte sie sich als Fortsetzerin des von Präsident Zelaya Anfang des Jahrhunderts eingeleiteten progressiven Entwicklungsprozesses, lieferte sich aber schließlich völlig den Interessen des Imperialismus aus. Ihre politische Linie verband sich nur allzu schnell mit der der konservativen Oligarchie, die den Staatsapparat beherrschte.

Das Doppelspiel hörte vollends auf, als General Moncada 1927 die Waffen niederlegte. Sandino führte mit seinem Volksheer den Kampf allein weiter. Das bedeutete nichts anderes als die historische Polarisierung zwischen der yankeehörigen konservativen und der liberalen Bourgeoisie auf der einen und der entstehenden revolutionären Bewegung auf der anderen Seite. In den klassischen Begriffen ausgedrückt: Ausbeuter- und ausgebeutete Klasse standen sich gegenüber. Darauf ist der revolutinäre Kampf der *Sandinistischen Befreiungsfront* zurückzuführen.

Sandino führte seinen anti-imperialistischen Befreiungskrieg bis Ende 1932 und ließ für diese Zeit die Auseinandersetzung zwischen der Bourgeoisie und der lokalen Oligarchie beiseite. Er siegte schließlich gegen die nordamerikanischen Interventionstruppen, aber aus verschiedenen Gründen – politischer Kontext, internationale Lage, Rückständigkeit der nicaraguanischen Arbeiterbewegung – hatte sein Sieg kaum Auswirkungen auf politischer und ökonomischer Ebene.

Es hatte seit der Intervention im Jahre 1909 hunderttausend Tote gegeben. Das Volk war müde. Es rückten jetzt mehr politische und organisatorische als militärische Aufgaben in den Vordergrund. Sandino wußte das und hatte nicht die Absicht, mit verschränkten Armen dazustehen. Er hatte bereits dem Kampf gegen die Interventionstruppen einen Inhalt der »sozialen Emanzipation«, wie wir es nennen, gegeben, und er hatte die Liberalen und die Konservativen immer als eine Schar feiger Verräter angeprangert. Nach dem Abzug der *gringos* hat er die erklärte Absicht, den Kampf gegen die Fraktionen aufzunehmen, die sich ihnen ausgeliefert hatten. Er spricht selbst davon, eine Partei der Studenten, der Arbeiter und seiner Soldaten zu gründen: da wird er auf Befehl Somozas ermordet, und der Diktator beginnt seine Herrschaft.

Aber die Klassenauseinandersetzungen verschwanden mit dem Tod Sandinos nicht. Die Klassenwidersprüche waren zu manifest geworden und die revolutionäre Bewegung formierte sich langsam. Es ist kein Zufall, daß hervorragende Kampfgefährten Sandinos von der Nationalgarde verfolgt und umgebracht wurden, so General Pedro Altamirano 1937 und Eliberto Reyes 1942, um nur zwei Beispiele zu nennen. In den Jahren 1947 und '48 entwickelten sich Guerrillabewegungen an verschiedenen Orten Nicaraguas.

Während dieser Zeit bildete sich das Landproletariat heraus, die gesellschaftlichen Konflikte spitzten sich zu, und in den fünfziger Jahren brach die Krise des Somozismus unverhüllt aus.

Der bewaffnete Kampf erhielt durch isolierte Aktionen einzelner Gruppen eine neue Bedeutung, denken wir nur an die Erschießung des Begründers der Familiendynastie Somoza, Luis Somoza García. In der Zeit zwischen der Hinrichtung des Diktators 1956 und den Jahren 1960/61 entsteht die FSLN, bilden sich mehr als 20 Guerrillagruppen. Fidel Castro war noch in der Sierra Maestra, als in Nicaragua bereits die erste Guerrillabewegung unter der Führung von Ramón Raudales, einem Veteranen aus dem Befreiungskampf Sandinos, operierte. Das bezeugt schon allein auf der Ebene der Personen die historische Kontinuität unseres Kampfes. Die *Sandinistische Befreiungsfront* ist die Synthese aller revolutionärer Anstrengungen dieser Jahre. Sie nahm die besten Kämpfer auf, die wichtigsten Erfahrungen, um sie zu einer bewaffneten und politischen Bewegung zusammenzuschließen. Es muß jedoch betont werden, daß die FSLN nicht zu diesem Zeitpunkt entstanden ist, sondern daß sie einen politischen und militärischen Entwicklungsprozeß erneut ins Rollen gebracht hat, den Sandino nicht zum Abschluß hatte bringen können. Jetzt geht der Kampf gegen die Machthaber im eigenen Lande, nicht mehr gegen eine direkte Intervention durch die US-Truppen – obwohl die Macht der USA über die politischen, ökonomischen und kulturellen

Belange des Landes total und die Nationalgarde nichts anderes als ihre Marionette ist.

Alle diese Faktoren haben es ermöglicht, daß unser Kampf an Kraft gewann und sich unter Bedingungen weiterentwickelte, die es vielleicht in anderen lateinamerikanischen Ländern nicht gibt. Die Tatsache, daß unser neuer Anfang mit dem Sieg der kubanischen Revolution zusammenfiel und nicht seinem Beispiel folgend begann, erklärt zweifellos unsere Fähigkeit, einen zähen und beharrlichen Widerstand zu leisten bis zum Sieg.

Die *Sandinistische Befreiungsbewegung* sammelte ihre militärischen Erfahrungen beim Guerrillakampf im nördlichen Hochland. Die Arbeiter in den Städten konnten sich unter der Somoza-Diktatur nur unter den allergrößten Schwierigkeiten politisch und gewerkschaftlich organisieren, denn sie waren auch nur beim kleinsten Ansatz Repressalien ausgesetzt. Wir mußten darum geographisch sichere Gebiete suchen, um uns für den Kampf zu organisieren, wobei uns wohl bewußt war, daß es später notwendig werden würde, den Kampf auf die dichter besiedelten Teile an der Pazifikküste, in denen das Schwergewicht des gesellschaftlichen Lebens des Landes liegt, auszudehnen, um unsere Ziele zu erreichen.

Die Endoffensive, in der sich das Volk ab Juni 79 in allen Teilen des Landes erhob, ist in diesem Sinne der Höhepunkt eines Entwicklungsprozesses, der von der Geburt der FSLN in den Jahren 1960/61 bis zu dem Zeitpunkt reicht, in dem die Akkumulation der Kräfte es uns ermöglichte, in der Pazifikregion – mit Managua als Zentrum – Fuß zu fassen. Die Vorbereitungszeit zog sich über lange Jahre hin, und darin liegt sicher eine der großen Besonderheiten unserer Revolution

Die Guerrillaaktionen der Oktoberoffensive 1977 gegen die Garnisonen der Nationalgarde von San Carlos, Masaya und den Städten des Bezirks Nueva Segovia leiteten eine neue Etappe ein. Sie schufen endgültig die Bedingungen für den bewaffneten Aufstand des Volkes, dessen Basis sich natürlich in den dichtbesiedelten Gebieten befand.

Aber der Aufstand hätte ohne die große moralische Autorität, die die *Sandinistische Befreiungsfront* unter den Massen besaß, nicht ausbrechen können, und diese hatte sie sich in den langen Jahren der verschiedenen Guerrillabewegungen erworben, durch den Kampf in den Städten, die Versuche der Organisierung der Arbeiterklasse und der Wohnviertel in den Städten durch Basisgruppen, durch die erfolgreichen Führungspositionen insbesondere in der Studentenbewegung und durch die Massenmobilisationen. Erst ab Oktober 1977 hat die *Frente* die Strategie des Kampfes verändert: sie ging von der Defensive in die militärische Offensive über.

Und sie ging gleichzeitig – und zwar zum ersten Mal – taktische politische Bündnisse ein, die für diesen Zeitpunkt kühn zu nennen waren. Die *Frente* legte diese Kühnheit inmitten der ökonomischen, gesellschaftlichen und politischen Krise des Somozismus an den Tag und war in der Lage, sie sich zunutze zu machen. Die Krise wurde nicht durch die Schläge, die wir dem System zufügen konnten, hervorgerufen, sondern die Vertiefung der Widersprüche der Diktatur ermöglichte die revolutionäre Kühnheit. Und diese wiederum vertiefte die Krise nur noch mehr.

Aus dieser historischen Perspektive ist der Volksaufstand als Resultat eines langen Reifeprozesses, einer langwierigen Vorbereitungszeit der *Sandinistischen Befreiungsfront* und ihrer Leitung zu verstehen. Entscheidend war, daß wir trotz aller Spaltungen zu einer einheitlichen Auffassung des Volksaufstandes gelangt waren.

Diese revolutionäre Einheit und der ausdauernde offensive Charakter unserer politischen und militärischen Aktionen sind meiner Meinung nach die beiden grundlegenden Beiträge der sandinistischen Revolution, die auch für andere Völker von Interesse sein können, obwohl wir auch nicht im Traum daran denken, irgend jemandem eine Lehre zu erteilen.

Wir selbst haben große Anstrengungen unternommen, unsere eigene Geschichte zu verstehen und zu verarbeiten, d. h. zu begreifen, woher wir kommen. Wir haben uns auch in der revolutionären Geschichte anderer Völker umgesehen, was uns wiederum half, die aus der eigenen Geschichte gezogenen Lehren noch klarer zu sehen. Die revolutionäre Kühnheit zum Beispiel lernten wir aus der kubanischen Geschichte, in der sie immer eines der Wesensmerkmale war. Wir haben uns jedoch immer bemüht, aus der Geschichte zu lernen, ohne sie jemals zu wiederholen. So haben wir die Formen des Guerrillakampfes in den Bergen mit nur uns eigenen Formen des Kampfes in den Städten und Dörfern verbunden. Es ist wirklich nicht übertrieben zu behaupten, daß wir unseren eigenen Beitrag auf dem Gebiet des bewaffneten Kampfes geleistet haben, weil wir nichts mechanisch nachgeahmt haben, und dieser Beitrag besteht vor allem in der Bildung von revolutionären mobilen Zellen in den Städten, die strategische Bedeutung hatten. Da hat es vor uns in Lateinamerika keine vergleichbare Erfahrung gegeben. Viele hielten das sogar für unmöglich durchführbar.

Aus der russischen Revolution haben wir einige Lehren über bestimmte Formen des militärischen Kampfes und die Notwendigkeit einer festen Führung in jeder Entwicklungsetappe gezogen.

In China waren vor allem die verschiedenen Formen des Kampfes auf dem Lande entwik-

Augusto César Sandino

kelt worden. Wir haben die einzelnen Kampfstrategien immer verbunden, aber im letzten Moment hat die politisch-militärische Bewegung den Ausschlag für den Sieg gegeben. Von einem bestimmten Augenblick an kreisen die Guerrillabewegungen um die Städte. Wir kombinierten Guerrilla- und Volksaufstand, entwickelten praktisch »aufständische Guerrillabewegungen«.

Wir haben auch eine ganze Reihe von Irrtümern begangen: der größte bestand vielleicht darin, daß wir uns so lange bei der Sammlung von Kräften aus einer defensiven Position heraus aufgehalten haben. Die Realität hat uns in der Folge bewiesen, daß die Kräfte bei einer gleichzeitigen offensiven politischen wie militärischen Position gesammelt werden müssen. In den gleichen Zusammenhang gehört eine andere negative Erfahrung, die wir aufgrund dieser konservativen Haltung gemacht haben: Wir haben in bestimmte konjunkturelle Gegebenheiten des Systems nicht eingegriffen, weil wir abwarteten, bis wir über mehr Waffen, mehr Kämpfer und eine bessere Organisation verfügten. Mit anderen Worten, wir wollten erst handeln, wenn wir genug Kräfte gesammelt hatten, aber das konnte uns nicht gelingen, da wir auch nicht stärker wurden, weil wir nicht handelten. Von dem Tag an, an dem wir in die Offensive gingen, und sei es auch nur mit zwei Mann und einer Pistole, konnten wir ins Räderwerk des Systems eingreifen und gingen auch immer ein wenig stärker daraus hervor. Zu viele revolutionäre Bewegungen haben die Tendenz, sich außerhalb des gesellschaftlichen und politischen Lebens zu entwickeln, national wie international gesehen. Dabei besteht immer die Gefahr der Isolation.

Im Ausland fragt man sich oft nach der Beziehung zwischen Sandinismus und Marxismus. Wenn es eine gibt, dann, glaube ich, verläuft sie über die Beziehung zwischen der FSLN-Führung und der Geschichte unseres Landes. Um sie richtig zu verstehen, mußten wir sie genau analysieren und ihren Sinn interpretieren. Dafür haben wir auf alle wissenschaftlichen Instrumente zurückgegriffen, die zu diesem Zwecke geschaffen worden sind. Der Marxismus hat uns einige geliefert, aber auch die Kulturen anderer Völker und die Geschichte der Menschheit im allgemeinen. Der Sandinismus beschränkt sich nicht nur auf *eine* Philosophie. Er nimmt alle Elemente auf, die ihm nützlich sein können, um die Interessen der ausgebeuteten und unterdrückten Volksmassen besser verteidigen, besser vertreten zu können.

FOTOGRAFIEN VON SUSAN MEISELAS

JOHN BERGER
WIE SUSAN MEISELAS FOTOGRAFIERT

Susan Meiselas' außergewöhnliche Fotografien nehmen uns mitten hinein in eine revolutionäre Bewegung, sie sprechen im Namen derer, die sich an ihr beteiligen. Indessen verzichten diese Fotos – anders als die meisten ihrer Art – auf alle Rhetorik, die sonst mit solchen Bildern verbunden ist: auf die Rhetorik der Gewalt und des revolutionären Heldentums, auf die Glorifizierung des Elends. Aus diesen Bildern spüren wir reale Menschen, Mitglieder einer realen Gemeinschaft. Und diese Gemeinschaft ist an einer wichtigen Station ihrer Geschichte angelangt.

Eine schwierige Aufgabe hat sich Susan Meiselas auch insofern gestellt, als sie in Farbe fotografiert. Farbfotos über ein derartiges Thema unterliegen sonst unvermeidlich der Versuchung, blutverkrustete Wunden vorzuzeigen oder Gewalt ästhetisierend darzustellen. Hier hingegen sind sie geprägt durch außerordentliche Zurückhaltung, durch ein Gespür fürs Alltägliche und durch eine Lebendigkeit, die ihre Wurzeln in einer aktiven Gemeinschaft hat.

*Protestrufe von Kindern gegen Gardisten bei einem
Freudenfeuer in Matagalpa, Juni 1978*

Marktplatz in Diramba

Rekruten vor einem offiziellen Staatsporträt von Anastasio Somoza Debayle als Präsident und Oberbefehlshaber der Armee

»Cuesta del Plomo«, Hügel außerhalb Managuas, wohlbekannter Ort für von der Nationalgarde verübte Morde. Täglich suchen hier Menschen nach Vermißten.

Brennendes Auto eines Somoza-Spitzels in Managua

38

Jugendliche üben im Wald in der Umgebung von Monimbo das Werfen von Handbomben. Sie tragen traditionelle indianische Tanzmasken, die von den Rebellen beim Kampf gegen Somoza übernommen wurden.

In Erwartung eines Gegenangriffs der Nationalgarde in Matagalpa

*Beerdigungszug für ermordete Studentenführer in
Jinotepe. Die Demonstranten tragen ein Foto von
Arlen Siu, einer FSLN-Guerrillakämpferin, die drei
Jahre zuvor in den Bergen getötet worden war.*

Verstärkungskräfte der Nationalgarde dringen in das von der FSLN gehaltene Masaya ein.

*Muchacho auf dem Rückzug aus dem Handelsviertel
von Masaya nach drei Tagen Bombardierung.*

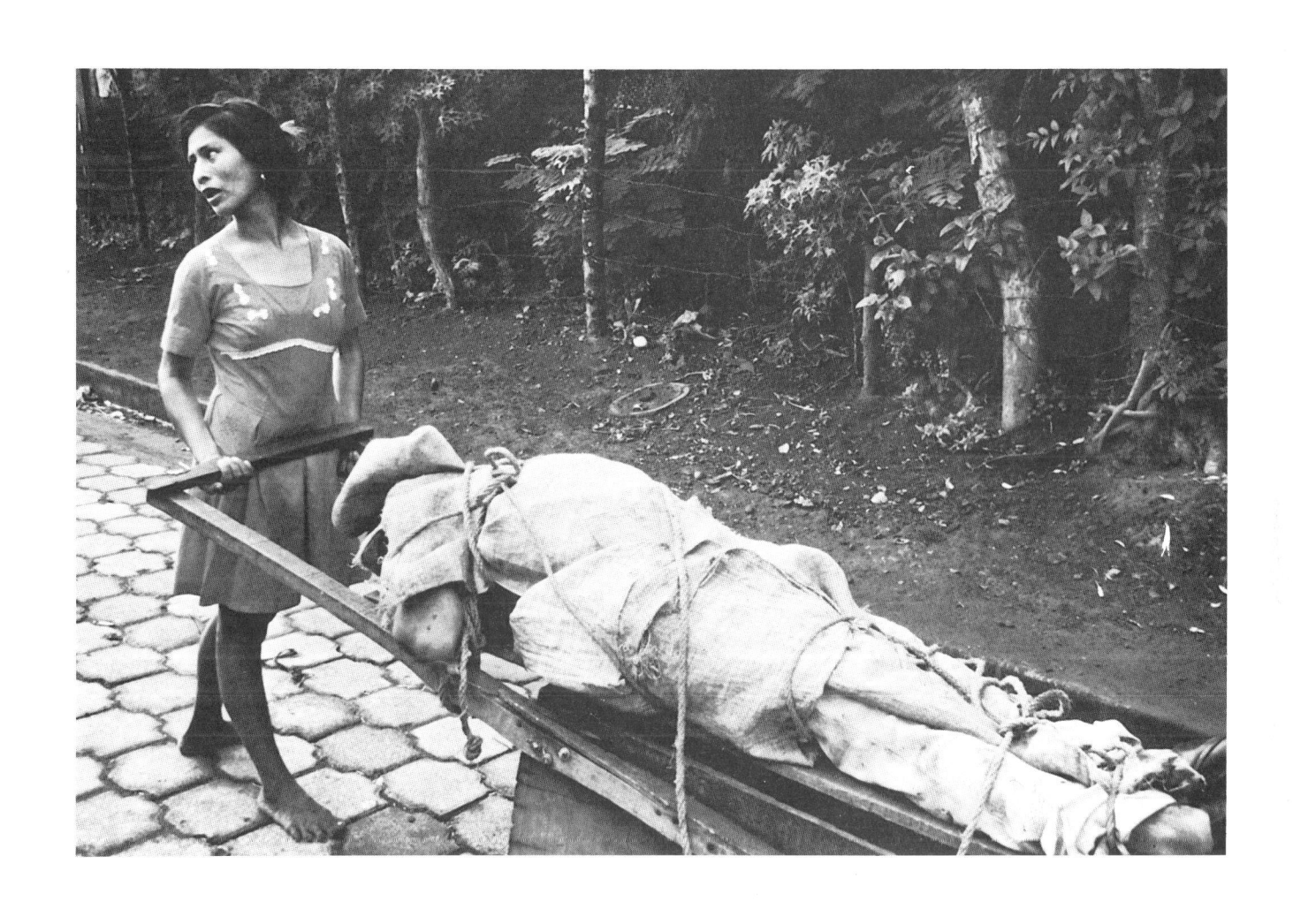

Eine Frau aus Monimbo bringt ihren toten Mann nach Hause, um ihn in ihrem Garten zu begraben.

*Das Rote Kreuz verbrennt Leichen in Masaya, um
der Ausbreitung von Seuchen vorzubeugen.*

Heimkehrend, Masaya, September 1978

Sandinistische Barrikade während der letzten
Kampftage in Matagalpa

Muchachos nehmen die Umgebung ein und ziehen erbeutete Uniformen der Nationalgarde über.

Straßenkämpfer in Managua

Eine Stunde nach der Einnahme von San Isidro

Gerettete Kinder aus einem Haus in Managua, auf das eine 1000-Pfund-Bombe abgeworfen wurde. Sie starben kurz danach.

*Sandinisten vor den Mauern des Hauptquartiers der
Nationalgarde in Estelí*

Die Leiche eines Nationalgardisten, der während der Einnahme von Jinotepe getötet wurde, wird zusammen mit dem offiziellen Staatsporträt Präsident Somozas verbrannt.

Auf der zentralen Plaza, umbenannt in Plaza de la Revolución

TOMÁS BORGE
DA HÖRTE DIE VORGESCHICHTE AUF UND BEGANN DIE REVOLUTION

Tomás Borge, Mitbegründer der FSLN und Innenminister, berichtet von den Anfängen der Guerrilla in Nicaragua. Seine Erzählung, aufgenommen in einem Interview, schildert die Beteiligten der ersten Versuche, ein Guerrillanetz in den nördlichen Berggebieten und in der Urwaldregion des Río Coco an der Grenze zu Honduras zu schaffen. Er war selbst am Río Coco dabei.

Die *Sandinistische Front der Nationalen Befreiung* tritt erst 1961 in Erscheinung, aber schon früher gibt es Guerrillaaktivitäten in unserem Land: die Guerrilla von Ramón Raudales 1958 und die Aktion von Rigoberto López Pérez im Jahre 1956. Die Guerrillatruppen in der Nachfolge von Raudales: Manuel Díaz y Sotelo, ein Journalist und hervorragender Genosse – den ich kennenzulernen Gelegenheit hatte –; Julio Alonso, ein ehemaliger Nationalgardist, der sich im Jahre 1947 gegen Somoza auflehnte; Heriberto Reyes, ein ehemaliger Kämpfer in Sandinos Truppen; eben jener Raudales, ein Veteran des sandinistischen Krieges; Carlos Hasslam, ein kleiner Bauer aus Matagalpa. Zu Raudales Zeit wird der Guerrillakampf in unserem Land sehr heftig, und vor allem im Norden organisiert sich verstreut eine Gruppe nach der anderen. Dann wird die Guerrilla von Ollama und Mollejones aufgebaut. Ich mache mich über diese Anstrengungen nicht lustig, wie einige andere es getan haben, vor allem diejenigen, die nicht kämpften. Schließlich und endlich verdient derjenige mehr Achtung, der das Gewehr ergreift, auch wenn er letztlich gefaßt wird, als jener, der es niemals in der Hand hatte.

Einige der Menschen, die an diesen Aktionen teilnahmen, wurden Revolutionäre und führten einen konsequenten Kampf gegen Somoza. Danach folgt ein weiterer Versuch, der von El Chaparral, durch eine politisch weiter fortgeschrittene Gruppe. Hier kämpft Carlos Fonseca das erste Mal und wird dabei verletzt.

1963 tritt die erste militärisch ausgebildete Guerrillatruppe auf den Plan. Das Training wird in den Bergen zwischen dem Fluß Putaca in Honduras und einem anderen in Nicaragua mit dem Namen Coco, Segovia oder Ganquí durchgeführt. Die beiden Flüsse verlaufen fast parallel. Zwischen diesen beiden Flüssen, Coco und Bocay, in einem Urwaldgebiet, wird die von Oberst Santos Lopéz geführte Guerrillatruppe militärisch ausgebildet. Oberst Santos Lopéz gehörte der »Coro de Ángeles« von Augusto César Sandino an und war auch Sandinos Adjutant, als das Haus von Sócrates Sandino hier in Managua unter Maschinengewehrfeuer genommen wurde. Er selbst rettete sich durch eine wahre Ruhmestat: Er entkam durch einen Schornstein, sprang danach über einen Stacheldrahtzaun, lief weiter am Ufer des Managua-Sees und kam verletzt bis nach Honduras. Er war ein erfahrener Alter! Er ging mit uns in die Berge, und wir ernannten ihn zum Führer der Guerrillagruppe. Er brachte uns viele Dinge bei, die wir nicht wußten. Er lehrte uns soviel! Wie man Spuren verwischt, wo man Lagerplätze anlegt, wie man bestimmte taktische Bewegungen durchführt. Er zeigte uns eine berühmte Form des militärischen Hinterhalts, den Sandino angewandt hatte: Man stellte drei Gruppen am Verlauf des Weges auf, und als die Yanquis vorbeikamen, ließ die erste Gruppe sie vorbei und die mittlere Gruppe griff sie so an, daß sie nicht anders konnten, als vorzurücken oder sich zurückzuziehen; sie würden fallen, wenn sie vorrückten und auch, wenn sie sich zurückzögen. All diese Dinge, die wir noch nicht kannten, zeigte uns Oberst Santos López, all die Tricks der Guerrilla, die wir auf irgendeine Weise später anwandten. Zwar wandten wir sie nicht so gut an, wie wir es hätten tun sollen, nun gut, aber wir taten etwas. Etwas haben wir getan: immerhin gewannen wir den Krieg.

Wir sind nicht als Guerrillagruppe entstanden, sondern als eine revolutionäre Organisation, die die Guerrilla als Kampfform benutzte. Diese Tatsache erklärt, warum die *Frente Sandinista* nicht zusammen mit der Guerrilla von der Bildfläche verschwand, anders als viele andere Bewegungen in Lateinamerika, die deshalb aufhörten zu existieren, weil sie ausschließlich Guerrillabewegungen waren. Durch die Niederlage beim Fluß Coco und Bocay verloren wir zwar einen Arm, aber den wirklichen revolutionären Bewegungen wachsen die Arme nach.

Es ist gut, sich die Schwierigkeiten und Opfer jener damaligen Kämpfe zu vergegenwärtigen. Sie sind zwar schon beschrieben worden, aber ich glaube, man kann den Heldenmut und die außergewöhnlichen moralischen Qualitäten jener Männer, die an der Guerrilla von 1963 teilgenommen haben, nicht genügend hervorheben. Faustino Ruiz? Lebte er noch, wäre er heute einer der geliebtesten Söhne dieses Volkes! Er war ein kühner, vor allem aber ein großzügiger Mann, sehr uneigennützig, so, wie ein Revolutionär sein soll, ein Mann, der niemals etwas für sich behielt, der alles weggab – so war Faustino und ebenso war Jorge Navarro. Faustino war eher mit den Landarbeitern verbunden, während Jorge Navarro ein Mann der Stadt war, ein Student, außergewöhnlich aufgeweckt, fröhlich, mit einem Lachen auf den Lippen. Immer war er vergnügt und immer war er, zur gleichen Zeit, sehr fordernd. Eine seltene Verbindung. Es gibt viele, die dann nicht ernsthaft sind. Er war fröhlich und ernst zugleich, er konnte beides miteinander verbinden: fröhlich in der Stunde der Schwierigkeiten und bei der Arbeit überaus ernst.

Einmal hatten wir uns völlig verirrt und fanden uns an den Flußquellen des Río Coco wieder. Wir begannen, das Flußbett entlangzulaufen, das Wasser reichte uns kaum bis an die Knöchel. »Gut, man muß eben dem Fluß folgen«, sagten wir, »um den großen Fluß zu finden, und der wird wird uns zum Río Coco führen. Einmal müssen wir herauskommen!« Und wir fingen an zu marschieren. Nach und nach stieg das Wasser, erreichte die Knie, dann die Schenkel, erreichte dann den Nabel, den Gürtel und schließlich war da der wasserführende Fluß. Wir mußten mit dem Floß fahren, und es gab regelrechte Schiffbrüche. Wir verloren die Waffen, die Rucksäcke und kamen doch schließlich zum Río Coco. Dieser Ablauf gibt mir wieder eine Vorstellung von dem langen Zeitraum, in dem diese Männer umhergeirrt waren, ohne einen einzigen Tag zu essen!

Es gab nichts zu essen, wir fanden auch keine Tiere zum Jagen; es gab kein Salz, und furchtbar war nicht nur der Hunger, sondern auch die andauernde Kälte, vierundzwanzig Stunden lang. Wie hatten wir es nur geschafft, den Fluß entlang zu kommen, ständig durchnäßt; und dieser dauernde Regen… und die Kälte; die Kälte war eine Art ständiger Folter. Man konnte sich weder unterstellen noch die Kleider wechseln!

Danach gab es einige bewaffnete Zusammenstöße, doch die Guerrilla kam nicht voran, weil sie sehr unterentwickelt war. Man kannte die Gegend nicht, es gab keine Logistik der Vorratshaltung, es existierten keinerlei Bedingungen, unter denen die Guerrilla hätte gedeihen können. Trotz allem gab es bestimmte Anzeichen der Hilfe durch die dortigen Bauern, die Mískito-Indianer. Zu Anfang wußten sie nicht, wie der Präsident von Nicaragua hieß, viele von ihnen hatten glücklicherweise noch nie den Namen Somoza gehört. (Damals war jene somozistische Marionette Präsident, die sich René Schick nannte.) Sie wußten nicht, wer der Präsident war und konnten kaum zwischen der Nationalgarde und uns unterscheiden, aber sie bemerkten den Unterschied dann doch; nicht nur an der Kleidung, sondern daran, wie wir sie behandelten, wie wir anfingen, von ihren Problemen zu sprechen, und sie bemerkten es auch durch unsere Taten.

Wir kamen zu dem Ort Raíti und dann zu einem anderen mit dem Namen Walaquistán. Die Händler dieser Zone beuteten die Mískitos aus, kauften ihnen Kautschuk im Tausch gegen Waren ab, oder sie verkauften ihnen die Waren überteuert. Als wir dort hinkamen, öffneten wir die Komissariate und verteilten alles, was es dort gab. Wir bemerkten, daß sie noch nie Milchreis gegessen hatten… und wir machten ihnen Milchreis. Wir verteilten alles! Bis hin zu den Ohrringen und den Lippenstiften, alles Dinge, die dort verkauft wurden.

Bei diesen Aktionen am Río Coco gab es viele Schwierigkeiten. Später sagte uns Oberst Santos López, daß es nicht einmal zu Sandinos Zeiten so viele Entbehrungen gegeben habe. Ich betone das deshalb, weil man sich mit großem Respekt der Namen der Opfer, die bei diesen Taten zu beklagen sind, erinnern soll: Francisco Buitrago, Jorge Navarro, Mauricio Córdoba, Iván Sánchez, Modest Duarte, Faustino Ruiz, Boanerge Santamaría – ein Italiener, der im Urwald lebte, der mit uns Guerrillero geworden ist und der getötet wurde – und einige, deren Namen ich nicht weiß, unbekannte Guerrilleros. Man muß sich mit Achtung an diese Kameraden erinnern, die die ersten Opfer unserer Organisation waren und außerdem besaßen sie ein moralisches und revolutionäres Kapital, das sie uns als Erbschaft hinterließen. Sie hinterließen es den neuen sandinistischen Generationen.

Ohne dieses Erbe wären wir arm. Sie hinterließen uns ihre Moral, die Erbschaft revolutionärer Rechtschaffenheit. Ohne 1963 wäre Pancasán nicht möglich gewesen, es hätte weder die Kriegstaten von Zinica noch die vom Oktober 1977 gegeben, auch nicht die Erhebung vom September und auch nicht den Sieg.

GEBIETE MIT DER INTENSIVSTEN GUERRILLATÄTIGKEIT: 1967–1977

GABRIEL GARCÍA MÁRQUEZ
DIE BESETZUNG DES NATIONALPALASTES IN MANAGUA AM 22. AUGUST 1978

Gabriel García Márquez, Romancier von Weltruf und auch Meister der literarischen Reportage, unterstützte den Befreiungskampf gegen Somoza in den entscheidenden Jahren dadurch, daß er ihn unermüdlich bekannt machte. Die spektakuläre und erfolgreiche Aktion der Gefangenenbefreiung, die er hier schildert, gab den entscheidenden Impuls für die – zwei Wochen nach dieser Aktion – einsetzende erste Serie von Volksaufständen in fünf größeren Städten. Diese Aufstände wurden von Somoza unter Einsatz von Bomben und Luftangriffen auf die Bevölkerung zwar noch einmal niedergeschlagen, leiteten aber das endgültige Ende der Diktatur ein.

Der Plan schien in seiner außerordentlichen Einfachheit fast verrückt: Den Nationalpalast in Managua am hellichten Tag und mit 25 Mann einnehmen, die Abgeordneten des Parlaments gefangennehmen und zu ihrem Austausch die Freilassung aller politischen Häftlinge fordern.

Der Nationalpalast, ein zweistöckiges Gebäude am Platz der Republik, gibt sich mit seinem Säulengang an der Vorderfront das pompöse Gehabe eines Pantheons in einer Bananenrepublik. Außer dem Senat im ersten und der Abgeordnetenkammer im zweiten Stock sind hier das Finanzministerium, das Innenministerium und das Steueramt untergebracht. Es ist so von allen öffentlichen Gebäuden Managuas das meistbesuchte. Darum ist auch vor jeder Eingangstür ein schwerbewaffneter Polizist postiert, zwei weitere stehen an der Treppe, die zum zweiten Stock hinaufführt, und sind Geheimpolizisten überall zu sehen. Zu den Öffnungszeiten halten sich an die dreitausend Personen in den Gängen, Büro- und Sitzungsräumen auf. Das alles hinderte die Sandinistische Nationale Befreiungsfront (FSLN) nicht daran zu glauben, daß die Einnahme dieses Marktplatzes der Bürokratie nicht Wahnwitz, sondern ganz im Gegenteil ein Meisterstreich bedeutet.

Der Plan wurde bereits 1970 von einem langjährigen Kämpfer der FSLN, Edén Pastora, gefaßt. Doch wollte man mit seiner Ausführung so lange warten, bis unübersehbar wurde, daß die USA Somoza in seinem Vorhaben unterstützten, sich auf seinem blutigen Thron bis ins Jahr 1981 hinein zu halten. »Diejenigen, die mit meiner Gesundheit spekulieren, sollen sich keinen Illusionen hingeben«, hatte der Diktator zum Abschluß seines jüngsten Besuchs in Washington erklärt. Und mit der ihm eigenen Arroganz hinzugefügt: »Es gibt so manch anderen, dem es noch viel schlechter geht.«

Wenig später wurde bekannt, daß die USA Nicaragua drei neue Anleihen gewährten: zwei in einer Höhe von 40 Millionen Dollar, die andere belief sich auf 60 Millionen Dollar. Der Krug war zum Überlaufen voll, als Präsident Carter einen persönlichen Brief an Somoza richtete, in dem er ihn zu der angeblich spürbaren Verbesserung der Lage der Menschenrechte in Nicaragua beglückwünschte. Angesichts dieser Tatsachen und des stürmischen Anwachsens der Volksbewegung hielt das Oberkommando der FSLN die Zeit für reif, einen entscheidenden Gegenschlag zu führen, und traf alle Vorbereitungen, den seit so vielen Jahren auf Eis gelegten und immer wieder verschobenen Plan in die Tat umzusetzen. Da es darum ging, die Abgeordneten des Somoza-Regimes gefangenzunehmen, gab man der Aktion den Codenamen »Operation Schweinestall«.

Die Leitung der Operation übernahmen drei langerprobte Kämpfer. An erster Stelle der geistige Urheber des Plans, dessen Name nach dem Pseudonym eines Dichters aus der Heimat Ruben Daríos klingt: Edén Pastora. Er war 42 Jahre alt, zwanzig Jahre davon aktiv im bewaffneten Kampf, und hatte seine außerordentliche Fähigkeit zum Kommando schon oft unter Beweis gestellt, was jedoch seiner großen Freundlichkeit keinen Abbruch getan hat. Er stammt aus einem konservativen Elternhaus, machte sein Abitur bei den Jesuiten und studierte anschließend drei Jahre Medizin an der Universität Guadalajara in Mexiko. Genauer gesagt, drei Jahre im Laufe von fünf Jahren, denn er unterbrach des öfteren sein Studium, um sich der Guerrilla in seinem Land anzuschließen. Seine früheste Erinnerung reicht bis auf den Tod seines Vaters zurück, der von der Guardia Nacional Anastasio Somoza Garcías ermordet wurde. Er war damals gerade sieben Jahre alt. Als Kommandant der Operation und einer Bestimmung der FSLN zufolge erhielt er die Codezahl »Null«.

Hugo Torres Jiménez wurde als zweiter benannt, mit seinen dreißig Jahren ein alter Fuchs der Guerrilla, der über eine ebenso gründliche ideologische wie militärische Ausbildung verfügte. Er hatte an der Operation von 1974 teilgenommen, in der die Gäste eines Diners zu Ehren eines Mitglieds des Somoza-Clans gefangengenommen wurden. Er wurde in Abwesenheit zu dreißig Jahren Gefängnis verurteilt und lebt seitdem in Managua im Untergrund. Wie in der obengenannten Operation trug er die Codezahl »Eins«.

Die »Zwei« war die einzige Frau des Kommandos, Dora María Téllez, ein hübsches Mädchen von 22 Jahren, schüchtern und besonnen, von einer Intelligenz und Sicherheit, die es ihr erlaubt hätten, eine gute Karriere zu machen. Sie hatte ebenfalls drei Jahre Medizin studiert, »doch ich war es leid und gab mein Studium auf«, erklärte sie, »denn es war zu traurig, nach all der Mühe, die man sich gegeben hat, unterernährte Kinder gesund zu pflegen, mitansehen zu müssen, wie sie drei Monate später in einem noch schlimmeren Zustand waren«. Sie kommt von der Nordfront der Guerrilla, der Front »Carlos Fonseca Amador«, und lebt seit Januar 1976 im Untergrund.

Dreiundzwanzig Guerrillakämpfer vervollständigten das Kommando. Die Leitung der FSLN hatte sie unter den kühnsten und bestausgebildeten Kämpfern aller regionalen Komitees des Landes ausgewählt. Was am meisten an ihnen überraschte, das war ihre Jugend: Edén Pastora ausgenommen, beträgt das Alter des Kommandos im Schnitt zwanzig Jahre, drei sind gerade achtzehn.

Die 25 Kommandomitglieder kamen zum erstenmal in einem Versteck in Managua zusammen, genau drei Tage vor dem vorgesehenen Tag der Operation. Ausgenommen die drei ersten »Zahlen« kannten sich die anderen nicht und hatten auch nicht die geringste Kenntnis von der Natur der Sache. Man hatte ihnen nur gesagt, daß es sich um ein besonders waghalsiges Unternehmen handelte, bei dem sie ihr Leben aufs Spiel setzten. Niemand war abgesprungen.

Nur Kommandant »Null« war ein paarmal im Nationalpalast gewesen, als er noch Kind war und seine Mutter begleitete, wenn sie dort ihre Steuern einzahlte. Dora María, die »Zwei« hatte eine gewisse Vorstellung vom blauen Salon, wo die Abgeordneten tagten, weil sie ihn einmal im Fernsehen gesehen hatte. Die übrigen kannten den Nationalpalast überhaupt nicht, ja viele von ihnen hatten noch nie ihren Fuß nach Managua gesetzt. Allerdings besaßen die drei Kommandochefs einen in allen Einzelheiten ausgearbeiteten Plan vom Nationalpalast, den ihnen der Arzt der FSLN mit fast wissenschaftlicher Akribie gezeichnet hatte. So hatten die drei sich seit drei Wochen mit allen Ecken und Winkeln des Palastes vertraut gemacht und fühlten sich, als hätten sie die Hälfte ihres Lebens dort verbracht.

Die Aktion war auf Dienstag, den 22. August festgesetzt, weil an diesem Tag eine Debatte über den Haushaltsplan stattfinden sollte und folglich mit einer hohen Anwesenheitszahl zu rechnen war. Um 9 Uhr 30, als der Wachdienst meldete, daß die Sitzung ordnungsgemäß stattfinden wird, wurden die 23 Guerrilleros in alle Einzelheiten des Plans eingeweiht und bekam jeder seinen besonderen Auftrag mitgeteilt. Sie wurden in sechs Abteilungen von je vier Mann nach dem Prinzip aufgeteilt, daß jeder eine Nummer erhielt, also jeder genau wußte, zu welcher Abteilung er gehörte und welchen Posten er in ihr innehatte.

Der Kunstgriff der Aktion bestand darin, daß sie sich für eine Patrouille der Infanteriebasis der Nationalgarde ausgaben. Also zogen sie sich eine olivgrüne Uniform an, die ihnen Schneider aus dem Widerstand maßgerecht gefertigt hatten, und schlüpften in die Militärstiefel, die sie am Sonnabend zuvor in verschiedenen Geschäften erworben hatten. Jeder erhielt einen Beutel, der das rot-schwarze Tuch der FSLN enthielt, Verbandszeug, Gasmasken, Plastiktüten für Trinkwasser im Notfall, Bikarbonat zum Schutz gegen Tränengas. Die allgemeine Ausrüstung enthielt weiter zehn Nylonschnüre von anderthalb Meter Länge, um die Gefangenen zu fesseln, sowie drei Ketten mit Vorhängeschlössern, um die Türen des Nationalpalastes von innen zu verschließen. Sie nahmen keinen Verbandskasten mit, denn sie wußten, daß es im blauen Salon einen gab. Schließlich wurden die Waffen verteilt, die denen der Nationalgarde haargenau gleichen mußten, was nicht schwierig war, denn praktsich waren es alle Waffen, die sie im Kampf erobert hatten: zwei Maschinengewehre 421, ein G3, ein M3, ein M2, zwanzig Garand-Gewehre, eine Browning und fünfzig Granaten. Jeder Guerrillero verfügte über dreihundert Schuß Munition.

Nur mit einem wollten sie sich anfangs nicht einverstanden erklären, nämlich sich den Bart abzurasieren und sich die Haare schneiden zu lassen, die sie mit so viel Sorgfalt in den Bergen gepflegt hatten. Kein Nationalgardist darf lange Haare oder einen Bart tragen. Nur die Offiziere haben das Recht, einen Schnurrbart zu tragen. Darum blieb ihnen nichts weiter übrig, als sich in das Unvermeidliche zu schicken, und zwar ohne viel Federlesens zu machen. Die FSLN hatte im letzten Augenblick keinen vertrauenswürdigen Friseur gefunden, und so mußten sie sich gegenseitig den Bart abrasieren und die Haare schneiden. Auch Dora Marías lange Haarmähne wurde abgeschnitten, denn nichts durfte darauf hinweisen, daß sich unter dem Käppi ein Mädchen verbarg.

An diesem Morgen begann die Abgeordnetenkammer ihre Sitzung im blauen Salon um 11 Uhr 50, mit der üblichen Verspätung. Im Parlament von Nicaragua gibt es nur zwei Parteien, die liberale und die konservative. Die liberale ist die offizielle Partei Somozas, während die konservative die legale Opposition spielt. Von der Eingangstür her gesehen befinden sich die Sitzbänke der Liberalen rechts und die der Konservativen links. Ganz vorn, etwas erhöht auf einem Podest, steht der lange Präsidiumstisch. Hinter den Bänken der Parteien sind die Balkone für die Gefolgsleute und eine Tribüne für die Presse. Der für das konservative Publikum vorgesehene Balkon ist jedoch seit geraumer Zeit schon geschlossen, wohingegen der Balkon der Liberalen stets voll von bezahlten Parteigängern ist. An diesem Tag waren an die zwanzig Journalisten gekommen. Fast alle Abgeordneten waren anwesend, und zwei von ihnen waren für die FSLN nicht in Gold aufzuwiegen: Luis Pallais Debayle, der Cousin Somozas, und José Somoza Abrego,

Dora María Téllez

der Sohn General José Somozas, eines Cousins des Diktators.

Um 12 Uhr 30, als die Debatte über den Staatshaushalt kaum bekonnen hatte, stoppten zwei militärgrüne Jeeps vor den beiden Seitentüren des Nationalpalastes. Vor jeder Tür stand, wie vorauszusehen, ein Polizist, das Gewehr im Anschlag. Beide waren jedoch so in ihrer Routine befangen, daß sie nicht merkten, daß das Grün der Jeeps heller als gewöhnlich glänzte. Blitzschnell, und nach strengen militärischen Befehlen, stiegen aus den Wagen drei Abteilungen Soldaten.

Als erster stieg Kommandant »Null« aus, genau vor der Osttür. Ihm folgten die drei Abteilungen, deren letztere von »Zwei«, Dora María, befehligt wurde. »Null« war kaum zu Boden gesprungen, als er mit dröhnendem Befehlston rief: »Beiseite! Der Chef kommt!«

Der Polizist gab sofort die Tür frei, und »Null« bestimmte einen seiner Männer als Wachposten. Dann stieg er mit seinen Leuten die breite Treppe zum zweiten Stockwerk hinauf. Dabei wiederholte er mehrmals den Ruf, den die Nationalgarde auszustoßen pflegt, wenn Somoza im Anzuge ist. So gelangte er bis zu der Stelle, wo zwei weitere Polizisten die Türen bewachten, mit Pistole und Handgranaten bewaffnet. »Null« entwaffnete den ersten und »Zwei« den zweiten, immer unter dem gleichen lähmenden Befehl: »Der Chef kommt!« Ihre Posten wurden von zwei Guerrilleros eingenommen. Die Menge in den Gängen hatte allerdings die Rufe vernommen und versuchte beim Anblick der bewaffneten Männer das Weite zu suchen. In Managua ist es fast ein kollektiver Reflex: Wenn Somoza kommt, versucht jeder, sich so schnell wie möglich aus dem Staub zu machen.

Die Aufgabe von »Null« bestand darin, in den blauen Salon einzudringen und die Abgeordneten unter Kontrolle zu halten, wohl wissend, daß die Liberalen und auch viele Konservative bewaffnet waren. »Zwei« hingegen hatte die Aufgabe, »Null« Rückendeckung zu leisten, hinter der großen Glastür postiert, von der aus der Haupteingang zu überschauen war. Es war klar, daß zu beiden Seiten der Glastür mit Pistolen bewaffnete Wachtposten standen. Unten, am Haupteingang – einem schmiedeeisernen Tor – wachten zwei weitere Polizisten, mit Gewehren und einer Maschinenpistole bewaffnet. Einer der beiden war ein Hauptmann der Guardia Nacional.

»Null« und »Zwei« bahnten sich mit ihren Leuten einen Weg durch die aufgescheuchte Menge bis zur Tür zum blauen Salon, wo sie zu ihrer Überraschung auf einen Polizisten mit schußbereitem Gewehr stießen. »Der Chef kommt!« schrie »Null«, entriß ihm dabei das Gewehr und dem anderen Polizisten den Revolver. Die beiden Polizisten begriffen jedoch wohl als erste, daß irgend etwas nicht stimmte, und versuchten, die Treppe hinunterzulaufen. In diesem Augenblick eröffneten die zwei Posten der Eingangstür das Feuer auf die Leute von »Zwei«, und diese erwiderten das Feuer mit einer Gewehrsalve. Der Hauptmann der Guardia Nacional war auf der Stelle tot, die Wache verwundet. Der Haupteingang blieb für einen Augenblick unbewacht, und »Zwei« beauftragte ihre Leute mit der Bewachung.

Beim Knallen der ersten Schüsse entwaffneten die an den Seitentüren postierten Sandinisten die Polizei wie vorgesehen und schlugen sie in die Flucht. Sie verschlossen die Türen von innen mit Ketten und Schlössern und eilten dann ihren Gefährten zu Hilfe, sich einen Weg durch die Menge bahnend, die jetzt, von Panik ergriffen, ziellos hin und her lief.

»Zwei« war unterdessen am blauen Salon vorbei zum Ende des Korridors gelangt, wo die Bar der Abgeordneten liegt. Als sie die Tür mit ihrem Karabiner beiseite schob, sah sie überall verstreut Männer auf dem blauen Teppich liegen. Es waren die Abgeordneten, die sich beim Krachen der ersten Salven auf den Boden geworfen hatten. Ihre Leibwachen ergaben sich in der Annahme, daß es sich effektiv um die Guardia Nacional handelte, ohne den geringsten Widerstand zu leisten.

»Null« seinerseits stieß mit dem Kolben seines G 3 die breite Tür zum blauen Salon auf und sah vor sich die wie versteinerte Abgeordnetenkammer: 49 Männer, die mit dem Ausdruck tiefsten Schreckens zur Tür blickten. »Null« feuerte aus Furcht, erkannt zu werden – einige Abgeordnete waren seine Schulgefährten bei den Jesuiten – eine Salve zur Decke und rief: »Die Guardia Nacional! Alles zu Boden!«

Die Abgeordneten warfen sich zu Boden, ausgenommen Pallais Debayle, der am Präsidiumstisch stehend telefonierte und, wie erstarrt, keine Bewegung machte. Später erklärten die Abgeordneten den Grund für ihren Schrecken: Sie nahmen an, daß die Guardia Nacional einen Staatsstreich gegen Somoza unternommen hatte und nun gekommen war, sie alle zu erschießen.

Im Ostflügel des Gebäudes hörte »Eins« die ersten Salven, als seine Leute bereits die beiden Polizisten des zweiten Stockwerks außer Gefecht gesetzt hatten. Er war bis zum Ende des Gangs vorgedrungen, wo sich das Innenministerium befindet. Im Unterschied zur Gruppe von »Null« kam die von »Eins« in strengster militärischer Ordnung in den Raum und postierte sich an den vorgesehenen Stellen. Die dritte Abteilung stieß die Tür des Innenministeriums genau in dem Augenblick auf, in dem die Salve von »Null« im ganzen Gebäude widerhallte.

Im Vorzimmer des Ministeriums stießen sie auf einen Leutnant und einen Hauptmann der Guardia Nacional, die beim Geräusch der Schüsse auf den Gang hinauseilen wollten. Die dritte Abteilung ließ ihnen nicht die Zeit zum Schießen. Dann gelangte sie durch die hintere Tür in ein elegant ausgestattetes und mit Klimaanlage versehenes Büro. Hinter dem Schreibtisch saß ein etwa fünfzigjähriger, hochgewachsener Mann, der, totenbleich, die Hände hob, ohne daß ihm jemand den Befehl dazu gegeben hätte. Es war der Agronom José Antonio Mora, der Innenminister und auf Beschluß des Kongresses Stellvertreter Somozas. Er ergab sich, ohne überhaupt zu wissen wem, obwohl er eine Browning und vier volle Patronentaschen am Gürtel trug.

»Eins« hatte sich unterdessen einen Weg durch die am Boden liegenden Männer und Frauen bis zur hinteren Tür zum blauen Salon gebahnt. Er öffnete die Tür und sah zu seiner großen Überraschung, wie »Null« unter Drohungen und Verwünschungen zum Präsidiumstisch ging, obwohl sich doch offenbar niemand im Raum befand. Es überfiel ihn plötzlich der Gedanke, daß die Aktion gescheitert war. Das gleiche Gefühl hatte »Zwei«, als sie mit den Abgeordneten, die sie in der Bar gefunden hatte, durch die Glastür kam. Erst nach einigen Minuten bemerkten »Eins« und »Zwei«, daß der Raum leer schien, weil die Abgeordneten bäuchlings hinter den Bänken auf dem Boden lagen.

Im gleichen Moment war draußen eine Reihe von Schüssen zu hören. »Null« ging hinaus auf den Gang und sah eine Patrouille der Guardia Nacional unter Befehl eines Hauptmanns, die von der Haupteingangstür aus auf die Sandinisten schoß, die vor dem blauen Salon postiert waren. »Null« warf eine Handgranate gegen die Patrouille und beendete damit den Angriff. Von diesem Augenblick an herrschte tiefe Stille im ganzen Gebäude, dessen Türen mit schweren Eisenketten verschlossen waren und in dem sich nicht weniger als zweitausend Personen fragten, welches ihr Schicksal sein würde. Wir vorgesehen, dauerte die ganze Aktion genau drei Minuten.

Anastasio Somoza Debayle, vierter in der Familiendynastie, die Nicaragua seit über vierzig Jahren niederhält, erfuhr die Nachricht, als er sich gerade im kühlen Kellergeschoß seiner Privatfestung zu Tisch setzen wollte. Seine erste Reaktion war zu befehlen, daß sofort und ohne Vorbehalt das Feuer auf den Nationalpalast eröffnet werden sollte.

Der Befehl wurde an die Militärpatrouillen weitergegeben, doch sie kamen nicht an den Nationalpalast heran, weil die Sandinisten sie mit Feuersalven aus den Fenstern des Gebäudes heraus empfingen. Eine Viertelstunde lang kreiste ein Hubschrauber über dem Palast und belegte die Fenster mit Maschinengewehrsalven, wobei einer der Guerrilleros am Bein verletzt wurde.

Zwanzig Minuten nachdem Somoza den Schießbefehl erteilt hatte, erhielt er einen Telefonanruf direkt aus dem Innern des Palastes. Es war sein Cousin Pallais Debayle, der die erste Botschaft der FSLN übermittelte: Entweder hörte der Beschuß auf, oder die Sandinisten würden anfangen, die Gefangenen zu erschießen, einen alle zwei Stunden, bis sich Somoza entschließe, auf Verhandlungen einzugehen. Wenig später unterrichtete ein weiteres Telefongespräch Somoza, daß die FSLN drei nicaraguanische Bischöfe als Unterhändler vorschlug: den Erzbischof von Managua, Monsignore Miguel Obando y Bravo, der bereits bei dem Anschlag auf das Familienfest Somozas im Jahre 1974 als Unterhändler gedient hatte; den Bischof von León, Monsignore Manuel Salazar y Espinosa; den Bischof von Granada, Monsignore Leovigildo López Fitoria. Somoza erklärte sich einverstanden.

Später kamen zu den Bischöfen auf Forderung der Sandinisten noch die Botschafter von Costa Rica und Panama hinzu. Die Sandinisten ihrerseits vertrauten die schwere Aufgabe der Verhandlungen der Beharrlichkeit und dem Urteilsvermögen von »Zwei«, Dora María, an. Ihre erste Mission, die um 14 Uhr 45 erfüllt war, bestand darin, den Bischöfen die Liste mit den Forderungen zu übermitteln. Darin waren die sofortige Freilassung aller politischen Gefangenen aufgeführt, die Veröffentlichung der Kriegskommuniqués und einer politischen Botschaft in allen Massenmedien, der Rückzug des Militärs auf einen Umkreis von dreihundert Metern Entfernung vom Nationalpalast, die Annahme aller Forderungen des streikenden Klinikpersonals, die Auszahlung von 10 Millionen Dollar und die Garantie für eine unbehelligte Ausreise des Kommandos und der befreiten politischen Gefangenen nach Panama.

Die Unterhandlungen begannen noch am Dienstag. Sie dauerten die ganze Nacht über und fanden ihren Abschluß am Mittwoch gegen achtzehn Uhr. Die Unterhändler kamen fünfmal im Nationalpalast zusammen – einmal am Mittwoch um drei Uhr morgens. In den ersten 24 Stunden schien sich keine Übereinkunft abzuzeichnen. Die Forderung, über alle Sender die Kriegskommuniqués und eine lange politische Botschaft der FSLN zu verlesen, erschien Somoza als unannehmbar. Weiter erschien ihm die Forderung nach Befreiung aller auf einer Liste angegebenen politischen Gefangenen unerfüllbar. Diese Liste enthielt bewußt zwanzig sandinistische Häftlinge, von denen man mit Sicherheit annehmen mußte, daß sie im Gefängnis umgekommen waren, Opfer der Folter oder summarischer Erschießungen, was Somoza jedoch nicht zugeben wollte.

Somoza schickte drei Botschaften in den Nationalpalast, auf einer elektrischen Schreibmaschine untadelig geschrieben, doch alle ohne Unterschrift und in einem Stil voll jesuitischer Mehrdeutigkeiten verfaßt. Er machte nie einen Gegenvorschlag, sondern versuchte nur, den Forderungen der Sandinisten auszuweichen. Die erste Botschaft zeigte klar, daß er Zeit gewinnen wollte, denn er kalkulierte, daß die 26 Guerrilleros nicht fähig sein würden, zweitausend von Furcht, Hunger und Schlaf befallene Personen für lange Zeit unter Kontrolle zu halten. Darum verlangte er in seiner ersten Antwort vom Dienstag 21 Uhr eine Bedenkzeit von 24 Stunden.

In seiner zweiten Botschaft, die am Mittwochmorgen um 8 Uhr 30 eintraf, hatte er den Ton der Arroganz durch die Drohung ersetzt, aber bereits auch einigen Bedingungen zugestimmt. Das war sicher darauf zurückzuführen, daß die Unterhändler um drei Uhr früh einen Rundgang durch den Nationalpalast unternommen und dabei festgestellt hatten, wie sehr Somoza sich in seinem Kalkül geirrt hatte. Die Sandinisten hatten auf eigene Initiative die wenigen schwangeren Frauen und die Kinder evakuiert, sie hatten dem Roten Kreuz die toten und verwundeten Militärs übergeben, und die Lage im Innern des Palastes war jetzt ruhig und gefaßt. In den Büros des ersten Stockwerks hatten sich die Angestellten zusammengefunden; viele schliefen in den Sesseln oder auf den Tischen, während andere sich irgendeinen Zeitvertreib erfunden hatten. Es gab nicht das geringste Anzeichen von Feindseligkeit gegen die jungen Uniformierten, die alle vier Stunden ihren Rundgang durch das Gebäude absolvierten. Im Gegenteil. In einigen Büros hatten die Angestellten Kaffee für sie gemacht, und viele hatten den Sandinisten schriftlich ihre Sympathie und Solidarität bekundet oder hatten sich sogar als freiwillige Geiseln angeboten.

Im blauen Salon, wo sich die »nicht mit Gold aufzuwiegenden« Gefangenen befanden, stellten die Unterhändler fest, daß die Stimmung nicht weniger gefaßt war als im ersten Stock. Keiner der Abgeordneten hatte Widerstand geleistet, und sie waren ohne jede Schwierigkeit entwaffnet worden. Mit dem Verstreichen der Stunden war allerdings bei ihnen ein wachsender Groll gegen Somoza und seine Hinhaltetaktik zu spüren. Die Sandinisten ihrerseits zeigten sich ihrer Sache sicher. Sie waren höflich und freundlich, aber auch zu allem entschlossen. Die Antwort auf das Zögern Somozas im zweiten Schreiben war deutlich: Wenn in vier Stunden nicht die endgültige Antwort eintreffe, dann würden sie mit den ersten Erschießungen beginnen.

Somoza begriff, wie sehr er sich in seinem Kalkül geirrt hatte. Dazu kam seine Befürchtung, daß ein Volksaufstand ausbrechen könnte. Anzeichen gab es dafür an verschiedenen Orten des Landes. So erklärt es sich, daß er am Mittwoch um 13 Uhr 30 in seinem dritten Schreiben auch die am bittersten zu schluckende Forderung annahm, die Verlesung der politischen Botschaft der FSLN über alle Radiostationen des Landes. Um 18 Uhr 30, nach zweieinhalb Stunden Lesung, war die Botschaft im ganzen Land bekannt.

Alles deutet darauf hin, daß Somoza Mittwoch mittag bereit war zu kapitulieren. Zu diesem Zeitpunkt erhielten die politischen Gefangenen von Managua den Befehl, ihr Bündel zu schnüren und sich zum Aufbruch bereitzuhalten. Die meisten hatten von der Aktion durch die Gefängniswärter selbst erfahren, von denen viele ihre geheime Sympathie zum Ausdruck brachten. Die politischen Häftlinge, die in anderen Gefängnissen einsaßen, waren auf dem Transport nach Managua, als sich noch gar keine Übereinkunft abzeichnete.

Zur gleichen Zeit informierte der panamenische Gemeindienst General Torriljos, daß ein nicaraguanischer Beamter mittleren Ranges anfragen ließ, ob der General gewillt sei, ein Flugzeug für die Sandinisten und die befreiten politischen Gefangenen zu schicken. Torrijos erklärte sich einverstanden. Wenig später erhielt er einen Telefonanruf vom Präsidenten von Venezuela, Carlos Andrés Pérez, der, über alle Einzelheiten der Verhandlungen bestens informiert, sich über das Schicksal der Sandinisten besorgt zeigte und die Transportfrage mit seinem panamenischen Kollegen koordinieren wollte.

Am Nachmittag machte die panamenische Regierung eine »Elektra« der zivilen Luftfahrtsgesellschaft COPA startklar, während Venezuela eine gewaltige »Herkules« schickte. Die beiden Maschinen hielten sich auf der Piste des Flughafens von Panama für den Moment startbereit, in dem die Unterhandlungen zu einem Ergebnis gekommen waren.

Die Sandinisten hatten als letzte Forderungen gestellt, daß aller Verkehr in den Straßen von Managua untersagt wird und daß sich auf dem Weg zum Flughafen kein Militär zeige. Weder die eine noch die andere Forderung wurde erfüllt, vielmehr waren überall Soldaten der Guardia Nacional postiert, die Sympathiekundgebungen der Bevölkerung unterbinden sollten. Vergeblich. Ununterbrochene Hochrufe begleiteten den Bus, der sonst als Schulbus diente, die Leute strömten auf die Straße, um den Sieg zu feiern, und ein immer größer werdendes Ehrengefolge von Autos und Motorrädern begleitete sie bis zum Flughafen.

Der Abgeordnete Eduardo Chamorro zeigte Überraschung über diesen Freudenausbruch des Volkes. Kommandant »Eins«, der an seiner Seite saß, antwortete ihm in der Hochstimmung nach einem bestandenen Kampf: »Ja, das ist eben die einzige Sache, die man nicht mit Geld kaufen kann…«

JOAQUÍN CUADRA
KLEINE NIEDERLAGEN, GROSSE SIEGE

Der Plan für die Endoffensive sollte vor allem alle bisher gesammelten Erfahrungen einbeziehen, die ökonomischen, politischen und militärischen Zusammenhänge berücksichtigen. Sein Grundkonzept war einfach: auf allen Ebenen wachsenden Druck auf den Feind auszuüben, bis er schließlich weichen müßte.

Ökonomisch bedeutete das: zu verhindern, daß neues Kapital ins Land strömte, das es dem Regime ermöglicht hätte, sein Waffenarsenal wieder aufzufüllen oder gar zu vergrößern. Dabei mußten jedoch Nachteile für die Arbeiter vermieden werden. Deshalb konzentrierten wir unsere Angriffe seit Anfang 79 auf die Depots und die Häfen, wo wir z. B. Baumwollballen – Baumwolle ist neben Kaffee das wichtigste Exportgut Nicaraguas – in Brand setzten, denn wenn die Baumwolle hier angekommen war, hatten die Landarbeiter ihren Lohn dafür bereits erhalten.

Die politischen und militärischen Aspekte waren nicht voneinander zu trennen. Vor allem mußte der bewaffnete Kampf ständig auf der Tagesordnung bleiben und auf den allgemeinen Volksaufstand vorbereiten. In dieser Zeit gab es imperialistische Schachzüge aller nur denkbaren Arten, die uns zwangen, ständig in der militärischen Offensive zu bleiben und zugleich organisatorisch und politisch die Bewußtseinsbildung der Massen voranzutreiben. Es gelang uns einerseits durch immer zahlreicher werdende Überraschungsangriffe auf die Nationalgarde, andererseits durch die Gründung der Massenorganisation *Movimento Pueblo Unido* (Vereinte Volksbewegung).

Die Resultate unserer neuen Strategie und Taktik zeigten sich bald – die Kampfbereitschaft wuchs beträchtlich, die politische Agitation erfaßte immer breitere Teile der Bevölkerung. Es war eine Bewegung in Gang gekommen, die sich nicht mehr aufhalten ließ, sich zum Teil sogar unserer eigenen Kontrolle entzog.

Militärisch befanden wir uns im Aufbau. Im Norden hatten wir Kolonnen mit 150 Guerrilleros, und es gab dort bereits große Gebiete, in die die Nationalgardisten nicht mehr einzudringen wagten.

Im dichter besiedelten Pazifikgebiet hatten wir mehr als 150 Sandinisten ausgebildet, die fast alle eigene Waffen besaßen. An der Südfront war unser Druck groß genug, um die feindlichen Truppen dort festzuhalten. Wir wurden überall stärker, darin lagen aber auch neue Probleme, vor allem im Bereich der Koordination und Kommunikation. Die Koordination militärischer Aktivitäten funktionierte oft nicht. So kam es vor, daß bei parallel geplanten Angriffen einer zu früh oder zu spät stattfand. Estelí ist dafür ein Beispiel, und es lohnt sich, hier etwas näher darauf einzugehen.

Im Zusammenhang mit den allgemeinen Vorbereitungen für den Aufstand hatten wir einen Alarmplan für den Sonderfall ausgearbeitet, daß Somoza zurücktreten, sterben oder durch einen Staatsstreich verjagt werden würde. In diesem Fall mußten wir sofort handlungsfähig sein und so viele Schlüsselpositionen besetzen können wie möglich, müßten uns die allgemeine Verwirrung, die im ganzen Land ausgebrochen wäre, zunutze machen können.

Somoza flog Anfang April 1979 nach Florida, um dort einige Tage Ferien zu machen. Bei der Funkverbindung mit Kommandant Rubén, dem Verantwortlichen für den Bezirk Estelí, hat-

Joaquín Cuadra, stellvertretender Minister für Verteidigung und Chef des Generalstabs, berichtet hier über den Zusammenhang von Guerrilla und Volksaufstand – auch über die ganz praktischen Probleme des Befreiungskrieges im letzten halben Jahr vor dem Volksaufstand.

ten wir gerade eben Zeit, ihm zu sagen: »Somoza hat das Flugzeug genommen«, ohne hinzufügen zu können, daß er nur in die Ferien gefahren war. Rubén interpretierte diese Nachricht als endgültigen Abgang – verständlich unter dem Druck der Situation – und mobilisierte innerhalb weniger Stunden seine Kolonnen für einen Angriff gegen die in Estelí stationierte Nationalgarde. Beim nächsten Funkkontakt sagten wir ihm, daß die Zeit für die Belagerung der Stadt noch nicht gekommen sei, daß er sich zurückziehen solle. Inzwischen hatten die Einwohner jedoch die Guerrilleros schon mit großer Begeisterung empfangen, waren sofort auf die Straße gegangen, hatten ihre Waffen aus den Verstecken geholt und Barrikaden errichtet. Wir standen vor einem heiklen Problem, moralisch wie politisch. Große Teile der Bevölkerung hatten sich erhoben, und bei einem Rückzug unsererseits wären sie den sofort einsetzenden »Säuberungsaktionen« hilflos ausgeliefert gewesen. Rubén blieb deshalb noch einige Tage in der Stadt, bis der Rückzug soweit organisiert war, daß auch die Sympathisanten, die am aktivsten und damit am gefährdetsten waren, den Rückzug mitmachen konnten. Wir versuchten unsererseits, ihn dabei zu entlasten, damit ihn der Gegenschlag der Nationalgarde nicht in vollem Ausmaß traf.

Die beste Lösung wäre der Einsatz unserer Guerrillatruppen aus dem Norden gewesen, aber sie waren zu diesem Zeitpunkt zu weit vom Aktionsort entfernt. Deshalb wurde unsere Guerrilla aus dem Gebiet Nueva Guinea im Süden in Bewegung gesetzt. Wir begannen Aktionen an verschiedenen Orten. Viele waren der Meinung, daß die Aktionen keinen Sinn hätten, sondern die Massen unnütz dem Terror aussetzten. Wir versuchten jedoch, alle Aktionen mit dem generellen Aktionsplan zu koordinieren. Der Feind konnte seine Überraschung nicht verbergen und beging nicht wiedergutzumachende Fehler. Er entsandte zweitausend Mann nach Nueva Guinea, die von der Südfront abgezogen wurden, wo nur ein paar hundert Nationalgardisten zurückblieben, die wir systematischer unter Beschuß nehmen konnten.

Wir mußten erleben, wie unsere Strategie, unsere gesamten Kräfte so zu mobilisieren, daß es zum Volksaufstand kam, wegen der Probleme einer in der Illegalität ausgebildeten Armee mit enormen Kommunikations- und Koordinationsschwierigkeiten an ihre Grenzen stieß. Ein gut funktionierendes Funksystem erhielt eine entscheidende Bedeutung. Während der Aktion an der ersten Nordfront – Oktober 1977 bis Februar 1978 – besaßen wir gar keines. Wir mußten einen Kurier nach Honduras schicken, der die verschlüsselten Botschaften von dort aus weiterleitete. Von einem bestimmten Moment an begannen Amateurfunker, uns zu helfen, später besaßen wir dann selbst einige Funkgeräte. Alle Meldungen wurden verschlüsselt, wir sprachen von »Landgütern«, »Fabriken«, »Werkstätten«. »Schick mir zehn Arbeiter. Ich habe 250 Bolzen bei der Hand...«

Bald konnten wir alle strategisch wichtigen Posten mit einigen Funkgeräten ausrüsten, ganz gewöhnliche Geräte, die auf eine einzige Wellenlänge ausgerichtet wurden, um einfacher bedient werden zu können. Es reichte aus, einen Knopf zu drücken – das war sicherer. Die Geräte waren relativ leicht, brauchten nur von einer Autobatterie gespeist zu werden, und ihre Antenne war einfach zu handhaben. Ende März '79 waren sie überall verteilt, zum Zeitpunkt der Endoffensive verfügten wir über vierzig Geräte. Weil wir befürchteten, von der Nationalgarde angepeilt zu werden, tauschten wir anfangs nur ganz kurze Botschaften aus. In Managua schickten wir extra Kundschafter in die umliegenden Straßen, die prüften, ob Autos mit Suchantennen in der Nähe waren. Die Nationalgarde hat sie jedoch offenbar nie verwendet.

Nur selten gab es Pannen, wie bei Rubén in Estelí, der von jeder Kommunikation abgeschnitten war. Der dadurch in Estelí ausgebrochene Volksaufstand führte zu einem völlig veränderten Funksystem. War zum Beispiel ein Rückzug unserer Kolonnen zu besprechen, hielten wir über Funk regelrechte Versammlungen ab, an denen die Mitglieder der FSLN-Leitung und die Verantwortlichen der Regionen teilnahmen. Diese »Versammlungen« dauerten oft Stunden. Da wir ein ganzes Jahr lang die gleiche Wellenlänge und die gleichen Grundcodes verwendeten, wußten wir, daß die Nationalgarde unsere Gespräche mit einem Minimum an Aufwand und Intelligenz abhören konnte. Aber sie gab sich offensichtlich wenig Mühe dabei, war in jeder Hinsicht überfordert, und es wurde mehr und mehr spürbar, daß sie einen Volksaufstand nicht verhindern konnte.

Trotz der geschilderten Probleme waren wir ab Mai 1979 in der Lage, unsere Kräfte nach einem Generalplan zu koordinieren. Wir operierten gleichzeitig an drei regionalen »Fronten«. Die erste Phase war durch wachsende Guerrillatätigkeit der *ersten Front*, der Nordfront, gekennzeichnet. Das nördliche Berggebiet war unser traditionelles Kampfgebiet mit vielen Guerilla- und Waffenstützpunkten. Diese Phase führte zur Einnahme verschiedener Städte und zur Befreiung von der dort stationierten Nationalgarde. Vor allem ging es in dieser Zeit jedoch um die Befreiung von Matagalpa, da die Einwohner von Estelí nach ihrem April-Aufstand unter einer besonders brutalen Repression gelitten hatten.

In der zweiten Phase trat die *zweite Front* in Aktion – an der Nord-West-Front. Ziel war die Einnahme der Städte León und Chinandega.

Cardenas: Befreites Gebiet im Süden Nicaraguas im Juni 1979

Die dritte Phase sollte der Aufruf zum Generalstreik einleiten, mit der Mobilisierung der *dritten Front* im Gebiet um Masaya, Granada und Carazo in der Zentral-Süd-Region.

Unsere Kolonnen an der Südfront hatten unterdessen die Aufgabe, die Truppen der Nationalgarde an der Grenze zu Costa Rica zu binden, aber auch zu versuchen, Terrain zu gewinnen und das Kräfteverhältnis zu unseren Gunsten zu verbessern. Wir hatten dort den großen Vorteil, modernstes Kriegsmaterial einsetzen zu können, während wir noch nicht in der Lage waren, es bis zu den anderen Fronten durchzuschleusen.

Managua war für die Endphase vorgesehen. Geplant war hier, den Volksaufstand mit Unterstützung unserer Untergrundkämpfer in dem Moment ausbrechen zu lassen, in dem die Kräfte der verschiedenen *Fronten* einen *strategischen Ring* um die Hauptstadt ziehen und näherrücken konnten. In diesem schrittweisen Vorgehen, das im Plan der Endoffensive vorgesehen war, lag der entscheidende Unterschied zum Aktionsplan vom September '78, der noch vorsah, überall zur gleichen Zeit und mit allen verfügbaren Kräften zum Angriff überzugehen. Somoza schickte damals sofort alle seine Elitetruppen gegen die aufständischen Städte aus. Bei der Endoffensive zogen wir es deshalb vor, eine Front nach der anderen zu eröffnen und die Armee des Diktators auf diese Weise nach und nach zu schwächen. Ehe sie ein Problem lösen konnte, sah sie sich schon vor ein neues gestellt, von einem strategischen Punkt zum nächsten und immer näher an die Hauptstadt heran.

Im konzertierten Zusammenspiel von drei Formen der Kriegsführung liegt eines der wichtigsten militärischen Merkmale der nicaraguanischen Revolution: in der Kombination von Guerrilla, Volksaufstand und traditioneller Kriegsführung.

Das Grundprinzip unseres Planes der Endoffensive wurde eingehalten trotz aller unvorhersehbarer Zufälle und Ereignisse.

DER SIEGREICHE AUFSTAND MAI BIS JULI 1979

ANTONIO SKÁRMETA
DIE ÄLTESTE FRAU DES ORTES

Antonio Skármeta, chilenischer Schriftsteller, bis 1973 Professor für lateinamerikanische Literatur an der Universidad Chile, lebt seit 1975 in Berlin. Alle seine Arbeiten haben Lateinamerika zum Thema. Neben Romanen und Erzählungen (in deutscher Sprache erschienen: »Ich träume, der Schnee brennt«, »Nix passiert«, »Der Aufstand«, »Alles verliebt, nur ich nicht«), schrieb er das Szenarium zu Christian Ziewers Film »Aus der Fremde sehe ich dieses Land« und Drehbücher zu Filmen von Peter Lilienthal (»La Victoria«, »Es herrscht Ruhe im Land«, »Der Aufstand«). Der Text »Die älteste Frau des Ortes« ist ein Ausschnitt aus dem Roman »Der Aufstand«.
Die Bevölkerung von León hat sich im Juli 1979 organisiert, um die Garnison der Nationalgarde anzuzünden. Sie öffnen dazu Löcher in den Häusermauern und ziehen einen Feuerwehrschlauch durch, der von der Feuerwehr bis hin zur Garnison reicht und zu einem verabredeten Zeitpunkt Benzin statt Wasser spuckt. Die älteste Frau des Ortes beobachtet, wie die Menschen den »Feuerschlauch« durchziehen.

Die älteste Frau des Ortes sah, wie das Feuer ihr Schlafzimmer durchquerte, und trank dabei in langsamen Schlucken *Earl Grey,* den einzigen anständigen Tee, den man ihr noch in den viereckigen Dosen von *Twinings* alljährlich aus England zusandte. Sie sah die kleinen, dunkelhäutigen, mit einer neuen Würde erfüllten Gesichter dieser Menschen, die sie nur mit den Heiligenbildern ihrer Wandkalender vergleichen konnte. Die älteste Frau des Ortes stellte sich genau vor, wie das Benzin mit dem Schnauben einer Lokomotive durch die Häuser von sechzig oder siebzig Nachbarn weiterrann, wie ein einzigartiges Tier, ein der Mythologie der Maya oder der Nahuátl entstiegener Gott, ein vielgestaltiger Gott, der gleichzeitig Wolke und Sonne, Sand und Regen, Pflanze und Ozean, Leib und Verstand ist. Die älteste Frau des Ortes sah in dem unbändigen Benzin, das in den Klauen des lateinamerikanischen Raubtiers schlug, die Schlagader eines apokalyptischen Engels. Sie dachte inmitten dieser Ungeheuerlichkeiten, Keuchen, Seufzer, Anweisungen, Brandungen und Krämpfe, daß vielleicht der Fall Somozas zeitlich nicht mit ihrem eigenen Tod zusammenfiele. Daß sie ihn überleben könnte. Sie bekam Halluzinationen. Ihr schien, sie wäre hundertfünfzig Jahre alt, und sie gebäre jetzt dieses ganze prasselnde Tier. Sie beruhigte sich mit einer schlechten Metapher: es war der Sohn, den sie mit Exequiel Ortega nie gehabt hatte. Sie schlürfte mit philosophischer Genauigkeit ihren *Earl Grey-Tee.* Ihr feines Handgelenk, runzelig, aber fest, hielt den Henkel der Tasse, ohne zu zittern. Im Spiegel an der Wand, die für den Schlauch durchlöchert worden war, sah sie ihr eigenes Gesicht dicht neben dem Foto Exequiels, das in der anderen, abgeblätterten Ecke hing. »Ich habe so manches überlebt,« sagte sie zu sich. »Vielleicht sterbe ich nie, und wenn Gott mir die nötige Gesundheit schenkt, nehme ich die Unsterblichkeit ohne Murren an.« Die älteste Frau des Ortes sah in ihrem Volk mit Freude im Herzen die Überreste ihrer englischen Aristokratie, die sie als Halbwüchsige hatten erbrechen machen, als sie in Panama die Hautfarbe der Lateinamerikaner erblickte. Ein weiterer Schluck Tee erinnerte sie daran, daß ihr Vater ihre Nase mit einem Hemd bedeckt hatte, getränkt mit Eau de Cologne von *Atkinson. Atkinson* trug er immer so griffbereit in der Jackentasche wie seine Ration *Ballantine's.* Exequiel hatte sie nach León gebracht, indem er ihren asthmatischen Vater mit einer Musterkollektion seidiger, bunter Stoffe betäubt hatte, die es ihm erlauben würden, in Nicaragua ein Geschäft aufzubauen im Stil von Gath y Chaves in Chile oder Les Gobelins in Paris. Seine Tochter, die eines Tages die älteste Frau des Ortes sein würde, sollte Erben haben mit genügend Französischen Francs, um die Kassen der Pferderennbahnen von Longchamps und Saint-Cloud in Paris und genügend Englische Pfunde, um die Rasen der Rennbahnen in London zu beherrschen, und eine solche Menge Deutscher Mark, daß die vertrockneten Croupiers von Baden-Baden feucht glänzen würden wie Küchenschaben nach dem Regen, wenn sie bei den Worten »rien ne va plus« mit ein paar Tausendern aufs Ganze gehen würde. Es war das Jahr, in dem Rubén Darío schrieb: »Midi, roi des étés, wie der französische Kreole sang. Glühende Mittagshitze. Die Insel verbrennt. Die Klippe steht in Flammen: und das Blau sendet Feuer. Das ist die Insel Cardón, in Nicaragua. Ich denke an Griechenland, an Morea oder an Zacinto. Denn zum Glanz dieses Himmels und zur Zärtlichkeit dieses Wassers reckt sich gegenüber ein tropisches Korinth.« Sie hatte das Gedicht in der Stadt Rivas gelesen, einer Zwischenstation ihrer Liebe, während Exequiel lautstark eine Siesta absolvierte und sich dabei von einer Hochzeitsreise erholte, die einen hinreißenden Auftakt gehabt hatte – Hotels, mit Teppichen ausgelegt, und mit Ventilatoren, die mehr Luft fächelten als die Untertanen der Königin von Indien, und die ab San José zu Pensionen herabsanken, die für traurige *Colones* von Handlungsreisenden, Volksschullehrern und vielleicht von irgendeinem Kollegen Rubén Daríos, wenn auch weniger berühmt und mit weitaus groberen Beinkleidern, aufgesucht wurden. Das letzte Wort jenes Gedichtes war »Zigarre«. Die älteste Frau des Ortes, die zu jener Zeit ausgeprägte feste Brüste von der Größe von Pfirsichen hatte, die hart wurden, sobald Exequiel mit seiner feuchten Zunge ihre Brustwarzen berührte, hatte die Zeitung mit dem Text des Dichters fallen lassen und war eifrig dabei, über die Gegensätze nachzudenken zwischen dem Beschriebenen und ihrer eigenen Erfahrung, die sie in den sackleinenen Bettlaken in diesem Hotel im Süden gemacht hatte, als ein Tier, ebenso groß wie ekelhaft, vom Waschraum zur unglücklicherweise festverschlossenen Tür kroch. Sie stieß Exequiel entsetzt mit dem Ellbogen an, und er, der um die Liebe zur Poesie derer wußte, die eines Tages die älteste Frau des Ortes sein würde, beschrieb ihr die ekelhafte Ratte mit dem zartesten Wort, dessen er in seinem Halbschlaf mächtig war: »Aber meine Liebe«, sagte er zu ihr, »das ist doch eine Erdschwalbe.« Bis etwa 1917 hatte sie sich als ausgezeichnete Englischlehrerin – »british accent« – unter den Geschäftsleuten von León einen Namen gemacht, die ihre knackigen oder knochigen Töchter zu ihr schickten, um sie mit der Sprache zu schlagen, die die Sprache der Zukunft in Nicaragua sein sollte. Die Privatstunden, die die späterhin älteste Frau des Ortes erteilte, nutzte sie, um Intimitäten aus dem Leben der Nachbarschaft herauszukriegen, die sie danach mit diskreter Gezieltheit auf dem Markt und in den Geschäften unter die Leute brachte. Mit ähnlicher Technik und Diskretion benutzte sie 1978 die Nebel vorgetäuschter Alterserscheinungen gegenüber der Somoza-Garde, um selbst bis in die gefährdetsten Häuser hinein Geheimbotschaften und *Fliegen* von Sandino zu bringen. »Etwas so Hübsches wie eine revolutionäre Botschaft nennen sie *Fliege*,« sagte sie zu Ignacio, »und etwas so Ekelhaftes wie eine Ratte nennen sie Erdschwalbe. Nicaragua ist noch mehr durcheinander als Guatemala, was die Sprache betrifft.« 1936 betrat ein Kerl mit dicker Brille das Stoffgeschäft. Er hatte ein langgezogenes Lächeln, schmal wie ein Klappmesser, und ein geckenhaftes Tüchlein um den Hals, zeigte auf die hellste Stelle an der Wand und händigte Exequiel und Gattin das Portrait des neuen legalen Präsidenten der Republik Nicaragua aus. »Anastasio Somoza« stellte er ihn vor.

Als der Mann wegging, verstaute Exequiel das Portrait tief im Inneren eines Möbels mit quietschenden Scharnieren und befahl seiner Frau: »Das hängst du nur im Notfall auf.« Er rauchte gerade eine jener Havannas, die ihm die Luft nahmen, und die ihn zu Beginn des Jahres 1950 an einem Erstickungsanfall sterben ließen, und er fügte hinzu: »Das ist der Schweinehund, der Sandino umgebracht hat.« Sie, die in den siebziger Jahren eine der ältesten Frauen Leóns sein würde, und 1979 die absolut älteste nach dem Tod von Matilde Iglesias durch eine verirrte Gewehrkugel, hatte damals dazu bemerkt: »Aber diesen Sandino mögen doch alle, die Schwarzen, die Indios und die Bauern.« Exequiel warf ihr einen Blick zu, als schwänge er ein Messer, und sagte zu ihr, bevor er sich den Strohhut aufsetzte, um im Gesellschaftsclub ein Kartenspielchen zu machen: »Nicaragua«. Und schon an der Tür fügte er hinzu: »Wenn du weiterhin die Dinge haben willst, die dir gefallen, dann sei nicht so empfindlich und zimperlich.« Am 21. September 1956 klopften zwei *muchachos*, zwei bleiche Lilien, verzehrt wie Kerzen, bewaffnet wie eine Division mitten auf dem Schlachtfeld, im Morgengrauen an die Tür des Geschäftes und baten sie, sie für ein paar Tage zu verstecken. Die Nationalgarde durchkämmte León auf der Suche nach Halbwüchsigen und Jugendlichen, auf den Spuren einiger Verrückter, die im »Haus des Arbeiters« auf Somoza geschossen hatten. »Ich bin eine arme Witwe«, entschuldigte sich die späterhin älteste Frau des Ortes. Aber gleichzeitig wurde sie von einem Einfall ganz erfüllt, vergrößerte den Türspalt, brachte die *muchachos* in den Keller, wo sie ihnen zwischen mottenzerfressenen Stoffen, meterweise herumliegendem verschossenem Samt und von Erdschwalben angeknabbertem Perkal einen *Twinings*-Tee anbot und mit Erstaunen und Interesse ihrem Bericht lauschte. Ein befreundeter Dichter namens Rigoberto López Pérez hatte seinen Revolver auf den »Tacho« Somoza abgefeuert, während die Kapelle den Mambo vom »Schwarzen Pferd« spielte, und ihn mit einem Loch in der Brust, groß wie ein Grab, zurückgelassen. »Tödlich wie ein Grab« hatte der andere gesagt.

Die älteste Frau des Ortes, die ihre Witwenjahre damals mit einem fröhlichen Hauch Make-up und einem gewissen Stolz auf ihre hochsitzenden Brüste, fest wie zu Zeiten der Nuckelvitamine des verstorbenen Exequiel, auf sich nahm, führte sich den eingeknickten Daumen an die Lippen, küßte ihn und sagte: »Ich schwöre hierbei, daß ich nichts verraten werde.« Sie machte sich am Wandschrank mit den quietschenden Angeln zu schaffen, nahm das Portrait des Tacho Somoza, befestigte mit Klebeband eine Trauerschleife darauf, die sich seinem Lächeln wie schwarze Kotze anschloß, hängte es an die Stelle, von wo aus seit einem halben Jahrzehnt Exequiel Ortega, Gründer des Geschäftes »Der Schmetterling« herrschte, und als tags darauf die Nationalgarde mit ihren impulsiven Gewehren hereinstürmte, beschränkte sie sich darauf, voll Trauer auf das Portrait zu blicken und, ohne daß es sie allzuviel Anstrengung gekostet hätte – sie brauchte nur an die Radiodramen nach dem Mittagessen zu denken – ließ sie eine dicke Träne über ihre britische Wange rinnen.

Jetzt, bei dieser Schlange, die die Bevölkerung durcheinander- und näherbrachte, spürte sie nicht nur den Geschmack des Widersinnigen und Widersprüchlichen, der ganz Lateinamerika ausmachte, wo Feuerwehrleute Flammen statt Wasser warfen, sondern stellte auch erfreut fest, daß sie jedem Millimeter des Aufstandes ohne innere Überraschung gefolgt war. So wie sie bei den Tänzen in ihrer Jugend ebenfalls nicht bemerkt hatte, daß sich ihre Füße unter den Fransen ihres rosa Seidenkleides und der Kaskade ihrer Perlen schamlos im Charlestontakt bewegten und dabei die rätselhaft-blauen Blicke der englischen Studenten von Norwich auf sich zogen, so hatte der Rhythmus der Rebellion sie unbewußt angesteckt, fast ohne Absicht, daß sie dem Pater sogar einen möglichen Ehebruch gestand, den sie vor Jahrzehnten zwar ausgedacht, aber nicht begangen hatte, und er ihr im Beichtstuhl sagte: »Sie sind die älteste Frau des Ortes.« »Das ist ein Scheiß-Kompliment«, flüsterte sie ihm, halberstickt von der Mittagshitze, durch das Gitter zu. »Aber als Zeichen für den Kampf gegen die Diktatur ist es ein glänzender Einfall«, behauptete der Pater und hielt seine Lippen lange ganz nah über den empfindlichen Flaum ihres britischen Ohrläppchens.

I got it – sagte sie.

CARLOS NÚÑEZ
DER RÜCKZUG NACH MASAYA

Carlos Núñez, Präsident des Staatsrates und Mitglied der Nationalen Leitung der FSNL, gehörte in den siebziger Jahren zu den Verantwortlichen für die Arbeit der FSNL in den Städten León und Managua. Während des Volksaufstandes im Juni 1979 hielt die Bevölkerung 19 Tage lang die Armenviertel im Osten Managuas besetzt. Die Bombardierung durch die Luftwaffe Somozas und Versorgungsschwierigkeiten zwangen sie dann zum Rückzug. Eine Nacht hindurch marschierten Tausende von Menschen bis in das 30 km entfernte Masaya, ohne von der Nationalgarde entdeckt zu werden.

Der Kampf in Managua war im Unterschied zu dem in anderen Gebieten grundsätzlich darauf gerichtet, die Aktivitäten des Feindes zu stören, ihn stärker an die Hauptstadt zu binden und offene Kampfhandlungen an anderen Fronten zu verhindern. Das vorrangige Ziel der »Schlacht von Managua« bestand darin, die Nachschubbasen der somozistischen Garde zu lähmen und gleichzeitig den bewaffneten Widerstand in der Hoffnung fortzusetzen, daß die Kräfte von den verschiedenen Guerrillafronten weiter auf die Hauptstadt vorrücken könnten, um sie schließlich einzunehmen. Unsere Taktik war also nicht auf eine Offensive ausgerichtet. Es ging lediglich darum, den Feind zu behindern und auseinanderzusprengen und ihn dabei mit mutigen und wirkungsvollen Schlägen immer wieder zu treffen; um nichts weiter.

In Wirklichkeit aber verwandelte sich die Hauptstadt Nicaraguas in ein fürchterliches Labor, in eine schreckliche Schule. Der eigentliche Plan bestand darin, sich in den östlichen Stadtteilen von Managua festzusetzen und sich drei Tage lang zu verteidigen. Tatsächlich aber blieben wir neunzehn Tage lang und kämpften ununterbrochen. Als es dann nicht mehr möglich war, sich länger zu halten, nachdem wir das Äußerste im Kampf geleistet hatten, entschieden wir, mit 8000 Menschen, Kämpfern und Zivilisten, einen angesichts der Bombardierung, der die Bevölkerung systematisch ausgesetzt war, mutigen und zugleich einzig möglichen Schritt zu unternehmen: den Rückzug dieser enormen Kolonne in Richtung auf die Stadt Masaya. Darüber will ich berichten.

Die Entscheidung zum Rückzug wurde gefaßt, die Würfel waren gefallen, und es blieb keine andere Möglichkeit mehr, als äußerst vorsichtig den Rückzug vorzubereiten. Die Entscheidung sah vor, alle regulären Kolonnen und Milizen mitzunehmen und dem Feind keine Waffen zu hinterlassen, die gesamte Zivilbevölkerung, die bis zum Schluß bei uns geblieben war, und alle Verwundeten zu überführen, den Marsch nicht mit Autos, sondern zu Fuß zu unternehmen und Masaya innerhalb von zwölf Stunden zu erreichen. Am 27. Juni 1979 begann der taktische Rückzug. Die erste Überraschung bestand in der Feststellung, daß allein in der Vorhut ungefähr 1500 Personen marschierten, in der Mitte 2500 und in der Nachhut etwa 2000 Menschen. Um 18 Uhr marschierte die Vorhut auf Anweisung des Befehlsstabs los und begann, den Weg freizumachen. Dann setzten sich die anderen Kolonnen in Bewegung. Es war schon 12 Uhr nachts, doch die Kolonnen hatten Managua noch nicht verlassen; währenddessen verstrich die Zeit in einem atemberaubenden Tempo. Die Vorhut war nirgends zu sehen, und wir machten einen Bogen um die Panzer, die inmitten von Hundegebell dastanden, um jeglichen Zusammenstoß zu vermeiden, bis wir auf dem flachen Land waren.

Zurück blieb die Stadt mit ihren Lichtern und der Stille, zurück blieben die Gräben als stumme Zeugen der grausam geführten Kämpfe; in jedem Gebiet blieben die Ruinen und Gräber so vieler gefallener Brüder und Kameraden zurück; die Führer, die gefallen waren und von denen wir uns mit militärischen Zeremonien verabschiedeten; die gigantischen Barrikaden, die die Bewohner der östlichen Stadtteile und die Milizen mit soviel Liebe, Mut und Enthusiasmus errichtet hatten; die in unzähligen Zusammenstößen mit dem Feind verbrauchten Patronenhülsen; die vom Feuer der Panzer zerstörten Fahrzeuge, die »Rockets« und 500-Pfund-Bomben, die zerstörten Panzerfahrzeuge, die unter den Bombardements eingestürzten Häuser, die Kinder, Erwachsenen und Alten – alle unschuldigen Opfer, die durch die verbrecherischen Bombardierungen ermordet wurden.

Zurück blieb der Diktator mit seinen Schergen und um sich herum eine verwüstete Kampfzone. So sah die Stadt nun aus: verlassen, abgerissen, stumm, allein mit ihren so geliebten Toten, aber in der Hoffnung auf den Augenblick des Sieges, um für immer zu leben.

Außerhalb dieser Stadt setzte die Kolonne ihren langsamen Marsch fort. Die Führer der verschiedenen Einheiten bemühten sich darum, den Transport der Verwundeten und den Fußmarsch besser zu organisieren, denn jeder verspürte das Bedürfnis unter der Haut, Masaya vor dem Morgengrauen zu erreichen.

Gegen ein Uhr nachts hielten wir an, um ein wenig auszuruhen, bekamen den ersten Kontakt zur Vorhut, die ihren Führer verloren hatte, weil er und »die Hasen« sich zu weit fortbewegt hatten. Das war die zweite Sorge: Die Führer waren wichtig, um schnell nach Masaya zu gelangen. Wir konnten es uns nicht leisten, vom Tag überrascht zu werden, denn da konnte ein Massaker losbrechen.

Um 5.30 Uhr waren wir ungefähr zwei Kilometer vor Ticantepe und hatten den Kontakt zur Vorhut völlig verloren. Das Gebiet, in dem wir uns befanden, war außerordentlich ungünstig, es gab weder Steine noch Gebäude, Häuser oder irgendein hohes Unterholz, in dem man sich im Fall eines Angriffs hätte verbergen können. Wir beschleunigten den Marsch, um möglichst viel Zeit zu gewinnen, bevor der Feind merkte, daß wir die Schützengräben verlassen hatten, und schleunigst die Suche begann; würde er es merken und uns sofort entdecken, hätten wir keine wirklichen Möglichkeiten des Widerstands gegen die verbrecherische Luftwaffe gehabt.

Wir versuchten, auf dem kürzesten Weg nach Masaya zu kommen. Die Kolonne war riesig und endlos. Alle gingen im Gänsemarsch über das flache Land; die einen schützten die unbewaffnete Bevölkerung, die anderen die Verwundeten, wieder andere trugen die schweren Waffen, und die mobile Patrouille bewegte sich voran, orientierte sich und suchte mit den Bauern zusammen den kürzesten Weg, um ans Ziel zu gelangen. Es war gegen sieben Uhr, als wir ganz in der Nähe eine Schießerei hörten; sofort blieb alles stehen, ohne zu wissen, woher die Schüsse kamen. Die bewegliche Einheit schickte mehrere ihrer Kämpfer zur Erkundung aus. Der Kampf war heftig; Schüsse von Maschinengewehren des Kalibers 50 mischten sich mit denen leichter Maschinengewehre: Es war die Vorhut, die eine feindliche Patrouille ausgemacht hatte und mit ihr kämpfte. Nach all dem gab es die ersten Anzeichen von Unordnung und Desorganisation; die wie ein großes menschliches Meer aussehende Marschkolonne begann auseinanderzureißen und sich im Feld zu zerstreuen; das hatten wir am meisten befürchtet, denn das hieß, daß der Schrecken die Zivilbevölkerung gefangennahm.

Die Rufe und Befehle, in der Reihe zu bleiben, nutzten nichts, alle hatten Angst vor einem Gemetzel. Die Führer begannen, über das Feld zu laufen und riefen den Leuten zu, in der Reihe zu bleiben, aber, von Panik ergriffen, hörte niemand auf sie; die einen liefen fort, die anderen schoben die vor ihnen Gehenden, wieder andere brachen mit dem Gefühl des »rette sich, wer kann« aus.

Das menschliche Meer drängte unaufhaltsam fort, ohne auf irgendeinen der Rufe zu achten; die Verwundeten wurden auf dem Boden zurückgelassen, jeder suchte nach einer Zuflucht, die Formation löste sich auf. Angesichts dieses Drucks sahen wir kein anderes Mittel, als der beweglichen Einheit den Befehl zu geben, sich vor der vorandrängenden Flut aufzustellen: Wir gaben den Befehl stehenzubleiben, doch sie befolgten ihn nicht; wir gaben der mobilen Einheit den Befehl, niemanden durchzulassen, wenn er nicht in Reih und Glied ginge, aber auch darauf hörte die Menge nicht. Wir befahlen der mobilen Einheit, die Waffen zu erheben und sich darauf vorzubereiten, den Schießbefehl auszuführen. Schließlich konnte diese auseinanderstrebende menschliche Flut angehalten werden, als sie die Bereitschaft der Genossen sah, sie zu bremsen. Diese Gelegenheit wurde dazu genutzt, die gigantische Kolonne wieder zu ordnen, die tausende von Menschen, die uns begleiteten, erneut in einer Reihe aufzustellen und dann den Marsch fortzusetzen. Nachher erfuhren wir, daß die Vorhut die somozistische Patrouille in einen Hinterhalt gelockt hatte, wo sich die Schergen zum Kampf gezwungen sahen. Dabei wurden ein Maschinengewehr vom Kaliber 50 und genügend Munition erobert.

Der Marsch wurde wieder aufgenommen; die Leute trotteten wegen des Befehls lustlos voran, aber das war natürlich; die Spannung, die Schlaflosigkeit, der Hunger und die Vorstellung, sich ohne viel Möglichkeit zur Verteidigung angegriffen zu sehen, machte nicht gerade sehr verständlich, daß wir diese Entscheidung einzig und allein deshalb getroffen hatten, um die Aufgabe, sie gesund und sicher nach Masaya zu bringen, zu erfüllen, und daß wir als Garanten

Die Blüten meiner…

…Tage…

…werden…

...welk sein...

...wenn...

...das Blut des Tyrannen...

ihrer Sicherheit und des gemeinsamen Kampfes verantwortlich gehandelt hatten. Später gelangten wir in eine Gegend mit mehr Vegetation, Häusern und Bauernhöfen, die voller Obstbäume standen. Die Genossen Bauern stellten, als sie uns schwitzend, müde und durstig daherkommen sahen, Wasserkrüge bereit, gaben sie den Kämpfern und halfen ihnen, den Durst von mehr als vierzehn Stunden ununterbrochenen Fußmarsches zu löschen.

Um neun Uhr vormittags erreichten wir einen sehr großen Hof, alle konnten etwas Obst essen, zumindest so viel, daß dem Magen etwas vorgegaukelt werden konnte; hier äußerten sich auch kritische Meinungen zu der vorherigen Situation. Aber wie soll eine Panik anders kontrolliert werden, wenn selbst unter Revolutionären solches Verhalten möglich ist?

Nach diesem Ereignis gaben wir den Befehl zur Aufstellung und Fortsetzung des Marsches; wir gingen davon aus, daß der Feind die Kolonne noch nicht ausfindig gemacht hatte; je näher wir an Masaya herankommen würden, um so besser für alle. Alle machten sich bereit, die mobile Einheit begann, das Gelände vorsichtig zu erkunden, um jeden Angriff vorherzusehen; wir waren ungefähr 200 Meter weit von dem Gehöft fortgegangen, als in unserer Nähe Flugzeuge zu kreisen begannen.

Sofort verbargen wir uns unter den Bäumen, andere Genossen versteckten sich in der Nähe eines Gebüschs, wieder andere von uns kehrten zum Hof zurück, um Anweisungen angesichts der ernsten Lage zu geben, und wir mußten erneut die Genossen beruhigen, die sich schon die Bombardierung des Ortes vorstellten, an dem sie sich befanden.

Wieder beruhigter, gingen wir zur mobilen Einheit zurück. Wir kamen gerade an, als heftige Detonationen und Explosionen zu hören waren. Ein »Push-Pull«, ein T-33, zwei Hubschrauber und eine DC-3 kamen im Sturzflug herunter und schossen mit Raketen, Bomben und Maschinengewehr-Salven auf einen kleinen Hügel. Sie flogen sehr tief, außerordentlich tief sogar; dann stiegen sie wieder auf und senkten sich erneut im Sturzflug herab, um ihre tödliche Ladung abzufeuern; es war die Vorhut, die ausfindig gemacht worden war und sich in einem unmenschlichen Kampf gegen die Flugzeuge befand, wobei sie als einzig wirksame Waffe das Maschinengewehr Kaliber 50 und einige FAL-Gewehre zur Verfügung hatten, die sie vom Feind erbeutet hatten.

Um die Kämpfe und Bombardierungen zu beenden, trafen wir die Entscheidung, nicht mehr tagsüber weiterzugehen, sondern Masaya in der Nacht zu erreichen. Wir blieben dort; die einen unter den Bäumen und Büschen, die Mehrheit der Kolonne auf dem dicht bewachsenen Gehöft, das vor der Entwicklung durch die feindliche Luftwaffe schützte. Am Tage sahen wir hin und wieder einen Hubschrauber in Richtung der Festung von El Coyotepe vorüberfliegen, dort landen und erneut in Richtung Hauptstadt starten.

Später erfuhren wir die Reaktion der somozistischen Garde vom 28. Juni. Sie hatte nicht einmal unseren Rückzug bemerkt und begann natürlich mit ihren üblichen Aktionen, ohne zu merken, daß sie ihren Kampf gegen ein Phantom führte. Als sie unser Verschwinden endlich festgestellt hatte, reagierte sie mit zerstörerischer Wut und Raserei, zögerte aber auch jetzt noch vor einer Verfolgung, die durch Heckenschützen erschwert wurde.

Um fünf Uhr nachmittags desselben Tages begann an dem Ort, an dem wir uns befanden, ein leichter Regen niederzugehen, der sich später in einen Platzregen verwandelte. Sofort alarmierten wir alle Genossen, sich für die Fortsetzung des Marsches fertigzumachen; wir richteten uns an alle, baten um Ordnung und forderten Vertrauen in die Anweisungen und die Fähigkeit unserer Führer, sie sicher und unversehrt zum endgültigen Ziel zu führen.

Die gigantische Kolonne nahm den Marsch in einer langen Schlange wieder auf; alle gingen müde daher, verdreckt und durchnäßt, sorgten sich um die Verwundeten und hielten die Ordnung ein. Wir wußten, daß dieser Regenguß unser bester Verbündeter gegen die Luftwaffe war, weil es in Kürze dunkel werden würde. Wir kamen über weite, nicht bebaute Äcker und konnten hier schon auf die Solidarität vieler Bauerngenossen zählen, die entschlossen waren, uns bis zum Ziel zu helfen; d. h. wir konnten sicher sein, uns nicht zu verlaufen oder gar in einen Hinterhalt zu geraten, da die Somoza-Garden nachts weder kämpften noch sich überhaupt im Freien aufhielten. Nach einer Stunde hörte der Regenguß auf, und wir sahen erneut die am Himmel kreisenden Flugzeuge bei ihren Aufklärungsflügen; jedesmal, wenn sie herabflogen, blieb die Kolonne stehen, und wir drängten uns an Bäume und Steine, um uns zu verstecken.

Währenddessen kam die Nacht mit vor Anstrengung kraftlosen Menschen, mit Hunger, Durst und Erschöpfung. Nur die Moral, das Bewußtsein und der Überlebenswille ließen uns den Marsch in der hartnäckigen Hoffnung fortsetzen, bald in Masaya anzukommen, koste es, was es wolle. In diesem Augenblick, mehr als einen Tag nach dem Abmarsch aus der Hauptstadt und mitten in der Dunkelheit, erschöpft, ohne Essen und Schlaf, waren wir nur noch wenige Kilometer von der Vollendung einer Heldentat auf militärischem Gebiet entfernt, die strategische Auswirkungen auf die Entwicklung und Intensivierung des Befreiungskampfs hatte.

Um zwölf Uhr nachts bogen wir auf der Höhe von Piedra Quemada in den Weg ein, der zur Straße nach Masaya führte; fünf oder sechs Kilometer trennten uns vom Ziel, und das gab der Kolonne neue Kräfte.

Am Ende des Weges fanden wir mehrere Leichen; es waren die Genossen der Vorhut, die unter der feindlichen Bombardierung gefallen waren. Daraufhin wurden alle still; ohne den leisesten Laut begann die Kolonne, auf der Straße vorzurücken, sich hin und wieder zu erholen und dann wieder in einem vorsichtigen Marsch vorzurücken, denn ganz nahe beim Ziel befand sich El Coyotepe, und wir mußten den Geschützen ausweichen.

Alle, die Kämpfer, die Milizionäre, die Alten, die Erwachsenen und die Kinder bemühten sich, kein Geräusch zu machen und verhinderten dadurch, entdeckt zu werden.

Die Kilometer vergingen schrittweise, die Kolonne war an der Grenze ihrer Kräfte angelangt und unternahm übermenschliche Anstrengungen, um nach Nindirí zu gelangen, das schon befreites Gebiet war. Manchmal setzten wir uns auf die Straße, um für einige Minuten auszuruhen, neue Kräfte zu sammeln und vorsichtig Meter um Meter weiterzugehen.

Wir waren fast an dem Punkt angelangt, vor Erschöpfung und Ermüdung hinzusinken. Aber trotz aller Wechselfälle, Befehle, Losungen und Nachrichten wurde die Mahnung zur Vorsicht, um nicht von den Schergen von El Coyotepe entdeckt zu werden, wortwörtlich befolgt.

So näherten wir uns Schritt um Schritt, Zentimeter um Zentimeter, Meter um Meter und Kilometer um Kilometer dem Ziel des Weges, wobei wir uns gegenseitig halfen und alle bei den taktischen Siegen über den Feind erbeuteten Kriegsgeräte transportierten; schließlich zogen wir in Masaya, einem freien Gebiet ein, das von unseren Brüdern beherrscht wurde.

Um ein Uhr nachts kam die mobile Einheit an der Station von Nindirí an, prüfte die operative Lage, um sich weiter nach links auf der Suche nach Kontakten zu den Kämpfern von Masaya fortzubewegen. Sie benutzte diese Route, um El Coyotepe und die mögliche Entdeckung der zentralen Kolonne zu vermeiden. Wir waren die ersten, die Kontakte zu dem Führer der nächstgelegenen Kaserne aufnahmen, die schon den Einzug der Kolonne erwartete; die Kommandanten Cuadra und Ramírez hatten sie bereits in Alarmbereitschaft versetzt.

Um zwei Uhr nachts war die Mehrheit der Kolonne in Masaya und zog zur Salesianer-Schule, um sich dort auszuruhen und etwas zu essen. Mehr als zwei Dutzend Stück Vieh mußten geschlachtet werden, um den Hunger von ungefähr 3000 Kämpfern zu befriedigen, die mit uns gekommen waren. An das Ziel gelangt

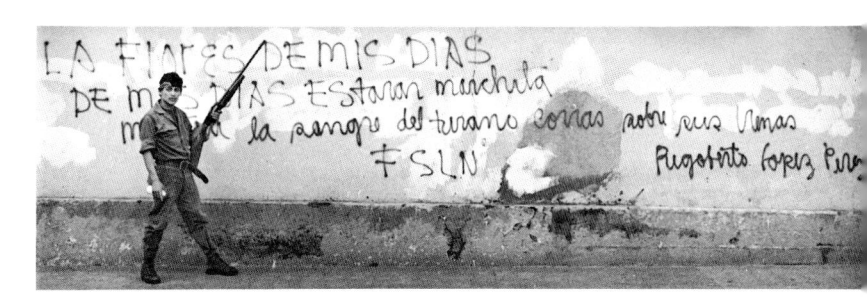

...sich endlich über seine Adern ergießt

waren 6000 Menschen, die einen Tag zuvor die Hauptstadt verlassen hatten, um den Kampf am richtigen Ort weiterzuführen. Der Kampf hatte dabei nur sechs Tote und sechzehn Verletzte gekostet und eine neue und äußerst wertvolle Erfahrung der militärischen Verlagerung gebracht, die in den kommenden Tagen, da waren wir völlig sicher, von großem Wert und enormer Hilfe für die weitere Vertiefung der Agonie der Diktatur und die Erringung des endgültigen Sieges sein würde.

FOTOGRAFIEN VON KOEN WESSING

ROLAND BARTHES
WARUM DIE FOTOGRAFIEN VON KOEN WESSING AUFMERKSAMKEIT ERREGEN

Ich blättere in einer Illustrierten. Ein Foto fällt mir auf. Nichts Außergewöhnliches: die (fotografische) Alltäglichkeit eines Aufstandes in Nicaragua: eine zerstörte Straße, zwei bewaffnete Soldaten patrouillieren; im Hintergrund gehen zwei Nonnen vorbei. Gefällt mir dieses Foto? Interessiert es mich? Macht es mich neugierig? Nicht einmal. Es existiert einfach (für mich). Ich verstehe sehr schnell, daß seine Existenz (das Überraschende an ihm) vom gleichzeitigen Vorhandensein zweier nichtzusammenhängender Elemente ausgeht, verschieden, als gehörten sie nicht zur selben Welt (nicht nötig, bis zum Gegensatz zu gehen): die Soldaten und die Nonnen. Ich nehme (aus meinem Blickwinkel) ein Strukturgesetz wahr und versuche, es sofort beim Anschauen anderer Fotos desselben Reporters (des Holländers Koen Wessing) zu überprüfen: viele seiner Fotos fesseln mich, weil sie diese Art Dualität enthalten, die ich gerade entdeckt habe. Hier beklagen eine Mutter und ihre Tochter mit lautem Weinen die Verhaftung des Vaters (Baudelaire: »die emphatische Wahrheit der Gebärde bei den großen Ereignissen des Lebens«) und das irgendwo draußen auf dem Land (woher haben sie die Nachricht erfahren und für wen diese Gesten?). Dort, auf einer aufgerissenen Straße, eine Kinderleiche unter einem weißem Tuch, die Eltern, die Freunde stehen dabei, verzweifelt: eine, leider, alltägliche Szene, aber ich bemerke Verstörendes: den einen Fuß der Leiche, ohne Schuh, das von der weinenden Mutter herbeigebrachte Laken (wozu dieses Laken?), etwas weiter entfernt eine Frau, offenbar eine Freundin, die ein Taschentuch an die Nase hält. Und dann, in einer zerbombten Wohnung, die großen Augen der beiden Kinder, das Hemd des einen hochgezogen über seinem kleinen Bauch die übergroßen Augen machen das Verwirrende dieser Szene aus). Dort schließlich, an eine Hauswand gelehnt, drei Sandinisten, die untere Hälfte des Gesichts von einem Tuch verdeckt (Gestank? Vermummung? Ich habe keine Ahnung, kenne die Wirklichkeit der Guerrilla nicht); einer hält ein Gewehr ruhig auf dem Schenkel (ich sehe seine Fingernägel;) aber die andere Hand öffnet sich, er scheint etwas zu erklären oder zu zeigen. Meine Regel erweist sich als um so brauchbarer, als andere Fotos derselben Reportage mich weniger fesseln: sie sind schön, erzählen von der Würde und dem Schrecken des Aufstandes, aber sie prägen sich meinen Augen nicht ein: ihre Homogenität bleibt kulturell: es sind »Szenen«, ein bißchen à la Greuze, wäre da nicht die Härte des Gegenstandes.

Meine Regel ist ausreichend plausibel, um dem Versuch zu machen (es drängt mich dazu), diese beiden Elemente zu benennen, deren Zugleich-Vorhandensein, so scheint es, die Art besonderen Interesses begründet, die ich für die Fotos habe.

Das erste ist offensichtlich etwas Umfassendes, eine Art Bedeutungsfeld, das ich über mein Wissen, meine Kultur ganz selbstverständlich aufnehmen kann; dieses Feld kann mehr oder weniger stilisiert sein, mehr oder weniger ausgeprägt, je nach Kunst oder Chance des Fotografen, immer vermittelt es jedoch eine klassische Botschaft: der Aufstand, Nicaragua und alle Zeichen des einen und des anderen: kämpfende Arme, die keine Uniformen tragen, zerstörte Straßen, Tote, Leiden, die Sonne und die schwermütigen Augen der Indios. Unzählige Fotos sind auf diesem Feld gemacht worden, und für diese Fotos kann ich fraglos eine Art allgemeinen Interesses aufbringen, manchmal bewegt, aber das Gefühl geht durch den Filter einer moralischen und politischen Kultur. Was ich bei diesen Fotos empfinde, kommt aus einem *mittleren* Affekt, beinahe einer Zurichtung. Im Französischen finde ich kein Wort, das diese Art menschlicher Anteilnahme auf einfache Weise ausdrückt; aber es gibt dieses Wort, glaube ich, im Lateinischen: es ist das *studium,* das, zumindest nicht in erster Linie, »Lernen« bedeutet, sondern die Hinwendung zu einer Sache, Gefallen finden an einer Person, eine Art allgemeines Eingehen auf etwas, eifrig zwar, aber ohne besondere Intensität. In der Weise des *studium* interessiere ich mich für eine Vielzahl von Fotografien, ob ich sie nun als politische Dokumente aufnehme oder sie wie gute historische Gemälde genieße: denn auf kulturelle Weise (dieses Moment ist in dem Wort *studium* enthalten) nehme ich an den Personen, den Gesichtsausdrücken, den Gesten, der Szenerie, den Handlungen anteil.

Das zweite Element durchbricht das *studium* (oder akzentuiert es). Diesmal bin nicht ich es, der es aufsucht (wie ich mein eigenes Bewußtsein in das *studium* hineintrage), sondern es selber geht von der Szene aus, wie ein Pfeil, und durchbohrt mich. Im Lateinischen gibt es

León, September 1978

ein Wort, das diese Wunde, diesen Einstich, dieses von einem spitzen Instrument beigebrachte Mal bezeichnet; dieses Wort scheint mir um so treffender, als es auch die Vorstellung von Punktierung enthält, und die Fotos, von denen ich spreche, wirken tatsächlich wie punktiert, manchmal sogar gesprenkelt von diesen empfindlichen Stellen; genaugenommen sind diese Male, diese Wunden Einstiche. Dieses zweite Element, das das *studium* stört und durcheinanderbringt, nenne ich deshalb *punctum*, denn *punctum,* bedeutet auch Einstich, kleines Loch, kleiner Fleck, kleiner Einschnitt – und außerdem die Augen des Würfels. Das *punctum* eines Fotos ist der Zufall, der mich, von sich aus, trifft (aber auch mich verwundet, mich durchbohrt).

Estelí, September 1978

Die Töchter eines Bauern erfahren vom Tod ihres Vaters, in einem Dorf in der Nähe von Estelí, September 1978

Ermordeter Bauer und seine Töchter

Familienleid im selben Dorf

*Eine Frau bei ihrem ermordeten Kind, Estelí,
September 1978*

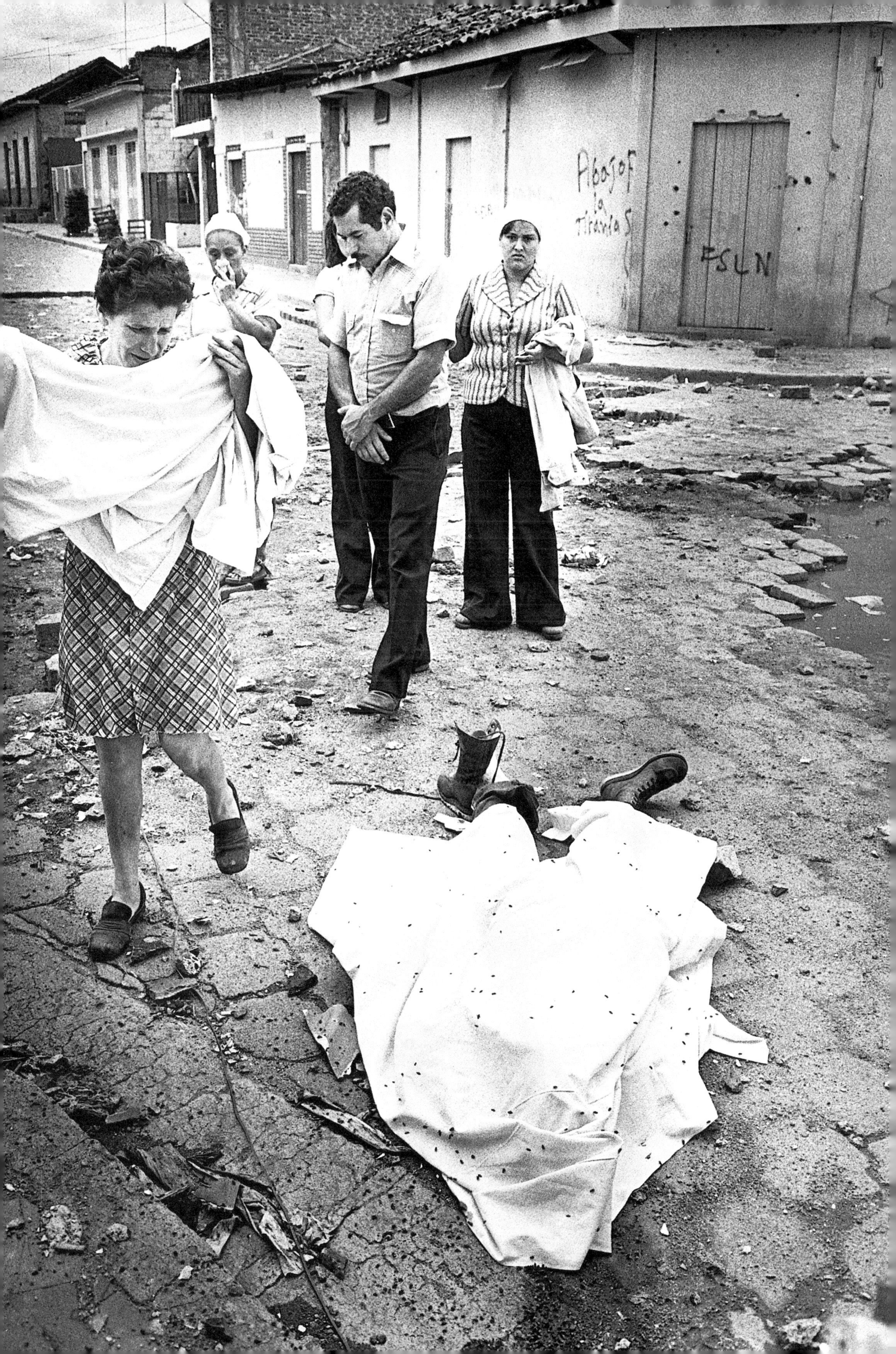
FSLN

León, September 1978 *León, September 1978*

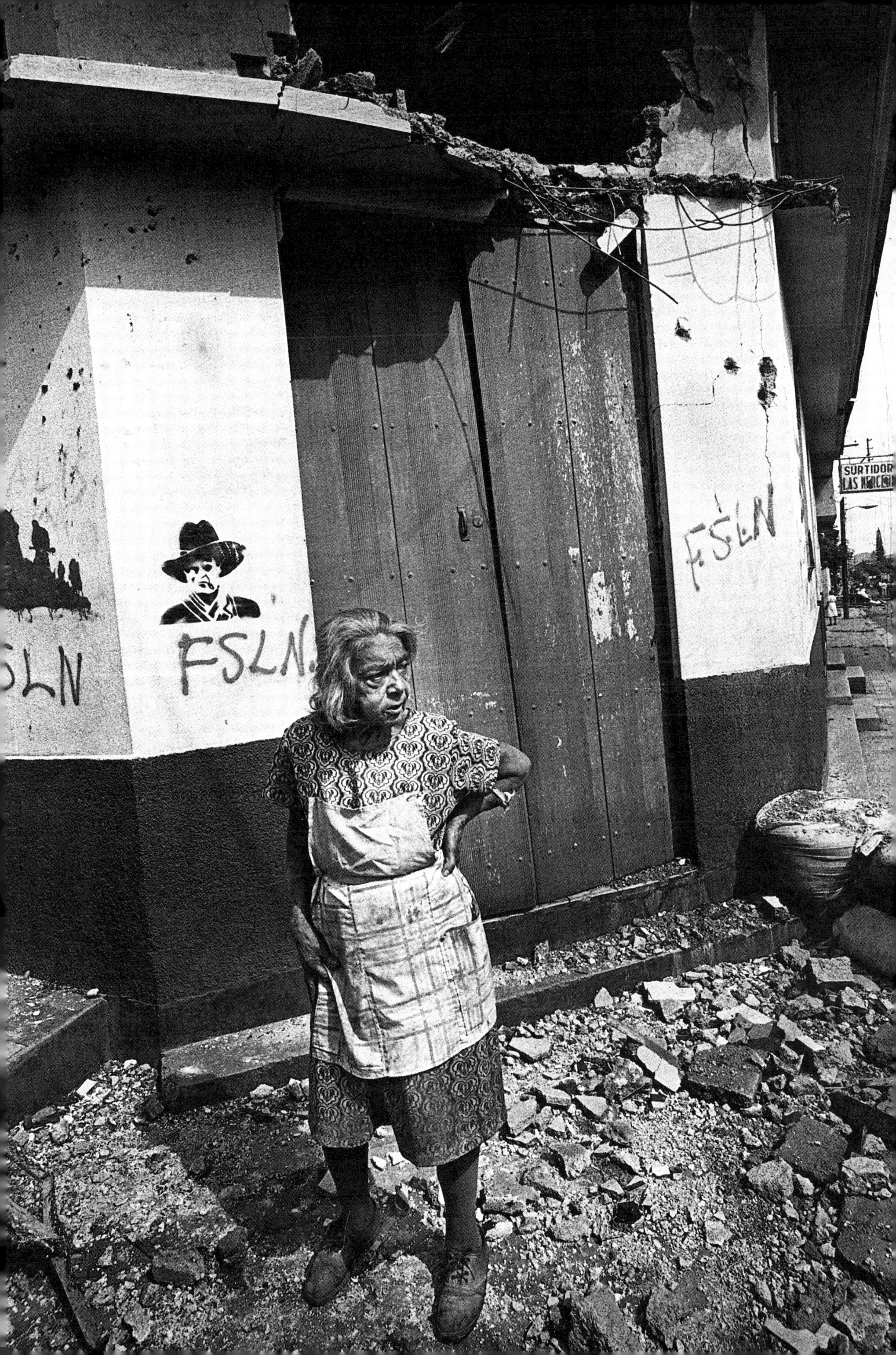
SLN
FSLN.
FSLN
SURTIDOR

*Arbeiter in einem Tischlereibetrieb, Costa Atlantica,
Bluefields 1981*

Kinder in Bluefields, Costa Atlantica 1980

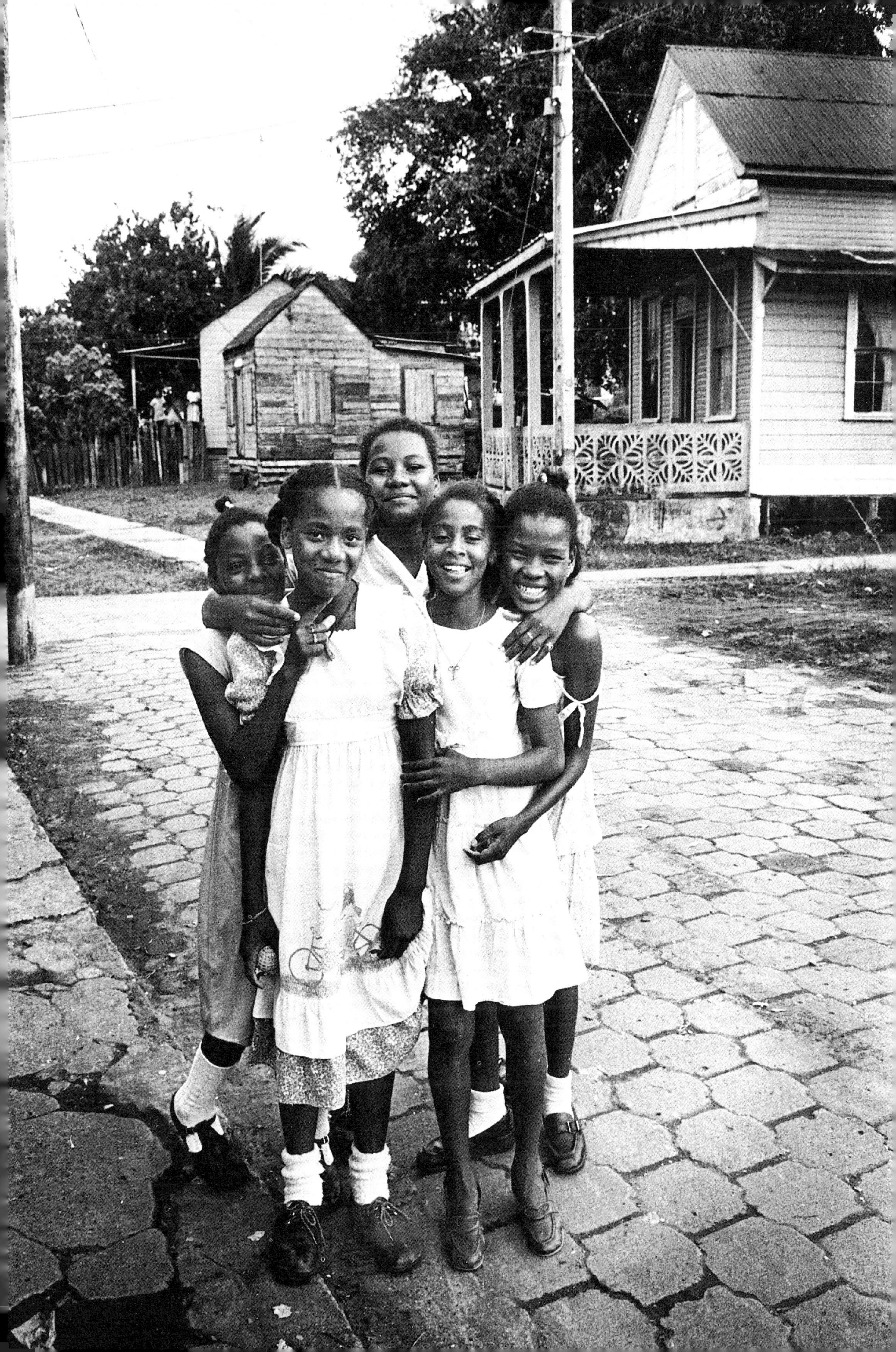

Kaffeeplantage, Cinandega 1980

»Domingo Rojinnegro«, das Aufräumen der Hauptstadt, Managua 1980

Alphabetisierung im Landesinneren, 1980

Managua 1981, Plaza 19 de Julio

Kinder in Managua, 1981, Plaza de los paises non-aliandos

*Managua, August 1980,
Abschluß der Alphabetisierungskampagne*

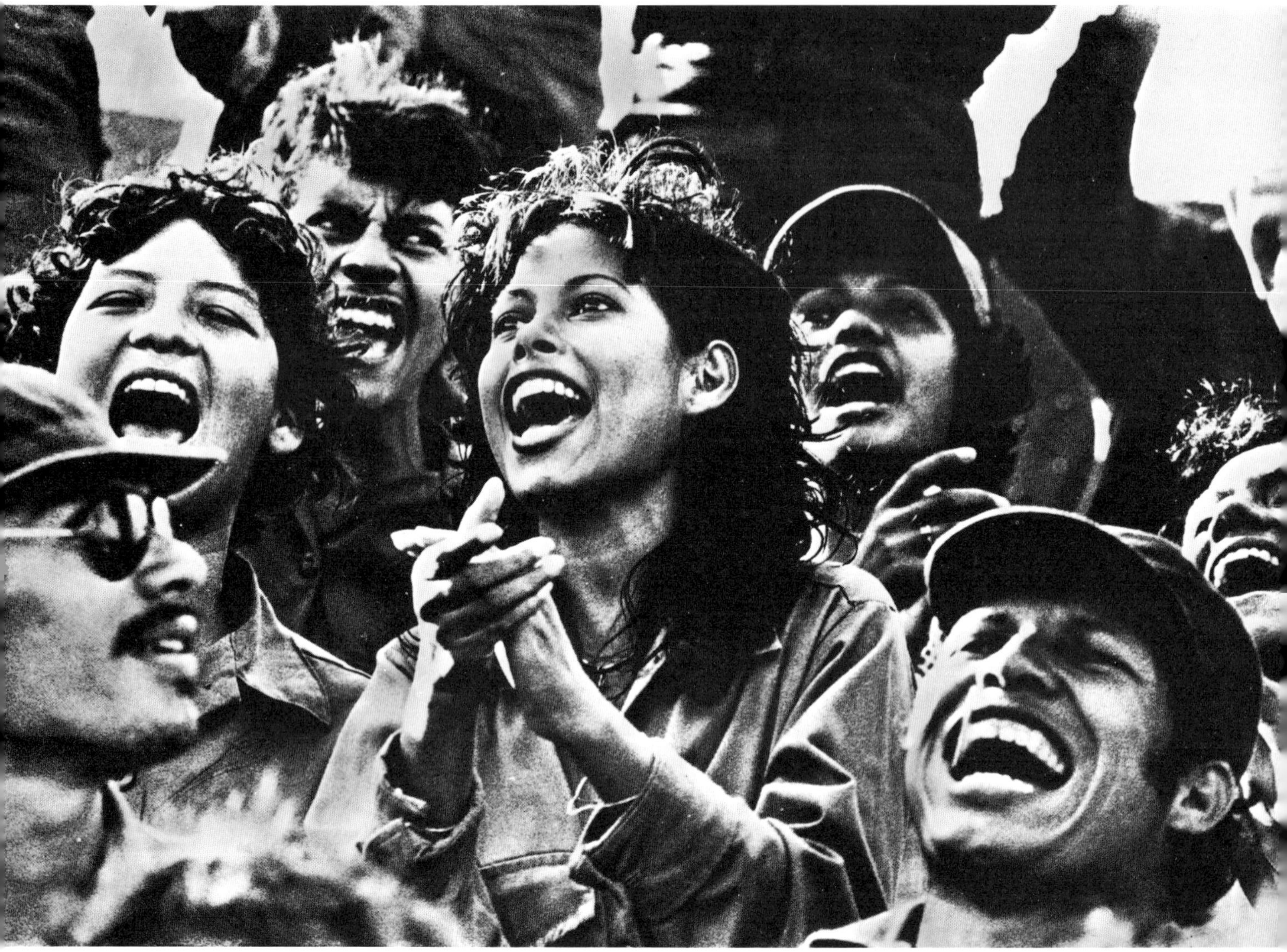

DANIEL ORTEGA
ZWISCHENBILANZ

Wir feiern diesen zweiten Jahrestag der Revolution und zugleich den zwanzigsten der Gründung unserer Avantgarde, der FSLN, zu einem Zeitpunkt, der für die Zukunft der Menschheit insgesamt ein sehr schwieriger ist.

Die nicaraguanische Revolution muß im Zusammenhang mit den großen Spannungen in der Welt gesehen werden, mit der globalen Ungerechtigkeit, die es wenigen hochindustrialisierten Ländern erlaubt, einen Lebensstandard zu erreichen, der doppelt so hoch ist wie der der Bevölkerung der Dritten Welt.

Wir sind als ein Volk der Dritten Welt mit geringen Ressourcen schwerwiegend von dieser Ungerechtigkeit betroffen. Die Völker der Dritten Welt kämpfen für eine neue Weltwirtschaftsordnung: Wir kämpfen dafür, liebe nicaraguanische Brüder, daß Kaffee, Baumwolle und Zucker, daß das Fleisch und die anderen Exportgüter, die unsere Arbeiter im Schweiße ihres Angesichts herstellen, nicht jedes Jahr schlechter bezahlt werden und daß uns die Traktoren, Maschinen, Ersatzteile und Arzneimittel, die wir importieren, nicht jedes Jahr teurer verkauft werden.

Inmitten dieser ökonomischen Ungerechtigkeit in der Welt gibt es zusätzlich noch eine spezifische Situation, die uns in schwere Sorge versetzt. Ein Land, das als Weltmacht große Verantwortung trägt, ein Land, das unser Territorium mehrfach angegriffen und mit Blut getränkt hat, betreibt unserer Revolution gegenüber eine aggressive Politik. Ihr alle versteht, daß ich damit die Vereinigten Staaten meine.

Im Januar 1981, als in den Vereinigten Staaten eine neue Regierung antrat, war eine der ersten Entscheidungen, die sie traf, die Streichung eines zugesagten, aber noch nicht ausgezahlten 20-Millionen-Dollar-Kredits für Nicaragua. Im April, vier Monate später, entscheidet dieselbe Regierung, die noch ausstehenden 15 Millionen eines unterzeichneten 70-Millionen-Kredits einzufrieren. Im gleichen Monat streicht man uns ebenfalls 11,4 Millionen für wirtschaftliche Entwicklung und 14,7 Millionen für den Ankauf von Weizen und Speiseöl. Und jetzt, im Juni, verweigert man uns jene 20 Millionen, die für das Finanzjahr 1982 vorgesehen waren. Die Gesamtsumme, die die Vereinigten Staaten einem Land, dem gegenüber sie eine große Schuld abzutragen haben, seit Januar 1982 verweigert, beträgt 81,1 Millionen Dollar.

Darüber hinaus toleriert die nordamerikanische Regierung mit ausgesprochenem Wohlwollen, daß sich auf ihrem Territorium ehemalige Nationalgardisten Somozas auf militärische Aktionen vorbereiten, ja, sie rechtfertigt die Existenz dieser Ausbildungscamps auch noch. Und zusätzlich zu all dem hat ein Ausschuß des Senats die Ratifizierung des Vertrages empfohlen, den die Vereinigten Staaten und Kolumbien 1971 unterzeichnet haben und der gegen die Souveränität Nicaraguas gerichtet ist, weil er eine Entscheidung über die Inseln San Andrés und Providencia enthält – ein Territorium, das zu Nicaragua gehört.

Doch Nicaragua steht in dieser internationalen Situation des Wettrüstens, abenteuerlicher Übergriffe und wirtschaftlicher Aggressionen nicht allein da. Viele Staaten haben trotz der neuen politischen Haltung der USA seit Januar 1981 ihre Hilfe für Nicaragua fortgesetzt – und zwar, ohne sie auch nur einen Moment lang an Bedingungen zu knüpfen: die Deutsche Demokratische Republik, die Bundesrepublik Deutschland, Algerien, Bulgarien, Kanada, die Europäische Gemeinschaft, Kuba, Dänemark, Finnland, Frankreich, Holland, Irak, Libyen, Mexiko, Norwegen, Schweden, die Sowjetunion, Jugoslawien und andere.

Wir alle kennen auch die wundervolle und positive Geste Venezuelas und seines Präsidenten Louis Herrera, Mexikos und seines Präsidenten José López Portillo, die Nicaragua beide mit Öllieferungen unterstützt haben.

Zur schwierigen internationalen Situation kommt unsere eigene interne Situation hinzu: Sie ist noch komplexer und schwieriger. Welches Erbe haben wir am 19. Juli angetreten! Wir haben ein Land geerbt, das ausgeplündert war vom Imperialismus und von einem Wirtschaftssystem, das den Interessen einer in- und ausländischen Minderheit diente; ein Land, ausgeplündert von der Familie Somoza und ihren Handlangern, schwer getroffen durch das Erdbeben, schließlich auch noch zerstört im Befreiungskrieg. Ein Land ohne eigenes Kapital, hochverschuldet, mit einer am Boden liegenden Industrie. Zusammengenommen hat das Volk von Nicaragua am 19. Juli Verluste von mehr als 2 Milliarden Dollar und Schulden in Höhe von mehr als 1,65 Milliarden geerbt. So sieht sie aus, die Frucht der somozistischen und kapitalistischen Effizienz.

Daniel Ortega, Koordinator der Regierung des Nationalen Wiederaufbaus, hielt am 2. Jahrestag der Revolution, 1981, auf dem »Platz des 19. Juli« vor Hunderttausenden von Menschen eine Rede zur augenblicklichen Situation innerer und äußerer Bedrohung. Wir dokumentieren diese Rede in Auszügen.

Wie haben sich angesichts aller dieser Tatsachen die verschiedenen sozialen Gruppen des Landes verhalten?

Sprechen wir zunächst vom Bereich der privaten Wirtschaft in dem Sinne, in dem er in Nicaragua vorhanden ist und nicht in der Definition der Interessenvertreter des Kapitals: als ein breites Spektrum, vom Campesino mit seiner kleinen Parzelle über den Eigentümer einer großen Viehzucht bis zum Industrieunternehmer. In diesem privatwirtschaftlichen Bereich gab es nach zwei Jahren Revolution zwei unterschiedliche Verhaltensweisen:

Da war das patriotische Verhalten all der Campesinos und Landwirte, die ihr Land effizient bewirtschaften, Kaffee, Zucker und Baumwolle anbauen und heute in ihrer Mehrheit in der *Nationalen Union der Landwirte* (UNAG) zusammengeschlossen sind. Und der Gerechtigkeit halber muß erwähnt werden, daß es in diesem Land auch Großunternehmer gibt, die ihre Ländereien und Betriebe effizient bewirtschaften.

Auf der anderen Seite gibt es die negative Haltung der Unternehmer mit nicht-patriotischer Einstellung, derjenigen, die ihren Fabriken und ihrem Grundbesitz das Kapital entzogen haben, derjenigen, die 1978, zu Zeiten Somozas, noch 1,26 Milliarden Córdobas in diesem Land investierten und heute kaum noch 589 Millionen. Es sind jene, die allein im Handelsbereich mehr als 1,5 Milliarden Córdobas als Gewinne eingesteckt haben (Wechselkurs 1978: 1 Dollar = 7 Córdobas, 1980: 1:10).

Managua, Plaza de Toros, Juni 1981: Volkstheater gegen die Interventionsgefahr

Die Bourgeoisie spielt mit dem Feuer

Diese selben Leute sind es auch, die ihre Pflicht zu produzieren mit politischen und ideologischen Konzessionen der Revolution verknüpfen wollen. Sie wollen erreichen, daß all die erwähnten Länder ihre Hilfe für Nicaragua einstellen und wir vom Ausland isoliert werden. Sie gehen immer engere Bindungen mit dem Somozismus ein, nehmen sogar jene verbrecherischen Nationalgardisten, die im Gefängnis sitzen, in Schutz und unterstützen die vom Ausland aus vorbereiteten Verschwörungen.

Diese Privatwirtschaftler spielen mit dem Feuer, sie wollen die Volksmacht zerstören und jene wieder an die Macht bringen, die das Volk ausrauben und unterdrücken.

Wir haben also eine wirtschaftlich, politisch und militärisch gespannte Lage, ein aggressives, abenteuerliches und gefährliches Verhalten der Vereinigten Staaten und ernsthafte Beeinträchtigungen der Wirtschaftsstrukturen – und wir haben schließlich auch zu kämpfen mit Fehlern im Inneren der Revolution.

Die Fehler der Regierung

Auch zu den Fehlern, die wir in diesen zwei Jahren Revolution selbst begangen haben, den Fehlern der revolutionären Regierung, müssen wir stehen. Umsetzungskapazitäten haben gefehlt, als Kredite für bestimmte Projekte zur Verfügung standen. Es gab einen Mangel an Effizienz dort, wo wir nicht in der Lage waren, den Devisenbedarf sinnvoll im Verhältnis zur Produktion einzusetzen.

Da gab es auch einen fehlenden Zusammenhalt der revolutionären Regierung. Die Korruption in der Verwaltung haben wir noch nicht wirklich ausrotten können. Da gab es von einem Teil der Regierung Widerstände, sich wirklich auf die Massen zu stützen. Dienstleistungen für die arbeitende Bevölkerung, gerade auch im Gesundheitswesen, waren nicht ausreichend. In vielen Bereichen war die politische Beteiligung nicht groß genug. Da gibt es Regierungsangestellte, die immer noch meinen, in Nicaragua habe sich nichts geändert. So etwas zeigt sich auch in der spärlichen Teilnahme an den Milizen und der freiwilligen Arbeit.

So sehen die Schwächen aus, die wir zu verantworten haben.

Eine Kritik an den Arbeitern

Im Innern unserer Revolution begegnen wir auch Unzulänglichkeiten, die von der Basis, von den Arbeitern selbst ausgehen: Da gibt es z. B. die Sabotage der nationalen Wirtschaft, fehlende Disziplin am Arbeitsplatz und die Forderung nach Tarifvereinbarungen, die keine Rücksicht auf die schwierige Situation dieses Landes nehmen. Da gibt es wirtschaftliche Sabotage durch Gewerkschaftszentralen, die einen Teil unserer Arbeiter in die Irre führen, statt wirklich ihre Interessen zu vertreten.

Im allgemeinen hat sich die Arbeiterklasse Nicaraguas jedoch, das gilt auch für die Regierungsangestellten, bewußt und diszipliniert verhalten. Und dieses Verhalten war und ist ausschlaggebend dafür, daß wir vorangekommen sind und auf diesem Weg weitergehen können.

Außenpolitisch werden wir den Weg zur ökonomischen Unabhängigkeit fortsetzen – für die Selbstbestimmung und die Nicht-Intervention. Zugleich werden wir unsere Beziehungen zu allen Ländern, die es wünschen, vertiefen. Auch gegenüber den Vereinigten Staaten sind wir flexibel – aber wir bleiben standhaft. Sie müssen die Ausbildungslager in Miami verbieten und müssen aufhören, die Arbeit der Konterrevolutionäre gegen Nicaragua, die so viele Tote gekostet hat und kosten, weiter zu stützen. Sie dürfen in Zentralamerika nicht intervenieren – so wie sie es heute schon in El Salvador tun. Sie müssen aufhören, uns wirtschaftlich zu bekämpfen. Statt der Rolle des Abenteurers sollten sie die der politischen Verantwortung übernehmen. Wir sagen ihnen, daß wir, dies vor allem, weiterhin Anti-Imperialisten sind.

Gegen die Korruption im Staatsapparat

Mit aller Kraft werden wir Bürokratie und Korruption bei den Regierungsangestellten bekämpfen. Auch das Dekret über Vergehen am Volkseigentum wird mit aller Entschiedenheit angewendet.

Die Beteiligung der Massenorganisationen an der Regierungsarbeit muß weiter verstärkt werden. Auf dem Gebiet der Produktion werden wir gegen ungerechtfertigten Streik, gegen Besetzungen und mangelnde Arbeitsdisziplin ankämpfen, denn auch sie sind Formen der Produktionsbehinderung – von der Basis her.

Wir werden uns bemühen, das Bewußtsein der Arbeiterklasse dafür zu verbessern.

Wir werden eine Antwort geben auf die Erwartung jener politischen Gruppen und jener Unternehmer, die unserer Wirtschaft die Basis für die Produktion entziehen wollen, eine Antwort auf diese Versuche, die Volksmacht in Frage zu stellen. Wir sagen ihnen: Wir stärken die Volksmacht, und ihr müßt lernen, mit dieser Volksmacht zu leben.

SHARON SPEWAK
DIE NICARAGUANISCHE REVOLUTION – ZWEI ODER DREI DINGE, DIE ICH VON IHR WEISS:

ANMERKUNGEN ZUR AUGENBLICKLICHEN INNEN- UND AUSSENPOLITISCHEN LAGE

Die in der Welt durch die sandinistische Revolution seit der Zeit vor dem 19. Juli 1979 geweckten Erwartungen stehen in direktem Zusammenhang mit dem Ausmaß der Herausforderung, der das neue Nicaragua sich ganz bewußt stellt, nämlich die Unterentwicklung zu überwinden, die Bedürfnisse der Bevölkerung zu befriedigen und eine wirklich demokratische Gesellschaft zu schaffen. Nicht die Herausforderungen, von denen Servan-Schreiber oder die Futurologen sprechen, sondern die große Herausforderung des Jahres 2000 für alle Länder der Dritten Welt.

Wie kann man das erreichen? Die nicaraguanische Revolution bezeichnet sich als »sandinistisch«. Augusto César Sandino, als Held aus dem Volk, verkörpert nicht nur den notwendigen Mythos eines Gründers für ein Land, dem die imperiale Geopolitik der Vereinigten Staaten während eines Jahrhunderts jede Selbstbestimmung verweigerte. Somoza verfügte in seinem Bunker, umgeben von einer Prätorianergarde und als patrimoniale Macht in Person, auf seinem Schreibtisch über Telefone, die ihn direkt mit der nordamerikanischen Botschaft und dem State Department verbanden. In Wirklichkeit war es der durch den *American way of life* verursachte Verlust der eigenen Kultur, der in dieser außerordentlich autoritären und repressiven Gesellschaft eine schwere Identitätskrise herbeiführte. Für das Finanz- und agroindustrielle Bürgertum Nicaraguas war und ist die Welt vorkopernikanisch: In ihrem Zentrum lag Miami. Nur wenige waren imstande zu sagen, wo die Bundesrepublik Deutschland oder Österreich liegen. Die Rückkehr zu Sandino, diesem bei der Dynastie so verhaßten Namen, den man erst ermordete und dann verschwieg, ist nun ein Teil einer revolutionären Strategie der Volks-Erinnerung innerhalb eines Prozesses der Eroberung einer unabhängigen politischen Identität.

Aber bei Sandino gab es absolut keine Zeile über eine neue Gesellschaft, die »frei von Gewalt« sei, wie es Ernesto Cardenal verkündet, noch über den Weg dorthin. Sandino nahm sich lediglich die Vertreibung der nordamerikanischen Armee aus dem Land vor. Der Gründer der *Frente Sandinista de Liberación Nacional* ging weiter als die bürgerlichen Fortsetzer des Erbes von Sandino, als er sagte: »Sandino ist keine Erinnerung. Sandino ist der Weg.« Eine solche Erklärung bedeutete Anfang der 60er Jahre, als man 20 Jahre alt war: Der Weg ist der Guerrilla-

Sharon Spewak, aus Kanada stammende Sozialwissenschaftlerin, hat sich in Tansania intensiv mit den gesellschaftlichen Problemen des afrikanischen Kontinents vertraut gemacht und ist Autorin sozialwissenschaftlicher Publikationen. Gegenwärtig arbeitet sie an der von Jesuiten geleiteten Mittelamerikanischen Universität in Managua. Ihr Text erläutert die vor Nicaragua liegenden »Mühen der Ebene«: Im Bereich der Kultur, der Alphabetisierung, im Gesundheitswesen hat das neue Nicaragua seinen Mut und seine Kreativität, »diesen demiurgischen Geist gemischt mit ein wenig leidenschaftlicher Verrücktheit«, bewiesen. Sharon Spewak zeigt, wo und wie diese Kreativität durch innere und äußere Widerstände behindert wird.

krieg. Die Ideologie Fonsecas ist im Kern der Guevarismus mit Zweigen anderer nicht völlig assimilierter oder bald wieder aufgegebener Strömungen, inklusive des Maoismus. Der Verlauf der Ereignisse in Nicaragua widerlegte die Analyse und Strategie der Gruppe von Militanten, die sich nach dem Auseinanderfallen der *Frente* 1975/76 in drei Fraktionen weiterhin darauf beriefen, nämlich der Richtung »Langandauernder Volkskrieg« (GPP). Diese Richtung unterschätzte, wie die cubanischen Analytiker, den aufständischen und revolutionären Charakter der Lage in den städtischen Zentren an der Pazifikküste, und so befanden sich ihre Kolonnen am Tag X sehr weit vom Schauplatz der Geschehnisse entfernt. Die der GPP entgegengesetzte Strömung, die »proletarische«, berief sich auf einen von allen in der Welt entwickelten großen ideologischen und theoretischen Debatten seit 1965/66 abgeschnittenen Marxismus. Jedoch bemühten sie sich sehr um die Organisierung der Bevölkerung, und ihre Methoden entsprachen den aufgrund von Erfahrungen in anderen Teilen der Welt überprüften Schemata. Die Tatsachen aber gaben den »terceristas« mit ihrer Bündnispolitik, ihrer unermüdlichen Arbeit auf internationaler Ebene (Kontakte mit der *Sozialistischen Internationale,* mit demokratischen Regierungen in Lateinamerika, die Neutralisierung der Carter-Administration) und mit ihrer Strategie des Aufstands Recht. So erklärte Humberto Ortega, nachdem er erfolgreich den Krieg geführt hatte und nachdem die FSLN zum Rückgrat des Landes geworden war: »In Wahrheit ist immer an die Massen gedacht worden, man sah in ihnen eine Unterstützung für die Guerrilla, der sie erlauben sollten, der Guardia Schläge zu versetzen. Die Wirklichkeit war aber anders: Es war die Guerrilla, die den Massen als Unterstützung dafür diente, mit Hilfe des Aufstands den Feind zu schlagen.« Die Einheit der Tendenzen innerhalb der FSLN wurde auf gleichberechtigter Grundlage geschlossen. Aber es ist auch sicher, daß jede »gleicher als die anderen« erscheinen will, ob es sich um den Staatsapparat, die Armee oder die Massenkommunikationsmittel etc. handelt.

Innerhalb des Rahmens eines neu definierten »revolutionären Nationalismus« (Régis Debray) war die Lehre aus der gemeinsamen sandinistischen Führung folgende: Man macht nicht die Revolution, die man will – jede Revolution ist verfrüht –, sondern diejenige, die man kann. Aber vor allem: Man *muß* sie machen. So wählte diese Führung die Blockfreiheit, die gemischte Wirtschaft und den politischen Pluralismus als Teil des sandinistischen Konzepts für den nationalen Wiederaufbau und die Öffnung hin zu einer demokratischeren Gesellschaft. Das alte, von allen Revolutionen des realen Sozialismus ererbte Schema Stalins, die Ideologie einer »Revolution in Etappen«, wurde auf diese Weise beerdigt. »Wir sind stark genug, um Kompromisse einzugehen«, lautet die Lehre der sandinistischen Junta.

Die Wahl der Blockfreiheit, der gemischten Wirtschaft und des Pluralismus entspricht deshalb bewußten Entscheidungen und einem tiefgehenden demokratischen Willen und ist nicht nur das Ergebnis der Umstände und die Frucht von taktischen und pragmatischen Augenblicksüberlegungen. Die Frente Sandinista bewies, daß sie weder die Kommunistische Partei Vietnams noch die Cubas ist und daß der Prozeß, den sie anstrebte, auch nicht der »portugiesische« ist. Sie ist eine Organisation, die die wirkliche Demokratie sucht und sie sowohl bei sich selbst als auch im Land zusammen mit den übrigen sozialen Kräften der nicaraguanischen Nation ausüben will – das erklärt einige der großen *politischen* Fehler.

Die begeisternden Bestrebungen des sandinistischen Modells stoßen jedoch schon sehr bald auf äußere Faktoren, die seine Entwicklung behinderten, und auf interne objektive Bedingungen, u. a. den Mangel an Kadern, die eine Quelle von Irrtümern in der Führung, Richtung etc. verschiedener Bereiche des nationalen Lebens waren. Aber den ernstesten Hindernissen sieht es sich seit mehr als vierzehn Monaten mit ständiger Eskalation durch die gefährliche internationale Lage (besonders die Beziehungen zur Reagan-Regierung) gegenübergestellt, die immer mehr Destabilisierung und Verschwörung fördert. Drei Jahre nach Beginn dieses auf allen Ebenen so wichtigen Prozesses finden wir wirtschaftliche, politische und militärische Probleme vor, von deren Lösung die Zukunft des Modells bezüglich seiner Durchführbarkeit abhängt. Das bedeutet, von ihr hängt, menschlich gesehen, die Zukunft und vielleicht auch das Leben vieler Tausender von Nicaraguanern ab, aufrichtiger Menschen mit einer großen Zärtlichkeit, bei denen ich, die ich mit ihnen zusammenlebe, mir nicht vorstellen kann und will, daß ihnen dieses Unvorstellbare zugefügt wird.

PHANTASIE, SCHÖPFERISCHE KRAFT UND MUT

Die Frente Sandinista und die Nicaraguaner haben während des Befreiungskampfs den Beweis für den hohen und konzentrierten Grad an möglicher Vorstellungskraft und Mut erbracht. Es sollte dabei erwähnt werden, wie Ernesto Cardenal später die sandinistische Revolution bezeichnet haben soll: »Das größte kulturelle Ereignis der Geschichte Nicaraguas«.

Auf drei wesentlichen Gebieten finden wir diesen demiurgischen Geist mit ein wenig leidenschaftlicher Verrücktheit wieder: in der Erziehung, der Kultur und der Gesundheit;

Gebieten, die paradoxerweise nicht direkt produktiv sind. Das schöpferische nicaraguanische Modell hat sich auf diesen Gebieten voll entfaltet und beweist, was sein könnte, wenn es genügend Zeit zur Entfaltung auch in anderen Bereichen hätte: der angepaßten Technologie, alternativer Energien, Formen der gesellschaftlichen Organisierung und Organisationsweisen der Produktion.

Die Alphabetisierungskampagne bedeutete die Mobilisierung eines ganzen Landes sechs Monate lang, und die währenddessen von Abertausenden Jugendlichen erlebten Erfahrungen sind etwas, das in der heutigen Zeit in keiner Region einen Vergleich findet. Angesichts dieser Erfahrungen kann man einen ehrlichen Neid empfinden. Bei der nicaraguanischen Alphabetisierung waren die Besitzer des Wissens (die Alphabeten) nicht damit beauftragt, es weiterzugeben und mit denjenigen zu üben, die es für beschränkte Funktionen innerhalb einer gesellschaftlichen Struktur erwarben. Vielmehr war es ein herrlicher Prozeß des gegenseitigen Lernens ohne Lehrer und Schüler. Hier entstand in Keimform, was Daniel Ortega »die neue Identität Nicaraguas, ein neues gesellschaftliches Bewußtsein« nannte.

Ein Beispiel für die Schöpfer- und Erfindungskraft ist auch das enorme Engagement, mit dem bei der Entwicklung und Verwirklichung der »Vorstellungen an der Macht« auf dem Gebiet der Kultur die begrenzten materiellen Ressourcen ersetzt werden. Nur ausgehend von einem sehr breiten Kulturkonzept auf anthropologischer Grundlage, das die Kultur nicht als Summe der schönen Künste, sondern als all das, was es im Leben des nicaraguanischen Volkes herzustellen gibt, begreift, kann man Ereignisse wie die »Mais-Messe« verstehen. Die Kredite für Weizenkäufe wurden von den Vereinigten Staaten beschränkt. Als Teil der Eroberung einer Identität, aber auch mit unmittelbaren wirtschaftlichen, sozialen und politischen Auswirkungen wurden im ganzen Land Wettbewerbe von Köchinnen und Köchen durchgeführt, bei denen sie alle Arten von Gerichten auf der Grundlage von Mais vorstellten. Das wurde mit der Suche nach Mythen, Legenden, Wundergeschichten, Liedern und Gedichten über den Mais verbunden, ebenso mit Erntetänzen und anderen folkloristischen und volkstümlichen, manchmal halb vergessenen Darbietungen. Auf der Ebene von Stadtteil und und Pfarrei, auf lokaler, dann regionaler und schließlich nationaler Ebene fand diese breite Bewegung statt, um schließlich in einem allgemeinen Fest zu gipfeln, zu dem ca. 250 000 Menschen kamen und bei dem die Kultur darin bestand, diese Speisen zu essen, die schon viele seit ihrer frühen ländlichen Kindheit vergessen hatten. Die Kultur geht für Ernesto Cardenal und seine Mitarbeiter durch den Körper.

Dieselbe Mobilisierung der großen Massen für Ziele, die Eroberungen und zugleich auch ureigen vom Volk verspürte Forderungen und Bedürfnisse darstellen, kann man in einem Bereich der medizinischen Arbeit beobachten. Sicherlich war ein sehr wichtiger Teil des medizinischen Personals, praktisch die Verkäufer der Ware »Gesundheit«, unter den ersten Gruppen von Fachleuten, die das Land verließen, als man sie nur darum bat, Patienten im Rahmen der entstehenden Sozialfürsorge zu behandeln. Aber die Gesundheitsverhältnisse können heute in Nicaragua nicht mit den üblichen Merkmalen und Maßstäben bewertet werden, an die die Techniker von UNICEF gewöhnt sind. Denn auf dem Gebiet der Präventivmedizin z. B., dem Schlüsselsektor jedes Gesundheitssystems, ist es buchstäblich das ganze Land, das sich mobilisiert hat: für die Anti-Malaria-Kampagne, für die Kampagnen gegen endemische Krankheiten und für durchgreifende Kinder-Impfkampagnen. Dies läßt sich nicht in der Anzahl von Ärzten, Krankenschwestern oder Krankenhausbetten pro Einwohner ausdrücken.

Die Alphabetisierung, die Arbeit an der Volksgesundheit und die breite kulturelle Aktion sind Äußerungen einer demokratischen Konzeption von gesellschaftlicher Beteiligung: Teil eines authentischen Bewußtseinsprozesses, der aus der nicaraguanischen Bevölkerung den aktiven Betreiber des gesellschaftlichen Prozesses auf allen Ebenen machen und es gegen alle Arten von Manipulation immunisieren muß. Aber vor diesem so attraktiven zentralen Aspekt des nicaraguanischen Modells, das zwangsläufig auf lange Sicht für alle Länder der Dritten Welt, mit denen in Mittelamerika beginnend, ansteckend sein muß, erheben sich heute die Hindernisse, von denen wir weiter oben gesprochen haben. Ein politisches Problem, das den tatsächlich im Land herrschenden Pluralismus bedroht, ein wirtschaftliches Problem, das das Schema der gemischten Wirtschaft in Frage stellt, und ein militärisches Problem, das die Blockfreiheit Nicaraguas bedroht.

Über das politische Problem

Laut Kissinger waren von den Regierungen der 150 in der UNO versammelten Staaten nur 26 in wirklichen Volksbeteiligungen zustandegekommen. Da es nur wenig mehr als 20 sozialistische Staaten gibt, heißt das, daß die meisten sich in der kapitalistischen Welt befinden. In diesen herrscht offensichtlich kein »Pluralismus«, jene Kategorie, die im westlichen liberalen Denken wurzelt und in abstrakter Weise mit dem Prestige von Dialog, Kontroverse, wissenschaftlicher Kritik etc. verbunden ist. In Nicaragua wurde nach 35 Jahren einer bis zuletzt von den Vereinigten Staaten unterstützten Diktatur im Juli 1979 eine pluralistische Demokratie von Parteien, Gewerkschaften und der Presse als Teil der Ausübung einer staatlichen Macht errichtet und in Gang gesetzt, deren Legitimation revolutionär war. Die Errichtung einer Regierungsjunta bedeutete deshalb ein doppeltes historisches Ereignis: einerseits eine historische Niederlage für das nicaraguanische Bürgertum, das die Staatsmacht verlor; andererseits ein ungewöhnliches Modell der praktizierten revolutionären Demokratie, die bis heute in einer siegreichen Revolution unbekannt ist.

Der Wunsch der sandinistischen Führer besteht in der Errichtung dessen, was Sergio Ramírez die »partizipative Demokratie« nannte, ein in überschaubarer Zeit mit einer zahlenmäßig geringen Bevölkerung wie der Nicaraguas zu verwirklichendes Ideal: Das Land als eine demokratische Stätte von beratenden Bürgern, die im größten Maße an den sie betreffenden Entscheidungen teilnehmen, und mit einer frei von der Basis gewählten und ihr gegenüber verantwortlichen Führung. Das setzt den Willen voraus, Wahlformen zu finden, die von ihren Karikaturen genügend weit entfernt und im Vergleich zu ihnen grundverschieden sind.

Aber die Entwicklung des nicaraguanischen Prozesses kann nicht von den Vorstellungen abhängen, die sich die sandinistischen Führer von der möglichen Demokratie machen. Sie hängt von so wenig theoretischen Tatsachen ab, wie Henri Weber aufführt: »der Reagan-Administration, dem Ergebnis des Bürgerkriegs in El Salvador und Guatemala und der Entwicklung der Konterrevolution«. In diesem Rahmen müssen zwei aufgrund der Unerfahrenheit im politischen Geschäft begangene Irrtümer mit weitreichenden Folgen gesehen werden: die Erlaubnis für einen sehr frühen Rücktritt von zwei Personen aus der Regierungsjunta gegeben zu haben, von denen die eine mit der Tageszeitung »La Prensa« und die andere mit der Privatwirtschaft zusammenhing. Der Rückzug der Witwe von Pedro Joaquin Chamorro, der 1978 von Somoza ermordet wurde, weil er ihn als den einzigen wirklichen Feind ansah, geschah aus Gesundheitsgründen und wegen der schrecklichen emotionalen Spannung einer ideologischen und politischen Spaltung, die quer durch die Familie ging (drei Kinder arbeiteten mit der *Frente* zusammen, und derjenige, der vormals am wenigsten politisiert war, verwandelte sich in die Speerspitze der Opposition, die seinen Namen benutzte), und zusätzlich aufgrund der Krise der Zeitung, die im Besitz dieser Familie ist und die zum Rückzug der alten Mitarbeiter von Pedro Joaquin und der Gründung von »El Nuevo Diario« führte. Der Rücktritt des Millionärs Robelo, eines Speiseölfabrikanten, hatte einen anderen Grund: Im März 1980 verfügte Nicaragua erstmals über Devisen aus dem Verkauf der Baumwoll- und Kaffeeernten. Wie sollten sie verwandt werden? Und wie sollten die Einnahmen aus der Austeritätspolitik benutzt werden? Der Vorschlag Robelos lautete: sie zugunsten einer Akkumulation kapitalisitischen Typs, d. h. des gesamten produktiven Apparats, inklusive des Staatssektors, in den Dienst des Aufschwungs und der Entwicklung der Privatwirtschaft zu stellen. Dies konnte nicht die Wahl der *Frente* als derjenigen Macht sein, die eine Hegemonie zugunsten der Volksklassen ausübt. Robelo erklärte, daß er den Rückzug der Witwe von Chamorro dazu benutzen wollte, eine Krise großen Ausmaßes herbeizuführen (die allerdings nicht stattfand), um sich zu etwas zu machen, was er nie gewesen war: eine nationale politische Figur.

Der zweite Irrtum ist ebenfalls ein Resultat der Unerfahrenheit: eine falsche Einschätzung der internationalen öffentlichen Meinung bei einer Entscheidung, die bezogen auf die Verhältnisse Nicaraguas jedoch vollkommen angemessen ist: die Festsetzung des Wahltermins für 1985 in einer Form, die noch zu bestimmen ist. Angesichts des Fehlens eines verläßlichen Zensus, von Wählerlisten und ohne die elementaren Voraussetzungen für einen Wahlgang, der keine der üblichen Karikaturen werden soll (nationaler Wiederaufbau, Alphabetisierung, staatsbürgerliche Ausbildung der führenden Arbeiterkreise), ist das Datum absolut verständlich. Aber dieselben Fraktionen, die davon träumen, das Kleinbürgertum von den nicaraguanischen Arbeitern zu trennen, die FSLN und die radikalisierten Teile der Bauern und Arbeiter zu isolieren und sich in eine große »antitotalitäre« Offensive mit Unterstützung der Regierung Reagan zu begeben, haben versucht, diese Verschiebung zu einem Thema zu machen, um damit die Legitimität des gegenwärtigen Regimes in Frage zu stellen. Dies, obwohl doch bekannt ist, daß die in Nicaragua bestehenden politischen Parteien (es sind acht!) insgesamt mengenmäßig nicht einmal ein Drittel der Kämpfer, Sympathisanten und Anhänger der Ziele der FSLN umfassen.

Diese Situation wäre von geringer Bedeutung, wenn es nicht die Tageszeitung »La Prensa« gäbe, die seit dem Austritt der Witwe Chamorros aus der Regierungsjunta offen auf die Seite der anti-sandinistischen Opposition übergegangen ist. Das ist das andere Gebiet, auf dem die FSLN die Situation nicht immer glänzend gemeistert hat. Es ergibt sich da folgende Lage: Eine Tageszeitung, die im Stil eines Boulevardblatts ohne wirkliche Alternative aufgemacht ist, bestimmt zu einem guten Teil die zentralen ideologischen Diskussionsthemen in Nicaragua! So wichtige Themen wie z. B. die

»partizipative Demokratie«, die Bestimmung von Charakter und Aufgabe der Volksorganisationen im Verhältnis zur Staatsmacht, der Charakter der sandinistischen Partei, in der Probleme wie die Gefahr einer bürokratischen Entartung (wie sie jede Revolution und noch mehr ein rückständiges Land wie Nicaragua bedrohen) zur Diskussion stehen, oder das der Bedeutung von Impulsen von Selbstverwaltung und Kontrolle der Staatsmacht durch Teile der Basis werden in den Zeitungen nicht diskutiert. Die Diskussion wird von »antitotalitären« »Boulevard«themen geprägt, die von »La Prensa« bestimmt werden: von der Polemik gegen den »wachsenden Staatsinterventionismus« zugunsten eines Kapitalismus des 19. Jahrhunderts bis zur Verkündigung von Erscheinungen der Jungfrau Maria, die Nicaragua vor der Macht des »Kommunismus« retten müsse, und zur Herausbildung des Erzbischofs Obando y Bravo zum taktischen Oppositionschef – eine Aufgabe, der der Prälat nicht widerwillig nachkommt. Das andere große Thema der Debatte: die Presse-»freiheit«!

Über das Wirtschaftsproblem

Die Regierung des nationalen Wiederaufbaus konnte während ihrer ersten beiden Jahre eine Reihe von Erfolgen in der Ankurbelung der Wirtschaftstätigkeit verzeichnen (allgemein im landwirtschaftlichen Bereich, mit einer einzigen Ausnahme, der Viehwirtschaft, in der durch Schmuggel und Schlachtungen fast eine Million Stück Vieh verschwanden). Die Wirtschaftszahlen (Energieverbrauch, Arbeitsplätze) belegen die Reaktivierung.

Jedoch belegt in einem Land mit 80 % des agrarischen und 75 % des industriellen Eigentums in Privatbesitz das Sinken der Exporte von verarbeiteten Gütern und der »brutale Sturz« (eine Bezeichnung von Marcel Niedergang) der Importe von Ausrüstungsgütern die fast nicht vorhandene Begeisterung des industriellen Bürgertums dafür, die Produktion wieder in Gang zu bringen. Die Kontrolle des Staats über das Finanzwesen und die Exporte bremsen sie: Auch hier hoffen sie, in die Offensive gehen zu können und zählen dabei auf den Verschleiß der sandinistischen Regierung durch einen Popularitätsverlust wegen ihrer gleichzeitigen Politik der Produktionsorientierung und der Austerität (was u. a. auf der Ebene der Löhne und der Restriktion gegenüber Forderungen zu spüren ist: Man soll erbittert arbeiten und fortlaufend bereit sein, Entbehrungen hinzunehmen.).

Es gibt zwei Gebiete, auf denen die sandinistische Politik keinen wesentlichen Erfolg gezeitigt hat: Die drastische Senkung der Arbeitslosigkeit und die tatsächliche Kontrolle der Inflation. Sicherlich sind gemessen an den übrigen mittelamerikanischen und vielen lateinamerikanischen Staaten die Zahlen für Arbeitslosigkeit (29–32 %) und Inflation (32–35 %) gering, jedoch übersteigen sie die Planzahlen des Wiederaufbaus. Nach den Planungen waren wenigstens drei volle Jahre nötig, um die produktive Maschinerie in Gang zu bringen. Aber der Haushalt der »gemischten Wirtschaft«, einer per definitionem kapitalistischen Wirtschaft, funktioniert weniger denn je: Dazu ist die entschiedene Teilnahme der Privatunternehmer in allen Sektoren des nationalen Wiederaufbaus nötig. Maßnahmen zum Exportanreiz, wie sie im Lauf der ersten Monate 1982 ergriffen wurden, müssen in diese Richtung gehen.

Darüber hinaus ist das Problem des Devisenmangels das größte, dem sich Nicaragua angesichts der Entwicklung seiner Wirtschaft gegenübersieht. Ohne sie ist jeder Agrarzyklus aufgrund fehlender Düngemittel zum Scheitern verurteilt. Und ohne sie erleiden tausend und eines der täglichen Konsumgüter der Mittelklasse einen Engpaß, wobei diese Kreise offensichtlich durch den Mangel an Kosmetik und Papierservietten für ein oder zwei Wochen an dem Ort, an dem sie üblicherweise einkaufen, stark getroffen werden. Das Problem wird aber kritisch, wenn die Betroffenen Schulkinder sind: Wenn zu einem bestimmten Augenblick die nötigen Devisen fehlen, dann verzögert sich der Import von Schulbüchern für die stark angewachsene Bevölkerung im schulfähigen Alter, die jetzt zur Schule geht.

Sicherlich hat es ernste Fehler in der Leitungsarbeit der sehr wenigen und technisch unerfahrenen Kader gegeben, die sich allen möglichen undankbaren Aufgaben des Wiederaufbaus eines Landes gegenübersehen, das der Somozismus und der Krieg ruiniert zurückgelassen haben. Schroffheit in der Führung, Produktivismus und andererseits Unkenntnis der Aufgabengebiete, die ihnen zugewiesen wurden, waren in einigen Fällen die Ursache für Mißverständnisse gegenüber den Arbeitskräften und in anderen Fällen die Ursache für Produktionsrückschläge. Aber man kann sagen, daß für ein Land mit so wenigen Kadern wie Nicaragua heute der Versuch der Unterordnung des Privatsektors unter den Wirtschaftskreislauf des öffentlichen Sektors – innerhalb des Rahmens einer Privatwirtschaft, aber ohne der privaten Akkumulation die Priorität zu geben – erfolgreich verläuft, und daß sich diejenigen, die seit zwei Jahren Agraringenieure sind, aber aufgrund gegenwärtiger Erfordernisse in der Fischerei arbeiten, inzwischen zu Technikern auf ihrem neuen Arbeitsgebiet entwickelt haben – um nur ein Beispiel zu nennen.

Aber das angesprochene Problem hat in Wirklichkeit viel mehr mit den Akteuren hinter den Kulissen der gesamten Tätigkeit der nicaraguanischen Wirtschaft in diesen drei Jahren zu tun: den transnationalen Banken. Ende 1979/ Anfang 1980 begannen neunzehn Banken im Namen von neunzig Gläubigern eine Reihe von Verhandlungen; bei den letzten Verhandlungen nahm sich die nicaraguanische Regierung vor, eine zinslose Schonfrist zu erhalten und den Internationalen Währungsfonds von all dem fernzuhalten. Nach neunmonatigen Verhandlungen mit Zwischenfällen durch den Währungsfonds (Blockierung von Krediten mit dem »Club von Paris« und ein spektakuläres Manöver der Citybank von New York in letzter Minute, die als größter Gläubiger ab 1980 jährliche Zahlungen des Schuldendienstes von mehr als 30% der Steuereinnahmen Nicaraguas forderte), gelangte man zu einer akzeptablen Regelung (Schonzeit von fünf Jahren, Neuprogrammierung der 582 Millionen Dollar, die 1980 zu zahlen waren, über zwölf Jahre).

Susanne Jonas hat in Bezug auf diese Verhandlungen die Aufmerksamkeit auf eine Schlüsselfrage gelenkt. Warum dieser Eifer der transnationalen Banken bei den Verhandlungen mit Nicaragua? An erster Stelle als Prüfstein. Die Schaffung eines *weltweiten* Präzedenzfalles, das eine revolutionäre Regierung nicht zu zahlen brauche, inklusive der ungeheuerlichen Umstände, daß hier eine nicht gemeinschaftliche Schuld von dem Diktator Somoza und seinen Adlaten hinterlassen wurde. An zweiter Stelle haben die transnationalen Banken eine eigene Strategie. Die sandinistische Regierung ist es, die das Volk von Nicaragua mit einer harten Austeritätspolitik zu Leiden und Opfern zwingen muß, um die internationalen Banken bezahlen zu können. Auf diese Weise ist es langfristig möglich, Druck auszuüben und die Regierung dazu zu bringen, ihr Ansehen mit dieser Art Wirtschaftspolitik zu verlieren. Es handelt sich folglich um eine Strategie mit dem Ziel, zu »bremsen« und »abzuschwächen« und, wenn es nötig ist, direkt zur Destabilisierung und der Entledigung von der sandinistischen Regierung von oben her überzugehen.

Angesichts der Energieabhängigkeit Nicaraguas als Erbschaft des Somozismus, der fehlenden Alternativen zu den allgemeinen Transportmöglichkeiten mit Autos, der Gewinnung von Elektroenergie auf der Grundlage von Erdöl etc., hat die Kreditpolitik der mexikanischen Regierung eine echte Hilfe für die Stabilisierung der Ziele des Wiederaufbaus der nationalen Wirtschaft bedeutet. Aber die auf anderen Märkten ausgehandelten finanziellen Ressourcen und die von den arabischen Ländern erhaltenen lösen nicht kurzfristig den Devisenbedarf für den Import von Düngemitteln, Ersatzteilen, Maschinen etc. Die Politik von Prioritäten muß immer strikter werden und berührt damit immer neue Sektoren der Mittelklasse. Nicaragua hat im Rahmen seiner wirtschaftlichen Pläne begonnen, seine Märkte zu diversifizieren, doch bleiben die Vereinigten Staaten weiterhin der hauptsächliche Abnehmer und Belieferer. Die Verabschiedung eines Gesetzes über das Auslandskapital wird zweifellos dazu beitragen, das Feld zu bereinigen und den Handlungsspielraum der Regierung innerhalb der Regeln zu vergrößern, die von den Banken festgelegt wurden und befolgt werden mußten. In dieser Frage wie in dem militärischen Problem wird das Verhalten der EG-Staaten in nächster Zeit eine entscheidende Rolle spielen.

Über das militärische Problem

Die Soziologie der Streitkräfte war eines der in den 60er Jahren in der soziologischen Forschung Lateinamerikas bevorzugten Themen. Man versuchte damals, mit einer quantitativen Theorie der Wirtschaftsentwicklung jene gesellschaftlichen Gruppen zu finden, die in der Lage wären, die Aufgaben des Aufschwungs der lateinamerikanischen Wirtschaften zu erfüllen. Diese Soziologie leistete einen bescheidenen theoretischen Beitrag, als die Streitkräfte in verschiedenen Ländern des Kontinents, besonders im »Cono Sur« zur »Wirbelsäule und Stütze« (Carlos Rincón) der »Militärstaaten wurden, mit denen die in diesen Ländern an der Macht stehenden Klassen ihre Herrschaftskrise bewältigen wollten«. Die Soziologie ist angesichts der Tagesordnung heute in Mittelamerika eine andere: Es ist die Soziologie des Konflikts und des Krieges.

Eine der größten Heldentaten der *Frente Sandinista* war es, am Vorabend des 19. Juli ein historisches Ereignis zu vollbringen: die Armee des Diktator Somoza zu zwingen, sich tatsächlich aufzulösen. Es ist dies ein Prozeß mit großen Errungenschaften und Konsequenzen, die bislang noch kaum in den Details studiert wurden. Denn die Form, in der die somozistische Armee in die Krise geriet, um dann einen wahrhaftigen Kollaps zu erleiden und sich später zu zerstreuen, eröffnet gleichzeitig mit ihrem Beweis, die »Prätorianergarde« in absoluter Bindung an den Diktator zu sein, andere Fragen und bietet einen Reichtum an theoretischen und politischen Lehren.

Deklassiert und ohne Berufsausbildung, trat schnell ein Teil der ehemaligen somozistischen Garden den bewaffneten Gruppen bei, die sich, mit Zustimmung der Regierung der Vereinigten Staaten logistisch und finanziell ausgerüstet, in Miami und an der Grenze zu Honduras bildeten. Die letzteren wuchsen durch Miskito-Indianer an, die durch Betrug und Verhetzung rekrutiert wurden. Diese Banden erreichen jedoch trotz der Tatsache, daß sie Quelle ständiger Zwischenfälle an der Grenze sind, seit Ende 1980 nur im Fall von größeren Destabilisierungsunternehmen (Sabotage, Terrorismus) ihre größte Gefährlichkeit.

Mitte Mai 1981 trat eine größere Quelle militärischer Gefährdung zutage: Das Abenteuertum einer Fraktion der honduranischen Streitkräfte. Offensichtlich wurde beabsichtigt, mit Panzern in Nicaragua einzufallen und ohne Aufenthalt unterwegs über Chinandega und León bis zur Hauptstadt zu marschieren... Solche verworrenen Pläne wurden erst im letzten Moment verworfen.

Bis dahin beruhte das Militärkonzept des Sandinismo auf einem regulären Heer mit 22 000 Menschen, das fähig ist, eine gewisse Zeit lang jeglichen Invasionsversuch an den Grenzen aufzuhalten, und einer bewaffneten, in Milizen organisierten Bevölkerung, die in der Lage ist, jederzeit und überall zu kämpfen und aus diesem Grund nicht geschlagen werden kann. Das Abenteuertum der Generäle, die mit einer Invasion spielten, machte die Suche nach defensiven Waffen notwendig, um eine Panzerinvasion aufzuhalten. Dies schien der Grund für die Annahme eines Geschenks dieser Art Waffen aus einem Nahost-Land zu sein.

Die jüngste Geschichte ist wegen ihres öffentlichen Charakters bekannter. Die Reagan-Regierung hat sich dadurch, daß sie sich auf Fragen der nationalen Sicherheit berief und den salvadorianischen Konflikt mit Begriffen der Ost-West-Auseinandersetzung interpretierte, das Mittel einer gewaltsamen Intervention als imperiales Mittel in Mittelamerika vorbehalten. Die Grenzzwischenfälle häuften sich und nahmen ein solches Ausmaß an, daß es der Sandinismus trotz der Friedensgespräche mit der Regierung von Honduras als passend ansah, einen Nichtangriffspakt anzubieten und nach wiederholten Akten des Terrorismus von Seiten der konterrevolutionären Banden zu einer schwierigen Maßnahme zu greifen: der Umsiedelung eines Teils der Miskito-Bevölkerung aus jedem nur möglichen militärischen Operationsgebiet.

Nachdem sie mit Hilfe des Präsidenten François Mitterand Waffen in Frankreich erhalten hatte, beschränkte sich die nicaraguanische Staatsführung auf den Hinweis, daß dieser Kauf wie jeder andere auch eine souveräne Angelegenheit des Landes sei, die mit niemandem diskutiert werden müsse. Jedoch machte die explosive Lage in der Region eine spätere Änderung nötig, bei der die folgende Position eingenommen wird: die Möglichkeit, von einer souveränen Position aus über den Typ in die Region eingeführter Waffen zu verhandeln. Diese Möglichkeit behält sich Nicaragua vor, seit sich die Aktionen der Belagerung und Einkreisung verstärken (von der Präsenz eines nordamerikanischen Schiffs mit hoher elektronischer Technologie, die in der Lage ist, alle Kommunkation zu jedem beliebigen Zeitpunkt zu überwachen, über die Vertragsunterzeichnung von zulezt militärischer Art zwischen den Nachbarstaaten, bis zur Ankündigung der Einrichtung möglicher nordamerikanischer Stützpunkte in Honduras und auf der Insel San Andrés). Parallel dazu hat die generelle Mobilmachung all der wenigen wirtschaftlichen und menschlichen Ressourcen des Landes im Rahmen von nationalen Verteidigungsplänen stattgefunden. Die Rückkehr der Vereinigten Staaten zum Kalten Krieg und der Politik des »Big Stick« verwandelt die Volksmilizen in die wichtigste Massenorganisation des ganzen Landes. Soll man Milizionär sein oder an den Schulklassen für Erwachsene teilnehmen, die für die Zeit nach der Alphabetisierung geplant sind? Wenn es darum geht, Geschwister, Eltern und Kinder zu verteidigen, gibt es in der Bevölkerung kein Zögern; so ist die Lage seit Ende 1981, und nur Verhandlungen können aus dieser Sackgasse herausführen. Keiner will in Nicaragua eine militarisierte Gesellschaft. Mit Ausnahme derjenigen, die unter Folter erpreßte »Erklärungen« haben wollen (»sagt endlich, wer sie sind«) – Glaubensbekenntnisse. Im Inland, aber vor allem im Ausland.

FOTOGRAFIEN VON RICHARD CROSS

CARLOS RINCÓN
GESICHTSBILDER – GESCHICHTSBILDER

In Managua blühen die orangenen Bougainvillea. In der Ferne, weit hinter dem riesigen dunklen See, ein von Vulkanen durchlöchertes Meer tiefhängender, blendender Wolken. Vor nur ein paar Jahren bewegten sich die Kolonnen der Guerrilleros im heißen Wind auf die Stadt zu. Einer aus diesen Kolonnen erinnert sich, als er die Fotos von Richard Cross betrachtet: »Wir nahmen wieder diese unveränderliche Natur wahr, ihre stechenden Farben, immer näher hörten wir ein unermeßliches Geschrei, und da wußten wir: Die ewig scheinende Sehnsucht hatte ein Ende. Jahr für Jahr war unser Ziel in weite Ferne gerückt, und jetzt sahen wir es vor uns.«

Die Fotogafie besitzt diese einzigartige und beunruhigende Eigenschaft: etwas ist ein einziges Mal wirklich dagewesen, es ist unwiederholbar in seinem Dasein, aber durch sie wird es festgehalten und wiedergegeben. Die Fotografie gibt uns auf diese Weise, was war, aber nicht allein das; sie übermittelt uns Vorgänge und Personen mit jener erstaunlichen Geste, die Barthes als »das ist gewesen« beschrieb. Die Fotografien von Richard Cross bestätigen diese erstaunliche Tatsache: dieser Kampf, dieser Schmerz, diese Zerstörung, dieser Sieg *sind gewesen*.

Die wesentliche Geste des Fotografierens von Richard Cross liegt darin, Personen, Situationen und Entwicklungen zu überraschen: dort gewesen zu sein und außerdem gesehen zu haben. Für ihn schließen sich Fotografieren und Teilnehmen nicht aus. Darum kann er uns zeigen, wie er war, dieser allzu bekannte Schrecken – die Katastrophenstimmung nach dem Bombardement, die leblosen Träume zerschmettert im Staub. Und gegen den Schrecken die Entscheidung eines ganzen Volkes, das nicht nur eine ungewöhnliche Dosis Mut, diese alltägliche Tugend, besitzt, sondern das auch fähig ist, ein Schlüsselereignis zu verstehen. Seine Daseinsberechtigung hing nicht von der Vergänglichkeit seiner jetzt zermalmten Häuser und Möbel, den geliebten, im Ende heiteren Gesichtern ab, sondern von der durch seine Tat geschaffenen Wahrheit.

Richard Cross hat für seine Ausstellung in Berlin keine Nachrichtenfotos ausgewählt, keine besonderen Ereignisse, keine Fotos mit bemerkenswerten Taten oder Persönlichkeiten des öffentlichen Lebens, keine Fotos von politischen Führern oder Pressekonferenzen, auch keine optische Chronologie des Befreiungskampfes von Nicaragua. Wenn es überhaupt einen Schwerpunkt auf den Fotos gibt, dann liegt er auf den Beziehungen und Spannungen zwischen den einzelnen auf ihnen abgebildeten Elementen, aber auch auf den Beziehungen der verschiedenen Bilder zueinander und auf den Beziehungen zwischen diesen Bildern und uns, unserem suchenden Blick.

Betrachten wir einige der Bilder. Auf einem davon sehen wir nebeneinander die Gestalten eines jungen Guerrillero und eines alten Mannes mit Karabinern. Das Foto vereint so zwei Generationen (die Jugend, das Alter), die traditionelle Kultur des ernsten Alten (Bauernhemd, Strohhut) und die »moderne« Waffenwelt des Jungen mit den nahezu halbgeschlossenen Augen. Das Foto verschließt sich jedoch nicht in sich selbst: Sobald wir es betrachten, konfrontiert es unsere Welt mit der harten Wirklichkeit – Ausbeutung, Armut der nackten Hauswand, dieser Tür, die wir im Hintergrund erblicken (mit der Nr. 193). Vor allem wagt es das Foto, jener der archaischen »Pose« und mehr noch der »Frontalpose« feindlichen Mode absichtlich zu trotzen: Es konfrontiert uns mit den gegensätzlichen Blicken dieses bäuerlichen Großvaters und seines kriegerischen Enkels, eindringliche, unterschiedliche, strenge, zurückhaltende und gleichzeitig klare Blicke. Da verstehen wir das Wesentliche. Auf Richard Cross' Fotografien hat alles seine Bedeutung: dieses ans Gewehr geknüpfte Tuch in Rot und Schwarz, den Farben der Sandinistischen Front, der Finger gespannt am Abzug, der hoffnungslose Adel des Ganzen. Und mit diesem Verständnis enthüllt sich uns gleichzeitig das Geheimnis des sozialen Blicks des Fotografen. Die abgebildeten Gesichter sprechen, seine Fotografien brechen das Schweigen, arbeiten subversiv inmitten des täglichen Lebens und seiner sich wiederholenden Banalität, denn sie besitzen eine gefährliche Eigenschaft: sie regen zum Denken an.

Betrachten wir andere Bilder und die einzelnen Bestandteile dieser Fotografien in ihrer Funktion als Zeichen. Eine der vielen Kämpferinnen, Stadtguerrilleras, hält eine Pistole in der Hand, diese gegen die Panzer und Flugzeuge des Zerstörungsrituals allzu schwache Waffe. Es gibt aber noch anderes auf dem Foto: das unnahbare Lächeln, der Ring im Ohr, die langen, gepflegten Nägel, die Regenjacke mit dem bis zum Ellbogen aufgekrempelten Ärmeln, das Tuch, um das Gesicht zu verdecken, der Sombrero, Andenken aus den USA. Ein anderes schönes Madchen, kaum erwachsen, hält entschlossen ein Gewehr, das so groß ist wie sie und dessen Gurt durch eine einfache Schnur ersetzt wurde, aus dem Tuch, mit dem das Haar zurückgebunden ist,

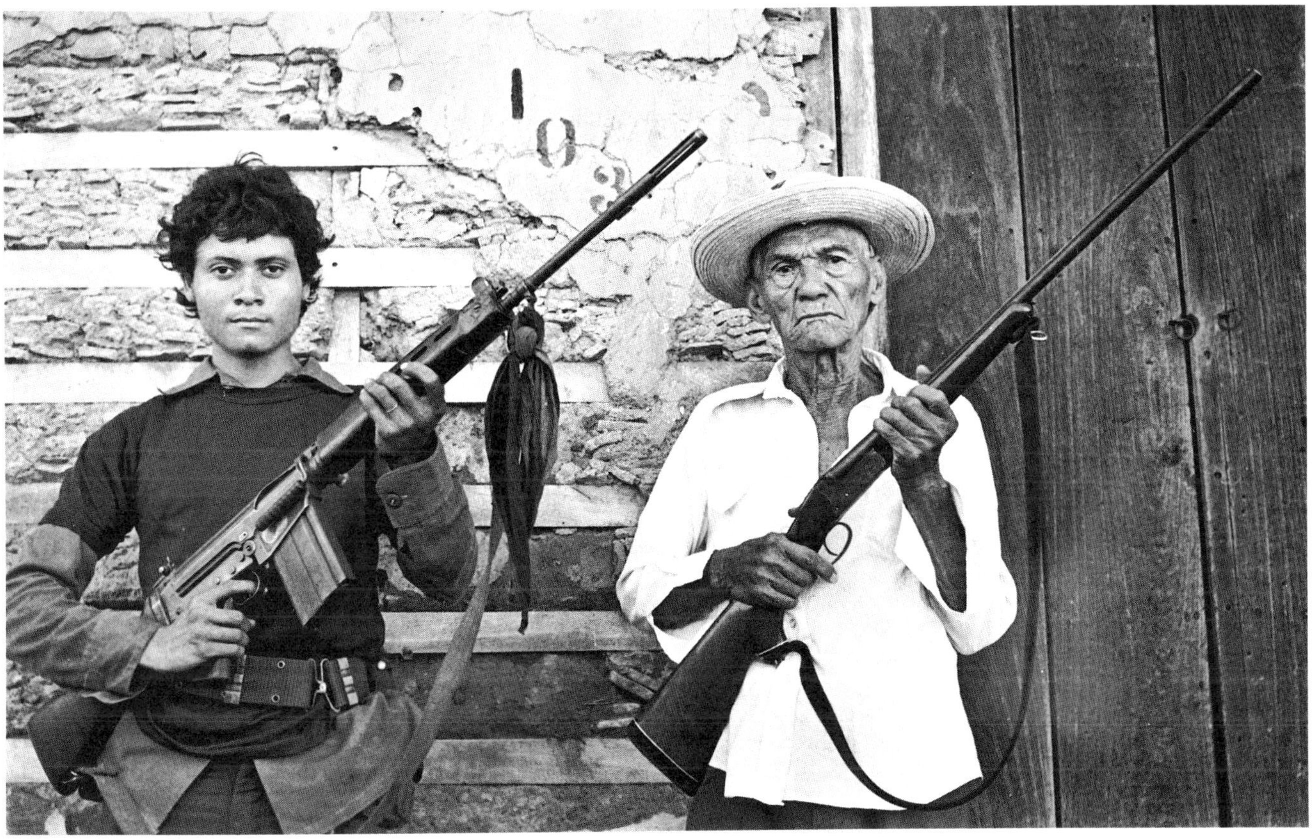
1
03

eine Jungenmütze (keine Militärmütze), die Nägel stumpf, der Lack abgeplatzt, ein verbundener Finger (Spuren der Ausbildungszeit?), ein Ring (verheiratet? verlobt?). Eine andere Guerrillera: tiefe Ringe um die Augen, eine Baskenmütze schräg auf dem Kopf, eine Jacke, wie sie bei den Jugendlichen auf allen Straßen der Welt zu sehen ist. All diese Frauen waren im Kampf den Männern gleichgestellt, und sie waren vom Gesichtspunkt des Aufstandes aus oft fähiger, besser: fähig, kalt und klar zu denken, in vorderster Linie zu kämpfen, fähig zum Ungehorsam.

Jetzt Fotografien von Jungen. Warum trägt er, der da rechts, diesen gebrauchten Hut aus feinem Stroh, um während der Ferien spazierenzugehen? Warum trägt er diese beiden Waffen? Seit wann trug er dieses schmale Armband aus Obstkernen am Handgelenk? Und dieser Jugendliche im Anzug mit der Krawatte um dem nackten Hals, bloß mit einer Schrotflinte, halb kniend, mit einer aufgerauchten Filterzigarette und Nervosität im schönen Gesicht. Hier ist nichts gewollt, gesucht; weder der Guerrillero, der im Schlaf sein Gewehr umarmt, so wie er als Kind beim Einschlafen ein Spielzeug im Arm hielt, noch der andere Guerrillero, dessen Gewehr an der Wand lehnt, mit einem Musikinstrument in der Hand, einem Rosenkranz um den Hals und der nach hinten gedrehten Schirmmütze. (Das riesige Loch neben ihm ist nötig, um in León einen Feuerwehrschlauch zwischen den einzelnen Häusern hindurchzuziehen und so die Kaserne mit Benzin zu besprengen.)

Der Fotograf sucht nicht, er findet. Dies gilt sowohl für jene Fotografie eines Telefons, das aus der Realität, aber nicht aus den Alpträumen Claes Oldenburgs verschwunden ist, als auch für eine der Sequenzen von Richard Cross, die im Juni-Juli 1979 in der ganzen Welt zu sehen war: das zermalmte León, die zerstörten Mauern seiner Häuser; das gegen die Zivilbevölkerung gerichtete Bombardement hat die Wohnung dieser Frau zerstört, ihre jüngere Tochter verletzt, ihre Mutter und die ältere Tochter getötet, deren Leben nun nur noch das ist, was es einmal war. Der starke Gegensatz zwischen den beiden Gesichtern am Ende der Sequenz drückt nicht die unendliche Mattigkeit des Todes aus, sondern er ist ein Zeugnis für die Abscheulichkeit der Unterdrückung und ein Ausdruck der Gewißheit: Das Opfer kann nicht umsonst sein.

All diese Bilder von Richard Cross wollen keine unbestimmte oder imaginäre Identität herstellen, auch zählt hier nicht allein die eigene psychologische Identität: Das Wichtige ist die gesellschaftliche Identität. Cross' Fotos zeigen uns diese Gesichter als Urbilder Nicaraguas und gleichzeitig als Ergebnis der nicaraguanischen Gesellschaft und ihrer Geschichte, als sie ihren Höhepunkt erreicht. Ein friedliches und leidendes Volk erfüllt eine große, klare, heldenhafte Aufgabe: Es entschloß sich zum Aufstand. Das Wesen der Abgebildeten wird offenkundig: Ihr warmes oder inspiriertes Gesicht, ihre offene oder verhaltene Gebärde, die bewegungslos bleibt, wenn sie von der Kamera festgehalten wurde, ist Bedeutung im Reinzustand, läßt eine unbeteiligte, rein ästhetische Betrachtung durch uns, die wir sie heute sehen können, nicht zu, denn diese Augen, die uns ansehen, haben das Gesicht des Todes gesehen – oder sie haben ihn schon erlitten.

Schauen wir uns andere Fotos an. Die apokalyptischen Bilder der Zerstörung: verstreute Ruinen, knisterndes Feuer, geschmolzenes Eisen, zusammengebrochene Körper. Zerstörung des Lebensraumes, der Arbeitswelt als Kontrapunkt zu dem Versuch des staatlichen Terrorismus, die Bevölkerung (diese beiden über einem Kopf vereinigten Hände, Hand der Mutter und Hand der Tochter in heftigem Weinen) und ihre Kämpfer (diese Hände eines von seinen Kameraden getragenen Guerrillero, in heftigem Schmerz) physisch und psychisch zu vernichten. Die Spannung zwischen den Fotos, die sich ebenso ergänzen wie gegenseitig ersetzen können, teilen uns ein anderes Wissen mit: Geschichte ist ein Ergebnis der Interaktion zwischen materiellen Bedingungen und schöpferischer Kraft der Menschen unter spezifischen gesellschaftlichen Bedingungen. In diesem dialektischen Prozeß sind die Beziehungen zwischen den Menshcen entscheidend: Sie bilden die Voraussetzung für die Aneignung der materiellen Bedingungen im Dienst des Menschen.

Die Menschen, die Gewehre, die Pistolen sind daher ein Symbol: Antrieb, unbeugsam für das einfache Ideal von Freiheit, Gerechtigkeit einzutreten. Plötzlich enthüllt uns die Summe der Fotografien von Richard Cross etwas Verborgenes: das wahre Gesicht des Aufstandes von ganz Nicaragua, die Gesichter jener Menschen, die fähig sind, im Einklang mit ihren Herzen zu leben, Träumer eines allen gemeinsamen großen Traumes – jetzt, hier und heute, die Befreiung – und den Triumph dieses zerbrechlichen Traumes, der wie eine große Welle hereinbricht, bräutlicher Traum von Rosen und Brot, dessen Utopie konkret wird.

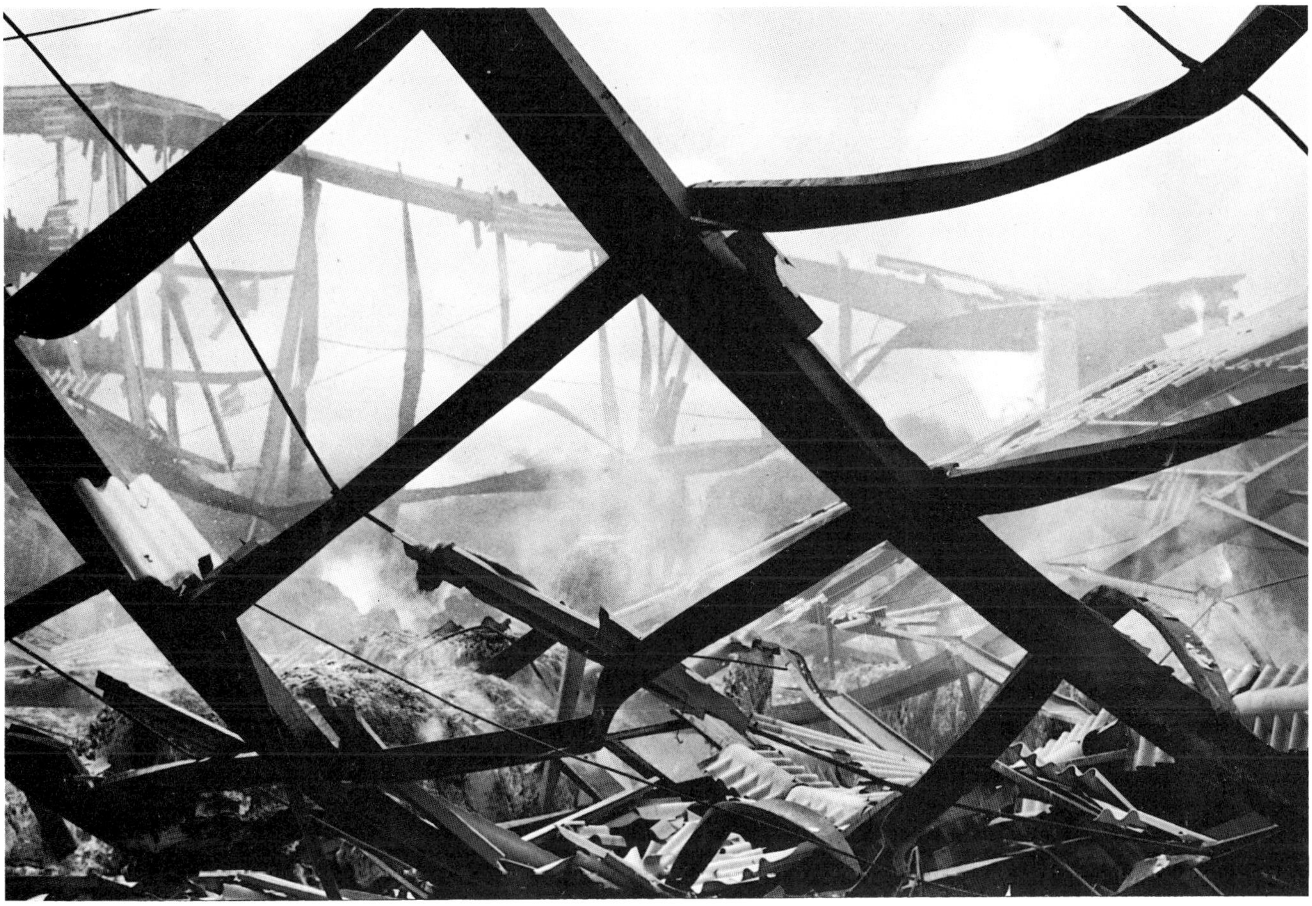

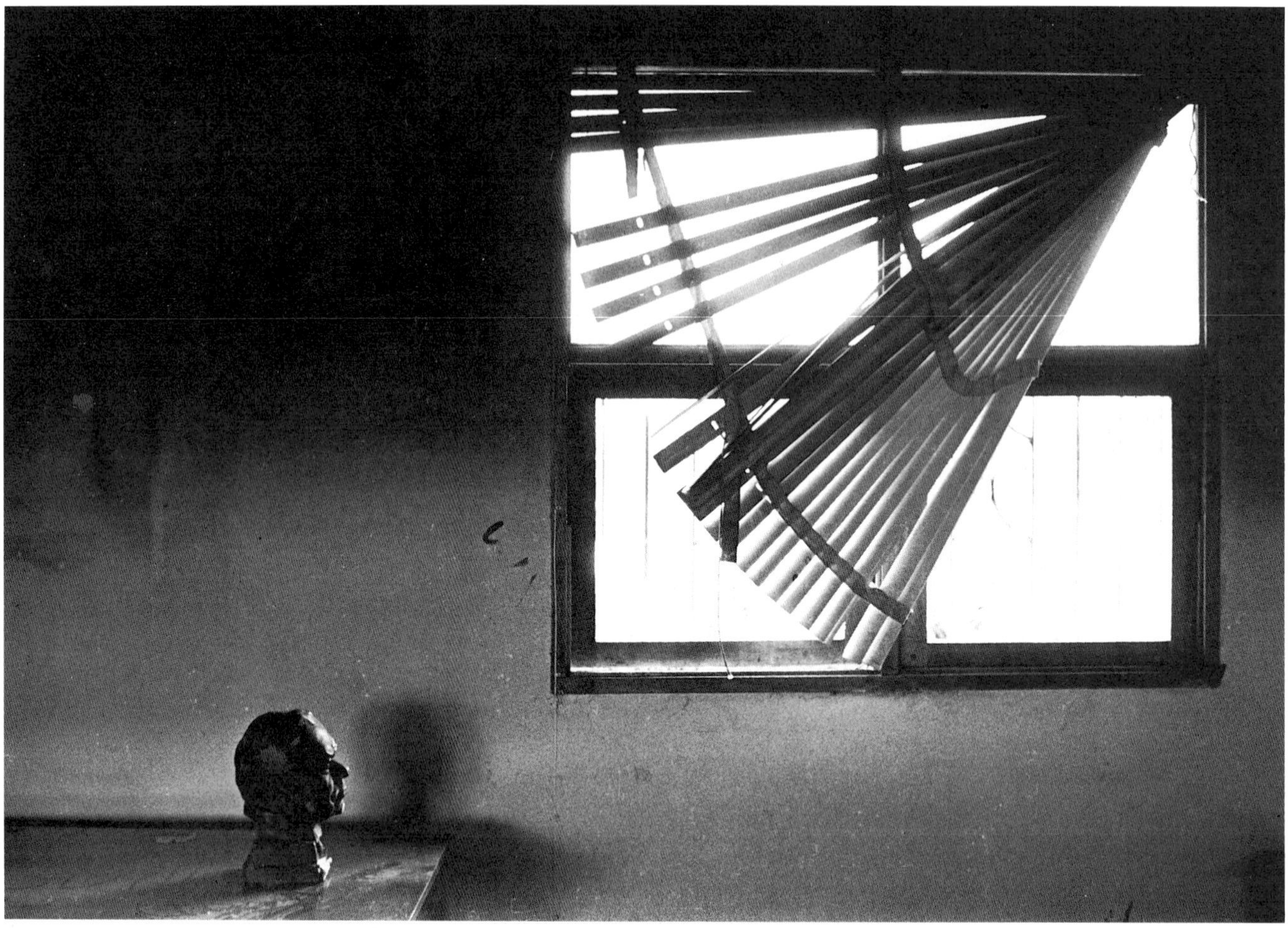

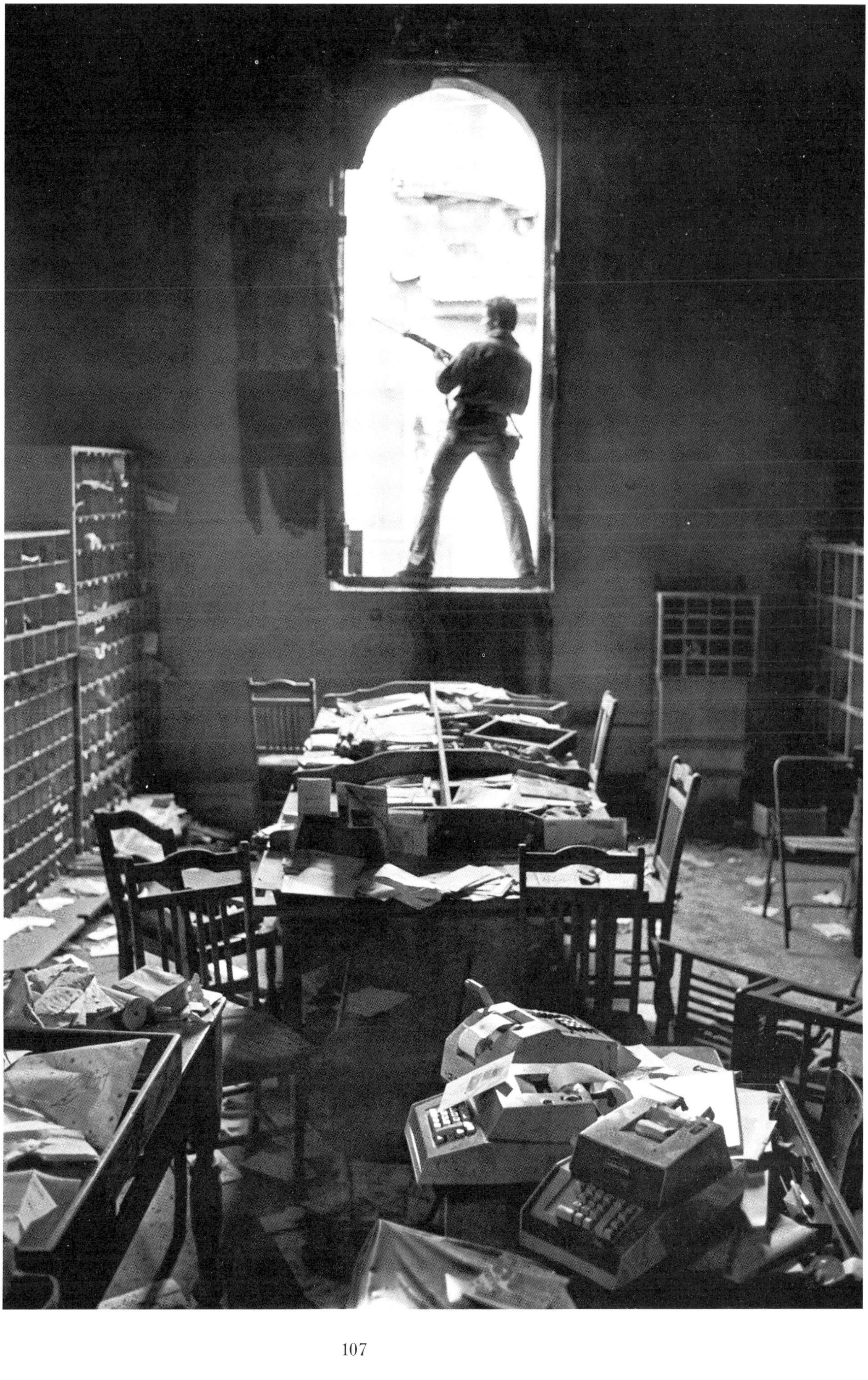

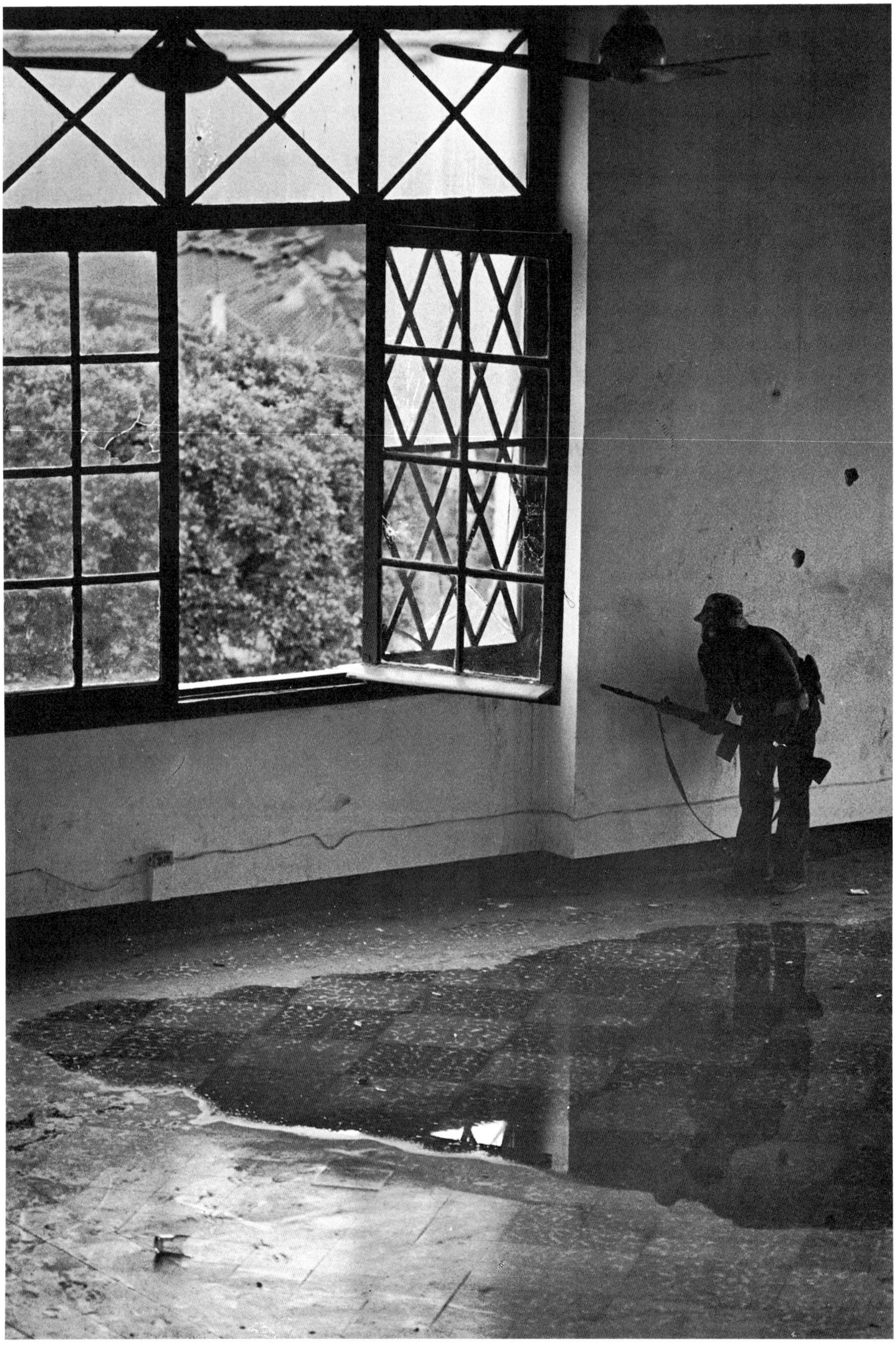

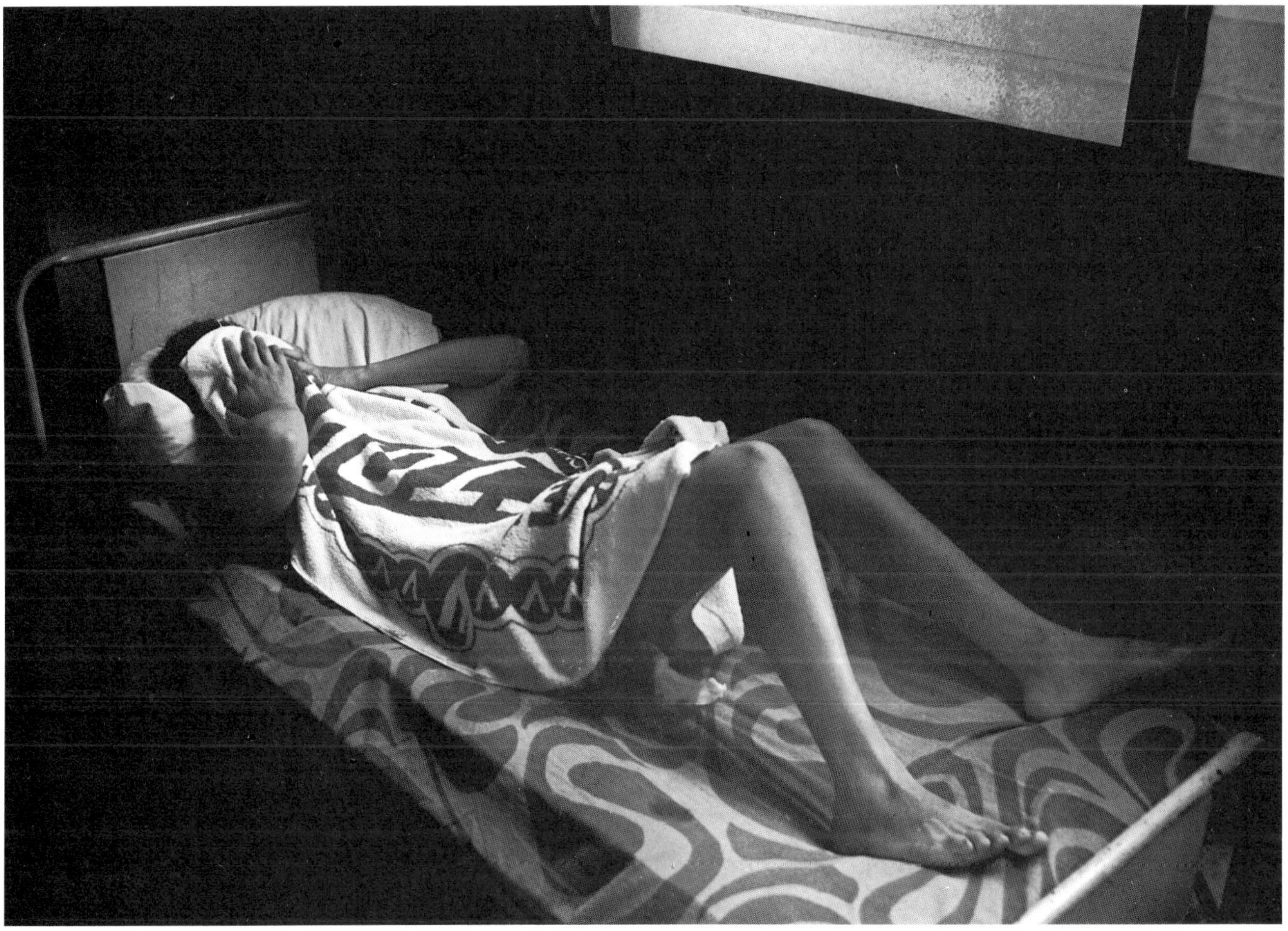

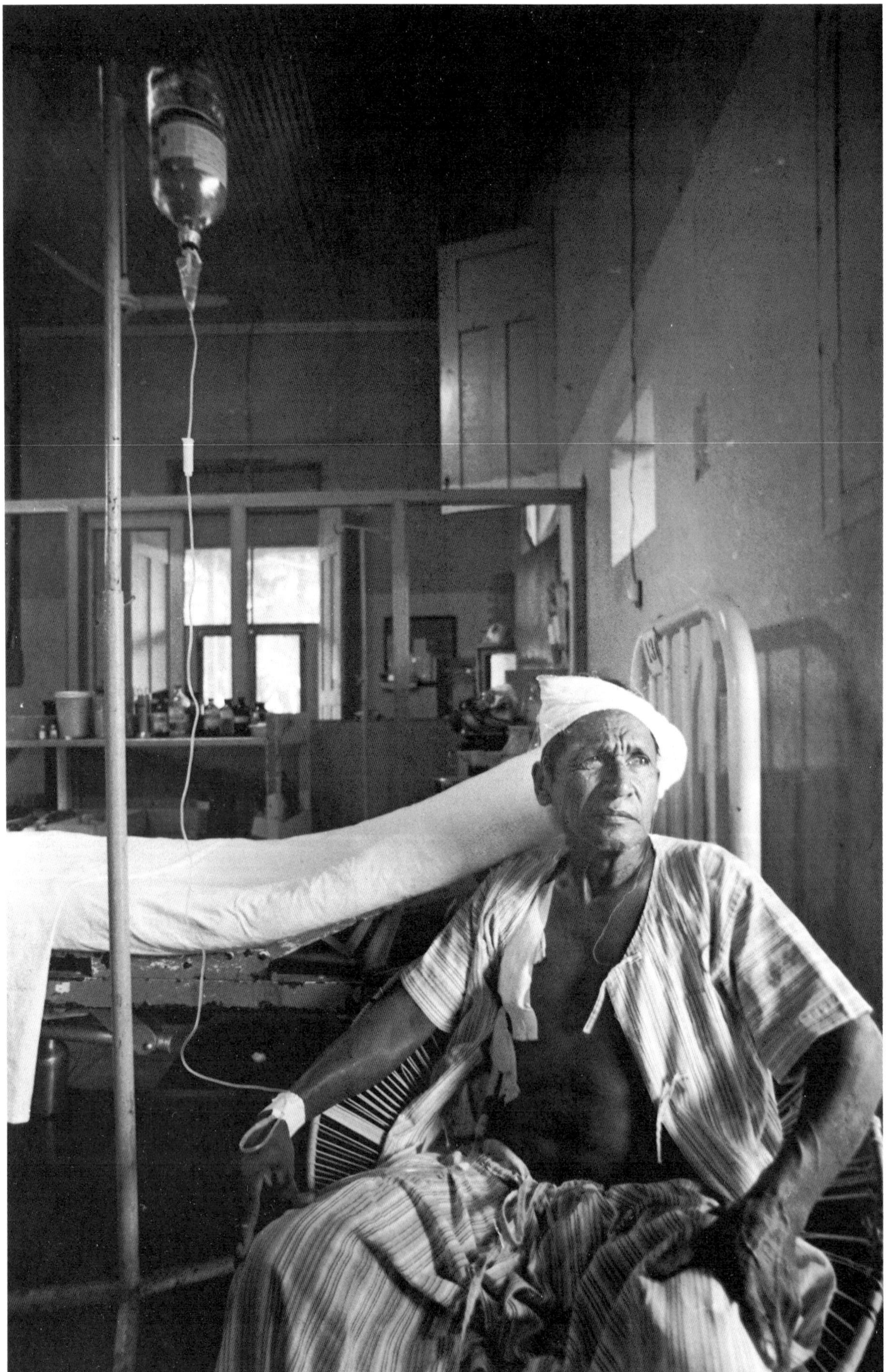

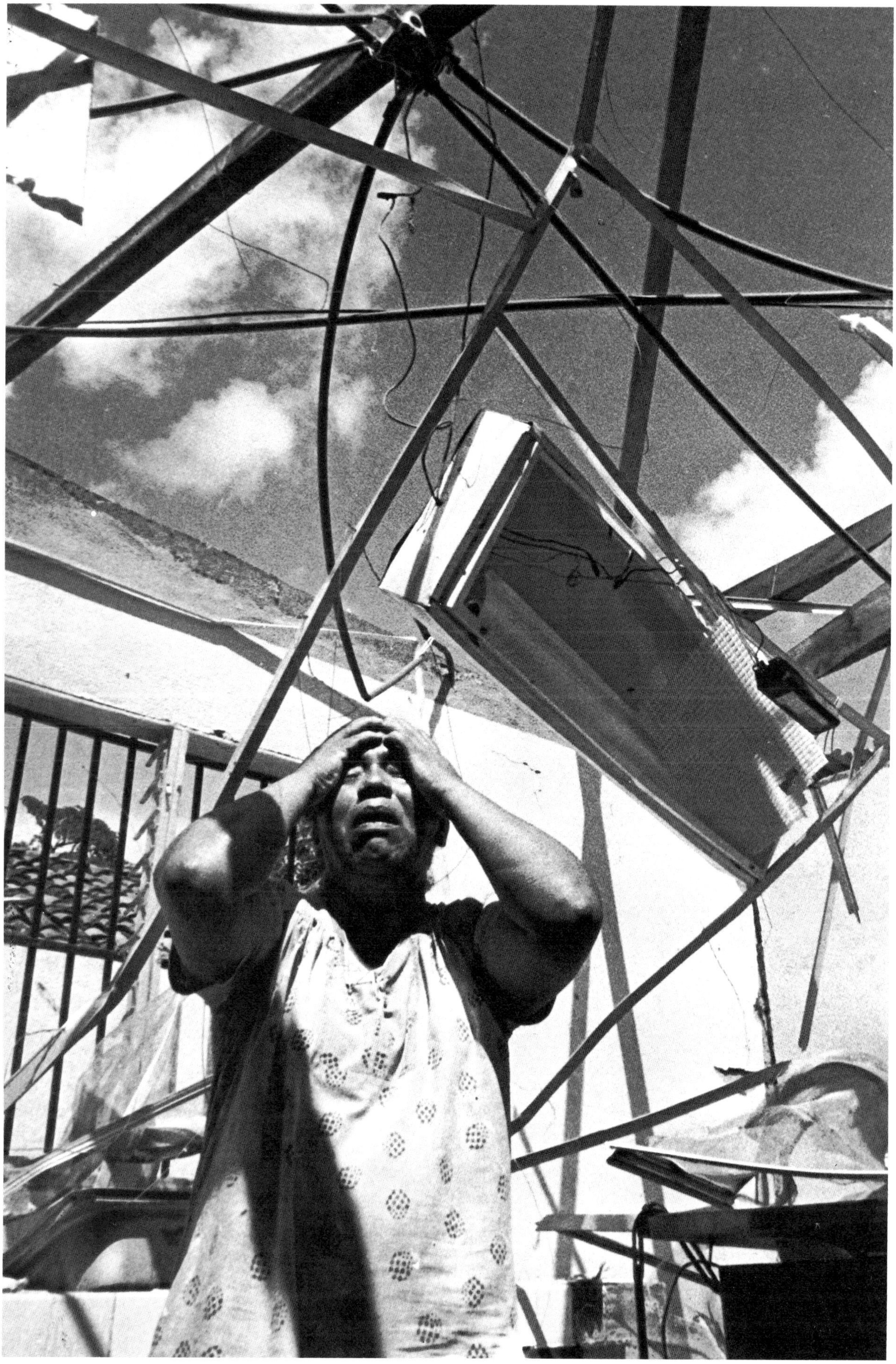

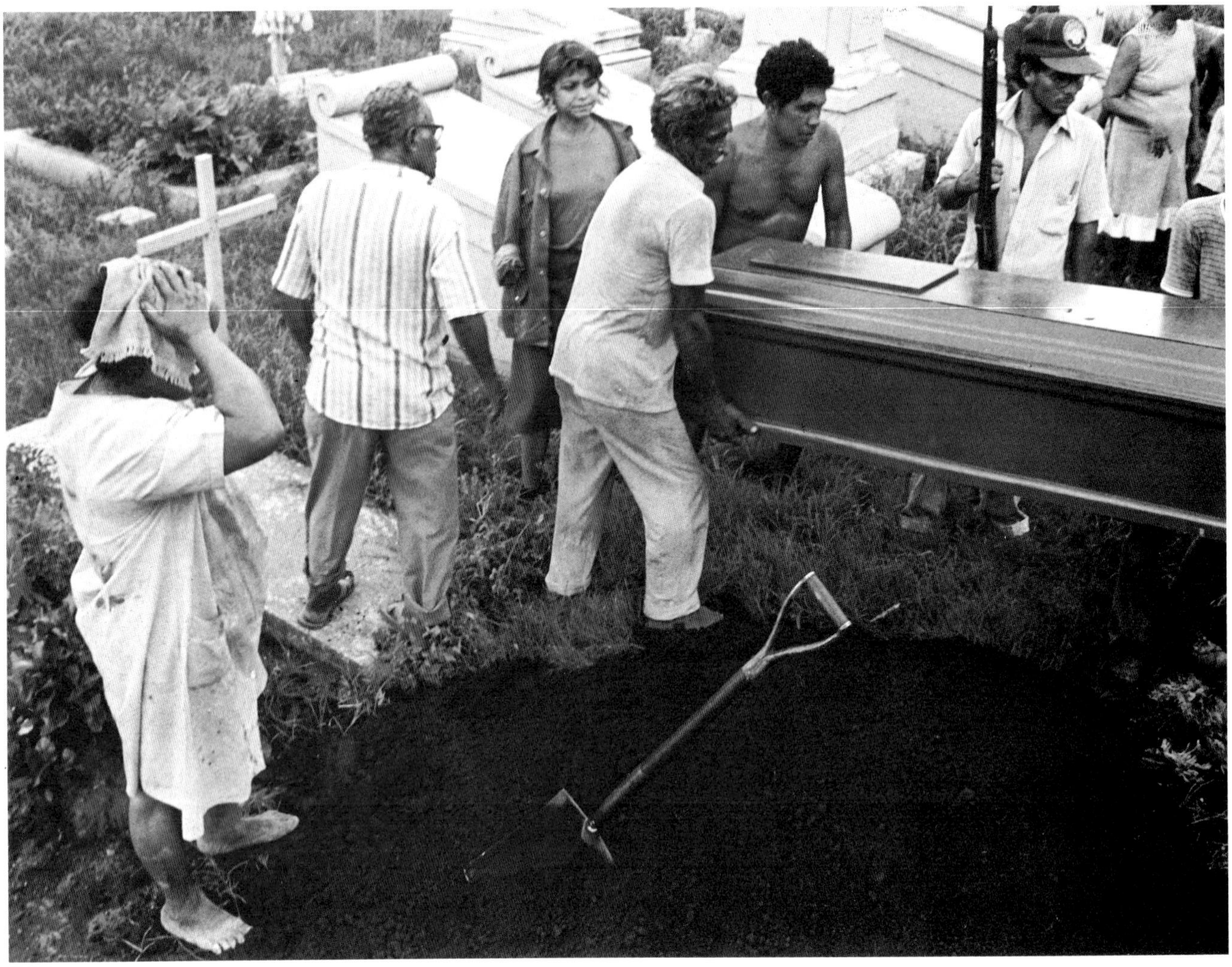

113

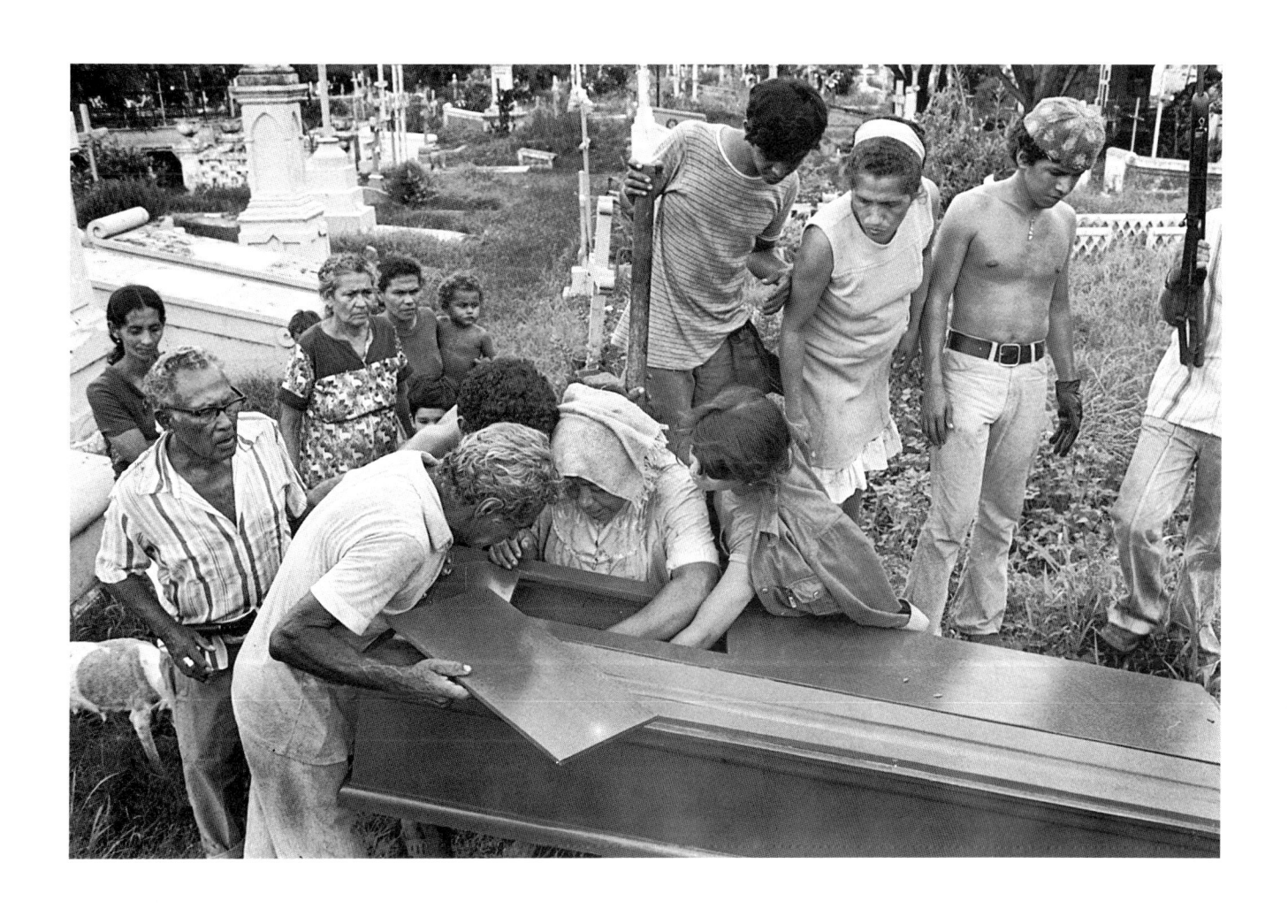

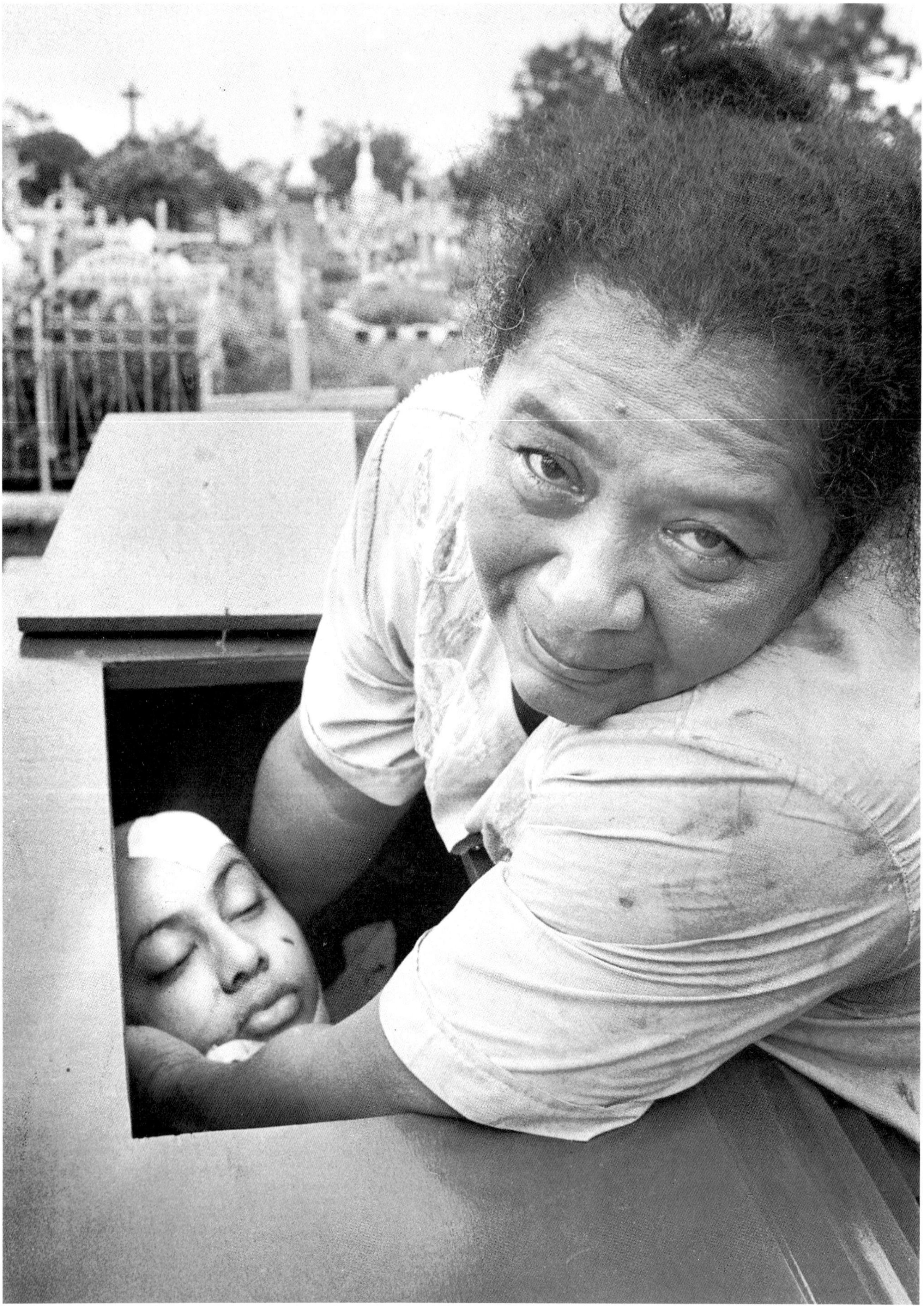

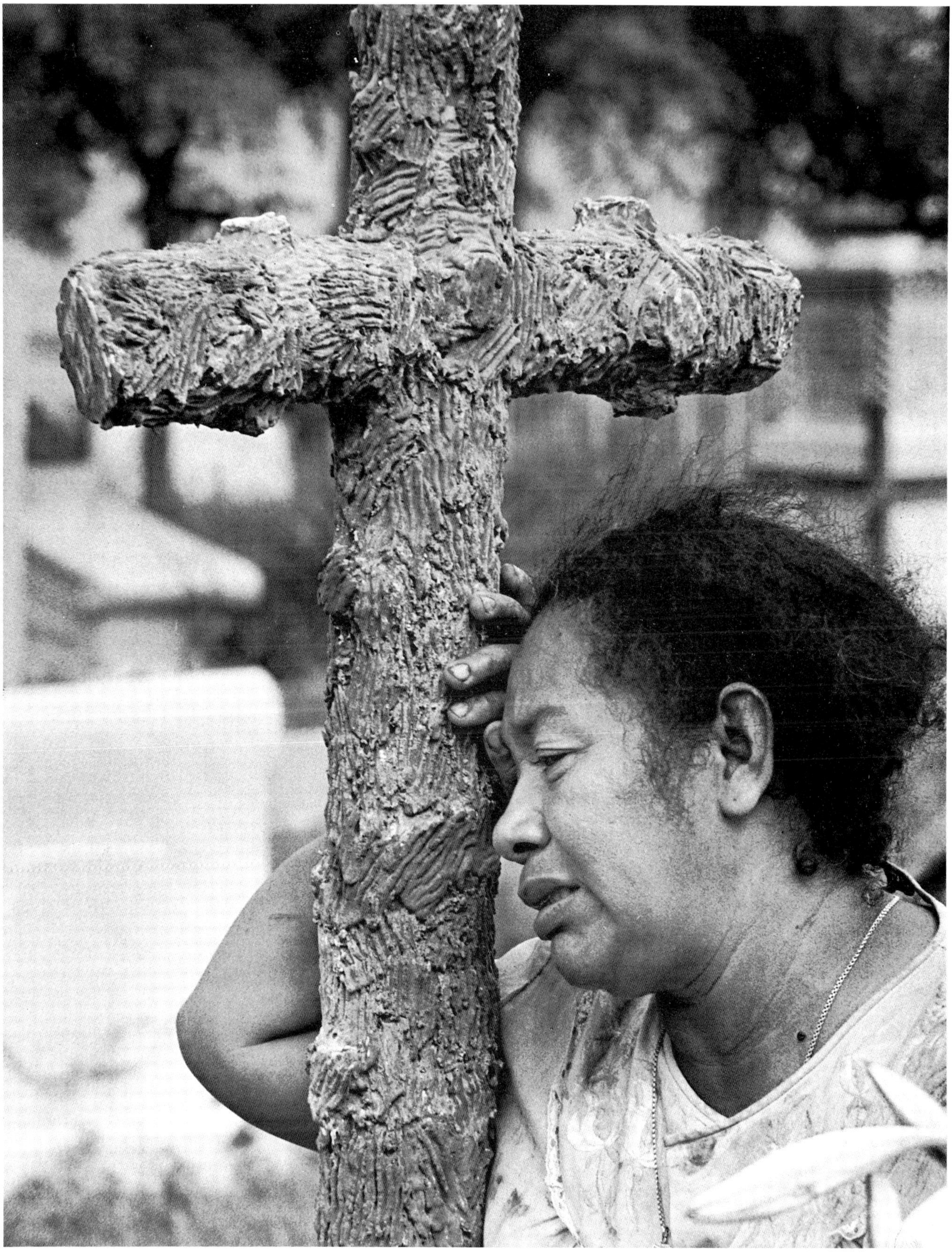

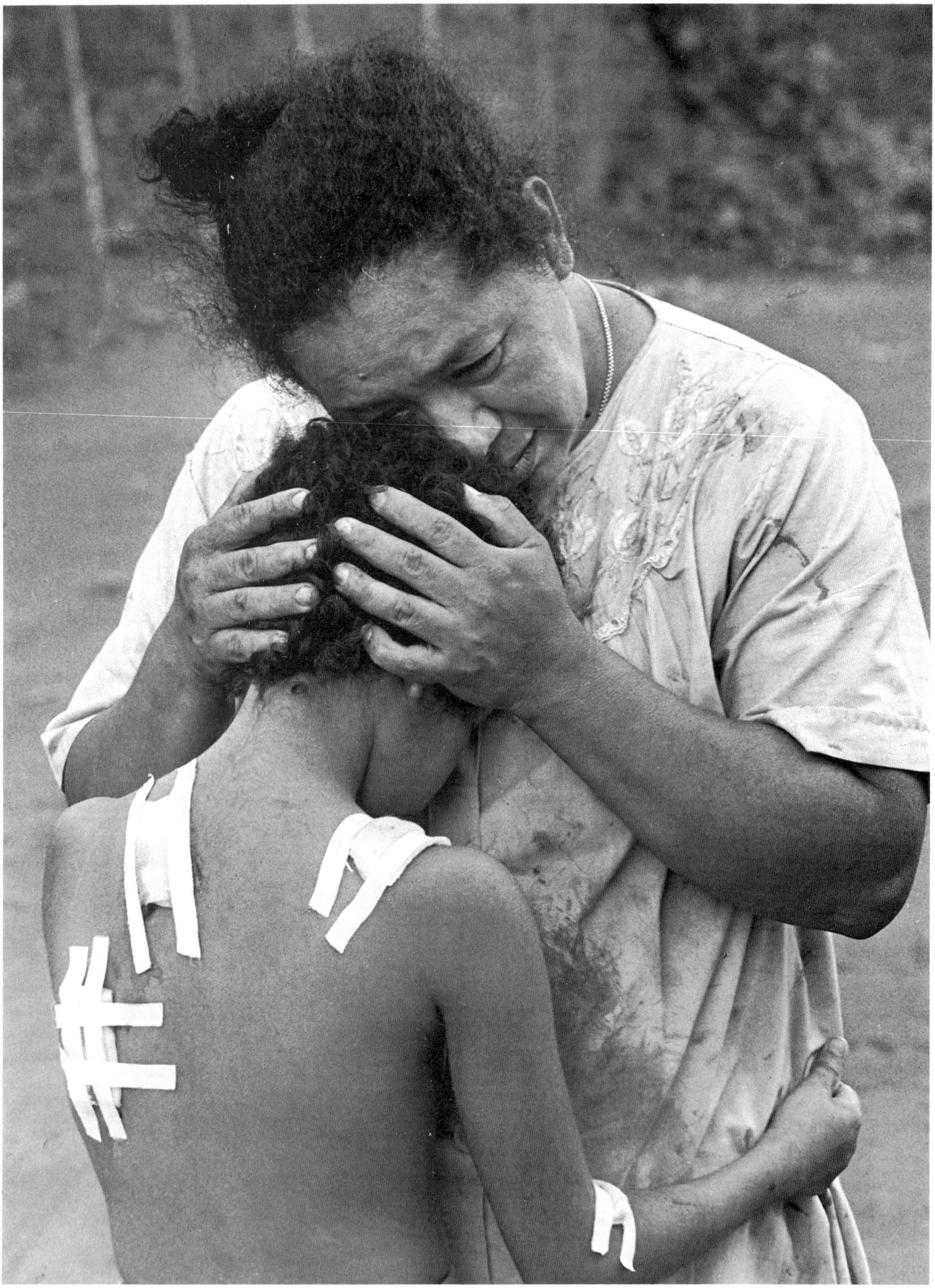

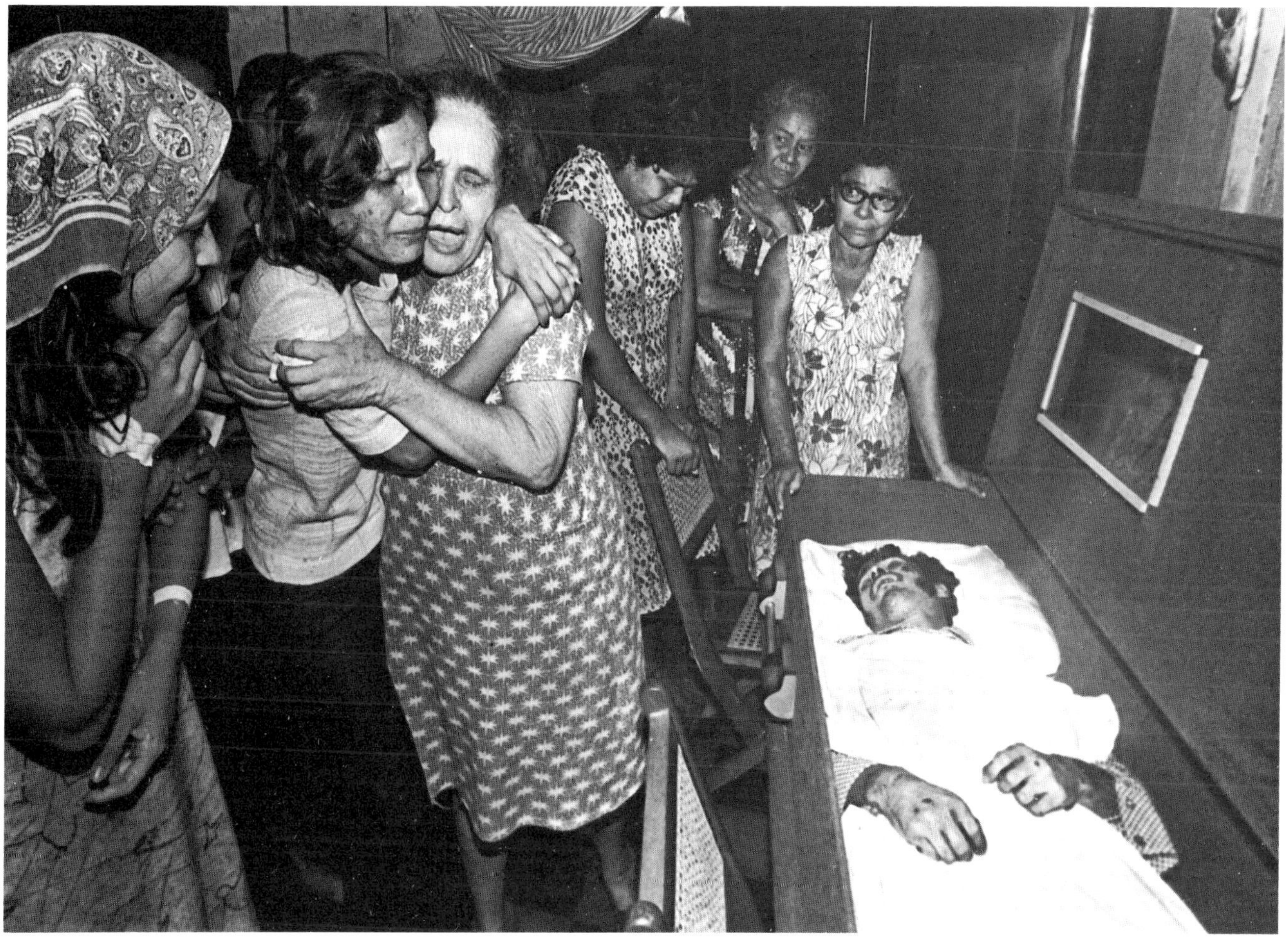

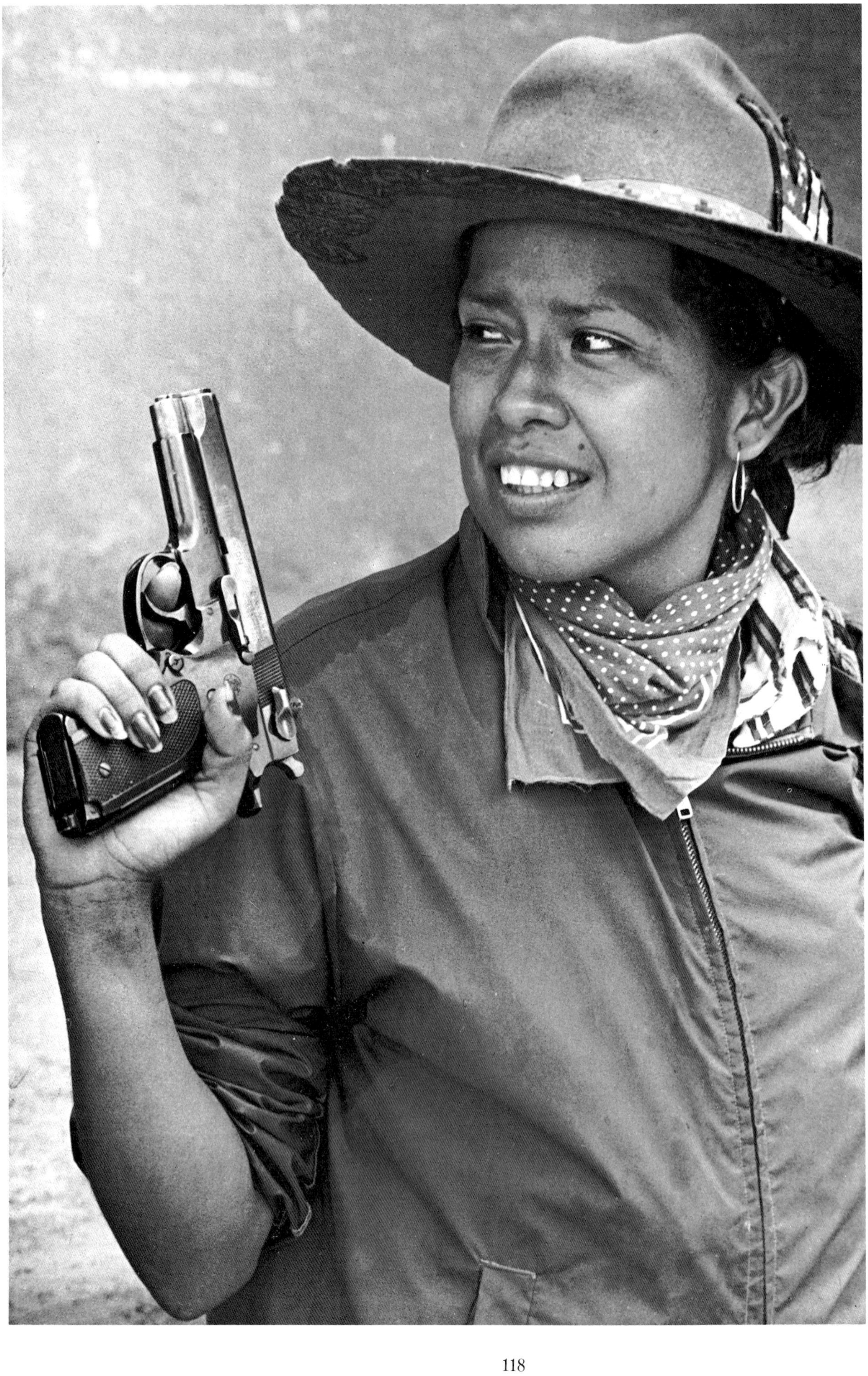

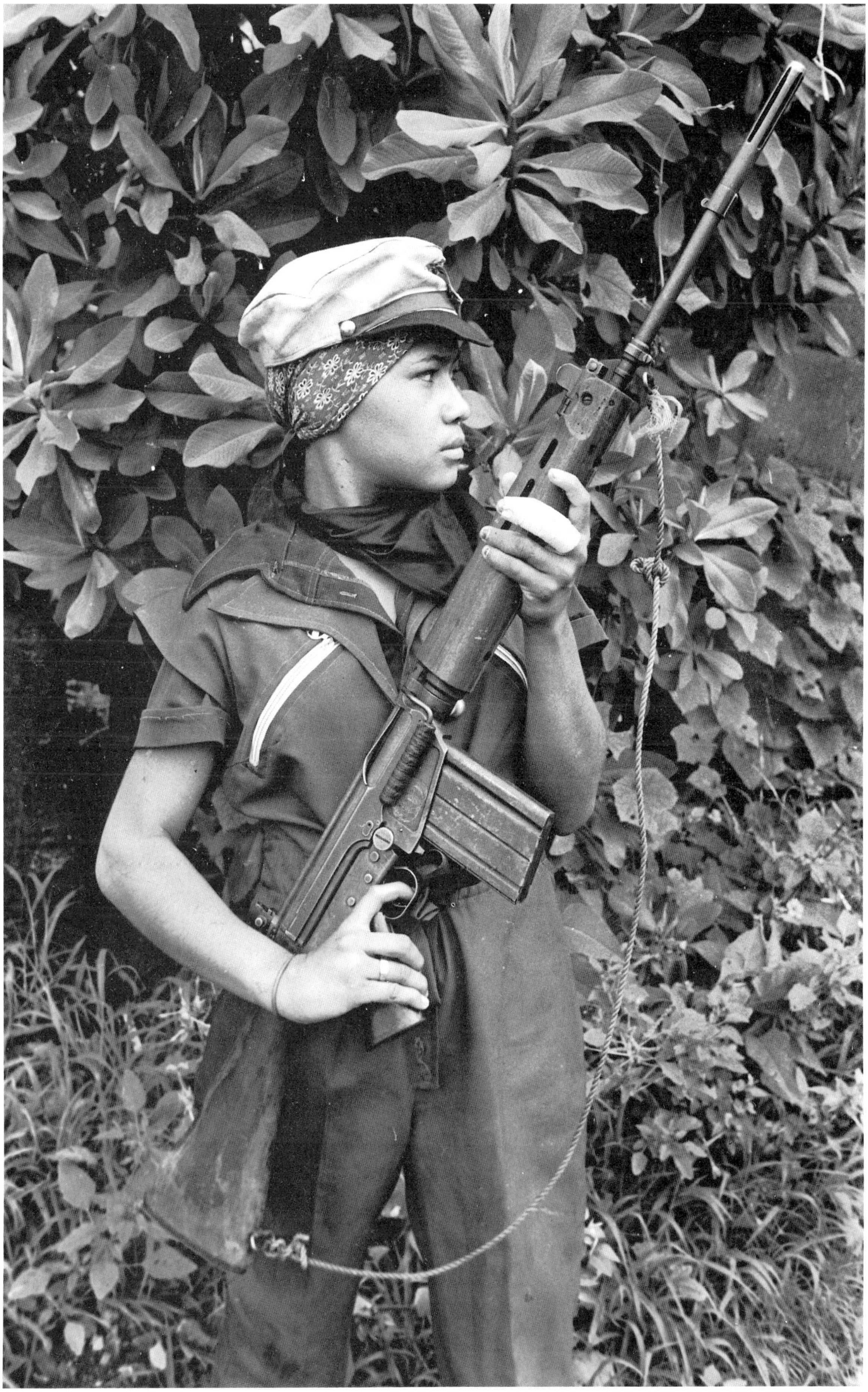

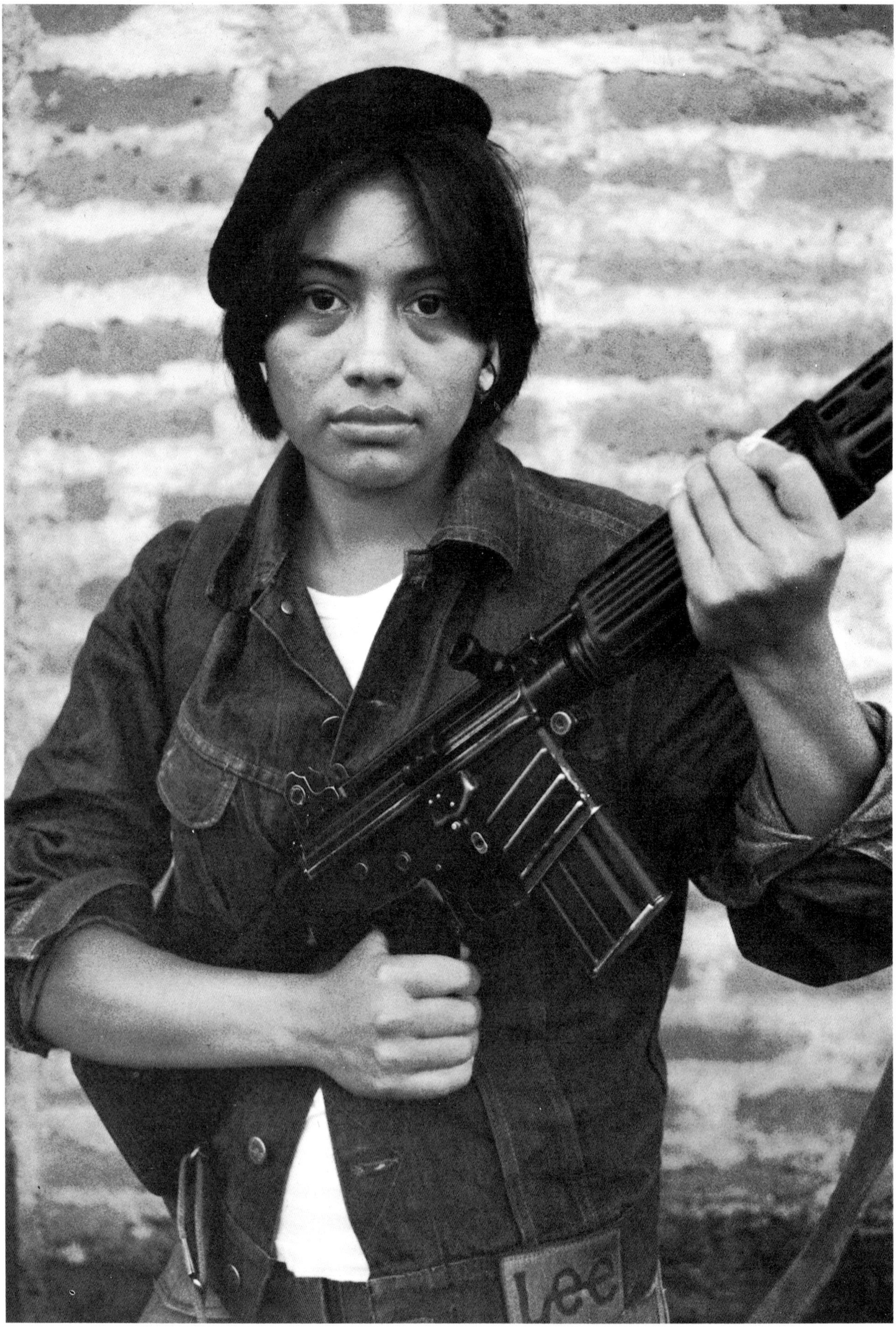
Lee

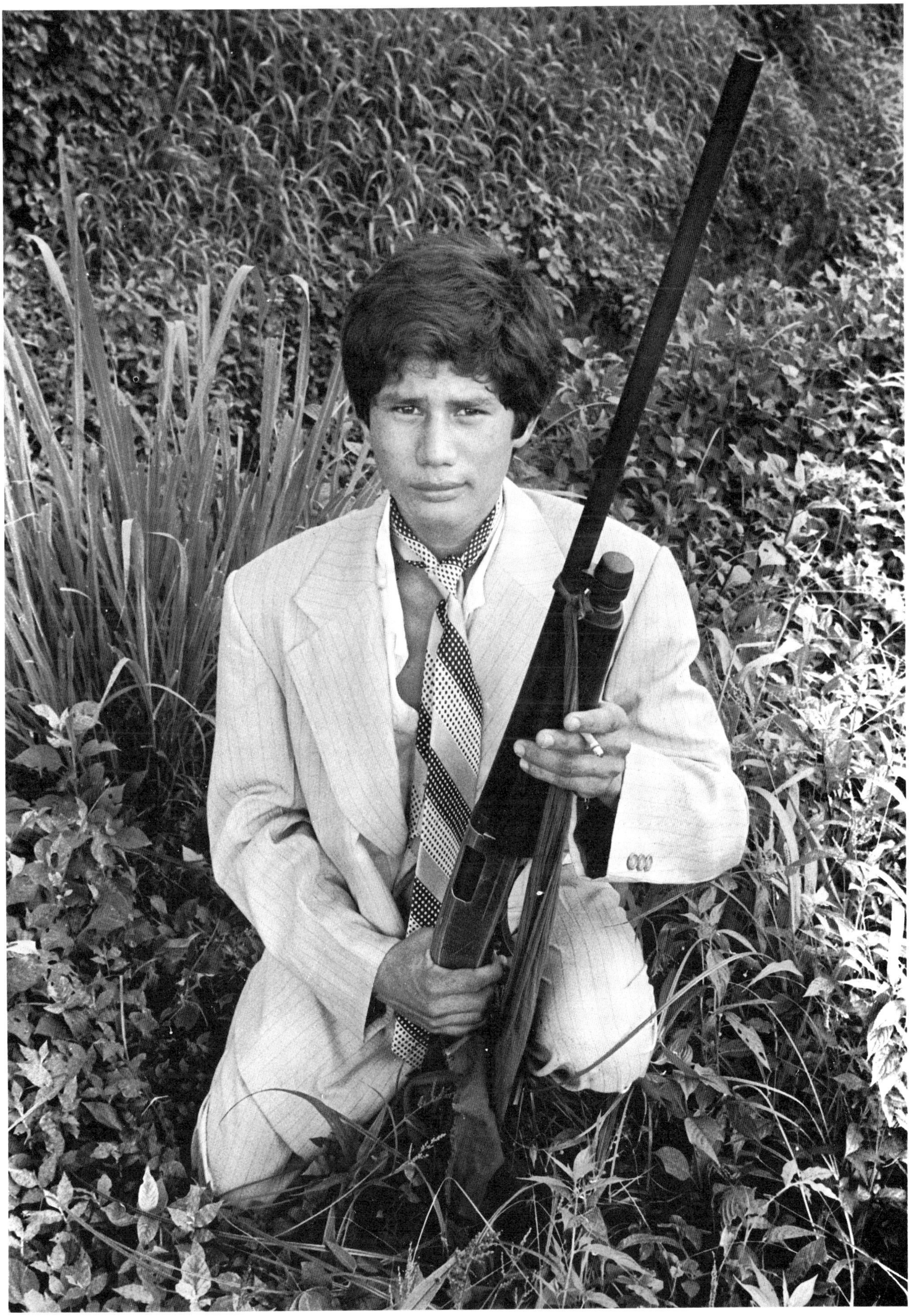

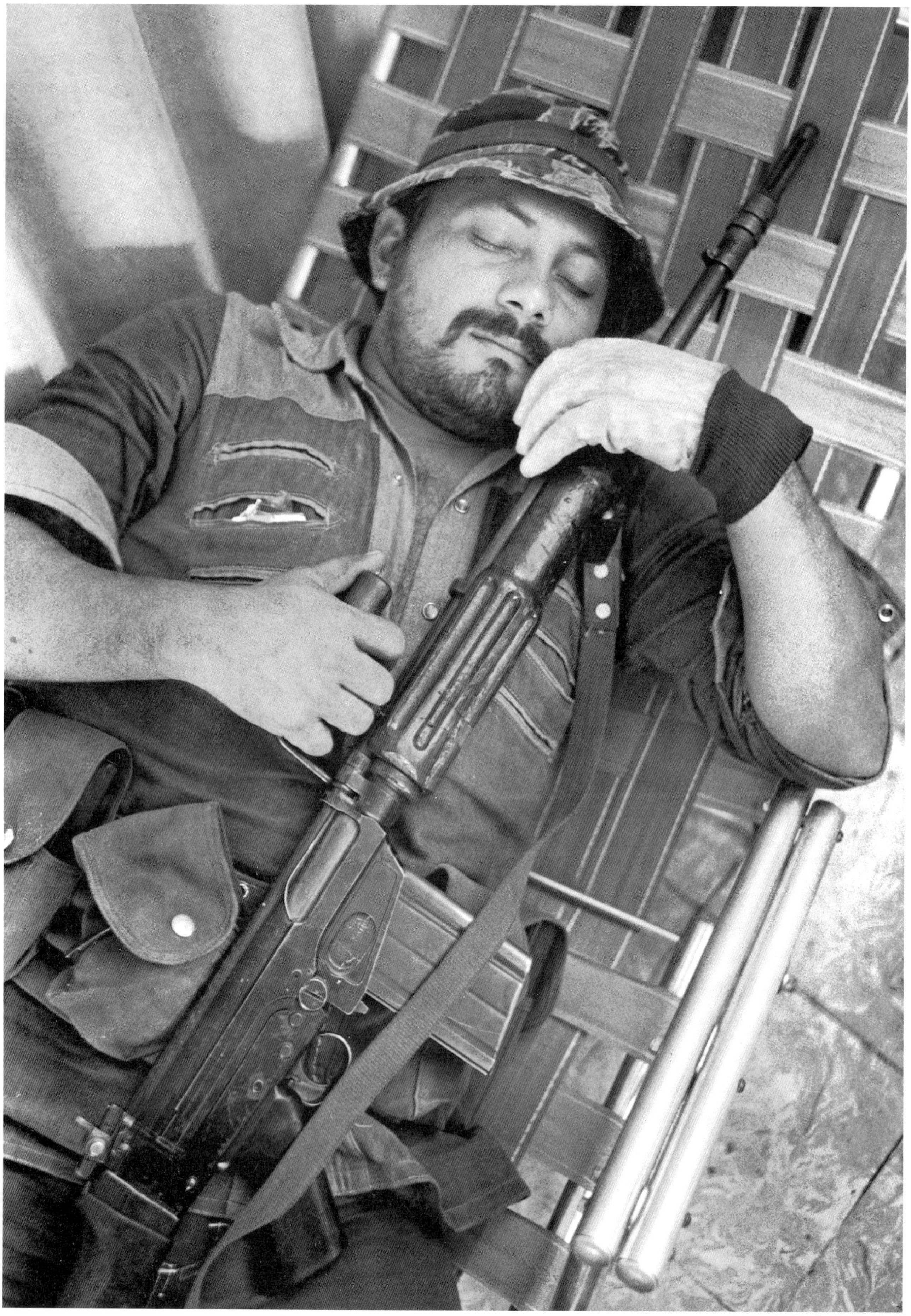

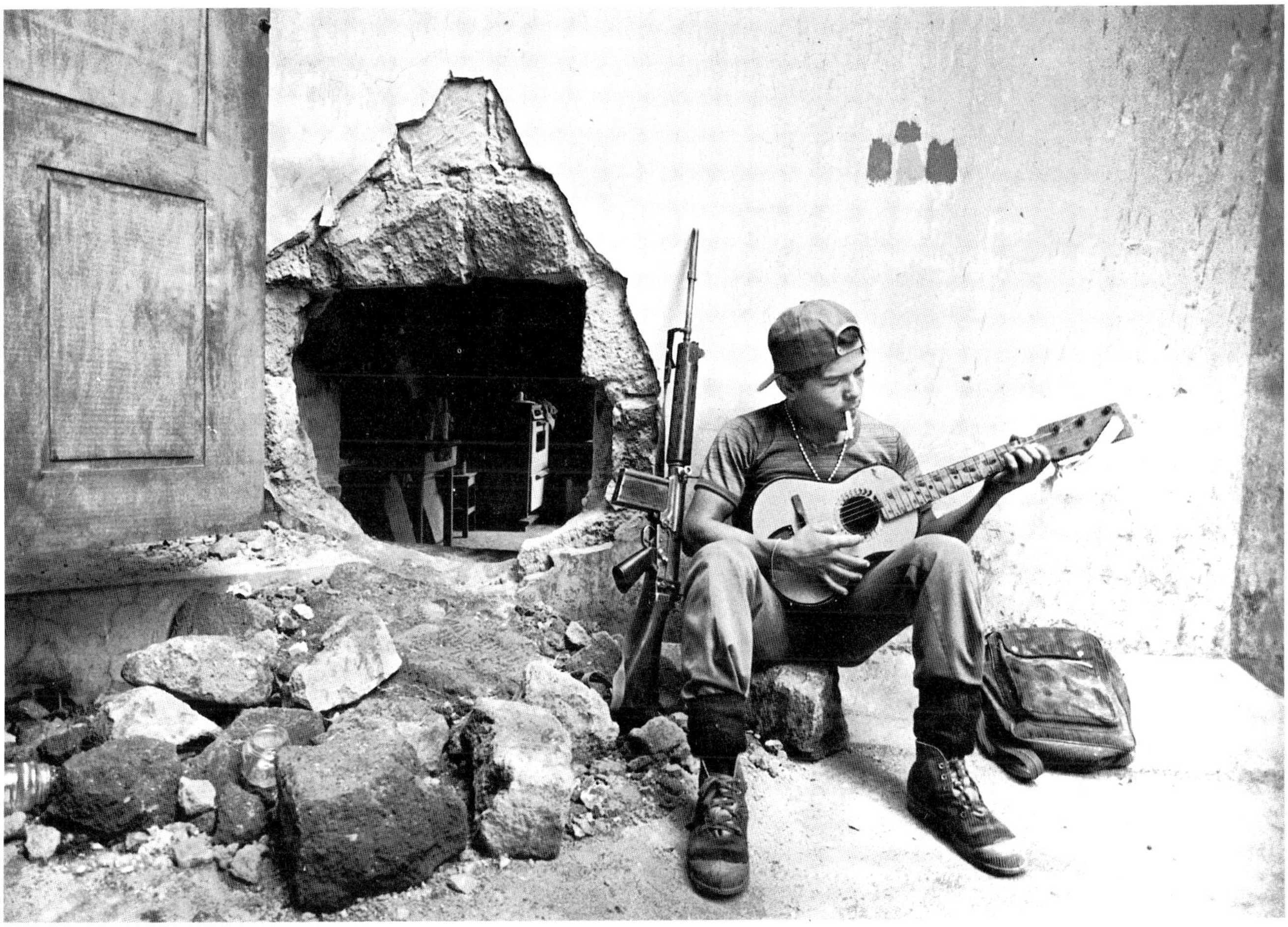

CARLOS TÜNNERMANN
DER KULTURSCHOCK DER ALPHABETISIERUNGS-KAMPAGNE

Es ist schon viel über die großen Erfolge geschrieben worden, die die Alphabetisierungskampagne erzielt hat. Die Tatsache, daß mehr als 400 000 Menschen endlich lesen und schreiben lernten, bewirkte vielleicht, daß sich die Aufmerksamkeit vor allem auf die Auswirkungen der Kampagne auf unser Bildungssystem konzentrierte und auf ihre Rolle bei der Ausarbeitung der neuen Erziehungsprogramme, deren Ziel es ist, daß Bildung wirklich dem Volk zugute kommt.

Dabei dürfen wir aber gerade ihren außerordentlichen Beitrag zur kulturellen Revolution in Nicaragua nicht unterschätzen oder gar außer acht lassen. Im Gegenteil: Die Alphabetisierungskampagne war vor allem ein kulturelles Phänomen, sie leitete durch das enge Zusammenleben von zehntausenden von jungen Schülern und Lehrern mit den Bauernfamilien eine neue Beziehung zwischen Stadt und Land ein.

Das Entscheidende bei diesem kulturellen und erzieherischen Entwicklungsprozess war, daß er nicht eingleisig verlief, sondern eine Wechselwirkung hatte. Der Brigadist unterrichtete den Bauern im Lesen und Schreiben, öffnete ihm den Zugang zur »schriftlich fixierten« Kultur; der Bauer vermittelte seinerseits dem Brigadisten die bäuerliche Kultur in ihren vielfältigen Ausdrucksformen.

Daraus ergab sich auch für den Brigadisten ein Lernprozeß. Er entdeckte und erlebte die *Realität* des bäuerlichen Lebens unter den elementarsten Bedingungen, das Elend, den Hunger, die Marginalisierung, erfuhr, was jahrhundertelange Ausbeutung bewirkt hat. Dieses Leben am eigenen Leibe erfahrbar gemacht zu haben, war der wichtigste Beitrag der Alphabetisierungskampagne für die Herausbildung des neuen Menschen: solidarischer wird er sein, menschlicher, bewußter, sich stärker für die Veränderungen einsetzen, revolutionärer.

Hören wir, was die Brigadisten selbst dazu sagen, zum Beispiel der achtzehnjährige Oscar: »Ich erlebte zum ersten Mal selbst, unter welchen Bedingungen die Bauern leben: das spornt mächtig an, so schnell wie möglich einen Beruf zu erlernen, Ingenieur oder Techniker oder Arzt zu werden, um selbst bald mithelfen zu können, daß die Dinge sich verändern. Es muß eine bessere medizinische Versorgung geben, denn es gibt dort immer noch Seuchen, die schrecklichsten Krankheiten. In Palán, wo ich war, starben an die zwanzig Kinder an Masern, und ganze Familien wurden von einer Typhusepidemie dahingerafft. Die Bauern siedeln tief in den Bergen, in den unwegsamsten Gebieten, die Hütten stehen ganz vereinzelt, es gibt keinen Arzt in der Nähe, von einem Krankenhaus ganz zu schweigen. Das war ein Schock, ich hatte mir darüber vorher noch nie Gedanken gemacht, aber nun will ich selbst einen Beitrag leisten, das Volk braucht uns, die wir die Möglichkeit haben, zur Schule zu gehen. Wir müssen uns noch viel mehr anstrengen und unsere Möglichkeiten voll nutzen.«

José erzählt Folgendes:
»Das Zusammenleben mit den Bauern in den abgelegensten Berggegenden, in die wir vorher nie gekommen waren und von denen wir auch nicht die geringste Vorstellung hatten, mußte uns einfach verändern, in unserem Verhalten und in unserem Denken. Was wußten wir vorher vom Leben der Bauern, was interessierte uns schon die bäuerliche Realität? Nun kamen wir erstmals mit dem bäuerlichen Milieu selbst in Berührung. Das machte schon einen ungeheuren Eindruck, mich jedenfalls hat das alles sehr beeindruckt. Man bekommt auch zu spüren, daß sich wirklich Veränderungen vollziehen, auf beiden Seiten, daß die alte Gesellschaft von der neuen verdrängt wird und daß die Bauern endlich die Rechte, die ihnen genau wie allen anderen zustehen, erhalten.«

Reynaldo ist noch immer ganz aufgeregt und empört, wenn er von seinen Erlebnissen berichtet:
»Wie ist es möglich, daß eine Bäuerin im Kindsbett stirbt, nur weil kein Arzt aufzutreiben ist, während in der Stadt ein Tierarzt einer Hündin beim Werfen hilft.«

Wenn traditionelle Pädagogen von formeller und nichtformeller Erziehung sprechen, dann meist aus einer falschen Perspektive. Sie halten die traditionelle Erziehung für das einzig mögliche Grundmodell, für sie rückt die nichtformelle Erziehung in den Hintergrund. Nach ihrem allzu akademischen Kulturbegriff hat sie einen geringen oder fast gar keinen Wert. Da nichtformelle Erziehungsprogramme außerhalb der systematischen Schulbildung ablaufen, meinen sie, daß sie höchstens für die marginalen Klassen, die Bauernschaft etwa, eine Rolle spielen können.

Carlos Tünnermann, ehemaliger Rektor der National Universität von Nicaragua (UNAN), heute Minister für Volkskultur, ist Autor zahlreicher wissenschaftlicher Publikationen über das Erziehungswesen. Mehr als die Hälfte aller Nicaraguaner waren unter Somoza Analphabeten. Die Alphabetisierung war – neben der Landreform – seit den sechziger Jahren wesentlicher Bestandteil des sandinistischen Programms. Noch im ersten Revolutionsjahr zogen etwa 70 000 Freiwillige, meist Schüler und Studenten, für fünf Monate aufs Land. Carlos Tünnermann läßt die Brigadisten selbst schildern, wie diese Begegnung zu einem wechselseitigen Lernprozeß wurde: sie eröffnete nicht nur den Bauern den Zugang zur »schriftlich fixierten« Kultur, sondern auch den städtischen Jugendlichen den zur ländlichen Kultur und Lebensweise.

Polizisten in Managua. Auf dem Segel steht: »Gruß an den ersten Nationalkongreß der Erziehungsgewerkschaften«

Die eifrigsten Verfechter der traditionellen Pädagogik sahen überhaupt kein Problem darin, die Modelle des städtischen Bildungssystems auf das Land zu übertragen. Bildung wurde tröpfchenweise vermittelt. Der Großgrundbesitzer hatte großes Interesse daran, daß die Bauern ungebildet blieben, Analphabeten, billige Arbeitskräfte. Und wenn die schon Bildung erhielten, dann nicht etwa, um ihr Lebensniveau zu erhöhen, sondern auf Gebieten, die ihre Existenz als Parias der Gesellschaft nicht anrührten; sie sollten sich kein Wissen aneignen, das sie befähigte, die bestehenden Verhältnisse des Großgrundbesitzes anzutasten.

Bei der Ausarbeitung der Alphabetisierungsprogramme wurden all diese augenscheinlich negativen Erfahrungen berücksichtigt und vom revolutionären Standpunkt aus zu einem zusätzlichen Ansporn für eine wirklich soziale Arbeit.

Für diese kulturelle Arbeit – die bisher wichtigste, die wir in Angriff genommen haben – wurden zehntausende von jungen Nicaraguanern, die bisher nur die Schulbank gedrückt hatten, in junge Brigadisten verwandelt. Sie quartierten sich für einige Monate bei den Bauern in den abgelegensten Hütten ein, um »ihren Schülern« nicht nur das traditionelle Alphabet beizubringen, sondern auch elementare Regeln der Hygiene, Krankheitsvorbeugung und Formen der gesellschaftlichen Organisierung.

Und vor Ort – bei der Arbeit selbst – wurde das pädagogische Programm um eine Dimension bereichert, die alle Erwartungen übertraf, denn der Lehrer erhielt eine Lehre und wurde in eine Schule des Lebens geführt, zu einem kulturellen Erbe, das es Stück für Stück zu erforschen galt. Die Lektion, die die analphabetischen Bauern ihnen erteilen konnten, war tiefgreifend und überraschend.

Da wir vorausgesehen hatten, daß es zu diesen umwälzenden Begegnungen mit den Trägern einer mündlichen Volkstradition kommen würde, wurden parallel wissenschaftliche Forschungsaufgaben gestellt, beispielsweise zur Erkundung uns unbekannter, aber im Volk sehr verbreiteter Heilpflanzen, die in unserem Schulsystem gar nicht behandelt werden.

Weil wir wußten, daß wir überall auf die überlieferten Geschichten der revolutionären Kämpfer unserer Befreiungsbewegung seit Sandino stoßen würden und daß es eine reiche Vielfalt von Liedern und Legenden gibt, nahmen wir diese im Volk lebendigen Traditionen im Unterricht auf. Das erwies sich als wirkungsvolles Mittel für die Verwirklichung der Lernziele.

Es gab eine lange Liste paralleler Aktivitäten, bei denen im Rahmen der Alphabetisierungskampagne unterschiedliche kulturelle Aspekte aufgearbeitet werden sollten. 98 Brigadisten, die ihr Grundstudium bereits absolviert hatten, wurden darauf vorbereitet: Studenten der Geografie, Botanik, Zoologie, Anthropologie und Archäologie. Zusammen mit den Brigadisten schwärmten sie aus in alle vier Himmelsrichtungen, um mit Hilfe von Tonbandaufnahmen und sorgsam geführten Archiven dieses sozio-kulturelle Erbe festzuhalten, deren Träger nicht der »gebildete« Mensch, sondern die soziale »Randschicht« ist, die in versteckten Tälern und Flußniederungen ein Kulturgut lebendig hält, das direkt von den Vätern auf die Kinder und die Kindeskinder übergeht.

Das Kulturministerium rüstete seine Kulturbrigaden aus, um die kulturellen Ausdrucksformen unserer Bauern und die mündlich überlieferte Geschichte der revolutionären Kämpfe seit Sandino festzuhalten. Diese Aufzeichnungen, die mehrere Bände umfassen, sollen bald publiziert werden.

Neben den Forschungsaufgaben, die die Botaniker, die Archäologen oder die Künstler zu erfüllen hatten, blieben für die Soziologen jene anderen Faktoren zu untersuchen, die für die Erziehung bestimmend sind und entscheidenden Einfluß auf den Erfolg der Kampagne hatten. Es sind schwer zu katalogisierende Faktoren, deren wichtigste hier genannt werden sollen: *Erstens* vertiefte sich während der Alphabetisierungskampagne das revolutionäre Bewußtsein, weil die Brigadisten fünf Monate lang mit den Bauern lebten und arbeiteten. Der Unterricht im Lesen und Schreiben wechselte ab mit der Arbeit auf dem Feld; das Prinzip der Verbindung von Unterricht und Arbeit wurde auf freiwilliger Basis wirksam. Der Bauer verbesserte so sein kulturelles Niveau, seine rudimentäre Technik, und der Brigadist überzeugte sich von der absoluten Notwendigkeit eines radikalen Wandels in den Lebens- und Arbeitsbedingungen der Bauernschaft. *Zweitens* kamen sich während der Alphabetisierungskampagne *Stadt* und *Land* näher – nicht durch Regierungserlaß, sondern im täglichen Zusammenleben, das tiefe Spuren hinterließ und bis heute immer neue Früchte trägt. Der Kontakt wurde nach Abschluß der Kampagne, nachdem jeder an seinen Ort zurückgekehrt war, ja nicht abgebrochen, sondern zwischen den Brigadisten und ihren »Adoptiveltern« weitergeführt. Die Dörfer, in denen sie angefangen hatten, eine Schule, einen Trinkwasserbrunnen oder ein Gemeinschaftshaus zu bauen, waren jetzt auch »ihre« Dörfer. *Drittens* lieferte die Alphabetisierungskampagne die Grundlagen und Daten für die zukünftige Reform unseres Bildungssystems. Es ist für alle offensichtlich geworden, daß die überlieferte Pädagogik sich korrigieren muß, die Lerninhalte und -ziele neu zu formulieren sind, eine neue Lernmethodologie ausgearbeitet werden muß.

Managua, August 1980: Abschluß der Alphabetisierungskampagne

Dabei wurde die Alphabetisierungskampagne selbst – über die Tatsache hinaus, daß sie Quelle großer Veränderungen auf dem Gebiet der Bildung und Erziehung war und die formelle Erziehung in Frage stellte – als pädagogische Praxis zum Modell für andere Aufgaben der Revolution. Denken wir nur an die Programme der Erwachsenenbildung, die Verbindung von Arbeiten und Lernen, an die Kampagnen zur Gesundheitsvorsorge, die Ernteeinsätze, die wissenschaftlichen Studenten- und Schülerwettbewerbe. Die Erfahrungen der Alphabetisierungskampagne gaben ihnen den methodischen Rahmen.

Die jetzt vorhandenen Tagebuchaufzeichnungen, Tonbandaufnahmen, wissenschaftlichen Untersuchungen und unter den Bauern gemachten Umfragen sind ein unerschöpfliches Material für die Ausarbeitung einer gültigen soziokulturellen und geographischen Chronik unseres Landes. Nora, eine Schülerin, die am Arbeitskreis von Camoapa im Bezirk Boaco teilgenommen hat, erzählt: »Erstaunlich – viele meiner Mitschüler haben nicht die geringste Ahnung, wie das Leben der Bauern aussieht. Sie haben romantische Vorstellungen, weil sie sich von Radiosendungen beeinflussen lassen. In Wirklichkeit ist das Bauernleben gar nicht romantisch, sondern mühsam und voller Arbeit.«

María Elena betont, wie sehr sie aus den Gesprächen, die sie mit den Bauern führte, gelernt hat: »Ich habe aus den Gesprächen selbst viel gelernt. Die Bauern haben völlig andere Lebenserfahrungen als wir. Ich wurde immer wißbegieriger, und sie haben mir auf meine Fragen sehr anschaulich geantwortet. Eigentlich sollten wir jeweils ein Gespräch von zehn bis fünfzehn Minuten führen, aber bei mir dauerten die Gespräche immer mehr als eine Stunde. Besonders das, was sie aus ihrem Alltag berichteten, interessierte mich. Und das wenige, was ich weiß, habe ich ihnen vermittelt, so lernten wir einer vom anderen.«

Oscar, ein 16jähriger Brigadist, sagt: »Für mich war die Alphabetisierung die beste Lebensschule, die beste Werkstatt, der beste Arbeitskreis, den man sich vorstellen kann, denn wir lernten nicht in der Theorie, sondern lebten und arbeiteten mit den Bauern zusammen. Wir begriffen die Verpflichtung, die wir Jugendlichen haben: mitzuhelfen, die vom Somozismus vererbten Übel zu beseitigen. Seitdem tue ich, was ich kann, für die Sache der Revolution, denn sie vertritt die Interessen der Bauernschaft und kann ihr aus ihrer Misere heraushelfen.«

RODOLFO MATTAROLLO
REVOLUTION UND RECHTSSTAAT

Die Frage der Konzeption der Demokratie und ihrer Umsetzung in staatliche Institutionen steht heute im Mittelpunkt der ideologischen Diskussion innerhalb der nicaraguanischen Revolutionsbewegung. In vielen Städten sieht man auf den Straßen Spruchbänder, auf denen steht: »Schluß mit den alten Gesetzen – wir wollen revolutionäre Gesetze.«

Die Veränderungen in Rechtssystem und Staat, die nach dem 19. Juli 1979 eingeleitet wurden, bedeuteten jedoch gerade *keinen* totalen Bruch mit der alten Ordnung. Zwar wurde die Verfassung der Somozazeit, seit 1974 in Kraft, für ungültig erklärt, ein großer Teil der früheren Gesetzgebung, insbesondere das Zivil-, Straf- und Arbeitsrecht, blieb jedoch bestehen. Die Regierung des Nationalen Wiederaufbaus erließ jedoch eine Reihe von Grundstatuten, die als konstitutive Momente den politischen und gewerkschaftlichen Pluralismus, die Meinungsfreiheit und das individuelle und kollektive Eigentum unter der Priorität seiner Sozialfunktion enthalten*.

Auf dieser Ebene liegt der wesentliche Unterschied zum vorher herrschenden System. Denn die 45 Jahre des Somozismus waren das Gegenteil eines Rechtsstaates, wie ein internationales Ereignis ohne Beispiel belegt: In ihrer Beratenden Versammlung vom 23. Juni 1979 erklärte die Organisation Amerikanischer Staaten (OAS) zum ersten Mal in ihrer Geschichte, die Regierung eines ihrer Mitgliedstaaten sei »ohne Legitimität«. Sie tat dies angesichts der Menschenrechtsverletzungen durch das Regime Somoza.

So ist die Schaffung eines Rechtsstaates für die neue revolutionäre Macht eine Herausforderung, dies um so mehr, als die westliche Rechts-

* *Grundstatut vom 20.7.1979, Kap. 2, und »Statut über die Rechte und Garantien der Nicaraguaner« (Dekret Nr. 52) vom 21.8.1979.*

Rodolfo Mattarollo, einer der bekanntesten lateinamerikanischen Juristen, stammt aus Argentinien und lebt im Exil in Paris. Welche Staatsform entspricht der sandinistischen Revolution? Rodolfo Mattarollo unternimmt den Versuch, die liberal-individualistische Interpretation einer Demokratie im Sinne einer kollektiven Solidarität weiterzudenken.

tradition, stark geprägt durch einen sozialen Konservativismus, versucht wird, diesen Transformationsprozeß als un-juristisch oder rechtsfeindlich zu disqualifizieren.

Angestrebt wird eine vom Volk ausgehende revolutionäre Demokratie neuen Typs, basierend auf drei Prinzipien: der *Milde* (clemencia), der *Legalität* und dem *Pluralismus*.

Die *Milde* zeigte sich u. a. in der Abschaffung der Todesstrafe. Nach 45 Jahren dynastischer und terroristischer Diktatur und nach einem Bürgerkrieg, der in 10 Monaten 30 000 Tote gefordert hat, lautet die Höchststrafe jetzt auf 30 Jahre Gefängnis. Ideologisch entstammt diese Entscheidung einer Synthese aus Marxismus und revolutionärem Christentum, die in der Sandinistischen Befreiungsfront vorherrscht.

Um das Volk nach dem Sieg an der Selbstjustiz zu hindern, wurden die Somozisten in Haft genommen. Die Menschenrechtskommission der OAS bezeichnete ihre Haftbedingungen als unvereinbar mit nationalen und internationalen Normen, wie sie auch die Sondergerichte kritisch kommentierte: in bezug auf die Rechte der Verteidigung, die Unbestimmtheit einiger Anklagepunkte und die zuweilen fehlende Begründung von Urteilssprüchen*.

Anfangs wurden einige summarische Hinrichtungen nicht verhindert; in anderen Fällen, wie Ende Juli 1979 im Gefängnis von Granada, waren Militäreinheiten für Exekutionen verantwortlich. Andererseits gab es keine Militärgerichte, sondern zivile Sondergerichte, und die Angeklagten wurden auf der Grundlage des Strafrechts abgeurteilt, das zum Zeitpunkt ihrer Taten Gültigkeit besaß. Die Anklagepunkte »Verletzung des internationalen Rechts« und »grausame Ermordung«, die gegen viele Mitglieder der Nationalgarde vorgebracht wurden, basierten auf weiterhin geltenden alten Gesetzen. Die Mehrheit der Angeklagten wurde der unerlaubten Vereinigung für schuldig befunden – ein ebenfalls im Strafgesetzbuch verzeichnetes Delikt. Man verzichtete auf jede rückwirkende Geltung nachrevolutionärer Gesetze; die Nationalgarde wurde auch bewußt nicht als Ganze zur kriminellen Vereinigung erklärt*. Jesuiten, die zur Beobachtung des Verfahrensablaufs nach Nicaragua kamen, stellten fest, daß es die Folter – unter Somoza übliche Praxis – nicht mehr gab.

Jenseits des Individualismus

Die Revolution steht heute vor der Aufgabe, einen ganzen Staatsapparat neu aufzubauen – eine Aufgabe, die in anderen Ländern Lateinamerikas schon vor langer Zeit durch die Bourgeoisie bewerkstelligt wurde (in Chile beispielsweise seit 1830).

Dieser neue Staat wird, dem einer Übergangszeit entsprechend, weder ein bürgerlicher noch der einer Diktatur des Proletariats sein. Die ersten bereits vollzogenen Transformationen bezeugen den Willen, eine revolutionäre Demokratie des Volkes zu erreichen. Ihr fortschrittlicher Charakter läßt sich daran ablesen, daß die Ausübung von Zwang auf die Opposition auf ein Minimum reduziert worden ist und die instrumentelle Moral, nach der der Zweck die Mittel heiligt, ausdrücklich abgelehnt wird. Dagegen wurde der imperative Charakter des internationalen Rechts auf dem Gebiet der Menschenrechte voll anerkannt und unverändert ins nicaraguanische Recht übernommen. Am 26. November 1979 hat die neue Regierung die amerikanische Menschenrechtskonvention von 1969 (den »Pakt von San José«) und wenig später auch das UNO-Abkommen über bürgerliche und politische Rechte sowie das internationale Abkommen über wirtschaftliche, soziale und kulturelle Rechte ratifiziert. Das verkündete Statut der »Rechte und Garantien der Nicaraguaner« hat mehrere dieser Prinzipien noch einmal aufgenommen – vor allem die Unverletzlichkeit der Persönlichkeit, das Verbot der retroaktiven Wirkung von Strafgesetzen und die Gewissensfreiheit, die alle – selbst bei Verkündigung des Notstandes – als unverletzlich gelten.

Sicherlich zählt, gerade für die Menschenrechte, nicht die Verkündigung von Gesetzen, sondern ihre praktische Anwendung. In einer Revolution erhält dieses Problem eine besondere Schärfe, weil hier die sozialen Widersprüche besonders stark aufeinanderprallen. Die Überlegungen, die darüber in Nicaragua trotz interner Schwierigkeiten und Bedrohung von außen geführt worden sind, sagen viel darüber aus, welche Interessen hier auf dem Spiel stehen. Vom 19. bis 24. Mai 1981 veranstaltete beispielsweise der Oberste Gerichtshof in Managua ein Seminar über die Beziehungen zwischen Recht und Revolution. Dabei wurde das Übergewicht einer konservativen Tendenz innerhalb der rechtsprechenden Gewalt deutlich, die das »Grundstatut«, das die Organisationsnormen des Staates festlegt, wie eine unveränderliche Verfassungsnorm behandeln will. Die Regierung vertrat demgegenüber die Auffassung, das Statut müsse als eine flexible Norm aufgefaßt und jeweils der Entwicklung des revolutionären Prozesses angepaßt werden – mit Ausnahme der grundlegenden Menschenrechte, deren imperativer Charakter gewahrt werden soll.

Der »konservative« Geist der Juristen und der Fetischcharakter des liberalen Individualismus in der Justiz* wurde mit einer Konzeption kollektiver Solidarität konfrontiert, die ihrerseits die Freiheiten nicht abschaffen, sondern sie bereichern will. Die juristische Abgrenzung zwischen Erlaubtem und Verbotenem beispiels-

---

Comisión Permanente de los Derechos Humanos (CIDH): Informe sobre la situación de los derechos del hombre en Nicaragua. Hrsg. vom Generalsekretariat der Organisation Amerikanischer Staaten, Washington, Juni 1981. Kap. 4.

Comisión Internacional de Juristas (CIJ), Derechos Humanos en Nicaragua, hoy y ayer. Genf. Juli 1980, S. 46.

Zum Verhältnis von Recht und sozialem Wandel siehe C. J. Díaz, et al., Lawyers in the Third World. Scandinavian Institute of African Studies, Uppsala 1981, sowie: E. Novoa Monreal, El Derecho como obstáculo al cambio social (Das Recht als Hindernis sozialen Wandels), Mexico (Edition Siglo XXI) 1975.

weise – Garant der persönlichen Freiheit und historisches Erbe des Liberalismus – bekommt heute neue Dimensionen, die über den Individualismus hinausgehen. Artikel 17 des *Statuts der Rechte und Garantien der Nicaraguaner* stellt das Vorbehaltsprinzip noch in seiner klassischen Form auf: »Niemand wird gezwungen, etwas zu tun, was das Gesetz nicht vorschreibt, noch wird er daran gehindert zu tun, was das Gesetz nicht verbietet.« Doch jetzt wird das, was verboten oder geboten ist, auch durch Normen »menschlicher Solidarität« und »brüderlichen Verhaltens« bestimmt. Auch im neuen Eigentumsrecht bildet das Hinausgehen über den liberalen Individualismus den Stein des Anstoßes. Nach den Worten des Vize-Justizministers, Carlos Argüello, war das frühere Gesetz gegen die Dekapitalisierung von Unternehmen [sie umfaßt sowohl direkte Kapitalflucht als auch das Nichtersetzen abgeschriebener Maschinen und Gebäude oder z. B. das Nichtinstandhalten einer Kaffeeplantage, d. Ü.] nicht praktikabel, weil zu kompliziert. »Die revolutionären Gesetze« müßten »dem gesunden Menschenverstand entsprechen«. Die alte Gesetzgebung stellte nirgendwo den »Mißbrauch von Gütern« unter Strafe, die von ihren Eigentümern nach traditionellem Recht sogar zerstört werden können. Das neue nicaraguanische Gesetz dagegen versucht, gerade solchen Mißbrauch zu verhindern, indem es die »Verminderung der Aktiva (eines Unternehmens z. B.) ohne gerechtfertigten Grund« zum Delikt erhebt. Beschleunigte Verfahrensweisen machen dieses Gesetz funktionaler als das alte, und auch die Arbeiter können jetzt über ihre Gewerkschaften Klagen einreichen.

Die »soziale Funktion« des Eigentums, unabdingbar für jede wirkliche Demokratie, wird in mehreren am 19. Juli 1981 verkündeten Gesetzen definiert: in der Agrarreform sowie den Gesetzen gegen die »Dekapitalisierung« von Unternehmen und gegen das »Aufgeben von Gütern durch Abwesenheit« (d. h. bei unbegründetem, länger als sechsmonatigem Aufenthalt im Ausland). So wie generell die »Mäßigung« charakteristisch für die nicaraguanische Revolution ist, zielt auch diese Gesetzgebung eher auf realistische und wirksame Lösungen als darauf, besonders radikal und prinzipientreu zu sein. So droht das neue »Dekapitalisierungsgesetz« keinerlei Freiheitsstrafen, sondern ausschließlich finanzielle Einbußen an.

Denselben Geist finden wir auch in den Entschädigungsvorschriften der Agrarreform wieder (ohne daß diese deswegen »bürgerlich« wäre, wie zuweilen behauptet wird). Wie im Regierungsprogramm vom 18. 6. 79 angekündigt, fördert das Agrarreformgesetz kooperative Eigentumsformen, doch ohne daß die Teilnahme an Kooperativen obligatorisch wäre. Die Junta setzte sogar [gegen Widerstände im parlamentsähnlichen Staatsrat, d. Ü.] durch, daß auch für brachliegendes Land Entschädigungen gezahlt werden.

Nicaraguas politischer Pluralismus geht auf die Geschichte des Kampfes gegen die Diktatur zurück, er gründet sich auf das gemeinsame Bündnis im Land ebenso wie auf die Unterstützung von außen. Dieser Pluralismus zeigt sich nicht nur in einer gemischten Wirtschaft (in der 70% der Güter von privaten Unternehmern erzeugt werden), sondern auch in der gewerkschaftlichen und parteipolitischen Organisationsfreiheit und in der Zusammensetzung des Staatsrats, der sich ursprünglich aus 33 Vertretern von Parteien, Gewerkschaften, Unternehmerverbänden, ständischen Vereinigungen und anderen gesellschaftlich relevanten Gruppen zusammensetzen sollte. Noch kurz vor seiner ersten Einberufung am 4. Mai 1980 wurde er auf 47 Mitglieder und – ein Jahr später – noch einmal auf 51 erweitert*. Nach seiner ersten Vergrößerung 1980 warfen eine Reihe politischer Parteien, allen voran die »Demokratisch-Nicaraguanische Bewegung« (MDN) des ehemaligen Junta-Mitglieds Alfonso Robelo und die Vertreter der Privatwirtschaft, den Sandinisten vor, sie und ihre verbündeten Parteien* wollten sich dadurch die Mehrheit (gemeinsam mit der Regierungsjunta) in dem gesetzgebenden Organ sichern. Am 12. November 1980 schließlich zogen sich 11 Organisationen unter Protest von der Mitarbeit zurück. Seit November letzten Jahres haben die sozialdemokratische, die christlich-soziale und die Konservativ-Demokratische Partei jedoch ihre Plätze im Staatsrat wieder eingenommen.

Die gleiche Debatte um unterschiedliche Demokratiekonzepte taucht bei der Frage der Wahlen wieder auf. Die Position der FSLN hierzu verlas Kommandant Humberto Ortega im Namen ihrer Nationalen Führung am 23. August 1980. »Für uns beschränkt sich die Demokratie weder auf Parteipolitik noch auf die Beteiligung des Volkes bei den Wahlen. Sie ist mehr, ja viel mehr. Für einen Revolutionär und einen Sandinisten bedeutet Demokratie die Partizipation des Volkes in Politik, Wirtschaft, Kultur und sozialen Angelegenheiten; die Beteiligung an der Leitung von Fabriken, Landgütern, Kooperativen und Kulturzentren. Kurz gesagt, die Demokratie ist das Eingreifen der Massen in alle Aspekte des sozialen Lebens.« Gleichzeitig erkennt diese Konzeption von Demokratie auch die Legitimität einer Opposition an: »Das Recht auf eine nichtkonforme Meinung und der Pluralismus bleiben grundlegende Bestandteile der sandinistischen Demokratie.« Die Junta hat bekanntgegeben, sie werde bis 1985 an der Regierung bleiben und den Wahlprozeß [beginnend mit Kommunalwahlen, d. Ü.] im Januar 1984 beginnen. Diese Entscheidung wurde von

Zu den hinzugekommenen Organisationen zählen die ebenfalls sandinistische CST (Sandinistische Gewerkschaftszentrale), die ATC (Landarbeitervereinigung), die »Sandinistische Jugend 19. Juli«, die CAUS (Gewerkschaftsverband der Kommunistischen Partei), die Streitkräfte und das mittlerweile nicht mehr existierende MISURASATA (Bewegung der indianischen Bevölkerung der Atlantikküste: »Mískitos, Sumu und Rama gemeinsam mit den Sandinisten«).

Zu den Parteien, die prinzipiell die Revolution unterstützen, zählen neben der FSLN die Sozialistische (PSN), die Christlichsoziale Volkspartei (PPSC), die Unabhängige Liberale Partei (PLI), die Kommunistische Partei (PC de N) und die »Marxistisch-Leninistische Bewegung für Volksaktion (MAP).

der Opposition vehement kritisiert, die schließlich am 14. September 1980 ein Parteien- und Wahlgesetz sowie ein Gesetz, das die kommunale Autonomie festschreiben sollte, forderte. Zwei Tage zuvor hatte der Unternehmerverband COSEP den Sandinisten vorgeworfen, die pluralistische Regierung der nationalen Einheit in eine FSLN-Regierung mit pluralistischem Anstrich verwandelt zu haben. Die Menschenrechtskommission der OAS (CIDH) bemerkte – innerhalb ihres politischen Bezugsrahmens durchaus richtig – zu den Wahlbestimmungen der Regierung, sie »verhinderten eine authentische Demokratie und die volle Ausübung der von der Amerikanischen Menschenrechtskommission anerkannten politischen Rechte« (DIDH, op. cit. S. 166).

Eine Abordnung der Organisation *Pax Christi* dagegen kam nach einem Besuch im Juni und Juli 1981 zu ganz anderen Ergebnissen. Sie ging davon aus, daß es ja die Revolution gewesen war, die dem Land die politische Freiheit gebracht hatte. Zum Abschluß ihres Berichtes stellte sie fest, daß »die politischen Rechte und die Bürgerrechte in Nicaragua in weitem Umfang respektiert werden« und »die politischen Parteien, Presse und Gewerkschaften große Bewegungsfreiheit genießen«. Allerdings äußern die *Pax-Christi*-Vertreter auch ihre Besorgnis darüber, daß »die politische Polarisierung und die Bedrohung von außen verheerende Auswirkungen auf den Schutz dieser Rechte« haben könnten.

Eine andere Art von Demokratie des Volkes (democracia popular)

Alle bisher vorliegenden Untersuchungsberichte sind sich einig darüber, daß die Revolutionsregierung große Anstrengungen unternimmt, um die wirtschaftlichen, sozialen und kulturellen Rechte weiterzuentwickeln, und daß sie sich dabei auf die »Logik der Mehrheiten« stützt, »nach der diese Grundrechte möglichst dem Teil der Bevölkerung zukommen sollen, die bislang nie in ihren Genuß gekommen war«. (Bericht von *Pax Christi,* Kap. 7. Siehe auch CIDH, op. cit., S. 166 und CIJ, op. cit., S. 52)

Doch gerade um diese Politik wirtschaftlicher und sozialer Umwälzung geht es, als sich in der zweiten Jahreshälfte 1981 der Konflikt zwischen Regierung und Opposition zuspitzt. Die Uneinigkeit nimmt mit der Verkündung des »wirtschaftlichen und sozialen Notstands« am 9. September schlagartig zu. Dies geschieht in einem Moment, in dem die internationale Lage für Nicaragua besonders schwierig ist: Söldner und Gegner der sandinistischen Regierung organisieren sich offen und unter Verletzung des Völkerrechts in Mittelamerika und den USA. Die nach Honduras geflüchteten ehemaligen Nationalgardisten Somozas vervielfachen ihre Überfälle nach Nicaragua hinein. Im Lande selbst schließlich weigern sich rechte Parteien und Unternehmer, im Staatsrat mitzuarbeiten, während die Kommunistische Partei unter Eli Altamirano die sozialen Konflikte mit Streiks, Betriebs- und Landbesetzungen anheizt.

Das »Gesetz des wirtschaftlichen und sozialen Notstands« erscheint demgegenüber als der Versuch, eine schon brüchige Ökonomie zu stabilisieren. Während Landbesetzungen, die nicht innerhalb der Agrarreform vonstatten gehen, bekämpft werden, bietet das Gesetz gleichzeitig den »nicht-patriotischen Unternehmern« Schach, die die sandinistische Regierung mit denselben Taktiken destabilisieren wollen, die seinerzeit gegen die UP-Regierung Chiles angewandt wurden: betrügerische Spekulation, Zerstörung von Rohstoffen, Maschinen oder Infrastrukturanlagen sowie Sabotage.

Vom Standpunkt eines klassischen Liberalismus kann die Prognose über die »Zukunft der Demokratie« in Nicaragua tatsächlich nur eine pessimistische sein. In Entwicklungsländern wie dem unsrigen entstammen Rechte und Freiheiten nicht einem »Naturrecht«, das sich wegen seiner »Evidenz« bei allen durchsetzt. Sie sind vielmehr Produkt der Geschichte und ihrer sozialen Kämpfe, zuweilen sogar eines langen und grausamen Krieges.

Deswegen können wir behaupten, daß die Transformationen, die sich heute in Nicaragua abspielen, im Einklang mit dieser politischen Entwicklung in Richtung auf eine originäre Form der Demokratie durch das Volk stehen – einer Demokratie, die sich auf den revolutionären Humanismus und die Überwindung des liberalen Individualismus gründet. Sich gegen diese Prinzipien zu stellen, hieße heute, zur Einkreisung (Belagerung) der Revolution mit beizutragen.

ROBERT LASSWELL
DIE GANZ ANDERE GESCHICHTE DER ATLANTIKKÜSTE

Das Gebiet der Atlantikküste umfaßt flächenmäßig mehr als die Hälfte des nicaraguanischen Staatsgebiets. Es leben hier aber nicht mehr als 9% der nicaraguanischen Gesamtbevölkerung. Die Bevölkerungsdichte beträgt nur 3,7 Einwohner pro km² gegenüber 47,0 im übrigen Land. Die Bewohner dieses Gebiets gehören vor allem drei ethnischen Gruppen an: den *Mískito* (120 000), den afro-amerikanischen *Creoles* (30 000) und den »Spaniern« (50 000). Etwa 10 000 Menschen zählen zu den *Sumu-*, rund 2000 zu den *Rama*-Indianern.

1502 erreichte Christoph Kolumbus zwar das Cap Gracias a Diós, aber die spanische Krone unternahm keine Eroberung oder Kolonialisierung dieses Gebietes. Das Jahr 1655, in dem die Engländer sich Jamaica aneigneten, ist das Schlüsseldatum für die Kolonisation der damals »Moskitia« genannten Region. Eingeleitet wurde die Kolonisierung durch englische Piraten, die die Verbindung zum Kolonialreich herstellten. Folge war die Einführung der Sklaverei und eine Zunahme des Handels; beide führten zu tiefgreifenden Strukturveränderungen für die indianischen Völker. Daß bei den Mískito kein Verbot der Heirat außerhalb des eigenen Volkes bestand, erleichterte zwei Jahrhunderte lang ihre ethnische Vermischung. Die Piraten erkannten die entscheidende Strategische Lage der Küste der Moskitia. Von der Region zwischen Bluefield und der Perlen-Lagune aus konnten sie den Seeweg des Goldes und Silbers, das von Peru, Bolivien und Mexiko nach Kuba und von dort nach Spanien transportiert wurden, kontrollieren.

1847 kamen protestantische Missionare der Mährischen Kirche an die nicaraguanische Atlantikküste. In nur vier Jahrzehnten hatten sie viele der indianischen und afrikanischen Bräuche und Traditionen in der Bevölkerung ausgerottet. *Kolonialgeschichte* und *Missionsgeschichte* der Atlantikküste sind in diesem Zeitraum nicht voneinander zu trennen. Die Mährische Kirche setzte im Verlauf des 19. Jahrhunderts tiefgreifende kulturelle Veränderungen durch und wurde schließlich zur bestimmenden Grundlage der Bewußtseinswelt der Bevölkerung dieses Gebietes.

Mit der Ausweitung des englischen Handels wuchs Mitte des 19. Jahrhunderts das Interesse am Bau eines interozeanischen Kanals zwischen Atlantik und Pazifik unter Ausnutzung des Río San Juan und des Nicaragua-Sees. Louis Bonaparte veröffentliche 1848 seine Studie »Der Nicaragua-Kanal« und lenkte damit die Aufmerksamkeit der ganzen Welt auf die Bedeutung dieses Gebiets. Zwei Jahre später, 1850, wurde in Kalifornien Gold entdeckt. Der Hegemonieanspruch der Vereinigten Staaten siegte schließlich über den Englands: Cornelius Vanderbilt erhielt die Konzession zur Gründung einer Gesellschaft für den Verkehr über die Landenge von Nicaragua.

1860 sah sich England gezwungen, auf das Protektorat der Mískito-Küste zu verzichten. Die Staatshoheit wurde jetzt offiziell – jedoch nicht faktisch – von Nicaragua in der Form eines »Reservats« ausgeübt. Faktisch »eingegliedert« wurde die Atlantikküste erst, als der letzte Mískito-König 1894 von den Truppen der Regierung Zelaya gestürzt wurde. Im Zuge der Einführung des Kapitalismus in Nicaragua – im letzten Jahrzehnt des 19. Jahrhunderts – umfaßten die Abbaukonzessionen, die die Regierung nach wenigen Jahren an ausländische Konzerne vergeben hatte, bereits 10% des Territoriums.

Nach der militärischen Intervention der USA von 1912 kontrollierten nordamerikanische Gesellschaften 51% des Exports. Über Kapitalexport und Monopolbedingungen für den Handel sicherten sie sich viele der wichtigsten Produkte: Bananen, Edelmetalle, Edelhölzer und Kautschuk.

Die Einführung der Lohnarbeit durch die nordamerikanischen Gesellschaften stieß auf entschiedenen Widerstand der Mískito, die sie bis heute ablehnen. Sie war mit den Mískito-Traditionen, mit den langen Fahrten in Einbäumen, mit unregelmäßiger Jagd und mit Fischfang nicht zu vereinbaren und führte zu Bevölkerungsmigrationen. Mit der Einführung der merkantilen Ökonomie und durch die Tätigkeit der mährischen Kirche wurde die Bevölkerung in Dörfern konzentriert. Die brutale Plünderung der Naturressourcen bei allen Holz- und Tierarten drängte die Mískito mehr und mehr an die Flußufer, insbesondere in überschwemmungsgefährdete Gebiete mit wenig fruchtbarem Boden (90% aller nicaraguanischen Flüsse befinden sich in diesem sehr regenreichen Gebiet). Die Bewohner waren vom Westen Nicaraguas abgeschnitten; ein Gesundheits- und Erziehungswesen gab es nicht.

Robert Lasswell stammt aus den USA, ist Sozialwissenschaftler und evangelischer Theologe. Schwerpunkt seiner wissenschaftlichen Arbeit ist die Missionsgeschichte der Karibik. Seine Schilderung der spezifischen historischen Entwicklung des Atlantikküstengebiets erleichtert das Verständnis der aktuellen Presseberichte über Umsiedlungen und militärische Aktionen.

Obwohl die Zentralregierung in Managua für die Abbaukonzessionen von den nordamerikanischen Gesellschaften Gebühren erhielt, leistete sie der Küstenbevölkerung keinerlei Hilfe. Dieser Faktor verstärkte die ohnehin vorhandene Verbitterung der Küstenbewohner gegen den anderen Teil des Landes.

Nach dem Sieg der sandinistischen Revolution verließen auch jene nordamerikanischen Gesellschaften Nicaragua, die nach einem schrittweisen Rückzug seit den fünfziger Jahren noch geblieben waren. Mit der Konfiszierung der Ländereien und Unternehmen der Somozisten übernahm die sandinistische Regierung alle wichtigen Betriebe an der Küste – allerdings bankrott, halb zerstört und geplündert. Viele Dörfer waren von der Kapitalflucht bei den Fischereiunternehmen betroffen, die Minen begannen mit weniger als 50% ihrer Kapazität wieder zu arbeiten. Die Auswanderung fast aller Chinesen, die den Handel an der Atlantikküste zuvor beherrscht hatten, bedeutete in einigen Bereichen sogar den Zusammenbruch des Geldverkehrs.

Die Führung der sandinistischen Revolution unternahm zum erstenmal in der nicaraguanischen Geschichte ernsthafte Schritte, um die Bevölkerung dieses Territoriums in die Nation zu integrieren. Die Revolution lieferte die Voraussetzungen für den Beginn der Arbeit der Organisation *Misurasata,* die die Mískito, Sumu und Rama repräsentierte. Die *Misurasata*-Vertreter verstanden ihre Arbeit für die regionale Autonomie und Selbstbestimmung im Rahmen einer Allianz der Indianer mit der Revolution. Beider Vorstellungen über die Form dieser Integration stimmten jedoch nicht überein. Es gab in den ersten Monaten nach dem 19. Juli Mißverständnisse, verursacht durch Fehler der unerfahrenen sandinistischen Kader und durch die kulturellen Unterschiede in Arbeitsstil und Verhalten. Die Indianer hatten sich am Befreiungskampf zwar nicht beteiligt, standen ihm aber positiv und voller Hoffnungen auf eine Verbesserung ihrer eigenen Situation gegenüber. Der politischen und soziokulturellen Strategie der FSLN entsprechend, war die Alphabetisierungskampagne in Spanisch, Englisch und indianischen Sprachen ein erster Schritt, die Küste in den »Giganten, der erwacht« zu verwandeln. Die Kampagne wurde von einigen *Misurasata*-Führern dazu benutzt, im Namen der Selbstbestimmung Formen von Landbesitz zu propagieren, die mit dem Konzept der FSLN kollidierten. Daraus entstand eine Krise, die in der Verhaftung der *Misurasata*-Führer gipfelte; sie wurden des »Separatismus« angeklagt. Etwa 3000 Mískito flohen nach Honduras. Entscheidend für den weiteren Verlauf des Konfliktes wurde, daß der *Misurasata*-Führer Steadman Fagoth, ein früherer Mitarbeiter von Somozas Geheimdienst, wenige Tage nach seiner bedingten Freilassung ebenfalls nach Honduras floh und dort begann, mit den bewaffneten Banden der ehemaligen Nationalgardisten zusammenzuarbeiten.

Ein neues Agrarreformgesetz, das auch gemeinschaftlichen Landbesitz vorsieht, sollte die neue Grundlage für die Zusammenarbeit von Regierung und Küstenbewohnern bilden. Es ist Teil eines Programms, das der Integration dienen und zugleich die Besonderheiten der indianischen Bevölkerungen berücksichtigen soll.

Damals schien es, als ob diese Krise, mit ihren Fehlern und Mißverständnissen auf beiden Seiten und dem Verschwinden von *Misurasata,* überwunden werden könnte. Der Wiederaufbau von Industrieanlagen schuf neue Arbeitsplätze; der Handel nahm wieder zu. Doch dann traten neue Beteiligte auf: Konterrevolutionäre Banden führten an der Atlantikküste Überfälle gegen Nicaragua durch, ermutigt von Somoza-Anhängern, unterstützt von Teilen des honduranischen Heeres und mit grünem Licht aus dem State Department.

Die Krise, die man durch kontinuierliche ökonomische und kulturelle Arbeit zu lösen hoffte, erhält dadurch einen anderen Charakter – denn die von den Mískito bewohnte Region droht jetzt zu einem großen militärischen Operationsgebiet zu werden.

VOLKER WÜNDERICH
DER MARSCH DER ACHTTAUSEND UND DAS SIEDLUNGSPROJEKT »TASBA PRI«

Managua, 13.3.82. Seit Monaten werden am Rio Coco, an Nicaraguas Nordgrenze, Zwischenfälle von Honduras aus provoziert. Im Januar begann eine Aktion des Sandinistischen Heeres, in deren Folge die gesamte Miskito-Bevölkerung vom Südufer des Flusses evakuiert wurde. Betroffen waren ca. 8500 Miskito, die jetzt ungefähr 60 km landeinwärts, auf halbem Wege zwischem dem Bergbauzentrum Bonanza-Rosita und Puerto Cabezas angesiedelt werden sollen. In der internationalen Presse werden bis jetzt die Vorwürfe gegen die Sandinisten wiederholt, sie hätten die Miskito massakriert. In Nicaragua selbst hat die Bischofskonferenz schwere Vorwürfe gegen die Regierung erhoben. Am vergangenen Wochenende erhielt eine Delegation von Kirchenvertretern die Gelegenheit, für drei Tage die Ansiedlungen zu besichtigen. Auf Einladung des Innenministeriums konnten wir uns dieser Delegation anschließen.

Am Morgen des 6. März hebt eine zweimotorige Transportmaschine der Sandinistischen Luftwaffe vom Flughafen Managua ab und nimmt Kurs nach Nordosten. An Bord befinden wir uns zusammen mit einer Delegation von protestantischen Pastoren, Universitätsdozenten der katholischen Universität UCA, Vertretern der christlichen Basisgemeinden etc. Die Reise geht zu den Miskito im Siedlungsprojekt mit dem schönen Namen »Tasba Pri«, was »freies Land« bedeutet; dort würden wir Gelegenheit erhalten, uns mit den Betroffenen über die Umstände ihrer Umsiedlung zu unterhalten und ihre neuen Lebensumstände zu besichtigen.

Vorausgegangen war nicht nur eine internationale Kampagne gegen die angeblichen Greueltaten des sandinistischen Heeres. Vorausgegangen waren auch besorgte Diskussionen in Deutschland unter allen Leuten, die die nicaraguanische Revolution mit Sympathie verfolgen und unterstützen. Wir hatten da eine schwierige Mission: Wie soll man in so einer angeheizten Atmosphäre »die Wahrheit« herausfinden? Würden wir mit den Miskito frei sprechen können, würden wir sie überhaupt verstehen?

An der Landepiste von Bonanza werden wir mit dem Bus abgeholt und erhalten noch am selben Nachmittag die Gelegenheit, die erste Siedlung namens Wasminona zu besichtigen. Hier, ca. 40 km nordwestlich von Rosita, sind ungefähr 100 Familien aus Dörfern vom Grenzfluß Rio Coco oberhalb von Waspam untergebracht. Da sind sie hingestreut, die Unterkünfte mitten auf einer hitzeflimmernden Lichtung im Urwald. Einige größere Häuser mit Dächern aus Palmblättern stechen hervor; sie stellen sich dann als die Medizinstation, das provisorische Schul- und Kirchengebäude und der Militärposten heraus. Die Menschen leben in langen Gemeinschaftsunterkünften, deren Dächer mit Plastikplanen abgedeckt sind. Darunter auf Lattenrosten die Betten und kleinen Regale mit dem bißchen persönlicher Habe, das den Bewohnern geblieben ist.

Wer hier dumpfes Schweigen erwartet hatte, sieht sich eher mit südländischem Lärm konfrontiert: schreiende und spielende Kinder, schwatzende Gruppen von Frauen, singende Schulkinder, geschäftiges Klappern von Töpfen aus den Gemeinschaftsküchen. Freilich eine Geschäftigkeit, die von der Enge des Zusammenlebens erzwungen ist und von den Miskito als unangenehm empfunden wird, da sie das Leben in weit verstreuten Siedlungen gewohnt waren. Wir erschrecken beim Anblick der Wäschebündel und der bloßen Füße auf dem Lehmboden, der sich mit Beginn der Regenzeit in einen grundlosen Morast verwandeln wird. Natürlich spürt man, daß hier Menschen hinverpflanzt worden sind, die ihrer gewohnten Umgebung, ihres persönlichen Ausdrucks beraubt sind.

Doch bevor wir länger nachdenken können, werden wir von einigen Frauen aus dem Dorf Santa Fe umringt. Sie erzählen uns sogleich (glücklicherweise können viele Spanisch, so daß nicht gedolmetscht werden muß), wie sie denn eigentlich hierher gekommen sind:

»Als wir aus Santa Fe evakuiert wurden, mußten wir alles zurücklassen. Wir sind alle, das ganze Dorf, vier Tage lang marschiert; eine Frau hatte ihr zwei Wochen altes Baby auf dem Arm, den ganzen Marsch lang. Es gab nicht mal einen Weg, da wo wir lang marschiert sind. Der mußte erst freigehauen werden. Eine Gruppe von Compas aus dem Heer ging voraus, danach wir. Nach einer Weile machten wir halt, weil wir nicht mehr konnten. Oft wurde jemand ohnmächtig oder brach auf dem Weg zusammen. Die Compas, die am Schluß gingen, halfen denen dann weiter. Am Abend des vierten Tages kamen wir nach Leimus, wo die Straße beginnt. Von dort wurden wir auf Lastwagen hierher gebracht.« Auf die Frage, ob sie nicht lieber in ihrem Dorf

Volker Wünderich ist Historiker und wissenschaftlicher Mitarbeiter des Lateinamerika-Instituts, Berlin. Er war als Presseberichterstatter an der Atlantikküste.

geblieben wären, bekommen wir die Antwort: »Nein, es ist besser, daß wir hier sind. Dort war es sehr gefährlich. Die Banden von der anderen Seite bedrohten uns. Sie waren hinter 35 Männern aus unserem Dorf her, mit der Begründung, sie seien Spitzel der Sandinisten, oder was weiß ich, was sonst noch. Das stimmte aber nicht. Die Männer mußten sich im Urwald verstecken, und es ging ihnen schlecht. Als wir evakuiert wurden, konnten sie endlich rauskommen und waren froh und gingen mit uns fort. Wir waren alle bedroht. Aber Gottseidank haben die Banden niemand von uns getötet.«

José Olivera aus Santa Fe erzählt uns etwas Ähnliches: »Über das Radio »15. September« (von Honduras aus) wurden die Namen derer durchgegeben, die auf der Abschußliste standen. Meiner war auch dabei. Außerdem gab es bei uns nichts mehr zu essen. Die Boote von ENABAS (staatliche Grundnahrungsmittelverteilung), die uns versorgen wollten, wurden auf dem Fluß von drüben gekapert. Angesichts dieser Lage beschlossen wir, hierher zu kommen. Die Regierung bot uns Hilfe an: Essen, Medizin, Hilfe für den Bau neuer Häuser. Hier wollen wir jetzt bleiben.«

Diese Auskunft, daß man sich bedroht fühlte, bekommen wir von vielen, so daß wir hier viele konkrete Fälle und Namen von denen auflisten könnten, die auf dem Fluß entführt und drüben getötet wurden. Freilich gibt es auch viele Leute, die es in dieser Situation vorgezogen haben, gleich auf die andere Seite zu gehen. Der Prozentsatz der Dorfbewohner, die gegangen sind, schwankt von Ort zu Ort; die Schätzung von durchschnittlich 30 Prozent erscheint nach unseren Erkundigungen glaubwürdig.

Das Leben, das die Mískito nun in Wasminona begonnen haben, ist erst sechs Wochen alt. Alle bestätigen, daß es genug zu essen gibt. Für kleine Kinder und stillende Mütter gibt es Milch, Fleisch für alle einmal pro Woche. Für die medizinische Versorgung ist in Wasminona eine Gesundheitsstation eingerichtet, die ca. 70 Patienten pro Tag ambulant betreuen kann. Für schwerere Fälle steht das Krankenhaus im Bergbauzentrum Bonanza zur Verfügung. Es ist unwahrscheinlich, daß die Gesundheitsversorgung am Rio Coco besser war, wahrscheinlich viel schlechter. Der Schulunterricht für die Kinder der Klassen 1–6 hat begonnen. Einer der Lehrer, Ernesto Scott aus Esperanza, erklärt uns, daß der Unterricht zweisprachig erteilt wird, genau wie vorher in den alten Dörfern. Allerdings ist Wasminona der einzige Ort, in dem der Unterricht begonnen hat; in den anderen wird er noch vorbereitet. In Wasminona gibt es auch einen Sportplatz. Am folgenden Tag, einem Sonntag, finden ein Marathonlauf und ein Volleyballturnier für die verschiedenen Orte statt. Diese sozialen Aktivitäten gehören zum Programm der »integralen Dorfentwicklung«, das uns der verantwortliche Leiter in Rosita, Julio Rochas, vom Ministerium INNICA, ausführlich erkärt hat. Die Beteiligung der Jugend an diesen Aktivitäten ist offensichtlich rege und hat nichts von Pflicht- oder Schauübung an sich. Natürlich fragt man sich, ob diese Sportarten bisher zu den typischen Freizeitbeschäftigungen der Mískito gehört haben…

Die Kultivierung des Landes und der Anbau eigener Nahrungsmittel ist in Wasminona bereits in Angriff genommen worden, wovon wir uns direkt überzeugen können. Hier hat man 45 Hektar und teilweise ist schon ausgesät (Mais, Reis, Bananen, Yucca und Gemüse). Das Land wird nach dem Dorfentwicklungsplan folgendermaßen aufgeteilt: Das Hausgrundstück und ein kleiner Garten werden Privateigentum. Die größeren Felder werden Gemeinschaftseigentum und mit einem System von Arbeitsbrigaden bearbeitet, das an die traditionelle gegenseitige Hilfe (»mano vuelta«) der Dorfgemeinschaften anknüpft. Schwierigkeiten sind hier bisher insofern aufgetreten, als in diesem Arbeitssystem die Mitglieder verschiedener Dorfgemeinschaften zusammenarbeiten müssen, da sie jetzt an einem Ort leben.

Als wir die Felder besichtigt haben, kommen drei Männer mit ihrer Beute von der Jagd zurück. Sie sind ganz stolz, daß sie mehrere Gürteltiere erlegt haben, denn es ist ein besonderes Kunststück, sie ohne Hunde aufzuspüren – und ihre Hunde mußten sie, wie alle ihre Habe, am Fluß zurücklassen.

Das akuteste Problem der Siedlungen sind die Unterkünfte. Alle warten sehnsüchtig auf den Bau der neuen Häuser. Die Frauen beklagen sich heftig über die Plastikdächer der provisorischen Unterkünfte. »Diese Plastikdächer sind schrecklich. Bei Tage sind sie zu heiß, bei Nacht kühlen sie stark ab. Die Kinder werden krank davon, die Alten haben Kopfschmerzen.« Bis zum Beginn der Regenzeit bleiben nur noch wenige Wochen. Die Produktion der Häuser, die nach Größe und Aufbau den Mískito-Häusern am Fluß nachgebaut werden sollen, hat zwar schon begonnen. Aber 1600 Häuser werden nicht von heute auf morgen fertig und noch viel weniger hertransportiert (von Managua mit dem Lastwagen ca. 12 Stunden auf Schotterstraße) und auch noch aufgestellt.

Mit den Häusern erhält jede Familie ein Grundstück von ca. 250 qm. Das wird von den Mískito als zu klein empfunden, und wir hören, daß sie ein größeres Stück verlangt haben. Aber die Planung erlaubt das nicht, weil alle anderen Einrichtungen (Wasser, Elektrizität, Wege usw.) viel teurer werden, wenn sich die Ortschaften auseinanderziehen.

Bei diesem Besuch in Wasminona am ersten Tag können wir uns davon überzeugen, daß die nicaraguanische Revolutionsregierung die Verantwortung für das Überleben dieser Flüchtlinge übernommen hat und daß sie dem Projekt der Neuansiedlung große Priorität eingeräumt hat. Sie muß diese Verantwortung zu einer Zeit übernehmen, in der schon auf der Pazifikseite alles knapp ist: Geld für Sozialleistungen, Grundnahrungsmittel, technische Beratung und Saatgut für die Agrarreform etc. Die Sozialarbeiter, Ärzte und Agrarexperten, die in Rosita stationiert sind, arbeiten rund um die Uhr, um mit diesem Problem fertig zu werden. Doch die Umsiedlung der Mískito ist nicht nur ein Problem der Sozialpolitik. Es geht um das Überleben eines ganzen Volkes, und dazu braucht es noch viel mehr als Nahrungsmittel und Entwicklungsplanung.

Am nächsten Tag besuchen wir die Siedlung Sahsa, in der zur Zeit 551 Personen leben. Hier treffen wir eine alte Frau, die uns folgendes erzählt:

»Ich bin aus dem Dorf Esperanza. Ich wurde mit dem Hubschrauber abgeholt, weil ich schlecht laufen kann. Aber nur wenige wurden geflogen, fast alle mußten laufen. Die Compas haben sich gut um sie gekümmert. Langsam, ganz vorsichtig hat sie eine Patrouille nach Waspam gebracht. Das Essen war in Ordnung, für die Kranken gab es einen Doktor. Soweit war alles gut, aber wissen Sie, es ist sehr hart, seine Heimat zu verlassen. Wir sind ziemlich traurig hier angekommen, einige weinten, weil wir unsere Häuser, unsere Tiere und unsere Obstgärten zurücklassen mußten. Wir wußten nicht, wo man uns hinbringen würde. Aber Gott ist sehr groß und hat uns gerettet!« Auf die Frage, ob sie nun auf die Dauer hier bleiben würden, antwortet sie ausweichend: »Wer weiß?«

Die Frage einer Rückkehr wird von niemandem angeschnitten, weil es klar ist, daß sie nicht zurück dürfen. Das bedeutet aber nicht, daß alle in den neuen Ansiedlungen eingesperrt sind. Wer Verwandte in Puerto Cabezas oder Managua hat oder wer an einem anderen Ort Nicaraguas eine Arbeit finden kann, kann gehen. Die Mobilität in der Region, auch von Siedlung zu Siedlung, ist allerdings mangels Transportmöglichkeiten stark eingeschränkt.

Die meisten Mískito, mit denen wir Gespräche führen, scheinen immer noch unter dem Eindruck des Schocks und der Verwirrung zu stehen. Die Entführungen am Fluß, die Schießereien, die Gerüchte über Massaker – alles das war für sie nur schwer zu fassen. Alle meinen, daß die Situation unhaltbar geworden war, daß etwas Furchtbares im Gange war. Die »Gefahr«, von der alle reden, bezieht sich einerseits auf die Bedrohung durch die bewaffneten Gruppen, die des nachts über den Fluß setzten. Andererseits hatten aber auch viele Angst vor dem sandinistischen Heer, denn das Radio der anderen Seite hatte ihnen seit Monaten eingeredet, daß sie sich erheben sollten oder alle umgebracht würden. Besonders deutlich ist diese Angst bei den Frauen aus San Carlos, mit denen wir in der Siedlung Sumubila sprechen (in San Carlos waren im Dezember 40 Sandinisten in einen Hinterhalt gelockt und umgebracht worden):

»Als schließlich das Heer kam, erschreckten die Leute, und manche liefen fort, in den Wald oder am Fluß lang. Und als die Hubschrauber kamen, dachten wir, sie würden uns bombardieren. Wir Mískito kennen den Krieg nicht. Wir wußten nicht, was wir machen sollten. Wir hatten sehr viel Angst... Und dann begann die Mobilisierung. Wir sind von San Carlos bis zum Beginn der Straße gelaufen...«

Die Operation der Umsiedlung wurde von vielen wahrscheinlich mit Erleichterung aufgenommen, weil sie Schlimmeres befürchtet hatten. Die sandinistischen Soldaten verhielten sich sehr vorsichtig. Sie drangen nicht offensiv, sondern in kleinen Gruppen in die Dörfer ein. Sie kamen nicht als Rächer, sondern als Helfer, brachten Essen und Medizin mit, halfen allen Dorfbewohnern, das schwere Los des Marsches zu erleichtern usw. Uns wurde kein einziger Fall von Mißhandlungen, Zwischenfällen oder auch nur Unfällen im Zusammenhang mit der Umsiedlungsaktion berichtet. Das ist in der Kriegssituation und bei einer Umsiedlung von 8500 Menschen mit technisch beschränkten Mitteln sehr erstaunlich.

Da die Mískito gewohnt sind, ihre Geschichte mit biblischen Worten zu interpretieren, hörten wir öfter die Meinung, diese Wendung der Dinge sei eine wunderbare Errettung durch Gott gewesen, ein Exodus seines Volkes aus der Gefahr.

Jetzt, sechs Wochen nach Beginn der Evakuierung, scheinen einige sich aus der Schockwirkung zu lösen und Trauer über den Verlust ihrer Heimat und ihr Schicksal zu empfinden. Viele sagten uns, daß sie traurig sind. Diese Trauer ist aber nicht unbedingt mit Resignation zu verwechseln; wir hatten nicht den Eindruck einer totalen Lähmung des sozialen Lebens in Tasba Pri. Mit der Zukunft allerdings beschäftigen sich nur sehr wenige. Daran denkt kaum einer. Ein Einzelfall war jener Bauer aus Esperanza, der uns erklärte, daß er um sein neues Haus wieder Obstbäume pflanzen will. Es sei ihm sehr peinlich, daß er uns jetzt keine Früchte als Gastgeschenk machen könne, obwohl wir von so weither kämen. Tatsächlich hat INNICA in Tasba Pri schon eine Baumschule für Obstbäume angelegt. Doch soviel Jahre, bis die Obstbäume groß sind, denken im Moment nur wenige voraus.

Wir haben, wie gesagt, die Orte Wasminona, Sahsa und Sumubila in einer emsigen Aufbauphase angetroffen. Problematischer ist die

Lage in Truslaya, das wohl eher den Namen eines Auffanglagers verdient. Hier sind über 4000 Mískito vom Unterlauf des Flusses untergebracht. Ein Teil von ihnen kommt in die Siedlung Columbus, sobald die Straße dahin fertig ist. Die Evakuierung dieser Dörfer konnte mit Lastwagen erfolgen, und darum haben sie einen Teil ihres Besitzes einschließlich Vieh mitbringen können. Auch hier erscheint die Versorgung mit Nahrungsmitteln normal. Dennoch ist dies der einzige Ort, an dem wir latente und offene Spannungen mit den Behörden wahrnehmen. Die Übergangssituation, die Unmöglichkeit, sich fest einzurichten und mit der Bearbeitung der Felder zu beginnen, die Zusammenballung so vieler Dorfgemeinschaften auf engstem Raum machen hier offenbar die Leute unzufrieden. Hier wird auch noch mehr als anderswo deutlich, daß das ganze Projekt Tasba Pri ein Wettlauf mit der Zeit ist. Wenn die Öffnung der Straße nach Columbus in zwei Wochen erfolgt, bleiben nur noch ca. drei Wochen zum Aufbau fester Häuser und zur Anlage der Felder. Dann versinkt alles im Schlamm.

Nach der taktischen Auflösung der Indianerorganisation MISURASATA müssen die Sandinisten jetzt praktisch von außen versuchen, die Mískito in die Revolution miteinzubeziehen. Und dieses Problem stellt sich nicht nur in Tasba Pri, sondern bei einem Großteil der 250 000 Bewohner der Atlantikküste. MISURASATA hatte sich gerade als wichtige Interessenvertretung der Mískito aufgebaut, als die Konflikte eskalierten und ein Teil der Führung nach Honduras ging und begann, mit den somozistischen Guardias und den USA gemeinsame Sache zu machen. Das Volk der Mískito geriet in eine schlimme Verwirrung, die von der Konterrevolution höchst erfolgreich geschürt werden konnte. In diesem Konflikt hat die Identität des Volkes bereits schwer gelitten. Schon allein die Tatsache, daß die Konflikte oft mitten durch die Familien und die Dorfgemeinschaften gehen (ein Teil befindet sich hier, der andere in Honduras) ist für ein Volk mehr als bedrohlich, in dem die Bande der Familie und der Dorfgemeinschaft die Grundlage des Zusammenlebens darstellen.

Ihr Leben wird nie mehr so wie früher sein. So viel hat sich jetzt geändert. Z.B. werden in Tasba Pri mehrere Dorfgemeinschaften an einem Ort zusammenwohnen müssen. Das hat schon in den ersten Wochen zu vielerlei Spannungen geführt. Die Mískito haben ihr Land und ihren Fluß verloren. Schlagartig sind sie in einer Situation totaler Abhängigkeit von der Regierung, die jeden Tag bei der Austeilung der Nahrungsmittel erfahren wird. Ihr Lebens- und Arbeitszusammenhang wird sich in Zukunft mehr oder weniger in den Bahnen der nationalen Agrarreform bewegen müssen. Ob sie sich daran anpassen können, muß sich erst noch zeigen.

Die sandinistische Revolution sieht sich ihrerseits jetzt vor einem sozialen, wirtschaftlichen und politischen Problem größten Ausmaßes. Sie hat die Herausforderung angenommen, und wir haben uns davon überzeugen können, daß das Problem mit viel Einsatz und auch mit mehr Lernbereitschaft und Sensibilität als früher angegangen wird. Doch auch die innenpolitische Opposition in Nicaragua möchte auf der Tragödie des Mískito-Volkes ihr Süppchen kochen. Mit ihrer Art, »Politik zu machen«, werden wir unmittelbar konfrontiert, als wir im Lager Truslaya den katholischen Bischof für die Atlantikküste, Mons. Schlaeffer treffen. Er befindet sich auf einem Routinebesuch und ist damit beschäftigt, leutselig Hände zu schütteln und Kinder zu tätscheln. Da er behauptet, das Lager wie seine Westentasche zu kennen, ob er dann die Behauptungen aus dem Dokument der Bischofskonferenz vom 18. Februar nicht korrigieren müsse? (Darin war z.B. von Morden und Quälereien an Mískitos durch die Sandinisten die Rede, was implizit mit dem Völkermord an anderen Indianervölkern in Lateinamerika verglichen wurde.)
Mons. Schlaeffer zieht es vor, nicht zu antworten. Wir fragen weiter, warum die Bischofskonferenz das Angebot der Regierung zum offiziellen Besuch von Tasba Pri nicht angenommen habe, die *vor* der Ausarbeitung ihres Dokuments ergangen war. Mons. murmelt etwas davon, daß er gar nicht Bischof, sondern nur »Apostolischer Vikar« sei (was ihn nicht daran gehindert hat, das Dokument zu initiieren und zu unterzeichnen), und entfernt sich schleunigst... Die Bischöfe, die in ihrem Dokument die christliche Verantwortung hochhalten, sind in Wirklichkeit an der Aufklärung des Schicksals der Mískito gar nicht interessiert. Die Tragödie der Atlantikküste war ihnen nur gut genug für ein weiteres politisches Manöver gegen die Regierung in Managua, das dann in der Tageszeitung »La Prensa« auch die gebührende Beachtung fand.

Welche Konsequenzen sind nun aus unseren Beobachtungen zu ziehen? Die internationale Öffentlichkeit und die Solidaritätsbewegung haben nicht nur das Recht, sondern die Pflicht, die Maßnahmen der Revolution in Nicaragua kritisch zu beobachten. Das gilt auch für die Zukunft, denn die Lage bleibt angespannt. Man sollte nur nicht die Maßstäbe aus den Augen verlieren.

Uns ist erst im Laufe des Besuchs klargeworden, welchen Ernst die Lage am Rio Coco vor der Umsiedlungsaktion erreicht hatte; wie stark der Terror von der anderen Seite gegen jene Mískito ausgeübt wurde, die mit der Revolution zusammenarbeiten wollten; wie weit die Aufhetzung anderer Teile der Bevölkerung gegen die Sandinisten gediehen war und wie schwierig die Sicherung der Grenze in dieser Situation werden mußte, während drüben eine Invasionstruppe von Somozisten und Söldnern trainiert wurde. (Erst gestern, am 12.3., hat die »Washington Post« die Finanzierung dieser Truppe durch den CIA mit 19 Mio. Dollar aufgedeckt.)

Wer sich nach den Umständen der Umsiedlungsaktion erkundigt und die Situation in Tasba Pri gesehen hat, wird den Vergleich mit dem Völkermord in Guatemala oder dem sonst üblichen Flüchtlingselend in Zentralamerika unbedingt zurückweisen müssen.

Politisch stehen wir vor den Scherben eines Versuchs, über die Förderung der Organisation MISURASATA die Völker der Atlantikküste in die Revolution einzubeziehen. Über die Ursachen kann an dieser Stelle nicht geurteilt werden. Sicher muß aber bedacht werden, daß die Aktivitäten der Ex-Guardias und der Fagoth-Anhänger von Honduras aus als Akte der Aggression anzusehen sind, die die Sandinisten in eine unhaltbare Lage gebracht hatten. Eine schwache Stelle der Revolution wurde hier rücksichtslos ausgenutzt, um internationale Politik zu machen, und das auf Kosten des Volks der Mískito.

FOTOGRAFIEN VON CORDELIA DILG

Cordelia Dilg, Pressefotografin aus Berlin, lebt und arbeitet zur Zeit in Nicaragua.
    Die hautnahe Distanz des Berufsfotografen angesichts existenzieller menschlicher Ereignisse fällt ihr schwer, sagt sie. Sie zeigt lieber den Alltag, der jetzt auch ihr eigener ist.

Arbeitersiedlung in Managua

Kinder in einer Arbeitersiedlung

Beim Wasserholen in einer neu errichteten Siedlung in Managua

Erdbeben-Trümmer im Zentrum Managuas

Hausbau in Managua

Campesino-Haus in Zelaya

Campesino-Familie in Zelaya

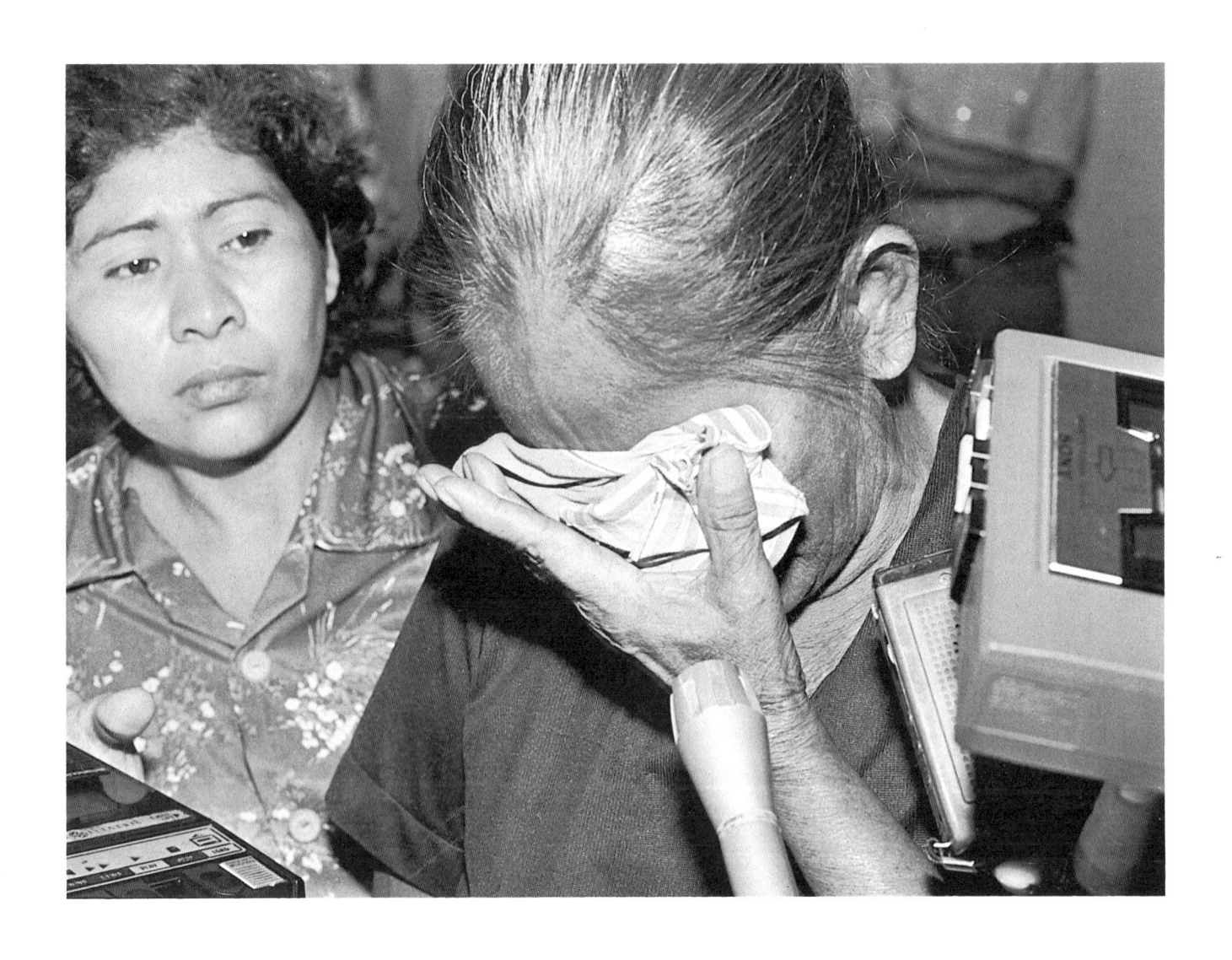

Pressekonferenz in Nicaragua, Januar 1982. Mutter eines Milizangehörigen, der bei einem »militärischen Zwischenfall« an der Grenze zu Honduras ums Leben kam.

Frauen auf einer Versammlung mit den Bildern ihrer gefallenen Söhne

In Managua

Beim Holzsammeln

Umzug in ein entstehendes Neubauviertel

Frauen in San Carlos am Managua-See beim Waschen

Neue Arbeitersiedlung in Managua

Beim Wäschewaschen

Milizdemonstration, Oktober 1981

Kundgebung

GABRIEL GARCÍA MÁRQUEZ
PHANTASIE UND DICHTUNG IN LATEINAMERIKA

Nach Auskunft des spanischen Wörterbuchs der *Königlichen Akademie für Sprache* ist Phantasie »eine Fähigkeit des Geistes, etwas vermittels von Bildern wiederzugeben«. Es läßt sich kaum eine armseligere und verworrenere Definition der ersten Bedeutung des Wortes finden. In seiner zweiten Bedeutung ist Phantasie – laut Wörterbuch – »Fiktion, Erzählung oder Roman, oder gehobenes oder naives Denken«, was die Verwirrung nur größer macht.

Einbildungskraft, Imagination, sagt das gleiche Wörterbuch, bedeute »falsche Vorstellung von einer Sache, die es in Wirklichkeit nicht gibt oder die keine Grundlage hat«. Don Joaquín Corominas, der große Detektiv in der Erforschung spanischer Wörter – dessen Muttersprache wohlgemerkt nicht spanisch, sondern katalanisch war – weist dagegen nach, daß Phantasie und Einbildungskraft den gleichen Ursprung besitzen, daß man ohne weiteres behaupten kann, sie besagen das gleiche.

Ich habe immer die größten Schwierigkeiten zu verstehen, was in Wörterbüchern steht, erst recht bei dem, was die Königliche Akademie uns vorsetzt. Nun war ich wieder einmal neugierig genug, griff, um den Unterschied zwischen Phantasie und Einbildungskraft herauszufinden, zum Wörterbuch und stellte zu allem Unglück fest, daß die gegebenen Definitionen nicht nur kaum verständlich, sondern auch noch in ihr Gegenteil verdreht sind. Anders gesagt, für mein Verständnis hat Phantasie nichts mit der Wirklichkeit zu tun, in der wir leben: sie ist pure phantastische Erfindung, reines Fabulieren, und zweifellos in der Kunst wenig zu empfehlen. Wie phantastisch der Gedanke auch sein mag, daß ein Mann eines Morgens aufwacht und sich in einen riesigen Käfer verwandelt findet, es würde doch niemandem einfallen, die kreative Kraft Franz Kafkas als Phantasie zu bezeichnen. Andererseits besteht sicher kein Zweifel, daß Walt Disney seiner Phantasie freien Lauf ließ, um seine Figuren zu schaffen. Ich meine deshalb – und genau andersherum, als das Wörterbuch behauptet –, daß die Einbildungs- oder Vorstellungskraft eine besondere Eigenschaft des Künstlers ist, mit der er eine neue Wirklichkeit schafft, ausgehend von der Realität, in der er lebt. Das ist übrigens der einzige künstlerische Schaffensprozeß, der mir gültig zu sein scheint. Reden wir deshalb von der Einbildungskraft in der Kunst Lateinamerikas und überlassen wir das Fabulieren schlechten Regierungen zu deren ausschließlichem Gebrauch.

Schwierig, so zu schreiben, dass man uns glaubt

In Lateinamerika und in der Karibik brauchten die Schriftsteller noch nie eine große Erfindungsgabe; sie standen eher vor dem Problem, das, was sie in der Wirklichkeit fanden, glaubwürdig zu machen. Das war von Anfang an so. Es gibt in unserer Literatur keine weniger glaubwürdigen und sich gleichzeitig enger an die Wirklichkeit haltenden Schriftsteller als unsere Chronisten der Konquista. Schon sie standen vor der Tatsache, daß die Wirklichkeit alle Vorstellungskraft übertraf. Kolumbus' Tagebuch ist das älteste Zeugnis dieser Literatur, schon allein deswegen, weil wir nicht wissen, ob der Text tatsächlich existiert hat, denn die uns überlieferte Fassung wurde vom Padre Las Casas von Originalen übertragen, die er gekannt zu haben nur behauptete. Offensichtlich ist die uns vorliegende Fassung nur ein schwacher Abglanz der erstaunlichen Hilfsmittel der Einbildungskraft, auf die Kolumbus zurückgriff, um den spanischen Königen das ganze Ausmaß seiner Entdeckungen glaubhaft zu machen. Kolumbus erzählt, daß die Menschen, die ihn am 12. Oktober 1542 empfingen, »aussahen, wie ihre Mütter sie auf die Welt gebracht hatten«. Andere Chronisten stimmen mit ihm überein, daß die Kariben, wie es in einem tropischen Landstrich ganz natürlich war, noch frei von christlichen Moralvorstellungen nackt herumliefen. Die Prachtexemplare, die Kolumbus unter ihnen auswählte, um sie dem königlichen Paar in Barcelona vorzuführen, waren mit buntbemalten Palmblättern, Federn und Ketten aus Zähnen und Krallen ungewöhnlicher Vögel geschmückt. Es gibt dafür eine einfache Erklärung: Kolumbus' erste Reise war entgegen seinen Träumen ein finanzieller Reinfall. Er fand kaum die Hälfte des verheißenen Goldes, verlor sein größtes Schiff und konnte auch nicht den geringsten greifbaren Beweis für das Bahnbrechende seiner Entdekkungen vorweisen. Er hatte nichts vorzuzeigen, was die Kosten seines Abenteuers und die Notwendigkeit, es weiterzuführen, rechtfertigte. Seine Gefangenen auszustaffieren, wie er es tat, war ein überzeugender Werbetrick. Ein einfacher mündlicher Bericht wäre nicht ausreichend glaubhaft gewesen, denn man darf nicht vergessen, daß Marco Polo ein Jahrhundert zuvor aus China mit so verblüffenden und ungeahnten Dingen wie Spaghetti, Seidenwürmern, Pulver und Kompaß zurückgekommen war. Seit der Entdeckung ist unsere Geschichte durch die Schwierigkeit gekennzeichnet, sie glaubwürdig zu machen.

Ein Buch, das ich immer wieder gern lese, ist *Die erste Reise um die Welt* des Italieners Antonio Pigafetta, der Magellan auf seiner Expedition rund um die Welt begleitet hatte. Pigafetta berichtet, in Brasilien Vögel gesehen zu haben, die keinen Schwanz besaßen, andere, die keine Nester bauten, weil sie keine Krallen hatten, deren Weibchen jedoch die Eier in das Schultergefieder des Männchens legten, und zwar mitten über dem Meer, und sie dort auch ausbrüteten, und wieder andere, die sich nur von den Exkrementen ihresgleichen ernährten. Er staunt über Schweine, die den Bauchnabel auf dem Rücken hatten, und große Vögel, deren Schnäbel wie Löffel aussahen, denen aber die Zunge fehlte. Er beschreibt ein Tier, das den Kopf und die Ohren eines Maultieres besaß, den Körper eines Chamäleons, die Pfoten eines Hirsches und den Schwanz eines Pferdes, und das auch wie ein Pferd wieherte. Pigafetta erzählt auch von ihrer ersten Begegnung mit einem Riesen in Patagonien. Er fiel in Ohnmacht, als sie ihm einen Spiegel vorhielten und er sein Gesicht darin erblickte.

Die unglaublichen Abenteuer der Entdecker, die leichten Glaubens waren

Die Legende vom Goldreich El Dorado ist zweifellos die schönste, merkwürdigste und wichtigste unserer ganzen Geschichte. Gonzalo Jiménez de Quesada eroberte auf der Suche nach diesem Gebiet seiner Träume fast die Hälfte des heutigen Kolumbiens, während Francisco de Orellana den Amazonas entdeckte. Am phantastischsten daran aber war, daß er ihn in entgegengesetzter Richtung, in der gewöhnlich Flüsse entdeckt werden, befuhr, nämlich von seiner Quelle hin zur Mündung. El Dorado ist und bleibt ein Rätsel, genau wie der Schatz von Cuauhtémoc oder die elftausend Lamas, die, jedes mit hunderttausend Pfund Gold beladen, von Cuzco abgesandt wurden, um das Lösegeld für Atahualpa zu bezahlen, aber niemals an ihrem Bestimmungsort ankamen. Wir brauchen gar nicht so weit in die Geschichte zurückzugehen: Vor knapp einem Jahrhundert stellte eine deutsche Kommission, damit beauftragt, die Möglichkeit des Baus einer transozeanischen Eisenbahn durch die Landenge von Panama zu studieren, abschließend fest, das Projekt sei durchführbar, jedoch nur unter der Bedingung, daß die Schienen aus Gold und nicht aus Eisen seien, weil dieses Metall in dieser Gegend nur schwer aufzutreiben sei.

Diese Haltung, den Dingen leicht Glauben zu schenken, ist nur erklärlich, weil die Menschen im Mittelalter vom Fieber der Metaphysik erfaßt und vom literarischen Rausch der Ritterromane angesteckt waren, und darum alles für möglich hielten. Den Abenteuern sind keine Grenzen gesetzt. Nur so erklärt sich das maßlose Unterfangen eines Alvar Núñez Cabeza de Vaca, der acht Jahre brauchte, um von Spanien nach Mexiko zu kommen, quer durch das Gebiet, das heute den Süden der Vereinigten Staaten bildet, während die Mitglieder seiner Expedition einander verschlangen, bis von den ursprünglichen sechshundert nur noch fünf übrigblieben. Dabei war Cabeza de Vaca offenbar nicht von der Suche nach dem Goldschatz besessen, sondern ihn beherrschte eine noblere und poetischere Idee – er wollte die Quelle der ewigen Jugend finden.

Gonzalo Pizarro, der auch ein begeisterter Leser von Ritterromanen war, in denen abgeschlagene Köpfe mit Hilfe eines bestimmten Balsams wieder anwachsen konnten, zweifelte darum auch nicht einen Moment, als man ihm in Quito erzählte, es liege ganz in der Nähe ein Königreich, in dem dreitausend Handwerker damit beschäftigt seien, Möbel aus Gold herzustellen, und im königlichen Palast – den in goldene Ketten gelegte Löwen bewachten – gäbe es eine Treppe aus massivem Gold. Löwen in den Anden, man stelle sich das vor! Balboa hörte eine ähnliche Geschichte in Santa María del Darién, und er entdeckte den Pazifischen Ozean. Gonzalo Pizarro entdeckte nichts Besonderes, aber den Grad seiner Gutgläubigkeit kann man daran ermessen, wie er seine Expedition ausstattete, um das Reich seiner Wünsche zu suchen – ihn begleiteten 300 Spanier, 4000 Eingeborene, 150 Pferde und mehr als 1000 – auf die Jagd nach menschlichen Wesen ausgerichtete – Hunde.

Wie die Wirklichkeit in der Sprache Platz hat

Die Maßlosigkeit unserer Realität stellt den Künstler vor das ernsthafte Problem, daß die Sprache völlig unzureichend ist, sie zu erfassen. Wenn wir zum Beispiel von einem Fluß sprechen, dann stellt sich der europäische Leser als längsten die Donau vor, die 2790 km lang ist. Wie soll er sich aber die Realität des 5500 km langen Amazonas vorstellen können, wenn sie ihm nicht ganz genau beschrieben wird? Bei Belén de Pará ist das andere Ufer nicht zu sehen, denn an dieser Stelle ist der Amazonas breiter als die Ostsee. Oder: beim Wort Sturm denkt ein Europäer an Blitze und Donner, aber er wird nicht so leicht das gleiche Naturphänomen wahrnehmen, das wir vor Augen haben. Ein anderes Beispiel ist das Wort Regen. In der Andenkordillere, bemerkte der Franzose Javier Marimier, toben Unwetter, die bis zu fünf Monaten dauern, und schreibt: »Wer diese Stürme nicht erlebt hat, kann sich keine Vorstellung davon machen, mit welcher Gewalt sie abrollen. Die Blitze folgen stundenlang und rasch aufeinander wie Blutstürze, die Luft erzittert unter dem unaufhörlichen Krachen der Donnerschläge, deren rollendes Echo in der Unendlichkeit der Berge widerhallt«. Die Beschreibung ist nicht gerade meisterhaft, mag aber hinreichen, auch einem nicht leichtgläubigen Europäer einen leichten Schauer über den Rücken jagen zu lassen.

Es wäre darum notwendig, ein ganzes Netz neuer Wörter für die ungeahnten Ausmaße unserer Wirklichkeit zu schaffen. Dafür lassen sich unendlich viele Beispiele finden. Der holländische Forscher F. W. Up. de Graff, der den Oberlauf des Amazonas zu Anfang unseres Jahrhunderts durchfuhr, beschreibt, wie er einen Gebirgsfluß mit kochend heißem Wasser entdeckte, in dem er Eier in fünf Minuten hart kochte, und wie er dann in ein Gebiet kam, in dem niemand laut sprechen durfte, weil sich sonst sturzbachähnliche Regengüße entfesselten. In einem kleinen Dorf an der Karibikküste begegnete ich einem Mann, der vor einer Kuh, der Würmer aus den Ohren krochen, betete, und sah, wie die Würmer tot herunterfielen, während der Mann sein Gebet murmelte. Er versicherte mir, daß er die gleiche Prozedur auch auf Entfernung durchführen könne, nur müsse man ihm das Tier genau beschreiben und ihm auch ganz genau sagen, wo es sich befindet. Am 8. Mai 1902 zerstörte der Vulkan Mont Pelé auf der Insel Martinique im Handumdrehen den Hafen Saint Pierre und begrub unter seiner Asche alle 30 000 Einwohner. Es gab nur einen einzigen Überlebenden, Ludger Sylvaris, der in seiner von einer dicken Zementmauer geschützten Einzelzelle saß, die man eigens für ihn errichtet hatte, damit er nicht fliehen konnte.

In Mexiko allein könnte man Bände füllen mit Beispielen aus einer unglaublichen Wirklichkeit. Noch nach den zwanzig Jahren, die ich hier lebe, kann ich stundenlang vor einer mit Bohnen gefüllten Schüssel sitzen, um die Bohnen springen zu sehen. Gutmeinende Rationalisten haben mir erklärt, daß die Bohnen springen, weil sie lebendige Larven enthalten. Aber das ist eine armselige Erklärung. Wunderbar ist nicht, daß die Bohnen springen, weil sie eine lebendige Larve enthalten, sondern daß in ihnen eine Larve lebt, damit sie springen können. Erstaunlich war auch meine erste Begegnung mit dem Axolotl. Julio Cortázar schreibt in einer Erzählung, daß er den Axolotl im Pariser Botanischen Garten entdeckte, als er die Löwen besuchen wollte. Dort, wo die Aquarien stehen, schreibt Cortázar, »glitt mein Blick an den bekannten Fischen vorbei und blieb am Axolotl hängen«. Er war so fasziniert, daß »ich ihn eine Stunde lang betrachtete und dann wegging, ohne mir noch etwas anderes anzusehen«. Mir erging es ähnlich in Pátzcuaro, nur daß ich mir den Axolotl nicht nur eine Stunde lang anschaute, sondern einen ganzen Nachmittag, und an den anderen Tagen immer wiederkehrte. Dazu kam, daß mich vielleicht noch mehr als das Tier selbst ein kleines Schild an der Eingangstür beeindruckte, auf dem geschrieben stand: »Axolotl-Saft zu verkaufen«.

Die Karibik ist eine Quelle des Unglaublichen

Diese unglaubliche Realität gewinnt ihren stärksten Ausdruck in der Karibik, die sich im Prinzip im Norden bis zur Südgrenze der Vereinigten Staaten und im Süden bis nach Brasilien erstreckt. Ich behaupte das nicht etwa in einem Anfall von expansionistischem Wahnwitz, sondern weil ich der Meinung bin, daß die Karibik nicht nur das geographische Gebiet ist, als das es natürlich die Geographen verstehen, sondern eine kulturelle Einheit. In der Karibik kam – zu den ursprünglichen Elementen der vor der Konquista bestehenden Glaubensvorstellungen und der magischen Weltauffassung der Einheimischen – die außerordentliche Vielfalt der anderen Kulturen hinzu, die sich im Laufe der Zeit in einem magischen Synkretismus verwoben. Daraus ergab sich eine unerschöpfliche Quelle künstlerischen Schaffens. Der afrikanische Beitrag erfolgte zwar unter grausamster Gewaltanwendung und ruft immer wieder Empörung hervor, hatte aber außerordentlich positive Auswirkungen. An dieser Wegkreuzung, die die Karibik darstellt, existierte ein Gefühl der unbegrenzten Freiheit, eine Realität ohne Gott noch Gesetz, in der jeder fühlte, daß er machen konnte, was er wollte, ohne daß ihm Schranken auferlegt wurden. So erwachten Freibeuter verwandelt in Könige, Flüchtlinge wurden zu Admiralen, Dirnen erste Damen, oder auch umgekehrt.

Ich bin in der Karibik geboren und aufgewachsen. Ich kenne jedes Land ganz genau, jede Insel, und vielleicht rührt daher mein frustrierendes Gefühl, daß ich niemals etwas gedacht oder getan habe, das erstaunlicher als die Wirklichkeit selbst gewesen wäre. Am weitesten bin ich darin gekommen, sie mit poetischen Mitteln zu übertragen, aber es gibt auch nicht eine Zeile in meinen Büchern, die ihren

Ursprung nicht in einem realen Geschehen hätte. Ein Beispiel ist das Stigma des Schweineschwanzes, das die Sippe der Buendías in *Hundert Jahre Einsamkeit* so stark beunruhigte. Ich hätte auch ein anderes Bild verwenden können, aber ich dachte, daß die Furcht vor der Geburt eines Sohnes mit Schweineschwanz in der Realität ganz unbegründet sei. Kurz nach Erscheinen des Romans bekannten jedoch Männer und Frauen an verschiedenen Orten Amerikas in aller Öffentlichkeit, daß sie etwas Ähnliches wie einen Schweineschwanz besaßen. In Barranquilla kam ein junger Mann in die Redaktion einer Zeitung und gestand, mit einem Schweineschwanz geboren und aufgewachsen zu sein, aber niemandem etwas davon erzählt zu haben, bis er *Hundert Jahre Einsamkeit* las. Seine Erklärung dafür, warum er sich jetzt dazu bekannte, war noch erstaunlicher als der Besitz des Schwanzes: »Ich wollte niemandem etwas von meinem Schweineschwanz sagen, weil ich mich schämte«, gestand er, »doch jetzt, nachdem ich den Roman gelesen habe und die Kommentare der Leute höre, verstehe ich, daß es sich dabei um etwas ganz Natürliches handelt«. Bald darauf schickte mir ein Leser einen Zeitungsausschnitt mit dem Foto eines Mädchens aus Seoul, das mit einem Schweineschwanz geboren war. Ganz anders, als ich dachte, während ich den Roman schrieb, hatte man dem Mädchen den Schwanz abgeschnitten, und es war am Leben geblieben.

Meine schwierigsten Erfahrungen als Schriftsteller aber habe ich gemacht, als ich meinen Roman *Der Herbst des Patriarchen* vorbereitete. Ich las etwa zehn Jahre lang alles, was ich mir über die Diktatoren, die es in der Geschichte Lateinamerikas und besonders in der Karibik gab, beschaffen konnte. Ich wollte erreichen, daß mein Buch so wenig wie möglich der Realität ähnelte. Jedes Mal gab es eine neue Enttäuschung. Die Intuition, die der Venezolaner Juan Vicente Gómez besaß, war viel verblüffender, als es jede Kunst der Wahrsagung sein kann. In Haiti hatte Doktor Duvalier alle schwarzen Hunde ausrotten lassen, weil sich einer seiner Feinde seiner menschlichen Gestalt entledigt und in einen schwarzen Hund verwandelt hatte, um sich der Verfolgung durch den Tyrannen zu entziehen. Doktor Francia, der sich als Philosoph einen solchen Namen gemacht hatte, daß Carlyle ihn in einem Essay zitierte, schloß Paraguay hermetisch ab, als wäre es ein Haus, und ließ nur ein Fenster offen, um die Post in Empfang nehmen zu können. Unser Antonio López de Santana begrub sein eigenes Bein mit einem pompösen Begräbnis. Die abgeschlagene Hand des Tyrannen Lope de Aguirres schwamm tagelang stromabwärts, und wer sie vorbeischwimmen sah, erschauderte bei dem Gedanken, daß diese mordsichere Hand auch noch in diesem Zustand das Schwert schwingen könnte. Anastasio Somoza García hatte im Hof seines Hauses Käfige aufgestellt, die in der Mitte durch ein eisernes Gitter geteilt waren: auf der einen Seite waren wilde Tiere eingesperrt, auf der anderen seine politischen Feinde. Maximilian Hernández Martínez, der theosophische Diktator Salvadors, ließ die elektrischen Leitungen in seinem Land mit rotem Papier überziehen, um dadurch eine Pockenepidemie zu bekämpfen, und hatte ein Pendel erfunden, das er über die Speisen hielt, um zu prüfen, ob sie vergiftet waren. Die Statue von Morazán in Tegucigalpa ist in Wirklichkeit die Statue Marschall Neys, denn die Regierungsdelegation, die nach London ausgesandt worden war, um die Statue zu holen, beschloß, diese in einem Depot vergessene zu kaufen, statt eine neue von Morazán in Auftrag zu geben, weil es so billiger war.

In einem Satz: Wir lateinamerikanischen und karibischen Schriftsteller müssen – Hand aufs Herz – anerkennen, daß die Wirklichkeit ein viel besserer Schriftsteller ist als wir. Unser Schicksal, und vielleicht unser Ruhm, besteht darin, sie mit aller gebührenden Bescheidenheit und so gut wir können nachzuahmen.

JOSÉ CORONEL URTECHO
LOB AUF DEN MAIS

José Coronel Urtecho, Lyriker, ist u. a. gemeinsam mit Pablo Antonio Cuadra und Joaquín Pasos Mitbegründer der Zeitschrift »Vanguardia«. Seine Gedichte sind geprägt von einer großen Liebe zu seinem Land und seinen Mitmenschen und einer intensiven Auseinandersetzung mit den kulturellen Traditionen Nicaraguas.

Die indianische Grundlage der nicaraguanischen Küche ist weder das Fleisch noch der Fisch, denn sie hingen für den Indio vom Zufallsglück der Jagd und des Fischens ab, sondern der Mais. Der Mais, das bedeutete das Essen, die Küche, die Arbeit, die Religion des Indio. Er war die Gabe seiner ursprünglichen Götter, die er an sein Land weitergab. Der Mais ist heute zwar nicht mehr die Grundlage, aber doch ein reiches Feld der nicaraguanischen Küche. Die Spanier haben das Ihre beigetragen, es entstanden neue Gerichte aus der Vermischung beider Kulturen, doch im wesentlichen hat der Mais seine prähistorische Zubereitungsweise beibehalten. Es ist auch merkwürdig, die indianischen Speisen aus Mais Gerichte zu nennen, die auf Tellern serviert werden, denn sie sind vor dem Gebrauch von Tellern entstanden und brauchen sie auch gar nicht. Sie zeichnen sich dadurch aus, daß sie aus der Hand gegessen werden, sie sind tragbar, werden auf oder in Blättern serviert, so wie sie Völker brauchen, die zwar schon eine Agrarwirtschaft haben, aber immer noch nicht ganz seßhaft geworden sind. Dafür sind die Tortillas wie geschaffen, die man zusammenrollen oder aufeinanderschichten kann, die Tamales, die zu kleinen Paketen verschnürt werden, und die Maisgetränke, die sich in den Kalebassen schön kühl halten.

Diese Bündel und Paketchen füllten zusammen mit dem Gemüse, den Bohnen und den Früchten die Netze, die sich die Indianerfrauen über die Schulter warfen, um ihre Waren auf den Wochenmarkt zu tragen. Von hier aus ging der Mais in allen seinen Zubereitungsformen in die nicaraguanische Küche ein. In der Suppe des Armen dürfen die zarten jungen Maiskolben nicht fehlen, die an sich schon eine Köstlichkeit darstellen. Aber die Erstgeborene des Mais ist die Tortilla. Ihre Form ist ein Wunder an funktionaler Vollkommenheit, die eine Rasse von Bildhauern geschaffen hat, um eine Lösung zu finden, wie sie ihr Essen auf dem Felde oder unterwegs zu sich nehmen konnten. Die Tortilla ist gleichzeitig Teller, Speise und Löffel. Sie kann allein gegessen werden, oder aber es werden mit ihr und in ihr andere Mahlzeiten gegessen. Sie ist das »tägliche Brot« nicht nur für den Indio, sondern für das nicaraguanische Volk im allgemeinen. Das Brot hat sie nie verdrängen können, vielmehr mußte es mit ansehen, wie sie an allen Tischen den Platz einnahm, der ihm rechtens gebührte; sie setzte sich an seiner Seite ans Haupt des Tisches, wie neben dem Konquistador seine indianische Frau saß.

Bevor die modernen Großbäckereien eingeführt worden sind, war das hausgebackene Brot köstlich, fast so gut wie das europäische, doch da im Land nicht genügend Weizen produziert wurde, hing seine Herstellung und sein Konsum zum großen Teil von den Wechselfällen des Handels ab, und darum hat sich das Brot nicht so fest in den Eßgewohnheiten des Volkes verwurzelt. Doch fehlte es in Nicaragua auch nie an einer unglaublichen Vielfalt von Backwaren, die eine große Variation der traditionellen spanischen Backkunst darstellte. Doch die aus Mais hergestellten Süßigkeiten zog der Volksgeschmack immer noch vor, da sie noch den Geruch nach Erde besaßen und außerdem besser zu den heimischen Getränken wie Kakao und Maismilch paßten.

EDUARDO PÉREZ VALLE
FESTE FEIERT JEDER GERN

In Nicaragua ist das Volksfest traditionell ein Medium zur Stärkung der konstitutiven Bindungen auf lokaler Ebene. Der Zyklus des Jahres wird von einem Zyklus von Festlichkeiten, die sehr verbindlich eingehalten werden und an denen niemand arbeitet, begleitet. Das ganze Land ist sichtbar in verschiedene Kultur- und Festregionen aufgeteilt, für die die Heiligenverehrungen den Rahmen bilden. Folgen die Festtage chronologisch dem Ablauf der Jahreszeiten, so zeigt sich in den Kirchen eine heilige Topographie in Kapellen, Nischen und Bildnissen: wir begegnen diesen Heiligen immer und überall. Natürlich scheint der Kalender auf den ersten Blick christlich. Aber die Wurzeln reichen tiefer zurück bis vor die Christianisierung. Die Feste ermöglichen, eingebunden in einen traditionellen Rahmen, eine intensive emotionale Entladung; sie vereinigen die Generationen und die Geschlechter. Sie vertiefen bei jedermann das Gefühl, Teil eines sozialen Ganzen, Teil des »Körpers« der Bevölkerung zu sein. Zugleich sind sie ausgeübte Bauernkultur.

Glaube, Sinnsprüche und Riten verkörpern und vermitteln ebenso wie Theater, Musik und Tanz die Volkskultur. Glaube und Feste gehören zusammen. Das Fest unterbricht und gliedert das alltägliche Gemeinschaftsleben. Das Heilige bestimmt als ungreifbares Erlebnis das Fest. Die Volksfrömmigkeit in all ihren Formen wie Pilgerfahrt, Prozession usw. hilft dabei, auf dem Fest den Übergang zu einer anderen Dimension zu finden: zum Heiligen, Wesentlichen. Es gibt in Nicaragua einen geheimen Atem des Volksglaubens. Ohne ihn wäre die asketische wie die orgiastische Berufung der Intellektuellen, die Gewalt der Leidenschaften, die tägliche Ausbeutung und politische Unterdrückung weder zu ertragen noch zu bewältigen gewesen. Die in diesen Jahren in den nicaraguanischen Basisgemeinschaften angewandte Theologie der Befreiung, eine Art nicht entmythologisierte Theologie als fundamentale Glaubenslehre, baute auf dieser Volksfrömmigkeit auf.

Beachtenswert sind ihre Hauptmerkmale – das wesentliche Gesicht dieser Feierlichkeiten –, die das Heilige immer einschließen:
– Freiheit und Überschwenglichkeit: Freude und Lärm, Spiel, Lachen und Musik, Essen und Trinken – bis zum Exzeß, zu Hemmungslosigkeit und Orgie.

– Es entsteht das öffentliche Ritual einer naturhaft wirksam werdenden und heilenden Magie (»das Ähnliche produziert das Ähnliche«). Daraus erklärt sich das Essen, das Trinken, der Tanz, der, obwohl voller Jubel, eine reichliche Ernte erflehen soll und, wenn er kriegerische Züge trägt, in eine echte Wehrübung übergeht; das Gelächter und das Orgiastische sind Ausdruck der Hoffnung auf Freude und Fruchtbarkeit. Durch die unmittelbare Anwesenheit des gefeierten Heiligen als Ursache all dessen, was passiert und wie es passiert, verwandelt sich das Verhalten: Unter anderen Umständen erschiene es als furchtbare Herausforderung, hier wird es zum unterstützenden Ritus für das Erlangen von Wohlwollen und Schutz des Heiligen.

– Hinter all dem steckt eine Sehnsucht nach sozialer Gleichheit, und manchmal scheint sie real zu werden in der gemeinsamen gläubigen Anerkennung der Autorität des jeweiligen Fest-Heiligen. Alle sind gleich in ihrem Bedürfnis nach Schutz und Zuwendung. Wer aus der Unterschicht kommt, fühlt sich erhöht durch die Sicht auf das Auserwählte; wer sich als etwas Besseres betrachtet, findet es nützlich, sich vorübergehend bescheiden zu geben, zu den Armen freundlich zu sein und sie in ihren Gebeten zu unterstützen. Viele verschiedene psychologische, religiöse und soziale Motivationen treffen hier zusammen, doch im Resultat heben sich die Unterschiede der Hierarchien und Kasten angesichts der Autorität des Gefeierten auf.

– Zukunftsangst: wenn ein hoher Grad sozialer Einheit erreicht ist, beginnt jeder an die Möglichkeiten der Gnade zu denken, an die individuellen Begünstigungen und auch an die von allgemeiner Nützlichkeit. Das Fest ist Utopie. Man wünscht sich die Rückkehr in eine bessere Zeit und zugleich die Verwirklichung aller bisher zweifelhaften Hoffnungen.

Die Rituale von Gestern

Heidnische Rituale und Glaubensinhalte sind immer und überall in den christlichen Glauben eingegangen. Die Indianer, die sich sehr angepaßt zeigten, behielten ihre Idole und Riten in versteckter Form bei. Jede Prozession, jeder festliche Umzug hat deshalb eine doppelte Bedeutung.

Eduardo Pérez Valle ist Historiker und leitet die Abteilung für Publikationen im Kulturministerium.

Die nicaraguanischen oder niquiranischen Indianer, Bewohner der Landenge von Rivas, bekennen, ursprünglich nicht von hier zu stammen, sondern Nachfahren ihrer Vorväter aus Ticomega und Maguatega in Mexiko zu sein.

Den Fragen der Mönche antworteten sie, an *Tamagastad* und *Cipatonal* (Gott und Göttin) zu glauben – Schöpfer des Himmels, der Erde, der Sterne, des ganzen Erdreichs. Sie glaubten an *Quiateot,* den Gott, der den Regen, den Blitz und Donner schickt; seine Eltern *Omeyateite* und *Omeyatecigoat* lebten am Ende der Welt, wo die Sonne aufgeht.

Sie beteten in einem Tempel oder *Teoba* im Wasser; die Opferung Jugendlicher war Teil der Gebetsrituale bei Katastrophen und Vulkanausbrüchen. »Wir haben Tempel, wie ihr Christen Kirchen habt«, sagte einer der Häuptlinge, »dies sind die Tempel unserer Götter. Wir bringen ihnen Räucherwerk und bitten sie um Gesundheit, wenn wir krank sind, und um Wasser, wenn der Regen nicht kommt. Das Gebet vollzieht der oberste Häuptling, und er bleibt ein ganzes Jahr im Gebet und verläßt den Tempel nicht. Kommt er schließlich heraus, wird ein großes Fest mit Essen und Gesang veranstaltet. Man sucht einen anderen Häuptling, der in den Tempel geht und dort bleibt. Schon lange sind unsere Götter nicht mehr zu uns gekommen, um zu uns zu sprechen, aber unsere Vorfahren berichteten, daß es früher oft geschah. Jedes Jahr haben wir 21 Festtage, dann wird nicht gearbeitet, sondern wir vergnügen uns, betrinken uns, singen und tanzen um den Platz. Unsere Vorfahren hinterließen uns Idole aus Stein; wir schaffen nach ihrem Muster andere, stellen sie in unseren Wohnungen auf und bitten sie um die Erfüllung unserer Wünsche, auch um eine gute Gesundheit. Aber diesen Hausidolen bieten wir keine Opfergaben dar.«

Der Torovenado von Masaya

Sehen wir uns die religiösen Feste im heutigen Masaya, die Feste des indianischen Volkes *Monimbo* in seinen Stadtvierteln an. Während der Feiern des heiligen Hieronymus (am 30. September), findet auf den Straßen Masayas der *Torovenado de rama* statt, ein folkloristisches Fest mit langer historischer Tradition.

Beim Aufwachen hört man den Klang der Gitarren und *Talatate*-Geigen aus *Guisquillapa*, begleitet von Freudenrufen zu Ehren des heiligen Hieronymus *Dautor.* In der vorangegangenen Nacht hat man im Haus desjenigen, der vor dem Heiligen ein besonderes Gelübde abgelegt hatte, *mancarronas* (Zuckerbrezeln), *tamales* (Maispastete), *chicha* (Maisbranntwein) und Kaffee vorbereitet. Vom frühen Morgen an erklingen Pfeifen und Trommeln und fordern dazu auf, die Masken und Kostüme (ursprünglich sehr ärmlich, aber unendlich farbig) bereit zu halten. Die Masken waren ursprünglich aus Holz oder *huacales* (Kürbisschalen) mit *olotes* (entkörnten Maiskolben) als Nasen, man trug *leontinas de Maís* und Palmenhüte, geschmückt mit Blumen *(jalacante, sardinillo, o malinche),* in den Händen Zweige, Ursprung für den Namen *trovenado »de rama«.*

Hauptfigur des Umzugs ist ein schönes Mädchen, die »Maria«, ursprünglich wahrscheinlich die Tochter eines Häuptlings. Sie wurde von etwa 50 Kostümierten begleitet, die sie vor gefährlichen Tieren, vor allem den Tigern, schützen sollten. Auch der Tiger ist am Umzug beteiligt – sein Fell wird als Hemd getragen, als Rückenbedeckung oder als Hut.

Der Umzug, der Tanz und die zentrale Gruppe heißen *torovenado,* auch jeder Teilnehmer wird so genannt – mit Ausnahme Marias und des Tigers. Die Komparsen bringen dem heiligen Hieronymus *Dautor* Opfergaben, einen ausgestopften Leguan, ein Eichhörnchen, einen Affen, eine Wildkatze oder einen Holzaffen. Männer, die als Frauen verkleidet sind, tragen einen Bauch, um Hieronymus um ein gesundes Kind zu bitten, oder ein Kind auf dem Arm, dargestellt durch eine Puppe aus Holz oder Lumpen, damit der *Dautor* es von einer Krankheit heilt. Unter dem Klang der Pfeifen und Trommeln zieht man zur Kirche. Es ist ein einfacher Tanz, der sich manchmal verliert oder verändert nach der Monotonie der Klänge, die auf nur vier Elementen basieren. Wenn die Tänzer fröhlich geworden sind vom Maisbrandwein, tritt der Tiger in Aktion, schlägt mit seinen Fellen im Takt um sich und greift die Komparsen an, die auf seine Bewegungen eingehen. Unruhe entsteht durch die Angriffe des Tigers, steigert sich im wiederholten allgemeinen Schrei: »*Jule,* Maria, sonst kriegt dich der Tiger!« In der Volkssprache bedeutete »Jule« eine Aufforderung zum Rennen, man gebraucht es sonst gegenüber Hunden und anderen Tieren. Aus der Kirche kehren die *Torovenados* in das Herrenhaus zurück, wo sie wie Könige mit Essen und Getränken bedient werden.

Das Fest des heiligen Lazarus

Sprechen wir jetzt vom Fest des heiligen Lazarus (genannt *Sonntag des Lazarus* oder auch *Prozession der Hunde),* das ausschließlich in *Monimbo* in und um die Magdalenenkirche gefeiert wird.

Das verehrte Heiligenbild, es stammt wahrscheinlich aus der Kolonialzeit, zeigt einen bärtigen, unbeschuhten Mann mit krankem Aussehen, verbundenem Kopf und mit Wunden an Knien und Beinen. Er stützt sich auf einen Stab, zu seinen Füßen zwei kleine Hunde, die seine

Wunden lecken. Es ist der biblische Lazarus, der an der Tür des reichen Eupulon bettelte – eine mythologische Figur, deren Existenz nirgends belegt ist, im Unterschied zu dem heiliggesprochenen Lazarus, dem Bruder Marthas und Maria Magdalenas, der an der Lepra starb und von dem das Evangelium berichtet, daß Jesus Christus ihn am dritten Tag von den Toten auferweckte. Ohne Zweifel gründete der Kult auf dem wirklichen Lazarus, aber es gab Vermischungen der Eigenschaften des Heiligen und des fiktiven Lazarus.

Das Fest findet an zwei Tagen, am Sonnabend und Sonntag vor Palmsonntag statt. Am Sonnabend wird der Heilige aus seiner Kammer auf einen mit Decken und Blumen geschmückten Tisch getragen, gut sichtbar für seine Anbeter und alle, die ihm ein Gelübte ablegen wollen. Den ganzen Tag über werden Feuerwerke abgebrannt und die Glocken geläutet. Nachts findet ein feierlicher Trauermarsch statt, mit Musik und Schießpulver. Auf dem Platz gibt es ein Pferdekarussel, Hocker, Roulette und andere Spiele, Stände, an denen Likör und Gebratenes verkauft wird.

Einige der Gläubigen, die *promesantes,* verteilen kostenlos *chicha* (Maisbrandwein) und kommen ins Chichabad, vom Volk bildhaft »Chingaste Bad« oder »Schweißchicha« genannt und auch bei anderen religiösen Volksfesten gebräuchlich. Beim Lazarusfest gibt es auch die *Cuepas*-Spiele, die Süßigkeiten von *la Concha,* den Tanz der Homosexuellen und den Umzug der Hunde.

Beim *Cuepas*-Spiel muß mit einem Wachsball ein anderer getroffen werden, den der Gegner auf den Fußboden des Atriums gelegt hat.

Die Süßigkeiten von *la Concha* stammen aus den Dörfern um *La Concepción* und *Juan de la Concepción* aus der Region von Masaya und schmecken sehr gut. Hergestellt aus Zucker und Zitronen, in der Form von Puppen, Tieren Blumen und vielen anderen Figuren, sind sie makellos weiß und mit roten Linien bemalt.

Die homosexuellen Männer verkleiden sich bei ihren Tänzen als Frauen und nehmen so mit allen anderen am Fest teil. In den letzten Jahren wird vor allem der traditionelle *Machismo* ironisiert, ebenso einige Politiker – zur allgemeinen großen Freude.

Zum Hundeumzug bringen die Gläubigen ihre Hunde sehr sauber gewaschen und mit Blumen, farbigen Bändern und Papiergirlanden geschmückt mit. Sie kaufen an der Kirchentür eine Wachskerze und entzünden sie vor dem Heiligen, stellen eine Opfergabe dazu und beten, bis die Wachskerze niedergebrannt ist. Der Hundeumzug ist wegen seiner Farben einmalig im ganzen Land und ungeheuer anziehend, ebenso das ganze Fest, das ausschließlich im Stadtteil *Monimbo* stattfindet, der alten Indianerstadt, dem Stadtteil der Armen.

Das Fest des heiligen Hieronymus

In Masaya gibt es zur Ehren des Hieronymus religiöse Feste und Volksvergnügen, die fast vierzig Tage lang dauern, vom 20. September bis zum letzten Sonntag im Oktober.

Es beginnt am 20. September mit der *Gran Alborada* (dem »großen Tagesanbruch«) auf dem Platz des Heiligen. Vom 21. bis 29. September ist *Novene.* Stände mit Spielen, Essen und Trinken, Stände mit Wahrsagern und Prostituierten, Pferdekarussels, Autoscooter, Riesenräder u.s.w. werden aufgebaut. Der Festplatz dehnt sich von *San Jeronimo* bis zum Platz *La Asunción* und zum Bahnhof.

Unter den vielen Vergnügungen fallen diese besonders auf: Stierstoßen am 29. September und Stierkampf nach Landessitte; die Pferderennen; das *palo lucio* (eine hohe, senkrechte Stange, die mit Fett eingerieben ist; Sieger wird der, der die Spitze erreicht); und die *alboradas* (Tagesanbrüche) mit Feuerwerk.

Während der Zeit der Festlichkeiten gibt es zwei Heiligen-Prozessionen: am 30. September, dem Tag des Festes, und am 7. Oktober, dem Oktavtag. Am 10. wird der Heilige von seiner eigenen Kirche über die *Calle real* (königliche Straße) zu der in Asunción gebracht. Nach einem feierlichen Gottesdienst wird er zurückgebracht. Am 7. führt die Prozession durch viele Straßen. Am 30. wird auch das Bildnis des Erzengels Michael mit durch die Straßen getragen, dessen Tag der 29. ist. Das Volk huldigt ihnen gemeinsam, trägt sie vereint durch die Straßen – den Hieronymus auf einem mit vielen Blumen geschmückten Bambusgeflecht, den heiligen Michael geschmückt mit farbigen, im Wind flatternden Bändern.

Am dicht gedrängten Festzug nehmen Tanzgruppen mit *marimbas,* Gitarren und Trommeln teil. Man nennt sie *baile.* Am attraktivsten sind die ausdrucksstarken Tänze der *Iuditas,* der kleinen Indianermädchen. Der *Torovenado* des heiligen Hieronymus ist im Grunde eine Abwandlung des ursprünglichen *Torovenado de rama* (vom Zweig), bei dem die *torovenados* in fast uniformen Verkleidungen eine Königin oder Prinzessin beschützen und verteidigen, indem sie mit Zweigen um sich schlagen. Heute und hier sind die Kostüme vielfältiger, es gibt auch Politiker-Karikaturen. Dazu gehört auch immer die Alte mit schwarzer Maske, Falten, ausgefallenen Zähnen und Haaren und mit einer lärmenden Schellenrassel in der Hand. Ebenso die Macho-Ratte in Beißstellung mit einem Rattenkörper und typischem Schwanz. Sie verteidigt sich mit Bissen, während die *Torovenados* sie umkreisen und versuchen, sie anzufassen.

Wenn der Tiger, mit seinen Fellen vorne und hinten, sich viele Male im Kreis gedreht hat, trifft er endlich die Macho-Ratte und der Kampf beginnt. Die *Torovenados* versuchen, beide mit ihren Zweigen zu trennen. Die Alte mit ihrer lauten Schellenrassel kommt dazu. Und schließlich erscheint der Bürgermeister von Vara mit Pfeife und Trommel und ruft den Frieden aus.

In all dem bewegen sich die Gläubigen, manchmal knieend, von hilfreichen Händen gestützt, oft tränenüberströmt. Viele der Teilnehmer stoßen Freudenschreie aus: »Es lebe, wer kann«, »Es lebe der Herr dieses Ortes«. Und der Tanz vor dem Bildnis des Heiligen – als Zeichen der Anbetung und Verehrung, als Dank für ein erfülltes Versprechen – steht im Mittelpunkt des Festes.

ERNESTO CARDENAL
ERÖFFNUNGSREDE ZUM DICHTERSEMINAR IN PALACAGÜINA

Ernesto Cardenal, Priester und berühmtester Poet Lateinamerikas, heute Kulturminister des neuen Nicaragua, gründete in den sechziger Jahren auf den Solentiname-Inseln eine christliche Kommune. Er war und ist selbst wesentlicher Initiator der Entwicklung der Volkskultur, über die er in seiner Eröffnungsrede zum Dichterseminar und später in seiner Einführung in die naive Malerei berichtet.

Nicaragua verfügt – von Ruben Darío bis heute – über eine große dichterische Tradition. Seine Dichtung ist die beste Lateinamerikas, und man erkennt dies heute weitgehend an. Früher war es die Literatur der Elite, der Gebildeten, jetzt, nach dem Triumph der Revolution, ist es anders: auf verschiedenen Ebenen entsteht gute Dichtung; geschaffen von einer großen Zahl Arbeiter-, Bauern-, Handwerker-, Polizisten- und Soldatendichtern: vom Volk selbst.

In vielen Interviews haben ausländische Journalisten mich gefragt, warum es in Nicaragua so viele und so gute Dichter gibt. Ich mußte ihnen sagen, daß ich den Grund nicht kenne. Die Tatsache, daß Rubén Darío in Nicaragua geboren wurde, reicht als Erklärung nicht aus. Aber manchmal schlug ich als Ansatz zu einer Antwort vor, daran zu denken, daß die Dichter immer zusammen waren. Die Älteren nahmen sich immer der Jüngeren an, haben sie unterrichtet und ihnen ihre Erfahrungen weitergegeben. Dies alles geschah seit Rubén Darío, der auf dem Gipfel seines Ruhmes die jüngsten Dichter Léons aufnahm – unter ihnen Salomón de la Selva und Alfonso Cortéz. Und Coronel Urtecho nahm, als er ungefähr 25 Jahre alt war, den 15jährigen Pablo Antonio Cuadra – der, wie er selbst erzählte, damals schlecht romantisch dichtete – als Schüler auf und unterrichtete auch Joaquín Pasos.

Als wir, Mejía Sánchez, Carlos Martínez Rivas und ich selbst, eine neue Generation bildeten, nahm uns die vorherige auf und unterrichtete uns. Dasselbe geschah mit anderen, die wenig später kamen – wie Fernando Silva und Ernesto Gutiérrez, und dann folgten wieder andere. Die Reihe kam auch an mich, viele junge Dichter zu betreuen. Bei vielen von ihnen – in Nicaragua und auch im Ausland – war ich es, der als erster ihre Gedichte las, sie verbesserte, Anregungen gab, begründete, wo und warum sie schlecht oder ausgezeichnet waren.

Heute bin ich zu diesem Dichtertreffen der »Dichterwerkstätten« in Palacagüina gekommen, bei dem sich die Dichter des ganzen Landes zum ersten Mal persönlich kennenlernen; jenen begegnen, deren Texte sie vielleicht zuvor schon gelesen haben, die sie aber nicht kannten. Nachdem ich sie das erste Mal alle zusammensehe, wird mir bewußt, warum Nicaragua eine so große dichterische Tradition hat: weil es in Nicaragua – obwohl sie diesen Namen nicht trugen – schon immer »Dichterwerkstätten« gab.

Von Rubén Darío bis heute existiert eine einzige große »Dichterwerkstatt«. Die Kette ist seit Generationen nie unterbrochen worden. Niemals gab es eine Generation, die die vorangehende bekämpfte.

In anderen Ländern ist das nicht so. Ein anerkannter Dichter empfängt dort keinen jungen, unbekannten. (Und manchmal scheint dieser anerkannte Dichter auch ein sehr schlechter zu sein.) Ich war niemals Universitätsprofessor, dachte aber immer, daß, wenn ich es je werden würde, der einzige Kurs, der mir Spaß machen würde, einer über Komposition in der Dichtung wäre: die Techniken unterrichten, die ich gelernt habe, sie weitergeben an die Jüngsten, alle Erfahrungen aus vielen Jahren und vielen Anstrengungen; alles, was ich von anderen gelernt habe, weitergeben: das ist das einzige, was ich kann. (Und diese Techniken für das Schreiben von Gedichten sind die gleichen wie die für einen Liebesbrief, eine Rede, ein Theaterstück oder einen Zeugenbericht.) Als die Regierungsjunta des Nationalen Wiederaufbaus, die sich in Costa Rica gebildet hatte, anrief, um mir mitzuteilen, daß ich die Verantwortung für das Kulturministerium übernehmen solle, war eines der ersten Dinge, an die ich dachte, daß dieses Ministerium Dichterwerkstätten einrichten müsse.

Dafür gab es bereits ein Vorbild. Der costaricanische Dichter Mayra Jiménez war nach Solentiname gekommen und stellte fest, daß die ansässigen Bauern meine Dichtung nicht kannten, obwohl ich damals schon zehn Jahre in Solentiname lebte. Wir hatten ihnen handwerkliche Techniken beigebracht, hatten die naive Malerei entwickelt, hatten die Theologie der Befreiung durch eine revolutionäre Lektüre des Evangeliums vertieft, hatten eine politische Organisation herausgebildet, aber als Dichter kannten die Bauern Ernesto Cardenal nicht. Ich hatte es nie für möglich gehalten, daß ihnen meine Gedichte verständlich werden könnten – obwohl ich immer versucht hatte, sie volkstümlich zu schreiben –, weil viele Worte nicht aus dem Wortschatz der Bauern stammten. Mayra Jiménez hatte in Costa Rica und auch in Venezuela mit Kindern eine »Werkstatt der Kinder-Poesie« gegründet und erreicht, daß die Kinder sehr gute Gedichte schreiben konnten. Er hat diese Kinderdichtung in zwei Bänden herausgegeben. Und er dachte an den Versuch, in Solentiname in einer Dichterwerkstatt mit erwachsenen Bauern zu arbeiten.

Dabei stellte sich heraus, daß sie die Poesie von Coronel Urtecho, von Pablo Antonio Cuadra und Silvia y Rugama sehr schnell verstanden, und dann auch die der nordamerikanischen, der kubanischen, der lateinischen und griechischen Dichter. Von da an begannen sie, selbst Gedichte zu schreiben.

Einmal, als Coronel, Pablo Antonio, Silva und Rocha nach Solentiname kamen, lasen ihnen die Bauern ihre Gedichte vor und besprachen sie mit ihnen als Kollegen mit Kollegen (schon vorher waren viele Dichter nach Solentiname gekommen, ohne daß aber je ein Bauer es erfuhr). Diese Bauerndichtung von Solentiname wurde später in Nicaragua, Kuba, Mexiko, Venezuela, den Vereinigten Staaten und Deutschland veröffentlicht. Nachdem Mayra gegangen war, führte ich die Werkstatt weiter bis zum Tag des Angriffs, als die Gemeinde dem Erdboden gleichgemacht wurde. So war ich, bevor ich Kulturminister wurde, Leiter einer Poesiewerkstatt.

Und dann, wir hatten kaum begonnen, uns in Managua zu organisieren, holte ich Mayra für ein neues Experiment aus Costa Rica: für die Einrichtung von Dichterwerkstätten in ganz Nicaragua. Im Kulturministerium erklärte ich, daß ich nicht wüßte, wie es ausgehen werde, da dies etwas sei, was noch niemals auf der ganzen Welt versucht worden war, nicht einmal in anderen Revolutionen. Aber wir würden diesen Versuch unternehmen. In Monimbó gründeten wir die erste Werkstatt, Symbol für das, was Monimbó für die Revolution bedeutete. In der darauffolgenden Woche gründeten wir die zweite in Subtiava. Wir wollten bewußt mit den Indios von Monimbó und subtiava beginnen. Dann gingen wir in die Wohnviertel Managuas, bevorzugt zu jenen, die am meisten gekämpft hatten. Mit vielen anderen Städten und kleinen Orten ging es weiter. Die Kampf- und Polizeieinheiten, die Sandinistische Luftwaffe, das Innenministerium baten uns um Dichterwerkstätten. Wir schufen in Nicaragua etwas, das es noch nie auf der Welt gegeben hatte: daß Arbeiter, Indios, Bauern, Hausangestellte, Soldaten und Polizisten Gedichte machen – und zwar gute moderne Poesie.

In den Vereinigten Staaten gibt es Werkstätten, die man dort *Poetry Workshops* nennt, aber sie sind an die großen Universitäten angeschlossen, für die die Aufnahme sehr teuer ist und zu denen nur einige wenige mit viel Geld Zugang haben. In Nicaragua sind die Werkstätten auf einem volkstümlichen Niveau eingerichtet, das ist das Revolutionäre an ihnen als Werk der Sandinistischen Revolution.

Dies ist eine Dichtung des Volkes; die frühere wurde nur von uns gemacht, von uns, die wir zur Elite gehörten, einer kleinen Gruppe gebildeter Leute. Diese Dichtung wurde ins Deutsche übertragen, in Deutschland veröffentlicht, ins Englische übersetzt. An der Universität von Oxford wird sie gerade von Professor Pring-Mill erforscht. An der Universität der *West Indies* auf Jamaica ist sie bekannt. In Kuba schreibt eine der bedeutendsten Schriftstellerinnen einen Essay über sie. Zwei italienische Verlage haben uns um die Veröffentlichung eines Bandes dieser Dichtung gebeten, und wir werden ihnen zwei verschiedene Anthologien schicken. *Die New York Times* schrieb einmal sehr ausführlich über die Dichterwerkstätten Nicaraguas. Ein Journalist des *Tablet,* London, publizierte einmal sein Erstaunen darüber, daß die poetischen Normen eines nordamerikanischen Dichters wie Ezra Pound, sonst nur den »Gebildetsten der Gebildeten« der englischen Sprache verständlich, den Arbeitern und Bauern Nicaraguas in einfacher und verständlicher Form vorgestellt worden sei.

Ich möchte hier das literarische Urteil des nicht nur in Lateinamerika bekannten Kritikers Carlos Rincón wiedergeben. Er sagt, daß die Dichterwerkstätten thematische Elemente in die Poesie Nicaraguas eingebracht hätten, die es vorher nicht gab. Es gab in der nicaraguanischen Dichtung bereits die »chocoyos«, und es ist kei-

Ernesto Cardenal

neswegs neu, jetzt von ihnen zu sprechen. Aber das, was man fühlt, wenn man die Braut zurückläßt, um in die Schlacht, in den möglichen Tod zu ziehen, hatte man nie zuvor in der Dichtung Nicaraguas wahrgenommen. Das ist eine Erfahrung, die uns nur diese Dichter vermitteln – ohne diese Gedichte hätten wir diese Eindrücke niemals nachempfinden können. Zum Beispiel erfuhren wir sie nicht aus den Gedichten derer, die in der Sierra Maestra gekämpft hatten (obwohl man von diesem Kampf vieles in anderen literarischen Gattungen wiederfindet, vor allem in der Testimonio-Literatur).

Der uruguayische Schriftsteller Eduardo Galeano hat vor kurzem gesagt, die beiden einzigen neuen Beiträge zur lateinamerikanischen Literatur seien die Entdeckung der Testimonio-Literatur auf Kuba und die Einrichtung von Dichterwerkstätten in Nicaragua. (Genau zwei erreichte Beiträge durch die beiden einzigen Revolutionen.) Und José Coronel Urtecho hat gesagt, die Dichtung dieser Poesiewerkstätten sei nicht nur das Interessanteste, was in letzter Zeit in Nicaragua, sondern auch in ganz Lateinamerika geschehen sei und »vielleicht, vielleicht in der Welt«. Einer der wichtigsten venezulanischen Intellektuellen, Joaquín Marta Sosa, der in Nicaragua verschiedene Poesiewerkstätten besuchte, schrieb darüber: »Sie sind ein außerordentlich volkstümliches Phänomen. Sie mit eigenen Augen zu sehen, die einfachsten Arbeiter, die weisen Bauern, die Jugendlichen aus den Elendsvierteln, die Polizeieskorte und die sandinistischen Soldaten, alle aus dem Volke kommend und gute, reine Gedichte schreibend. Dies ist ein neues Phänomen, anrührend und bewegend. Wir können sagen, daß mit der Sandinistischen Revolution zum ersten Mal die Mittel der dichterischen Produktion sozialisiert worden sind.

Und hinzufügen: da gibt es mehr als ein halbes Hundert gegründete Werkstätten, mehr als zweihundert dort arbeitende Dichter. Das ist noch nie dagewesen, sagt man und ist gerührt, fühlt die Pflicht, über diese Dinge zu informieren. Darüber, daß es eine Dichtung ohne Repression und Auflagen ist (kritisch und ursprünglich, stimulierend und revolutionär).«

Das Volk hat begonnen, sich zum Herren der Dichtung in Nicaragua zu machen: nicht weil es mehr liest und weil es jetzt billige Veröffentlichungen gibt, sondern weil es sie selbst herstellt.

Kommandant Tomás Borge hat diese Poesie so genannt: »so leuchtend und außerdem so ursprünglich und gleichzeitig einfach, klar wie ein leuchtendes Aufglühen, wie eine Art Sonne, die gerade geboren wurde. Diese Poesie kann nur das Resultat einer Revolution sein.«

Sergio Ramírez sagte in einem Interview: »Die Poesiewerkstätten, die wir in den Kasernen und Garnisonen des sandinistischen Heeres, in den Schulen und Gremien, in den Polizeistationen gegründet haben, bringen großartige Ergebnisse. Mit diesem Experiment von unbestreitbar volkstümlichem Echo wird versucht, eine Form poetischen Ausdrucks zu entdecken, in der sich jeder, der durch die Revolution sensibilisiert worden ist, ausdrücken kann.

Aber sie, die Dichter in den Poesiewerkstätten, wissen sehr genau: Die Dichtung, die unser Volk schreibt, ist schlecht, wenn ihm nicht gezeigt wird, wie man sie macht.

Bei allen Dichterwettbewerben der Massenorganisationen, an denen keine Dichter der Poesiewerkstätten teilnahmen, war, was herauskam, schlecht. Ins Kulturministerium und besonders in mein Büro kommen Gedichte von vielen Leuten aus dem Volk, aus allen seinen Teilen, immer mit revolutionären Themen (über Sandino, Carlos Fonseca, die imperialistische Aggression etc.), aber ... immer sind sie schlecht. Ich bin sicher, daß auch die Beilagen »Ventana« und »Nuevo Amanecer« ständig vom nicaraguanischen Volk mit Gedichten bombardiert werden, auch mit revolutionären Themen – und auch die sind schlecht. Und das ist so, weil das Volk von Nicaragua nicht die Möglichkeiten hatte, die wir in der Vergangenheit hatten, wir als eine Elite, und die in den Dichterwerkstätten jetzt alle haben. Und sicherlich gibt es in ganz Lateinamerika schlechte Poesie, oft auch mit revolutionären Themen; Gedichte über »Che« zum Beispiel, mit sehr guter Absicht, aber voller Rhetorik. Hier ist man gerade dabei, das Volk gute Poesie zu lehren. Danach wird dasselbe Volk sich selbst darin unterrichten. Dann werden keine Dichterwerkstätten mehr nötig sein, denn überall wird es Dichter aus dem Volk geben, die es an ihre anderen Kameraden aus dem Volk weitergeben werden.«

Die erste Dichterwerkstatt wurde in Monimbó als einem symbolischen Ort gegründet; jetzt wird das erste nationale Treffen der Dichterwerkstätten, die schon sehr zahlreich geworden sind, an einem anderen symbolischen Ort verwirklicht: Palacagüina. Der Ort, an dem Miguel Angel Ortez gefallen ist, der Ort, der eine Zeitlang der »Estado Mayor« von Sandino war. Nebenbei erinnere ich mich jetzt daran, daß vor einem Jahr, als ich Palacagüina besuchte, in der Vorhalle ein Junge von ungefähr dreizehn Jahren auf mich zukam und mir sagte, daß er lernen möchte, Gedichte zu schreiben. Ich sagte ihm, daß es vielleicht einmal eine Dichterwerkstatt in Palacagüina geben werde. Damals habe ich mir nicht vorgestellt, daß es diese Werkstatt dort so bald geben und außerdem hier das erste Treffen der Werkstätten stattfinden würde. Ich hoffe, daß dieser Junge bei diesem Festakt dabei sein wird, auf diesem Platz, und daß er jetzt auch dabei ist, Gedichte schreiben zu lernen. Auch dieser Ort ist symbolisch, denn hier wurde »Christus geboren«. Und wir haben dort gegenüber den »Cerro de la Iguana«, ebenso symbolisch und berühmt durch das Lied. Es ist gut, daß ihr hierher gekommen seid, um euch kennenzulernen und euch in revolutionärer Einheit besser zu organisieren, in Einheit mit allen anderen revolutionären Organisationen, alle gemeinsam innerhalb dieser Revolution und in der Union mit dem ganzen organisierten Volk – um sie zu verteidigen mit dem Schrei, den man in diesen Straßen hörte, als jenes zerlumpte Heer, Verteidiger der nationalen Souveränität, sie durchzog, und der sich danach in den Ruf von ganz Nicaragua verwandelte: Freies Vaterland oder Tod.

AUS DEN DICHTERWERKSTÄTTEN

Und du gingst an die Nordfront

Als ich dich sah das letzte Mal
in dem einfachen Kleid,
hätte ich dich gern geküßt,
aber ich traute mich nicht,
deshalb verschwand ich
ohne Auf Wiedersehen
und sah dich nicht wieder.

Juan Ramón Falcón

So groß war die Freude
über deinen Brief,
daß beim erstenmal Lesen
mir nicht klar wurde,
was da stand:
Ich liebe dich nicht.

Modesto Silva

Die Nacht kalt,
am Himmel der Mond
Unken quaken
für ihre Weibchen.
Auf der Straße das Paar
sagt sich auf Wiedersehen
an der Bushaltestelle,
nur du bist nicht hier.

Pedro Pablo Meneses

MARIO MARÍN
DORFFESTE

Ich lebe jetzt hier in Masaya, aber ich stamme aus Boaco, bin am 15. Mai 1954 in Boaco geboren. Mein Vater war Uhrmacher in Masaya, aber eines Tages ging er nach Boaco, um dort bei der Einrichtung eines Kinos mitzuhelfen, weil er technische Kenntnisse besaß. Da die Leute dort offenbar nicht lernen wollten, wie man die Apparate bedient, baten sie ihn gleich dazubleiben, und weil seine erste Frau in Masaya gestorben war, zog er nach Boaco. Er heiratete meine Mutter, eine Bäuerin aus Boaco. Wir waren vier Kinder, aber zwei starben früh, nur mein ältester Bruder und ich blieben am Leben.

Schon in der Schule habe ich die meiste Zeit mit Zeichnen verbracht, ich war immer ein ziemlich schlechter Schüler, und erst jetzt habe ich begriffen, warum. Natürlich, ich verbrachte jede freie Minute mit Malen und Zeichnen. Mein Vater malte immer die Kinoplakate, die Kinowerbung, und dabei half ich ihm schrecklich gern. Mein großer Bruder auch, aber mein Vater war immer verblüfft, wie gut mir die Zeichnungen gelangen. Ich glaube, ich habe das Talent zum Malen mit in die Wiege bekommen, anders kann ich es mir nicht erklären. Das schlummert in einem und kommt eines Tages zum Vorschein, oder auch nicht; man hat diese Liebe zur Malerei oder nicht, und bei mir ist das Malen fast eine Leidenschaft.

Anfangs zeichnete ich vor allem Städtebilder, entwarf moderne Städte mit Hochhäusern und breiten Alleen. 1973 zeigte ich meine erste Ausstellung im Polytechnischen Institut von Boaco. Ich stellte meine Städtebilder aus, aber auch Aquarellandschaften. Ich malte mit Aquarell- oder Temperafarben, weil sie am billigsten waren und ich kein Geld hatte. Warum ich solche modernen Städte malte, die nichts mit meinem Heimatdorf Boaco zu tun haben? Ich stellte mir eben gern eine moderne Großstadt vor, träumte von moderner Architektur, dann kam noch hinzu, daß es 1972 das große Erdbeben in Managua gab und fast die ganze Stadt in Schutt und Asche lag. Da stellte ich mir vor, wie Managua neu aufgebaut werden könnte: Ich entwarf eine Stadt und schrieb darunter *Managua 1983,* so wünschte ich mir Managua im Jahre 83, und wenn ich daran denke, wie es heute noch aussieht…

Ich malte auch kleine Aquarellbilder, aber vor allem kopierte ich viel, denn ein Maler aus Boaco hatte mir geraten, andere Malereien zu kopieren, um dabei zu lernen: Fragen der Komposition, Farben, Maltechnik, Farbtöne, das alles könne ich beim Abmalen lernen. Ich suchte mir Abbildungen von den präkolumbianischen Kulturen heraus, der Inkas und Azteken; ich malte sie aber nicht einfach ab, sondern erfand andere Details, malte andere Dinge hinein, die auf dem Original nicht zu sehen waren; die Details zu malen interessierte mich besonders.

Das ist bei mir bis heute so, wenn ich male, halte ich mich nicht genau an die Landschaft, wie ich sie vor meinen Augen sehe, sondern bringe neue Einzelheiten ein, die ich irgendwann einmal gesehen habe, die meine Aufmerksamkeit erregten und sich mir eingeprägt haben. Ich male, was ich fühle.

Dann gab mir ein anderer Maler von Boaco gute Ratschläge. Er sagte mir, daß ich meinen Malstil noch nicht gefunden hätte, aber immer viele folkloristische Details auf meinen Bildern zeige und dabei solle ich bleiben, das sei meine Begabung. Ich hatte ihm nämlich erzählt, daß mir Freunde empfohlen hätten, auf eine Kunstschule zu gehen, aber davon riet er mir kategorisch ab, weil, wie er erklärte, meine beste Schule meine Malerei selbst sei, dabei solle ich bleiben, denn wenn ich auf eine Schule ginge, würde ich meine Eigenart verlieren und nur noch Gelerntes malen: und dabei würde nichts Halbes und nichts Ganzes herauskommen.

Mir gefiel der Gedanke, schon immer habe ich mich genau umgeschaut, hatte gern an den Volksfesten und Prozessionen in Boaco teilgenommen, genau beobachtet, welche Sitten und Bräuche bei uns herrschten, wie sich die Leute gaben, wie sie ihre Feste feierten, wie sie sich kleideten. Ich interessierte mich für unsere Traditionen und wollte wissen, woher sie kamen. Und so malte ich ein Bild von Boaco – das war 1977 –, das ich als mein erstes Bild betrachte. Ich malte das ganze Dorf in allen seinen Einzelheiten, ich brachte alles auf die Leinwand, was ich ins Bild bekam; nichts sollte verloren gehen. Das Bild El Santísimo (Die Heilige Monstranz), die auf der Postkarte und dem Poster, die in der Bundesrepublik Deutschland gemacht wurden, zu sehen ist, war vielleicht mein viertes Bild, und auch das malte ich noch in Tempera.

Boaco liegt in einem fruchtbaren Tal, es ist von sanft ansteigenden Hügeln umgeben, aber in der Ferne sind die hoch aufragenden Monolithe zu sehen. Es ist ein Gebiet der Kleinbauern und

Viehzüchter. Ich malte die Kirche, den Kirchplatz, die Häuserzeilen, die Häuser mit ihren Ziegeldächern, die kopfsteingepflasterten Straßen; aber ich malte keine Menschen, denn das Bild war wie aus der Vogelperspektive gemalt, alles wirkte ganz klein, und es gab keinen Platz mehr für Figuren. Ich habe das Bild an die Familie Incer in Boaco verkauft, sie haben ihr Haus in eine Art Museum verwandelt, da kann jeder kommen und sich die Bilder anschauen, darum wollte ich, daß mein Bild dort hängt, auch wenn ich es zu einem Spottpreis verkaufte und ich Geld sehr nötig hatte. Ich studiere jetzt Buchhaltung, was mir wirklich nicht gefällt, aber was soll ich machen. Ich wollte gern Architektur studieren, aber das war damals überhaupt nicht denkbar, weil wir sehr arm sind und Architektur nur der studieren konnte, der das nötige Geld hatte. Wegen meines Studiums lebe ich jetzt auch hier in Masaya, eine halbe Stunde von Managua entfernt, ich fahre jeden Tag mit dem Bus in die Uni, wohne bei einer Tante, die einen Stand auf dem Markt hat. Ich komme nur langsam voran mit meinem Studium, entweder ich male oder ich studiere, und manchmal male ich bis zu 18 Stunden hintereinander.

Jetzt male ich meine Bilder mit Ölfarben, angefangen habe ich wie gesagt mit Aquarell oder Tempera. Damals hatte ich noch nicht einmal richtige Pinsel, man mußte praktisch mit dem Finger malen oder sich zu helfen wissen. Ich habe mir die Pinsel selbst gemacht, habe einem Mädchen, das schönes glattes Haar besaß, kurzerhand eine Strähne abgeschnitten und mir daraus Pinsel gefertigt. Da mußte ich natürlich höllisch aufpassen, daß ich die Formen genau hinbekam, aber wenn ich es jetzt bedenke, war es vielleicht gar nicht so schlecht, es half mir, denn wenn man alles fertig serviert bekommt, macht man sich die Dinge zu einfach. Es war eben meine Schule, da mußte ich durch.

Ich hatte meine Themen und meinen Malstil gefunden. Oft begleitete ich damals meine Großmutter durch Boaco und die umliegenden Täler und schaute mir alles genau an, wie die Leute lebten, wie sie ihre kleinen Felder bestellten, wie sie sich kleideten, in leuchtenden Farben, blau, lila, rosa oder auch weiß. Bis heute male ich meist auf meinen Bildern eine kleine Alte, in einen Schal gehüllt, die uns den Rücken zukehrt, das ist meine Großmutter, als wenn sie noch unter uns wäre, und oft male ich auch einen kleinen Jungen, das bin ich.

Meine Themen, das sind Dorfszenen, die Feste und Prozessionen, die Feste der Schutzheiligen, das Markttreiben. Der Schutzpatron von Boaco ist Santiago. Ganz deutlich ist hier der spanische Einfluß sichtbar, schließlich haben dreihundert Jahre spanischer Kolonialherrschaft ihre Spuren hinterlassen. Eines meiner letzten Bilder zeigt das Fest des Schutzheiligen Santiago. Da habe ich versucht, alles zu zeigen, was an diesem Tag passiert. Ich habe Boaco, eingebettet in die Berge, gemalt, die wichtigsten Gebäude, das Kommando, die Kirche im spanischen Kolonialstil, die ziegelgedeckten Häuser, die Verkaufsstände. Im Hintergrund, auf der einen Seite, die kleinen Gärten und Felder auf den Abhängen, die so charakteristisch sind, mit den Apfelsinen- und Zitronenbäumen, die Bananenstauden, die Agavenfelder. Und in der Ferne ragt der Monolith Santo Domingo auf der einen und der Cuisaltepe auf der anderen empor.

Eigentümlich ist bei unseren traditionellen Festen die Mischung aus spanischen und indianischen Traditionen. Es gibt die Stierkämpfe und die Maskentänze, »toro huaco« genannt, es gibt die »toros encuetados«, die nachgebildeten Stiergestelle, die die Männer tragen und die mit Feuerwerkskörpern bestückt sind. Bei uns in Boaco gibt es beim Santiago-Fest den burlesken Tanz der Christen und Mauren. Das geht auf den Ursprung des Schutzpatrons aus Spanien zurück, wo er im Krieg gegen die Araber im Namen der Christen die Mauren tötete. Der König der Christen trägt einen prächtigen Umhang und eine weiße Standarte mit einem Kreuz, der Maurenkönig trägt eine rote Fahne mit einem Halbmond in der Mitte; der Christ hat ein Schwert und einen kleinen Degen, der Maure eine Schlange und einen Degen. Sie vollführen einen burlesken Tanz, der von satirischen Versen begleitet wird, in denen Personen des Dorfes aufs Korn genommen werden. Aus der Kirche kommt die Prozession mit der Heiligenfigur des Santiago und auch der Figur des San Felipe, denn der Tag des San Felipe ist der Vortag, der 24. Juni. Das Volksfest dauert die ganze Nacht, bis am 25. die Heiligen wieder in die Kirche zurückgetragen werden. Es wird die ganze Nacht gefeiert, getrunken, gegessen, getanzt. Das habe ich alles dargestellt. Und in den Himmelsraum malte ich Santiago auf dem Pferd, der einen Mauren tritt, so erzählt es die Legende, und außerdem male ich gern den Himmel, ich male gern Wolken, Sterne und anderes. Ich hätte gern noch mehrere Dinge gemalt, aber ich hatte einfach keine Zeit mehr, und keinen Platz.

Es gehen mir aber schon seit langem viele andere Themen im Kopf herum, zum Beispiel das traditionelle Fest des heiligen Domingo, des Schutzpatrons von Managua. Es wird in den ersten zehn Tagen des Monats August gefeiert, vom ersten bis zehnten August. Der Heilige wird am ersten aus der kleinen Kapelle im Vorort Las Sierras quer durch Managua bis zur Kirche Santo Domingo getragen, wo er bis zum zehnten bleibt. Ich war 1977 zusammen mit einem Freund auf diesem Fest, es war einfach unglaublich. Ich wollte meinen Augen nicht trauen, was ich dort sah. Es war ein einziger Rummel, die Leute betranken sich bis zum geht nicht mehr, lagen überall auf der Wiese herum, Männlein und Weiblein, wie Gott sie geschaffen hat, ein totales Durcheinander, an einer Stelle wurde getanzt, an der anderen war die Stierkampfarena, die Männer gerieten in Händel, begannen Messerstechereien, aber die Männer vom Roten Kreuz konnten auch nicht helfen, weil sie selbst völlig blau waren. So war das noch bis 1977, heute hat sich das alles verändert. Aber ich will diesen Rummel so malen, wie ich ihn sah, die Bilder haben sich mir so eingeprägt, daß ich sie bis heute vor Augen habe. Einige Freunde raten mir zwar ernsthaft ab, so könnte ich das nicht malen, aber wenn es doch so war. Ein Freund prophezeit mir sogar, daß ich, wenn ich das Bild so male, exkommuniziert werde.

Ich habe also wie gesagt immer ein Hauptthema vor Augen, wenn ich ein neues Bild beginne, aber gleichzeitig auch viele Nebenthemen: das Volksfest, die Maskentänze, die Prozession, die Kirche, das Kommando, die Stierkampfarena. Auf dem Bild über den Schutzheiligen Santiago malte ich gleichzeitig einen Trauerzug, weil an diesem Tag wirklich einer vorbeikam, was die Leute vielleicht gar nicht gemerkt haben.

Wenn ich ein neues Bild beginne, bereite ich als erstes gut die Leinwand vor, ich grundiere sie mehrmals, denn ich kann hier nur den einfachen Drillich kaufen, und wenn ich meinem Bild nicht nur drei oder vier Jahre Leben geben will, sondern zwanzig und hoffentlich auch mehr, muß ich gute Vorarbeit leisten. Ich lasse mir die Leinwand schön straff in den Rahmen spannen und grundiere sie einmal, zweimal, bis zehnmal. Zwischendurch feile ich sie immer schön glatt. So dringt die Farbe nicht durch, und ich erreiche den Glanz der Farben, den ich erreichen will. Ich beginne, die ersten Farbflecken aufzutragen, male zuerst den Himmel; ich verwende viel Sorgfalt auf den Himmel, die Wolken, bis ich den Himmel fertig habe. Sicher, manchmal füge ich noch etwas hinzu, wie den Heiligen Santiago auf dem Pferd oder einen Drachen, den ein Junge steigen läßt, aber die Wolken, die Sterne, das ist alles fertig. Doch ich male nicht etwa von oben nach unten, da die Ölfarben nicht so leicht trocknen, male ich dort den Felsbrocken, dort die Felder auf den Hügeln, beginne die Straßen zu malen, die Dächer. Ich male gern in leuchtenden Farben, versuche, die Häuschen genau im Stil meines Heimatdorfes zu malen, die Ziegeldächer in ihren verschiedenen Rottönen, das Kopfsteinpflaster. Palmen male ich auch gern, sie haben viele Details, die Bananenstauden, und auch die anderen Bäume mit ihren charakteristischen Blättern. Auch den kleinsten Baum versuche ich noch in allen Einzelheiten auszumalen, dann die kleinen, genau abgezirkelten Felder, die bei uns vorherrschen. Wir haben eine schöne Landschaft.

Am liebsten würde ich immer nur malen. Ich male manchmal von sechs Uhr morgens bis drei Uhr nachts, bis ich schon nicht mehr richtig sehen kann. Dann lege ich alles beiseite und mache eine Runde, damit ich auf andere Gedanken komme. Ich möchte jetzt ein historisches Bild malen, ein Ereignis aus der Geschichte Boacos: der Kirchenbrand. Ein holländischer Pater hat Boaco gegründet, auch die Kirche, aber es gab Auseinandersetzungen zwischen den Spaniern und den Eingeborenen, es ist eine lange Geschichte, ich muß mich noch genau informieren. Ein Historiker aus Boaco erzählte mir die Geschichte, er ist ganz begeistert von der Idee, daß ich ein Bild darüber malen will, aber ich befürchte, daß er dann auch das Bild haben möchte. Er gibt mir die Geschichte und ich gebe ihm das Bild, das ist wahrscheinlich seine Vorstellung. Aber wenn ich das Bild male, dann kostet es mich mindestens zwei bis drei Monate Arbeit, wie alle meine Bilder, und dann möchte ich endlich auch einmal ein Bild von mir behalten, es an der Wand hängen haben und es anschauen können, wann ich möchte. Wenn ich das Bild male, wird es ziemlich groß werden, ich male sowieso am liebsten große Bilder, bei einem kleinen Format fühle ich mich gar nicht wohl, es geht einfach nicht alles drauf, was ich darstellen will. Und auf diesem Bild muß ich verschiedene Geschehnisse gleichzeitig darstellen, den Kampf der Indio-Bauern gegen die Spanier, den Kirchenbrand.

Doch um gut malen zu können, in Ruhe, müßte ich nach Boaco gehen. Ich male gern, wenn es ganz still ist, und hier in Masaya ist viel Krach. Aber ich muß weiterstudieren, um mir einmal mein Leben selbst verdienen zu können. Wir sind arm, und von der Malerei kann man nicht leben.

Eine andere Idee ist, die Isletas vor Granada zu malen, die kleinen Inseln im Großen See von Nicaragua, und dann vielleicht ein Bild über ein anderes Ereignis aus unserer Geschichte, den Kampf der tapferen Rafaela Herrera gegen die englischen Piraten. Ich habe so viele Bilder im Kopf und habe nur den einzigen Wunsch, sie alle auf die Leinwand zu bringen, bevor ich sterbe.

ERNESTO CARDENAL
KLEINE EINFÜHRUNG IN DIE NAIVE MALEREI NICARAGUAS

Auf die naive Malerei Nicaraguas wurden wir das erste Mal durch die Bilder von Doña *Salvadora Henríquez* de Noguera aufmerksam, einer Frau, die einst in San Carlos, dem kleinen Hafen des Nicaragua Sees lebte. Diese Malerei wurde um 1940 vom nicaraguanischen Poeten José Coronel Urtecho entdeckt. Doña Salvadora pflegte ihr Haus selbst zu streichen; mit der übriggebliebenen Farbe malte sie Bilder auf einfache Holztafeln. Auch die Rahmen bemalte sie mit dieser Farbe. Ihre Art zu malen war vollkommen einfach und naiv; sie brachte nur wenige Details auf ihre Bilder, mied den Umgang mit feinen Pinseln, benutzte ausschließlich breite Borsten-Pinsel, offenbarte aber sehr viel Phantasie und überzeugte durch ein verwirrendes Spiel matter und leuchtender Farben, erzeugt mit den nur wenigen Farben, die übriggeblieben waren, nachdem sie ihr Haus gestrichen hatte. Nur sieben ihrer Bilder sind uns erhalten geblieben (ich besaß weitere zwei, die jedoch verloren gingen, als Somozas Soldaten meine Gemeinde in Solentiname zerstörten). Sie erblindete schließlich und konnte nicht mehr malen. Doña Salvadora war eine einfache Frau; sie betrachtete sich selbst nie als Künstlerin und fürchtete, Leute, die sich positiv über ihre Werke äußerten, täten dies nur, um sie zum Narren zu halten.

Die erstaunlichste naive Malerin Nicaraguas war jedoch Dona *Asilia Guillén*. Sie stickte, und ihre Stickereien erweckten den Eindruck von naiven Bildern. Der Schriftsteller Enrique Fernández Morales hatte die Idee, sie zum Malen anzuregen. Er stellte sie dem Direktor der Schule für Bildende Kunst von Managua, dem Maler Rodrigo Peñalba vor, der ihr daraufhin Pinsel und Ölfarben eines der Schüler überreichte und sie aufforderte zu malen. Einige Jahre später erinnert sich Doña Asilia: »Das war eine der größten Peinlichkeiten in meinem Leben, jener Nachmittag, an dem ich – 63jährig – unter dem schallenden, ironischen Gelächter der Jungen, auf einer Bank der Schule sitzend, anfing, mein erstes Bild zu malen.« Das Bild beendete sie in ihrem Haus und kehrte nicht mehr zur Schule zurück. So begann die Karriere unserer großen naiven Malerin Asilia.

Jorge Eduardo Arellano, Verfasser einer Geschichte der nicaraguanischen Malerei, sagte einmal über Doña Asilia: »Auffallend ist ein Aufeinandertreffen von Poesie und Einfachheit in den meisten ihrer Bilder; oder um es genauer zu sagen, eine simple Poesie, die sich durch eine bestechende Fähigkeit auszeichnet, Synthesen zu vollführen.« Auch sollte man erwähnen, daß in ihren Bildern die Poesie und das Detail vorherrschen. Andererseits können wir ihre Malerei als eine Verbindung von Phantasie und Realität bezeichnen. Mit Vorliebe malte sie die tropischen Landschaften ihrer Umgebung und zeigte ein herausragendes Talent für das kleine, versteckte Detail. Die Stickerei hat weiterhin einen Einfluß auf ihre Malerei ausgeübt, und sie führte den Pinsel wie eine Nadel. Als sie bereits berühmt geworden war und ihre Bilder auch von ausländischen Persönlichkeiten, die Nicaragua besuchten, begehrt wurden, beklagte sie Freunden gegenüber etwa, auf einem soeben verkauften Bild vergessen zu haben, einem kleinen Jungen auf dem Bild ein Kleid zu malen Es war eine winzige Figur, aber sie litt darunter, daß der Kleine unbekleidet davongegangen war, weil man ihr Bild so früh genommen hatte, daß sie keine Zeit gefunden hatte, dem Kind ein Kleid zu geben.

Sie fand auch großen Gefallen an einer wunderschönen Inselgruppe, »Las Isletas«, die nahe ihrer Heimatstadt Granada liegt, eine Anhäufung unzähliger kleiner Inseln, die sich in schillerndem Gewässer widerspiegeln. Auch wenn sie andere Orte und Landschaften malte, blieb ihre Vegetation doch immer die jener Inseln. Im Auftrag des französischen Botschafters, der ihr einige Postkarten zeigte, malte sie Paris und setzte mitten auf die Seine jene Inseln in voller tropischer Blüte mit wunderschönen Kokosnußbäumen, die sie wenig später, als sie Washington malte, auch auf den Potomac-Fluß setzte. Sie erzählte mir einmal, daß sie auf diesen Inseln ihre Flitterwochen verbracht hatte und daß sie seitdem nie wieder dort gewesen war. Ihre Liebe zu dieser Landschaft ist jedoch unsterblich geblieben und in ihren Bildern verewigt worden.

Aus derselben Stadt, Granada, stammt auch Doña *Adela Vargas*, die ebenfalls erst spät, über ihren Sohn, den Maler Alberto Icaza, zur Malerei kam. Jorge Eduardo Arellano beschreibt sie als eine Persönlichkeit von »sprühender Unwirklichkeit, voller Geheimnisse und symbolischer Kraft«. Er fügt hinzu, daß sie »von Anfang an eine thematische Vielfältigkeit zeigte, die strahlende Darstellungen von Vögeln und Blumen, mythische Szenen, prächtige Einsichten in Gedichte Rubén Daríos, volkstümliche Sagen und Erinnerungen an ihre Kindheit mit sich trug, alles sehr phantasievoll und reich an Details«.

Hilda Vogl wurde 1930 geboren. Ihre Kindheit und Jugend verbrachte sie auf einem Bauernhof. Im Zuge der Somoza-Diktatur wurden sie und ihr Mann verbannt; im Exil begann sie, ihre Erinnerungen an die bäuerlichen Gegebenheiten ihrer Jugend in Bildern zu rekonstruieren. Sie malt die kleinen ärmlichen, aus Heu oder Palmblättern errichteten Hütten, die unbekleideten Kinder, die Armut des Bauern inmitten des Reichtums und der Schönheit der tropischen Vegetation. Dabei stellt sie diese Armut nicht etwa als eine Dekoration dar, sondern als eine soziale Anklage. Jetzt, nach dem Sieg der Revolution, malt sie schon andere Dinge: die Alphabetisierung der Bauern, die landwirtschaftliche Produktion, die Genossenschaften, usw.

Die Mulattin *June Beer* wurde 1933 an der Atlantik-Küste Nicaraguas geboren. Den größten Teil ihres Lebens verbrachte sie in der nicaraguanischen Karibik, dort, wo die Bevölkerung überwiegend dunkelhäutig und englischsprachig ist. In ihrer Malerei setzt sie sich mit den Landschaften und dem Leben dieser schönen Region Nicaraguas auseinander.

Manuel García wurde 1939 in dem ärmlichen Indio-Dorf Monimbó geboren. Er begann ein Studium an der Schule für Bildende Kunst von Managua. Sein dortiger Lehrer wies ihn jedoch auf den Weg der naiven Malerei. Manuel García malt vorrangig die kleinen Dörfer mit ihren alltäglichen Szenen und ihren Volksfesten.

Julia Aguirre wurde 1933 geboren. Sie heiratete den jungen Maler Holmer Madrigal. Eines Tages nutzte sie die Farben aus, die ihr Mann auf seiner Palette zurückgelassen hatte, und begann zu malen. Ihr Mann ermunterte sie weiter zu malen »Ich habe viele Bilder gemalt, in denen ich meine Freuden vermittelte«, sagte sie; und so begann ihre naive Malerei. Holger Madrigal wurde einer der Märtyrer der Revolution. 1978 ermordeten ihn die Schergen Somozas. Daraufhin malte sie mit tiefem Leid das Freiheitsverlangen des Volkes. Jetzt strahlen ihre Bilder wieder Freude aus, eine neue, kollektive Freude, die Freude eines befreiten Volkes.

Armando Mejía Godoy wurde 1946 in Somoto, einem Dorf im Norden Nicaraguas geboren. Er war dem Land und den Bauern sehr verbunden, Landwirtschaftsfachmann war er diesen Menschen nahe. Er nahm auch archäologische Ausgrabungen in dieser Region vor. 1972, nachdem er der Malerei Manuel Garcías begegnet war, wurde er ebenfalls naiver Maler. In Somoto gründete er ein Atelier, in dem er mit Kunsthandwerkern und Bauern zusammenarbeitete. Er malte vorwiegend die nördlichen Dörfchen, den Kahlschlag der die Naturressourcen ausbeutenden Betriebe in den Wäldern, die Unterentwicklung jenes Randgebietes. Später nahm er in seine Wandmalereien die Protest-Parolen des Volkes auf oder (um der Unterdrückung zu entgehen) die weißen Flecken ihrer vom Militär Somozas verwischten Schriftzüge. Er beteiligte sich am Untergrundkampf der Sandinistischen Front, was schließlich dazu führte, daß er nach Costa Rica verbannt wurde. Dort wurde die politische Aussage seiner Malerei noch stärker. Nach dem Sieg der Revolution malte er die Gefechte der nördlichen Region, die in Dörfer einkehrenden Guerrilleros usw.

Mercedes Estrada wurde 1941 geboren. Ihre Kindheit und große Zeitspannen ihrer Jugend verbrachte sie in Nicaragua, später lebte sie mit ihrem Mann in Panama. In frühen Tagen, bevor sie sich der naiven Malerei widmete, malte sie die Steine der Flußufer. Ihr vorrangiges Thema ist immer der reiche Urwald Panamas gewesen, später malte sie eine Reihe von Bildern mit historischem Hintergrund: Szenen und Persönlichkeiten der Geschichte Panamas, Indios und spanische Eroberer fanden sich im Urwald wieder. Ihre Malerei klagt die Ungerechtigkeit jener Eroberung an, bleibt in ihrer Art jedoch romantisch. Nach ihrer eigenen Aussage übte die Malerei von Solentiname den größten Einfluß auf sie aus.

Jetzt wird es Zeit, von der *Malerei in Solentiname* zu berichten. Solentiname ist eine Inselgruppe des Nicaragua-Sees, die zeitweilig kaum mit dem restlichen Land verbunden war und von sehr armen Bauern bewohnt wird. Ich gründete hier 1966 eine kleine Gemeinde und verbrachte dort 12 Jahre. Kaum angekommen, bemerkte ich einige Kürbisschalen, die charakteristisch für die Bauern Nicaraguas sind und von ihnen zum Wassertrinken benutzt werden. Sie waren mit Zeichnungen dekoriert; eine zeigte zum Beispiel eine gitarrenspielende Sirene. Ich stellte mir vor, der Bauer, der diese Zeichnung angefertigt hatte, müsse ein begabter Maler sein. Wir gaben ihm deshalb Pinsel, Farbstifte und Papier, worauf er uns bald mit herrlichen Bildern beglückte. Später kam ein junger Maler aus Managua zu Besuch, der ihm Ölfarbe gab; der Bauer malte ein wunderschönes naives Bild. Das war Eduardo, unser erster Maler. Ein anderer Bauer beobachtete ihn beim Malen und verlangte bald ebenfalls Farben, und mehr und mehr kamen, und so häuften sich die schönen Bilder und die Maler. Diese Bilder sind später in der Schule für Bildende Kunst von Managua ausgestellt worden. Daraufhin wurden sie in mehreren Ländern gezeigt und fanden dort auch ihre Käufer: in Lateinamerika, den Vereinigten Staaten und Europa. Die Bauern fertigten auch wunderschöne kunsthandwerkliche Gegenstände an, die in Managua und im Ausland verkauft wurden. 1977 zogen sehr viele unserer herangewachsenen Männer und Frauen in den bewaffneten Kampf der Sandinistischen Front für die Nationale Befreiung. Hier endet die Zeit unserer Gemeinde, die durch das Militär Somozas zerstört wurde. Drei Jungen aus Solentiname mußten im Kampf ihr Leben lassen, zwei von ihnen waren naive Maler.

Die Maler und Malerinnen auf Solentiname waren zahlreich: etwa 40. Die eindrucksvollsten unter ihnen: *Eduardo,* der erste, der zum Pinsel griff; *Carlos García,* dem ein Auge fehlt, *Alejandro Guevara,* der hervorragende Guerrillero im Kampf der Sandinisten, seine Mutter *Olivia Silva* sowie seine Schwestern. Die einzelnen Stile sind unterschiedlich, auch wenn ihre Bilder vor allem den See und die Inseln, das bäuerliche Leben in dieser Region zeigen. In diesen Bildern herrschen die blaue und die grüne Farbe vor: blau für den See und den Himmel, grün für die tropische Vegetation.

Der Bauer-Maler-Guerrillero Alejandro Guevara sagte über diese Malerei: »Alle malen den See, denn der See erfüllt mehrere Aufgaben und erscheint auf vielen Bildern. Der Mensch lebt vom See, und der Maler lebt vom See. Der See spielt nicht nur eine Rolle als Transport- und Beförderungsweg, wie etwa eine Autobahn, er ist eine Quelle des Lebens, die Menschen trinken sein Wasser und essen seine Fische, verfügen über ihn als Kommunikationsmittel, bewahren Traditionen und Sitten im Zusammenhang mit ihm, und, um diesen Gedanken nicht weiter auszuführen: er ist eine Quelle der Ausgelassenheit und der Meditation. Die Menschen setzen sich auf einen Stein, um am See nachzudenken, oder vor ihre Hütten, um ihn zu betrachten. Wenn der See auf diesen Bildern erscheint, dann nur, weil keines dieser Bilder ohne ihn existieren könnte.«

Während der härtesten Tage der Unterdrückung durch Somoza, nach der Zerstörung unserer Gemeinde, malten nur wenige unserer Maler in Solentiname. Sie mußten es heimlich tun und versteckten ihre Bilder in den Bergen, denn die Soldaten Somozas hätten sie sonst zerstört. Nun, nach dem Sieg der Revolution, haben alle jene Bauern-Maler von damals und einige mehr von neuem zu schaffen begonnen, und sie malen besser als vorher.

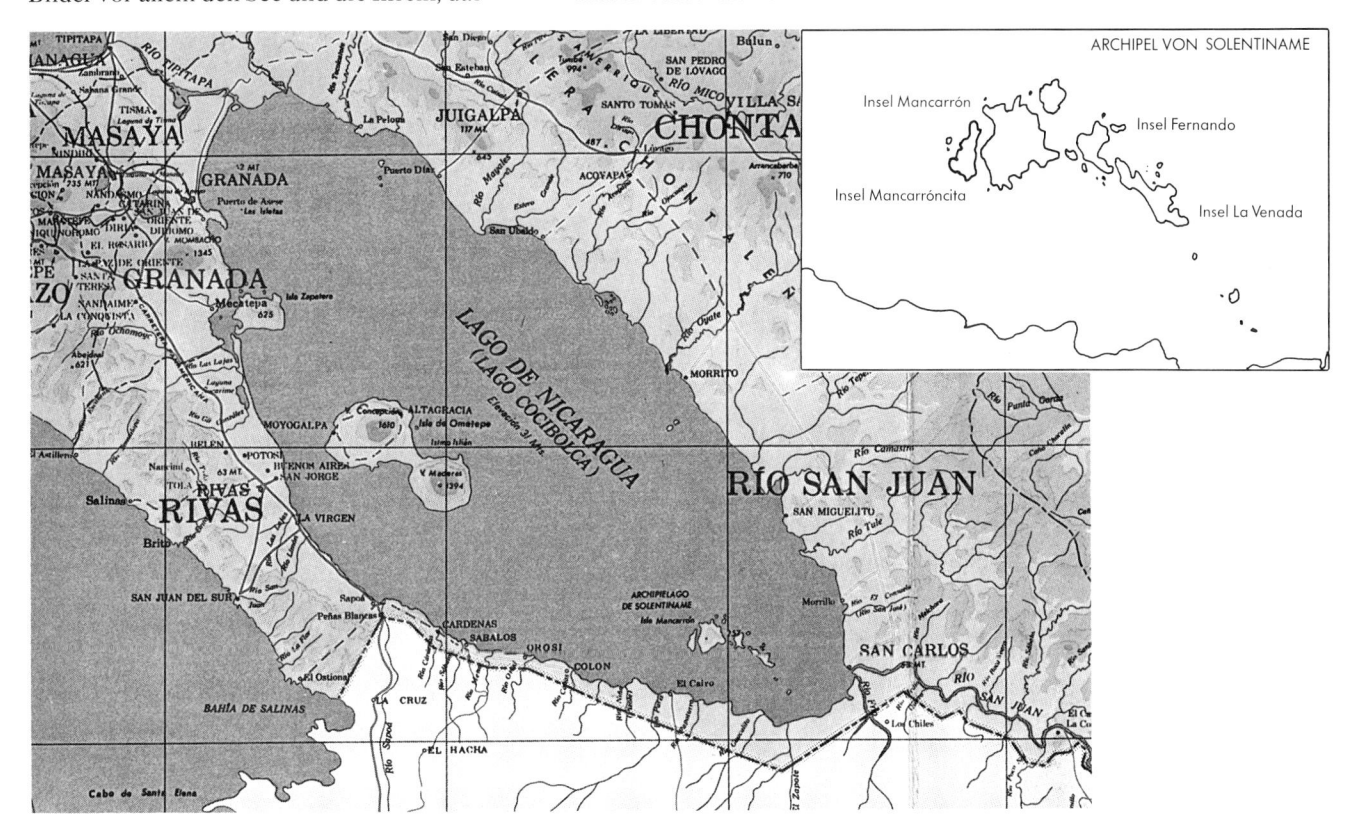

Nach dem Erfolg der Revolution wurde ich zum Kulturminister ernannt, und seitdem ich dieses Amt trage, habe ich die naive Malerei in vielen anderen Gebieten Nicaraguas gefördert, so wie ich es zuvor in Solentiname getan hatte, und immer wieder tauchen neue naive Maler mit verschiedenen Themen, Auffassungen und Stilen in verschiedenen Regionen des Landes auf. Sie malen die Landschaften ihrer Umgebung, verschieden je nach geographischer Lage, das alltägliche Leben, die volkstümlichen Gewohnheiten, Szenen aus dem Befreiungskampf und die schönen Früchte der Revolution. Da ist etwas, das anfängt zu sprießen, die neue naive Malerei des neuen Nicaragua, gerade in diesem Augenblick, in dem ich diese Zeilen schreibe.

JULIO CORTÁZAR
APOKALYPSE IN SOLENTINAME

So sind die Ticos nun einmal, eher zurückhaltend, aber immer voller Überraschungen, man steigt in San José de Costa Rica aus dem Flugzeug, und da erwarten einen Carmen Naranjo und Samuel Rovinski und Sergio Ramírez (der aus Nicaragua ist und kein Tico, doch was ist da schon für ein Unterschied, im Grunde ist es dasselbe, welcher Unterschied besteht schon darin, daß ich Argentinier bin, aus Höflichkeit sollte ich sagen, ein Tino, und die anderen Nicas oder Ticos). Es war wie gewöhnlich sehr heiß, noch dazu fing alles gleich an, Pressekonferenz mit den üblichen Fragen, warum lebst du nicht in deinem Land, wie kommt es, daß *Blow-Up* ganz anders geworden ist als deine Erzählung, bist du der Meinung, daß ein Schriftsteller engagiert sein muß? Nach allem weiß ich, daß man mich um das letzte Interview vor den Pforten der Hölle bitten wird, und sicher werden es die gleichen Fragen sein, und sollte es *chez Saint Pierre* stattfinden, wird sich an der Sache nicht viel ändern, finden Sie nicht, daß Sie da unten für das Volk viel zu hermetisch geschrieben haben? Dann das Hotel Europa und die Dusche, die jede Reise krönt und aus einem langen Monolog in Seife und Schweigen besteht. Nur daß um sieben, als es an der Zeit war, durch San José zu schlendern, um zu sehen, ob es wirklich so schlicht und eintönig ist, wie man mir erzählt hatte, mich jemand an der Jacke packte, und hinter mir stand Ernesto Cardenal, das gab eine Umarmung, der Dichter, wie schön, daß du da bist nach jener Begegnung in Rom und so vielen Begegnungen im Laufe der Jahre nur auf dem Papier. Immer überrascht es mich, bewegt es mich, wenn jemand wie Ernesto mich aufsucht oder mich abholt, du wirst sagen, ich kokettiere mit falscher Bescheidenheit, aber sag nur, alter Freund, der Schakal heult, aber der Bus fährt weiter, ich werde immer ein Bewunderer sein, jemand, der ganz einfach einige Menschen so sehr liebt, daß man eines Tages auch ihn liebt, das sind Dinge, die über mich hereinbrechen, doch zu einer anderen Sache.

Die andere Sache war, daß Ernesto von meiner Ankunft in Costa Rica erfuhr, also schnell gemacht, von seiner Insel war er mit dem Flugzeug herübergekommen, denn das Vögelchen, das ihm die Nachrichten bringt, hatte ihn davon informiert, daß die Ticos für mich eine Reise nach Solentiname planten, und der Gedanke, mich abzuholen, war für ihn unwiderstehlich, weshalb wir denn zwei Tag später, Sergio, Oscar, Ernesto und ich bis an die Grenzen ihres überaus begrenzten Fassungsvermögens eine kleine Piper Aztec füllten, deren Name mir immer ein Rätsel bleiben wird, aber die unter Schluckauf und ominösem Magenkollern dahinflog, während der blonde Pilot, um dem entgegenzuwirken, Calypsos einstellte und sich um meinen Eindruck überhaupt nicht zu kümmern schien, daß die Aztekin direkt auf die Opferpyramide zufliege. Dem war nicht so, wie man sieht, wir landeten in Los Chiles, und von dort brachte uns ein geradeso holpernder Jeep zur finca des Dichters José Coronel Urtechó, den mehr Menschen lesen sollten, und in dessen Haus wir uns ausruhten und von vielen anderen Dichterfreunden sprachen, von Roque Dalton und Gertrude Stein und von Carlos Martínez Rivas, bis dann Luis Coronel kam und wir in seinem Jeep und seinem Motorboot in erschreckender Geschwindigkeit nach Nicaragua fuhren. Vorher aber wurden Erinnerungsphotos gemacht, mit so einer Kamera, aus der man ein himmelblaues Papier herauszieht, auf dem allmählich und wunderbarerweise und polaroid zaghaft Bilder erscheinen, zuerst beunruhigende Ektoplasmen, dann nach und nach eine Nase, krauses Haar, das Lächeln Ernestos mit seinem Nazarener-Stirnband, Doña Maria und Don José, die sich mehr und mehr von der Veranda abheben. Alle fanden das ganz normal, weil sie immer diese Kamera benutzen und natürlich daran gewöhnt waren, nicht ich, daß aus dem Nichts, aus dem himmelblauen Papierchen des Nichts diese Gesichter und diese Abschiedslächeln hervorkamen, erfüllte mich mit Bewunderung, und das sagte ich ihnen, ich erinnere mich, Oscar gefragt zu haben, was geschehen würde, wenn einmal, nach einem Standphoto, auf dem himmelblauen Papierchen des Nichts Napoleon zu Pferde erscheinen würde, und an das schallende Lachen von Don José Coronel, der wie immer alles gehört hatte, der Jeep, kommt jetzt, wir fahren zum See.

Es war schon Nacht, als wir in Solentiname ankamen, dort warteten auf uns Teresa und William, ein Gringo-Dichter, und die anderen Jungens des Kreises; wir gingen fast sofort schlafen, aber vorher sah ich die Bilder in einer Ecke, Ernesto sprach mit seiner Familie und holte aus einem Beutel die Lebensmittel und Geschenke, die er aus San José mitgebracht hatte, irgend jemand schlief in einer Hängematte, und ich sah die Bilder in einer Ecke, begann sie mir anzusehen. Ich weiß nicht mehr, wer mir erklärte, es seien Arbeiten der Landarbeiter aus der Umgebung, dies hat Vicente gemalt, das da ist von der Ramona, einige signiert, andere nicht, aber alle ganz großartig, noch einmal die ursprüngliche Vision der Welt, der reine Blick desjenigen, der seine Umwelt beschreibt wie ein Lobgesang: zwergenhaft kleine Kühe in Mohnfeldern, die entzückende Hütte, aus der die Leute wie Ameisen herauskommen, das Pferd mit grünen Augen vor einem Zuckerrohrfeld, die Taufe in einer Kirche, die nicht an die Perspektive glaubt und sich hintenüberneigen oder in sich zusammenfallen wird, der See mit Bötchen, die alle aussehen wie Schuhe, und im Hintergrund ein riesiger Fisch, der mit türkisfarbenen Lippen lacht. Dann kam Ernesto und erklärte mir, der Verkauf dieser Bilder helfe, sich über Wasser zu halten, morgen früh wolle er mir Holz- und Steinarbeiten der Landarbeiter zeigen, auch eigene Skulpturen; wir waren hundemüde, und immer noch blättere ich in den Bildern, die in einer Ecke gestapelt waren, holte die großen hervor, die Leinwand mit den kleinen Kühen und den Blumen und die andere mit der Mutter, die zwei Kinder auf dem Schoß hat, eins ganz in Weiß und das andere in Rot, unter einem Himmel, der so von Sternen übersät war, daß die einzige Wolke sich wie beschämt in eine Ecke drückte, gegen den Rahmen sich preßte, die Leinwand vor lauter Angst verlassen wollte.

Am nächsten Tag war Sonntag und Elf-Uhr-Messe, die Messe in Solentiname, bei der die Landarbeiter und Ernesto und die Freunde auf Besuch gemeinsam ein Kapitel des Evangeliums besprechen, und an diesem Tag war es die Gefangennahme Jesu im Garten Gethsemane, ein Thema, das die Leute von Solentiname behandelten, als sprächen sie von sich selbst, von der Bedrohung, der sie jede Nacht und sogar am hellichten Tage ausgesetzt sind, dieses Leben in ständiger Unsicherheit, auf den Inseln und auf dem Festland und in ganz Nicaragua, und nicht nur in Nicaragua, sondern in fast ganz Lateinamerika, ein Leben in Angst und Todesfurcht, so das Leben in Guatemala und in Salvador, das Leben in Argentinien und in Bolivien, das Leben in Chile und in Santo Domingo, das Leben in Paraguay, das Leben in Brasilien und in Kolumbien.

Dann mußte man schon wieder an die Rückreise denken, und da fielen mir wieder die Bilder ein, ich ging in den Gemeinschaftsraum und betrachtete sie mir im delirierenden Mittagslicht, die Farben, ob Acryl oder Öl, waren leuchtender, und Pferdchen und Sonnenblumen und Feste auf der Wiese und symmetrische Palmenhaine versuchten einander zu übertrumpfen. Mir fiel ein, daß ich noch einen Farbfilm in der Kamera hatte und ging mit einem Armvoll Bilder auf die Veranda hinaus; Sergio, der gerade kam, half mir, sie richtig ins Licht zu stellen, und dann begann ich, eines nach dem anderen zu photographieren, wobei ich darauf achtete, daß jedes Bild den Sucher ganz ausfüllte. Der Zufall wollte es, daß ich gerade noch so viele Aufnahmen hatte, wie Bilder da waren, ich bekam sie alle in den Kasten, und als Ernesto kam, um uns zu sagen, daß das Motorboot startbereit sei, erzählte ich ihm, was ich getan hatte, und er lachte, du Bilderdieb, du Bilderschmuggler. Genau, sagte ich, ich nehme sie alle mit, dort drüben werde ich sie auf meine Bildwand projizieren, und die werden größer und schöner sein als diese, ätsch.

Ich kehrte nach San José zurück, trieb mich ein wenig in Havanna herum, und zurück ging's nach Paris, müde und voller Nostalgie, Claudine, heimlich, still und leise, erwartete mich in Orly, wieder das Leben mit der Armbanduhr und *merci monsieur, bonjour madame*, die Komitees, die Kinos, der Rotwein und Claudine, die Mozartquartette und Claudine. Unter so vielen Dingen, die die prallen Koffer auf Bett und Teppich ausgeleert hatten, Zeitschriften, Zeitungsausschnitte, Taschentücher und Bücher mittelamerikanischer Dichter, die grauen Plastikhüllen mit den Rollfilmen, so vieles photographiert während der zwei Monate, die Sequenz der Lenin-Schule in Havanna, die Straßen in Trinidad, die verschiedenen Ansichten des Irazú-Vulkans und sein Becken mit kochendem grünem Wasser, auf dem Samuel und ich und Sarita uns gebratene Enten vorgestellt hatten, die dort zwischen den Schleiern von Schwefeldämpfen schwimmen. Claudine brachte die Rollen zum Entwickeln, und eines Nachmittags, als ich durchs Quartier Latin schlenderte, fielen sie mir wieder ein, und da ich den Schein in der Tasche hatte, holte ich sie ab, es waren acht, gleich dachte ich an die Bilder von Solentiname, und als ich zu Hause war, suchte ich in den Schachteln nach ihnen, indem ich mir das erste Diapositiv von jeder Seite ansah, denn ich erinnerte mich, daß ich vor den Bildern die Messe von Ernesto aufgenommen hatte, Kinder, die unter Palmen spielten, genau wie auf den Malereien, Kinder und Palmen und Kühe vor einem gewaltig blauen Himmel und einem See, dessen Grün kaum weniger intensiv war, vielleicht auch umgekehrt, ich weiß es nicht mehr genau. Ich steckte die Schachtel mit den Dias von den Kindern und der Messe in das Magazin, denn danach, das wußte ich, kamen die Malereien, bis zum Ende des Films. Es wurde dunkel, und ich war allein. Claudine wollte nach der Arbeit kommen, um Musik zu hören und bei mir zu bleiben; ich baute die Leinwand auf und machte mir einen Rum mit viel Eis, der Projektor, das Magazin und die Fernsteuerung, alles bereit; es war nicht nötig, die

Vorhänge zuzuziehen, die hilfsbereite Nacht zündete schon die Lichter an und entfachte den Duft des Rums; es war schön zu denken, daß alles noch einmal an mir vorbeiziehen würde, und nach den Bildern von Solentiname würde ich mir die Photos aus Kuba ansehen, doch warum zuerst die Malereien, warum zuerst die künstlerische Deformierung, zuerst die Kunst und dann das Leben, und warum nicht, meinte der andere in seinem ewigen, nicht zu entschärfenden, brüderlichen, unversöhnlichen Dialog, warum nicht zerst die Malereien von Solentiname ansehen, auch sie sind das Leben, es ist doch alles eins.

Zuerst kamen die Photos von der Messe, sie waren nicht besonders geworden, waren falsch belichtet, die Kinder dagegen spielten in der Sonne, wie weiß ihre Zähne sind. Ungern drückte ich auf den Knopf, ich hätte bei jedem dieser Bilder, die von Erinnerung gesättigt waren, lange verweilen können, kleine zerbrechliche Welt von Solentiname, umgeben von Wasser und Schergen, wie dieser Junge, den ich nun sah, ohne zu begreifen, ich hatte auf den Knopf gedrückt, und da war der Junge, in der Mitte des Bildes, ganz klar zu sehen, ein breites, glattes Gesicht wie voll ungläubigem Staunen, während sein Körper sich vornüber neigte, ein sauberes Loch mitten in der Stirn, die Pistole des Offiziers zeigte noch die Flugbahn der Kugel, die andern neben ihm mit Maschinenpistolen, ein verschwommener Hintergrund, Häuser und Bäume. Man denkt und denkt, aber es überrumpelt einen, man kommt nicht mehr mit, ich sagte mir, die im Photogeschäft haben sich geirrt, haben mir die Bilder eines anderen Kunden gegeben, aber Unsinn, da war die Messe da, da waren die auf der Wiese spielenden Kinder, wie also? Auch meine Hand war nicht mehr meine Hand, als sie auf den Knopf drückte, da war unter freiem Himmel eine unabsehbare Salpetergrube, zwei oder drei Schuppen aus verrostetem Blech, links ein Haufen Menschen, die die Toten betrachten, die dort liegen, auf dem Rücken, die Arme ausgebreitet, unter einem nackten und grauen Himmel; man mußte genau hinsehen, um im Hintergrund die abziehende Gruppe Uniformrücken zu erkennen, den Jeep, der auf einer Anhöhe wartete. Gewiß, ich habe weitergemacht, angesichts dessen, was jeder Vernunft zuwiderlief, konnte ich nur weitermachen und auf den Knopf drücken, da war die Ecke Corrientes/San Martin und der schwarze Wagen mit den vier Kerlen, die auf jemanden zielten, der im Hemd und in Pantoffeln den Gehweg entlang rannte, zwei Frauen suchten Schutz hinter einem geparkten LKW, jemand schaut mich an, ein Gesicht ungläubigen Entsetzens, er führt die Hand ans Kinn, so als wollte er sich betasten, fühlen, daß er noch lebt, und plötzlich der fast dunkle Raum, schmutziges Licht dringt von oben durch das vergitterte kleine Fenster, der Tisch mit dem nackten Mädchen darauf, es liegt auf dem Rücken, und sein Haar hängt bis auf den Boden, die dunkle Gestalt davor, die ihm ein Kabel zwischen die gespreizten Beine steckt, zwei Kerle von vorn, die miteinander reden, blaue Krawatte, grüner Pullover, Ob ich weiter auf den Knopf drückte oder nicht, ich war mir dessen nicht bewußt, ich sah eine Lichtung im Wald, im Vordergrund eine strohgedeckte Hütte und Bäume, an dem vordersten Stamm lehnt ein hagerer junger Mann und schaut nach links, wo eine nicht deutlich auszumachende Gruppe, fünf oder sechs, die dicht beieinander stehen, mit Gewehren und Pistolen auf ihn anlegen; der Junge mit dem schmalen Gesicht, dem eine Haarsträhne in die dunkle Stirn fällt, sieht sie an, eine Hand halb erhoben, die andere wahrscheinlich in der Hosentasche, es sah so aus, als würfe er ihnen ein paar Worte zu, lässig, fast mürrisch, und obgleich das Photo unscharf war, spürte ich, wußte ich, sah ich, daß der Junge Roque Dalton war, und da, ja da habe ich auf den Knopf gedrückt, als könnte ich ihn damit vor diesem schändlichen Tod bewahren, und sah schließlich ein Auto, das mitten in einer Stadt, die Buenos Aires oder São Paulo sein mochte, in die Luft flog, und ich drückte weiter auf den Knopf, immer weiter und sah zwischen Feuerstößen blutüberströmte Gesichter und zerfetzte Körper, Frauen und Kinder, die einen Abhang hinunterrennen, in Bolivien oder Guatemala, und auf einmal füllte sich die Bildwand mit Quecksilberlicht und Leere, und mit Claudine, die leise hereingekommen war und ihren Schatten auf die Leinwand warf, bevor sie sich bückte, mir einen Kuß aufs Haar gab und fragte, ob sie schön seien, ob ich mit ihnen zufrieden sei, ob ich sie ihr zeigen wolle.

Ich schob das Magazin zurück und stellte es wieder auf Null, man weiß nicht, wie noch warum man gewisse Dinge tut, wenn eine bestimmte Grenze überschritten ist, von der man ebenfalls nichts weiß. Ohne sie anzusehen, denn sie hätte sofort begriffen oder einfach Angst gehabt vor dem, was mein Gesicht sein sollte, ohne ihr etwas zu erklären, denn von der Kehle bis zu den Zehennägeln war ich ein einziger Knoten, stand ich auf, setzte sie behutsam in meinen Sessel und sagte wohl etwas, wie daß ich ihr ein Glas holen wolle, sie solle sich schon mal die Bilder anschauen, sie solle sich die Bilder anschauen, während ich ihr etwas zu trinken hole. Im Bad habe ich mich, glaube ich, erbrochen, oder nur geweint und mich dann erbrochen, oder nichts von beiden und nur auf dem Rand der Badewanne gehockt und die Zeit verrinnen lassen, bis ich in die Küche gehen konnte, um Claudine ihr Lieblingsgetränk zu mixen, das Glas mit Eis füllte und dann die Stille spürte, bemerkte, daß Claudine weder schrie noch zu mir gerannt kam, nur die Stille und zwischendurch der schmalzige Bolero aus der Wohnung nebenan. Ich weiß nicht, wie lange ich für die paar Meter von der Küche ins Wohnzimmer brauchte, um dann die Rückseite der Leinwand zu sehen, gerade in dem Augenblick, als Claudine zu Ende gesehen hatte und der Raum durch den Widerschein der Quecksilberlampe plötzlich hell wurde, und dann das Halbdunkel, Claudine schaltete den Projektor aus und lehnte sich in den Sessel zurück, nahm das Glas und lächelte mich sanft an, glücklich und wohlig und zufrieden.

»Wie schön sie geworden sind, das mit dem lachenden Fisch und die Mutter mit den zwei Kindern und die kleinen Kühe auf dem Feld; und das andere mit der Taufe in der Kirche, sag mal, wer hat die gemalt, sie sind nicht signiert.«

Ich saß auf dem Boden, ohne sie anzuschauen, suchte nach meinem Glas und trank es in einem Zuge aus. Ich wollte ihr nichts sagen, was sollte ich ihr jetzt noch sagen, aber ich erinnere mich, daß ich nahe daran war, sie etwas Dummes zu fragen, sie zu fragen, ob sie denn nicht auch ein Photo mit Napoleon zu Pferd gesehen hätte. Aber ich hab sie natürlich nicht gefragt.

San José, Havanna. April 1976

GEDICHTE AUS SOLENTINAME

Das Haar durcheinander

Das Haar durcheinander,
mit offener Bluse, die Füsse nackt, lieg ich
auf einem Felsen, gesprenkelt von Schlamm und
    Schwalbendreck.
Und meine Augen starr auf den Mond gerichtet,
durch die Eichenzweige, denk ich an dich,
    Alejandro.

Nubia Arcia

Als ich mich verliebte in dich

Als ich mich verliebte in dich,
war es noch Sommer.

Nubia Arcia

Mais waschen am See

Ich mache mich auf ans Ufer, zum Guabobaum,
der im Wasser steht, dunkelgrün,
Mais waschen, für Tortillas.
Ich ziehe mich aus, das ist bequemer,
hab nur noch meine rote Hose an.
Ich schrubbe den Mais, bis er blank ist,
bin fertig, wasche mein rosa Kleid, bade selbst
und kehre zurück.

Gloria Guevara

Februarstürme

Sturmböen, Februarstürme,
die Reiher und Enten suchen vergeblich
    ein stilles Wässerchen, zum Fischen,
die Boote schaukeln, tauchen auf und nieder,
die Schwalben schnellen über die Wellen,
    ohne ihr Gefieder zu nässen,
die Reiher lassen sich im Flug vom Wind tragen,
der Himmel leuchtet wie ein fernes Stoppelfeld
    in Flammen.

Bosco Centeno

SOLENTINAME

Solentiname war Julio Guevara, mit seiner
	Angelrute und seinem Lachen beim
	Fischen im See,
die hübsch gekleideten Mädchen, wie sie in den
	Ruderbooten zur Kirche fuhren, Blumen-
	sträußen gleich,
die weißen Reiher am Ufer, Alejandro beschrieb
	sie: von weitem gleichen sie einer Jungfrau,
die Feste unterm Mangobaum vor der Kirche,
	bei Rum und Musik aus Chonos Platten-
	spieler,
die Menschen am Sonntagmorgen bei der
	Auslegung des Evangeliums,
die Jagd nach Schildkröten und Gürteltieren für
	das gemeinsame Mittagessen,
die Lieder von Elvis, William und Adancito am
	Sonntag,
das Gelärme der Kinder im Kanu auf dem Weg
	in die Schule, wenn sie Enten
	aufscheuchten, sie vor Schreck kackend
	aufflogen,
unser Gelöbnis »Freies Vaterland oder Tod«,
Ernesto und seine Kunde von neuen Zeiten und
	einem wiedergeborenen Land,
die Company, die das Land aufkaufte,
die lebensvollen Bilder der malenden Bauern.

Solentiname ist Julio Guevara im Exil, mit
	seinem zukunftsheischenden Lächeln,
Elvis und Donald in den Fängen der Guardia,
	eine blutige Kapuze über dem Kopf, wie
	Säcke in ein Motorboot verladen und nach
	Managua geschafft (wir haben nie wieder
	von ihnen gehört),
Felipe im Gefängnis von San Carlos, wie ein
	Vogel im Käfig, nicht einmal schreiben
	durfte er,
ein Sonntag genau wie jeder andere Tag,
José und Oscar unter der Folter des Rangers
	Franklin Montenegro,
die Erinnerung an unsere Inseln,
(die Reiher am Ufer, die von weitem einer
	Jungfrau gleichen),
unsere Häuser, die im Wutausbruch der
	ohnmächtig Übermächtigen zerstört
	wurden,
die Kinder zu Hause, weil es keine Schulen mehr
	gibt,
der Schmerz, den es zu ertragen gilt, um neues
	Leben zu schaffen.

Solentiname wird Julio Guevara sein, mit seinem
	Lachen und seinen Enkeln beim Fischen
	im See,
die Reiher, die von weitem einer Jungfrau
	gleichen,
das Gelärme der Kinder, die kackende Enten
	aufscheuchen auf dem Weg in die Schule
	der Revolution,
das Land der Company, das jetzt den Bauern
	gehört,
der solidarische Gruß der Bauern untereinander.
Jeder Tag wird ein Sonntag und ein Gottesdienst
	sein,
wird sein
	wird sein
		wird sein für jeden nach seinen
		Bedürfnissen.

Bosco Centeno

MIT DER NACHT IM WALD VERSCHMOLZEN

Mit der Nacht im Wald verschmolzen, im
	Buschwerk
wie Tiger auf der Lauer,
wir lauschen dem heftigen Pochen des Herzens,
Mücken umschwärmen uns mit dem Lärm von
	Flugzeugen,
ihre Stiche spüren wir nicht,
das Gewehr liegt geladen, entsichert,
fest in unseren Händen,
Helme und Gewehre huschen vorbei, noch
	einer, noch einer…
ein Schuß fällt, weitere Schüsse übertönen die
	Geräusche des Waldes,
Hochrufe auf Sandino, auf Monimbó,
Freies Vaterland oder Tod,
das Pulver macht die Kehle trocken,
die Minuten ziehen sich in die Länge, Stille,
nur dann und wann ein Ruf um Gnade,
wir robben aus dem Unterholz, sprungbereit,
schnappen uns Gewehre, Dokumente,
versorgen verwundete Nationalgardisten
und gleiten geräuschlos zurück ins Buschwerk.

Bosco Centeno, Januar 1979

SOLENTINAME

Alles blieb auf Solentiname zurück; der See,
die Inseln, wo wir uns jeden Sonntag
trafen, die Avocado-Bäume dicht
an dem Platz, auf dem wir Fußball spielten,
die Abende, da der See ruhig lag, plötzlich aber
vom Flossenschlag eines Haies aufspritzte
oder von badenden Spatzen aufplätscherte, die
	Mondnächte,
in denen wir mit Nubias Schwestern spielten
oder tanzten, und meine Gitarre,
auf der ich mich begleitete, wenn ich Lieder
von Silvio Rodríguez oder Carlos Mejía sang.
Wir werden Ernesto nicht mehr sehen: wie er
von der Hütte zum Steg herunterkommt, mit
	seiner Tasche,
seinem Umhang, seinem Hut
und einem Buch in der Hand,
damit er die Messe in Papaturro zelebrierte.

Iván Guevara

SAN CARLOS

Der Regen trommelt auf rostzerfressene Dächer.
Eine Alte ruft: Fisch, gebratenen Fisch!
Hunde, Katzen, Schweine streunen durch die
    schlammigen Straßen.
Ein Alter zieht den Handkarren, das Glöckchen
    bimmelt:
Eis, schönes Bananen- und Zitroneneis!
Kneipen, Barbiere und Billardspiele,
Tankstellen, Kneipen, Bordelle.
Schwalben, Mücken, Fliegen, Gestank,
Markttreiben, Fäulnis, Straßenmarkt, Kot,
Gestank, Somoza auf Plakaten gesprenkelt von
    Schwalbendreck.
Wäscheleinen dichtbehängt mit Hemden,
    Hosen, Blusen, Laken,
die Frauen schlagen und wringen,
sie stehen im See und waschen.
Mangos, Mamonen, Äpfel, Käse, Wellfleisch,
Melonen, eisgekühlte Limonade, Maismilch,
emsiges Markttreiben, emsiges
    Mückengeschmeiß, Schwalbenschwärme,
noch mehr Dreck, noch mehr Plakate.

Elvis Chavarría, Solentiname, 1977

ZIKADEN, SPERBER, SCHNEPFEN

Zikaden, Sperber, Schnepfen
konzertieren im Abenddämmern.
Papageien schnellen zu ihren Schlafplätzen
weit oben auf den Berghängen.
Die Nacht bricht herein.
Sittiche, Eulen, Unken, Heuschrecken,
ein Königsfischer mit seinem heiseren
    Gekrächs.
Alberto in seiner Hütte horcht auf: Das bedeutet
    Dürre.
Die Nacht verläuft ruhig.
Unvermittelt das Kikeriki der Hähne.
Der neue Tag beginnt.
Das Gezwitscher der Vögel hebt an.
Juan fragt: Habt ihr heute nacht den Punco rufen
    hören?
Ja, ganz deutlich. – Wir sollten mit der Aussaat
    warten.

Elvis Chavarría

KINDERGEDICHTE AUS SOLENTINAME

Ich sah im See eine Schildkröte schwimmen,
sie ruderte im Wasser,
und ich im Boot.

Mauricio Chavarría, 10 Jahre

Einmal war ich im Wald
und sah einen Mangobaum
und einen Papagei, der fraß eine reife Mango,
und mir lief das Wasser im Mund zusammen
und ich stieg auf den Baum und pflückte mir
    auch eine.

Mauricio Chavarría, 10 Jahre

CLARIBEL ALEGRÍA UND DARWIN J. FLAKOLL
DIE GUERRILLEROS VON SOLENTINAME

Claribel Alegría, geboren in Estelí in Nicaragua, aufgewachsen in El Salvador, ist Lyrikerin und Romancière, erhielt den renommierten Literaturpreis »Casa de las Américas« und bereitet gemeinsam mit ihrem Mann Darwin J. Flakoll ein Interview-Buch über die Guerrilla vor.

Nubia Arce erzählt:

An einem Sonntag kam Alejandro zu mir, daß er mit mir etwas ganz Wichtiges besprechen müsse. Er erzählte mir den ganzen Plan, und daß in der nächsten Woche das militärische Training in Solentiname beginnen wird. Ich sollte mir alles ganz genau überlegen, und wenn ich einwilligte mitzumachen, dann bloß nicht nur aus Liebe zu ihm, sondern weil ich selbst gesehen habe, daß auch wir unseren praktischen Beitrag leisten müssen, um die Dinge zu ändern. Natürlich mache ich mit, antwortete ich ihm, denn ich hätte auch schon mitgekriegt, daß es so nicht weitergehen konnte. In meiner Familie waren alle gegen Somoza, das hatte auch mich geprägt.

Wir begannen unser einwöchiges Training. Bosco, Laureano, Alejandro, Juan Ramón, Felipe, Donald und Elvis waren dabei. Drei waren Brüder von Alejandro, und außerdem nahmen noch seine Schwestern Gloria und Miriam und ich teil. Eigentlich dauerte unser Training nicht einmal eine Woche, und wir übten mit Waffen, daß es eine Schande war. Aber wir waren guten Muts. Wir hatten ein M-1, ein M-3, ein Garandgewehr und eine Flinte, die Ernesto einmal für die Gemeinde angeschafft hatte.

Ernesto war ungefähr zwei Wochen vorher abgefahren. Wir waren allein geblieben und kümmerten uns um alles und trainierten eifrig.

Ich erinnere mich wie heute an einen Satz, den Elvis mir einen Tag vor der Aktion sagte, als ich ein Schwein häutete: »Das letzte Schwein, dem du die Haut abziehst.« Ich mußte damals lachen, aber später mußte ich oft daran denken, daß es nicht mich, sondern ihn getroffen hat.

Wir fuhren um sechs Uhr abends von Solentiname los. Es war stockdunkel und der See ziemlich stürmisch. Ich erinnere mich an alles, als ob es heute sei. Donald saß vorn im Boot, Elvis am Steuer, wir waren alle ganz aufgekratzt. Bosco, der nie verlegen ist an Witzen, sorgte für gute Stimmung. Wir näherten uns Punto Limón, der verabredeten Anlegestelle am Festland. Wir mußten nicht lange auf das Lichtzeichen warten und gingen an Land. Der Bauer, der uns als Führer dienen sollte, hatte uns erwartet, er war unheimlich nervös, verlor sogar die Orientierung, so daß wir vom Weg abkamen und in eine Sumpfgegend gerieten. Dadurch erreichten wir das Lager erst gegen Mitternacht. Wir waren ganze vier Stunden gelaufen, von acht bis Mitternacht. Wir kamen völlig erschöpft und verdreckt im Lager an, und dabei hieß es jetzt, alles für den morgigen Tag fertig zu machen, das Gewehr zu reinigen und die letzten Einzelheiten zu besprechen. Ich geriet sogar mit Marvin in Streit, weil er mir die alte Flinte geben wollte, aber ich wollte eine gute Waffe, ich beharrte darauf, bis Alejandro mich zurechtwies und mir Undiszipliniertheit vorwarf. Aber dafür erhielt ich auch mein Gewehr, beruhigt legte ich mich schlafen, ich war zufrieden, gut ausgerüstet und zu allem bereit.

Wir wurden in aller Herrgottsfrühe geweckt, gegen vier Uhr, und versammelten uns alle im Kreise. Kommandant NULL, der aus Costa Rica gekommen war, besprach mit uns den ganzen Plan. Er erklärte uns, daß unsere Aktion keine isolierte sei, sondern Bestandteil der großen Offensive, die die Frente in Granada, Masaya, Ocotal, Matagalpa und San Carlos gleichzeitig startete und die darin bestand, alle Garnisonen dieser Städte zu stürmen. Wir stiegen auf den wartenden Lastwagen. San Carlos lag noch im tiefsten Schlaf, keiner ahnte, was sich anbahnte, und gerade auf den Überraschungseffekt legten wir es an. Unsere Gruppe wurde als erste auf dem Platz abgesetzt, und wir bezogen Stellung. Die andere Gruppe kam gleich hinter uns. Plötzlich begannen die Kirchenglocken zu läuten, völlig verrückt, und aus den Türen kommen die Frauen und gehen wie in einer Prozession zum Morgengebet in die Kirche. Alejandro feuerte eine Salve in die Luft, das Zeichen für den Angriff. Die Frauen kriegten einen Heidenschreck und rannten wild durcheinander, es war unglaublich.

Die Nationalgardisten schossen sofort zurück, fast hätten gleich die ersten Salven Bosco und mich getötet. Bei Licht sah ich, daß aus dem Baum, der uns Schutz geboten hatte, ein riesiges Stück herausgerissen war.
Alejandro Guevara erzählt den Sturm auf die Garnison aus der Sicht der Gruppe, die er anführte:

Wir stiegen vom Lastwagen und gingen zu Fuß weiter. Auf dem Platz sammelten wir uns zum Sturm auf die Garnison. Wir gingen gerade in Stellung, da begannen die Glocken zu läuten. Eine alte Frau kam mit einer Heiligenfigur aus einem Haus, aus allen Häusern kamen die Frauen, es bildete sich eine regelrechte Prozession. Ich ging an der Spitze unseres Sturmtrupps.

Ich brauchte eine schnelle und leichte Waffe, darum trug ich die M-3. Als wir die Anhöhe hinaufliefen, rutschte ich aus und fiel mit meiner ganzen Ausrüstung hin. Gerade wollte ich mich aufrichten, da traf mich von hinten ein Lichtstrahl. Ohne lange zu zögern, feuerte ich meine erste Salve ab. Es war der Koch, der in die Garnison ging, um das Frühstück zu bereiten. Er fiel nieder, aber der Lichtstrahl blieb weiterhin auf uns gerichtet. Da begannen auch die anderen zu schießen.

Wir formierten uns auf Befehl des Chefs zum Sturmangriff. Einige Nationalgardisten hatten sich in dem etwas seitlich der Garnison gelegenen Kommando postiert und bereits zwei von uns verwundet, Marvin und den Chato Medrano. Marvin am Arm und Chato am Bein. Ich stürmte zusammen mit den anderen in die Garnison, suchte direkt das Kellergeschoß, wo die Gefängnisse lagen.

Aber der Kugelregen war zu dicht, ich mußte stehenbleiben. Ich wartete etwa eine halbe Stunde, daß die anderen nachkämen. Plötzlich sah ich, wie jemand eine blutige Hand in die Höhe hob, wie um zu sagen, daß ich nicht weiterstürmen sollte. Es war Chato, der am Bein verwundet war. Ich machte ihm ein Zeichen, daß er versuchen sollte, zu mir zu robben, damit ich ihm Deckung geben könnte, und es gelang ihm auch. Er hatte große Schmerzen. Er robbte sich bis zum Ausgang vor, während ich ihn deckte. Ich feuerte laufend Salven ins obere Geschoß, die Decke war aus Holz, und ich hörte, wie Gegenstände umfielen, Glas klirrte. Ich versuchte, irgendwo Benzin aufzutreiben, um die Garnison in Brand zu stecken, aber überall hörte ich das Klagen verletzter Soldaten, das hielt mich davon ab.

Nubia erzählt weiter:

Auf einmal hörten die Schüsse aus dem Innern der Garnison auf. Wir begriffen, daß die Schüsse, die die beiden Gefährten verletzt hatten, aus dem Kommando der Nationalgarde gekommen waren, in dem Fajardo, der Kommandant der Nationalgarde in San Carlos gleichzeitig wohnte, und sich, wie man später erzählte, unter dem Bett versteckt haben soll. Ein Scharfschütze feuerte bis zuletzt wie verrückt, während die Soldaten in der Garnison schon längst keine Gegenwehr mehr leisteten. Es gab zahlreiche Tote, vielleicht zwanzig oder mehr, überall lagen Tote und Verwundete. Viele wurden später nach Managua gebracht und starben dort.

Wir konnten keine Waffen erbeuten, denn ehe wir uns versahen, kreisten auch schon Flugzeuge über San Carlos. Wir mußten darum so schnell wie möglich an den Rückzug denken. Wir versammelten uns im Hof eines nahegelegenen Hauses, heute erscheint mir das ungeheuerlich, wir schleppten den Verletzten mit und wußten nicht, wie wir ihn weitertransportieren sollten. Wir wußten einfach nicht weiter. Über uns die Flugzeuge, fast hatte man das Gefühl, daß sie unsere Köpfe streiften. Der Vormittag rückte vor, und wir waren noch immer in San Carlos. Das Hauptproblem war der Verletzte. Es war schrecklich, den Chato so liegen zu sehen. Schließlich redete er auf uns ein, daß wir uns zurückziehen sollten, sonst würden wir hier alle sterben. Wir zogen los.

Donald und Elvis schlugen die gleiche Richtung wie wir ein, aber auf einem anderen Weg. Ich verabschiedete mich noch rasch von meiner Mutter: »Ich glaube, wir sind verloren, aber wenn sie mich töten, dann weine nicht um mich.« Ich floh zusammen mit Miriam, schon fast im Rennen band ich mir das rot-schwarze Tuch ab und warf es in eine Ecke, auch die restliche Munition und die Flinte. Ich hatte zuerst ein Gewehr mit Teleskop, so richtig für einen Scharfschützen, das ich mit Bosco getauscht hatte, der mir dafür seine Garand gab, die ich dann wiederum mit Donald tauschte. So kam ich schließlich zu der Flinte, bei der etwas am Lauf gebrochen war, so daß sie sowieso nicht mehr zu benutzen war. Wir rannten zum Treffpunkt für den Rückzug, und dort war Alejandro mit einer kleinen Gruppe, welch ein Glück.

Wir waren acht im ganzen, Alejandro, Julio Ramón, Gloria, Pedro, Pablo, Iván und zwei andere. Die Leute in San Carlos zitterten vor Angst, sie fürchteten um ihr Leben, schlugen uns die Tür vor der Nase zu. Wir erreichten das Ufer des San Juan, erreichten die Mole, wo die Boote liegen. Es wollte und wollte uns nicht gelingen, eines der Motorboote loszumachen, bis eine Frau uns zurief: »Nehmt diese beiden kleinen Boote, sonst kommt ihr gar nicht mehr weg!«

Wir wollten den San Juan überqueren, um uns auf der anderen Seite des Festlandes nach Costa Rica durchzuschlagen. Die Boote hatten nicht einmal Ruder, wir mußten praktisch mit den Händen paddeln. Wir warteten ab, bis keine Flugzeuge mehr zu sehen waren, und legten dann los. Was uns wahrscheinlich rettete, war, daß Laureano und ein anderer Gefährte, ein Schwager von Edén Pastora, landeinwärts, d. h. in Richtung Flughafen, geflüchtet waren, aber bald auf eine Patrouille mit Franklin Montenegro an der Spitze stießen und es zu einem Schußwechsel kam. Auch die Gruppe Felipes wurde von der Nationalgarde ausgemacht, das konzentrierte ihre Aufmerksamkeit landeinwärts und hielt uns den Rückzug frei.

Wir überqueren den Fluß und gingen in einem riesigen Sumpfgebiet an Land. Das Wasser stand uns bis zum Gürtel. Ich hatte meine Stiefel weggeworfen, weil ich dachte, daß sie mir beim Rückzug hinderlich sein würden, aber ich merkte sofort den Irrtum. Bald waren meine Füße völlig aufgerissen. Unter normalen Um-

Alejandro Guevara und seine Frau Nubia mit ihrer Tochter vor ihrer Hütte auf Solentiname

ständen kommt man in einem Tag nach Costa Rica, aber wir hatten die Flugzeuge über uns, durften uns am Ufer nicht sehen lassen, und der Weg durch den Sumpf war schrecklich, rettete uns aber, weil wir uns einsinken lassen und mit Blättern bedecken, unsichtbar machen konnten.

Alejandro:
Am späten Nachmittag, gegen fünf, wurde der Weg langsam besser, wir kamen auf Weideland, da ging es sich leichter. Aber noch immer tauchten ab und zu Flugzeuge auf. Wir warteten die Nacht ab und gingen weiter am Rande des Flusses, das Wasser reichte uns wieder bis zu den Hüften. Wir wußten, daß ganz in der Nähe eine Farm Somozas lag, die Esperanza, die mußten wir umgehen. Der Chacal schlug vor, daß wir uns wieder auf die andere Flußseite schlagen sollten, um alle Spuren zu verwischen. Wir banden die Waffen und die Kleidung an einem trockenen Stamm fest und schwammen los. Mitten im Fluß hörten wir auf einmal die Schreie Nubias, sie ertrinke. Ich konnte sie nicht sehen, es war stockdunkel, ich hörte nur die Schreie. Aber es gelang Iván und mir schließlich, sie zu finden, sie hatte noch nicht zu viel Wasser geschluckt, und wir konnten sie heil ans andere Ufer ziehen. Ich kehrte noch einmal zurück und holte den Baumstamm mit den Sachen nach.

Dem Chacal schwammen zu allem Unglück die Sachen und auch die Stiefel weg, so daß er in Unterhosen weitergehen mußte. Auch Pablos Schuhe riß die Strömung mit. Wir hatten nur noch ein 38er Gewehr und zwei M-1. Bald wurde es hell, und wir hatten das Gut La Esperanza immer noch nicht hinter uns gelassen. Wir spürten jetzt festen Boden unter den Füßen, aber dafür wurde das Gestrüpp immer undurchdringlicher. Wir liefen den ganzen Tag und die ganze Nacht. Am nächsten Morgen fühlte ich mich irgendwie sicherer, so dicht schon an der Grenze zu Costa Rica... Wir hatten Glück und fanden einen Mangobaum und aßen Mangos, bis wir nicht mehr konnten. Aber plötzlich sahen wir Fußspuren, es gab keine Zweifel, sie stammten von Nationalgardisten. Sie waren uns also gefolgt. Somozas Farm lag auf gleicher Höhe auf der gegenüberliegenden Flußseite, und gerade landete dort auch ein Hubschrauber.

Ich ließ die anderen vorangehen, während der Chacal und ich ihnen Rückendeckung boten. Ich hörte von ferne Geräusche und befürchtete schon, daß es Soldaten wären. Wir blieben regungslos stehen. Auf einmal stand Pablo aus der vorderen Gruppe neben uns und sagte, daß er die anderen verloren hätte. Er hatte Soldaten ganz in der Nähe gesehen. Wir legten uns hin und rührten uns nicht mehr. Wenn es sein muß, sagten wir uns, dann werden wir hier bis auf den letzten Tropfen Blut kämpfen. Wenn die Nationalgardisten uns erwischten, töteten sie uns, das

San Carlos

war klar. Wir konnten die Soldaten nicht sehen, merkten aber, daß es eine Bewegung um uns herum gab. »Wenn einer fällt«, sagte ich, »dann nimmt der andere die Waffe.« Der Chacal meinte, daß wir uns besser selber töten sollten, als den Soldaten lebend in die Hände zu fallen. Kurz darauf hörte ich einen Schuß. Ich entsicherte das Gewehr, schoß aber nicht, zum Glück nicht. »Pablo«, flüsterte ich, »was ist los?« »Der Chacal«, flüsterte Pablo zurück, »ich glaube, der Chacal hat sich eine Kugel durch den Kopf gejagt.« Es war nicht zu fassen.

Aber es stimmte. Der Chacal hatte sich erschossen. Es herrschte wieder tiefe Stille. Wir blieben den ganzen Tag so liegen, konnten uns noch nicht einmal aufrichten, um nachzuschauen, wo der tote Gefährte lag. Die Mücken quälten uns bis aufs Blut. Wir hatten den Kontakt zu den anderen verloren.

Nubia:
Die Nationalgarde hatte bereits Donald und Elvis erwischt, jetzt war sie uns auf den Fersen. Ich war in der vorderen Gruppe mit Julio Ramón und Iván, wir bewegten uns im Kreise. Schließlich sagte Iván zu mir, daß ich mich im hohen Schilfgras verstecken sollte, und dabei verlor ich die anderen. Ich war auf einmal ganz allein. Ich ergriff einen festen Stock, um wenigstens etwas in der Hand zu haben, womit ich mich verteidigen konnte. Wenn die Soldaten mich finden, sagte ich mir, dann sehen sie wenigstens, daß ich etwas zu meiner Verteidigung habe, auch wenn es nichts ist. Die Ameisen fraßen mich auf, ich rührte mich aber nicht von der Stelle. Schließlich fiel ich in eine Art Dämmerzustand, hatte sogar Halluzinationen. Ich sah die anderen vor mir, es war zum Verrücktwerden. Aber dann hörte ich irgendwann ein leises Hüsteln hinter mir, so hüstelt nur Alejandro, durchfuhr es mich, und ich rief leise: »Alejandro?« Leise rief er zurück: »Nubia, du hier? Wo bist du?« »Hier im Schilf«, flüsterte ich, »ich habe die anderen verloren, schon heute früh.« Ich erwachte aus meiner Apathie, es war vorbei mit dem Dämmerzustand, in dem man ganz gefühllos wird, völlig indifferent, nur noch wartet, daß der Tod kommt.

Später erfuhren wir, was passiert war. Die Nationalgarde war uns auf den Spuren und hatte, als sie Boote auf dem Fluß entdeckte, sie kurzerhand bombardiert, denn sie glaubte, daß die Boote uns zu Hilfe kämen. In Wirklichkeit war es der Verteidigungsminister von Costa Rica, der sich selbst überzeugen wollte, was in San Carlos geschehen war. Mit ihm fuhren auch Journalisten von Presse und Fernsehen, die über den Sturm auf die Kaserne von San Carlos berichten wollten. Die Nationalgarde bemerkte schnell ihren Irrtum – es war das erste Mal, daß sie einen direkten Angriff gegen Costa Rica unternahm, und es hätte unerwünschte Folgen haben können. Darum zog sie sich zurück und gab uns den Weg frei. Das rettete uns.

Alejandro:

Aber das erfuhren wir erst viel später. Wir marschierten in unserer kleinen Gruppe weiter, keiner sagte ein Wort. Die Nacht brach herein, wir liefen weiter. Wir waren immer noch nicht aus der Reichweite der Somoza-Farm. Die Mücken piesackten uns, der Magen knurrte, Verzweiflung stieg in mir auf, wenn ich an den toten Gefährten dachte. Ein Teil der Gruppe verlor sich, Nubia, Pablo und Julio, mein Bruder. Wir sahen von weitem Lichter, die Lichter der Farm, es war alles hell erleuchtet. Wir liefen weiter in der Nacht, ohne Orientierung, kamen immer mehr vom Flußufer ab, gerieten in Sumpfgebiet, früh morgens hatten wir das Wasser bis zum Gürtel. Zum Glück gelangten wir dann wieder auf festes Land, kaum fühlten wir festen Boden unter den Füßen, ließen wir uns fallen und schliefen bis zum Morgengrauen. Bei Licht fanden wir wieder den Weg, kamen schneller voran. Es war der dritte Tag. Wir gelangten zu einer Bauernhütte, Pablo, den wir verloren hatten, kam fast gleichzeitig mit uns dort an. Wir waren jetzt sieben. Der Bauer erzählte uns, was er im Radio gehört hatte. Er gab uns zu trinken und kochte uns gleich etwas zu essen. Wir aßen etwas, das erste Essen seit Tagen. Der Bauer gab uns auch einige Apfelsinen. Wir waren etwa einen Kilometer von der Grenze entfernt.

Wir beschlossen, daß sich die anderen im Wald ausruhen sollten, während ich den Bauern bewachte. Aber ich mußte wohl bald eingeschlafen sein, denn der Mann rief mir zu: »Es sieht so aus, als ob ein Boot über den Fluß kommt.« Wir dürfen hier nicht bleiben, sagte ich mir, hier sind wir verloren, wenn die Soldaten uns finden; wir müssen über die Grenze, sofort und wie auch immer.

Wir setzten in einem Ruderboot, das der Alte uns borgte, über den Fluß, und eine halbe Stunde später passierten wir den Grenzstein – das war die ganze Grenzmarkierung – in Kampfeshaltung, denn wir befürchteten, daß die Nationalgarde die Grenze bewachte. Aber nichts rührte sich. Auf der anderen Seite versteckten wir unsere Waffen – nur das 38er Gewehr behielten wir –, denn wir wollten nicht mit den Grenzsoldaten von Costa Rica in Konflikt geraten. Wir näherten uns dem Grenzdörfchen Los Chiles, aber Schlag zwölf gingen die Lichter aus, wir konnten nicht mehr weiter. Es regnete in Strömen, wir froren erbärmlich. Wir bemerkten eine Mobilisierung von Zivilgardisten, die uns verdächtig erschien. Und da wir nichts Genaueres wußten, zogen wir es vor, die Nacht im Wald zu verbringen. Julio zog sich die Jacke aus und bedeckte damit Nubia und Miriam.

Am nächsten Morgen führte Alejandro die Gruppe bis zur Farm des nicaraguanischen Dichters José Coronel Urtecho und schickte einen Landarbeiter zu Doña María, da er wußte, daß sie ihnen helfen würde. Doña María kam auch sofort zu der Bauernhütte, wo Alejandro auf sie wartete.

Alejandro:

Ich trat aus der Hütte und sah mich von Soldaten umringt. Ich machte Doña María ein Zeichen, und sie steckte mir heimlich einen Zettel zu, auf dem eine Telephonnummer in San José stand. Dann gab sie mir 200 Colones. Wir spielten die Komödie, daß ich Tagelöhner sei und meinen Lohn erhalte. Aber ein Soldat sagte, daß man ihm nichts weismachen könne, daß er sehr wohl wisse, daß wir die Guerrilleros seien. Aber er fügte auch gleich hinzu, daß wir ihm besser die Wahrheit sagen sollten, weil er uns helfen wolle. Ich gab es immer noch nicht zu, da zeigte er auf meine Wunden. »Ich habe mich gestern betrunken und bin hingefallen«, erklärte ich. Schließlich sagte ich: »Ich liefere mich aus, wenn ihr mir versprecht, mich nach Los Chiles zu bringen.« Die Soldaten versprachen es, nicht für heute, da es schon zu spät war, sondern für den nächsten Tag in aller Frühe. Da holte ich die anderen von der Weide, wo sie auf mich gewartet hatten.

Nubia:

Wir waren völlig erschöpft, als wir in Los Chiles ankamen. Die Leute schauten uns ungläubig an, voller Mitleid. Es war fast zu viel. Wir wurden in ein Haus gebracht, die Leute kriegten einen richtigen Schreck, als sie uns sahen, so abgerissen waren wir, die Gesichter geschwollen, die Arme und Beine aufgerissen.

Die Leute kümmerten sich rührend um uns. Am nächsten Morgen stiegen wir auf einen Lastwagen, es war wie eine Prozession, unterwegs kamen die Leute auf Pferden und brachten uns Brot und Milch und Käse. Wir wurden in einem Flugzeug der Luftwaffe nach San José transportiert.

Wir heirateten in San José. Ernesto traute uns, es war eine wunderschöne Hochzeit. Wenn Ernesto einen traut, dann ist es für immer. Er sagte uns, daß unsere Ehe nicht nur die von zwei Personen ist, sondern daß wir eine Ehe mit dem Volk eingehen, und wenn ich mich von Alejandro trennen würde, dann auch von meinem Volk. Meine Liebe galt nicht nur ihm, sondern meinem ganzen Volk.

Wir waren zwei Jahre im Exil. Alejandro kämpfte weiter in der Guerrilla. Ich blieb in San José, denn ich brachte ein Mädchen zur Welt. Alejandro und seine Brüder kämpften bis zum Sieg in der *Frente Sur.*

San Castos

MALERGESCHICHTEN
AUFGEZEICHNET VON GERDA SCHATTENBERG

Gerda Schattenberg, Romanistin und Übersetzerin, lebt in Nicaragua, arbeitet über Volkskulturen in Lateinamerika und ist Herausgeberin eines Standardwerks über das Lied in Lateinamerika.

Olivia Guevara

Olivia Guevara

BEIM MALEN ENTDECKEN WIR UNS SELBST

Doña Olivia Guevara ist die Mutter von elf Kindern, von denen fünf malen: Alejandro, Mariíta, Gloria, Esperanza und Miriam, und sie malt selbst. »Erst haben meine Kinder angefangen zu malen«, gesteht sie, »dann mußte ich es einfach auch versuchen. Und heute kann ich mir ein Leben ohne Malerei einfach nicht mehr vorstellen.« Alejandro, Gloria und Esperanza schreiben auch Gedichte; Donald, der ebenfalls ein guter Dichter war, wurde von der Nationalgarde umgebracht. Wir sprachen mit Doña Olivia in Managua, wo sie zur Zeit lebt.

G. Schattenberg: Doña Olivia, was bedeutete für die Bauern von Solentiname die Malerei?
Doña Olivia: Die Malerei hat unser Leben verändert, anders kann man das nicht sagen. Sie war etwas so Neues und Wunderbares, daß sie für uns Bauern ein neues Erwachen bedeutete. Unser Leben war hart, ein Leben in Arbeit. Wir lebten praktisch in einem Dämmerzustand dahin, wir hatten keine Abwechslung, nur Arbeit und immer wieder Arbeit, der Mann auf dem Feld, die Frau im Haushalt, und die Kinder halfen mit. Die Malerei hat unser Leben bereichert, sie hat uns eine neue Freude am Leben gebracht. Wir haben uns durch die Malerei endlich selbst entdeckt, haben unsere Landschaft, in der wir lebten, mit neuen Augen sehen gelernt. Wir lebten praktisch in der Schönheit, wir wußten es nur nicht; wenn man nicht gelernt hat, sie zu schätzen, ist man wie mit Blindheit geschlagen. Als wir die Malerei entdeckten, entdeckten wir eine neue Welt. Wir nahmen den Reichtum unserer Natur wahr. Jetzt ist die Malerei ein Bestandteil unseres Lebens, ja ich möchte fast behaupten, daß wir es erst jetzt als Leben bezeichnen können, vorher vegetierten wir nur so dahin.
G. Schattenberg: Ja, Oscar Mairena sagte einmal: »Wir waren wie die Meeresbewohner, wie die Vögel und Fische, die uns umgaben, so lebten wir.« Doña Olivia, und wie kam es, daß die Bauern zu malen anfingen?
Doña Olivia: Der erste Maler war Eduardo. Es war wirklich ein glücklicher Umstand, wie es zur Malerei auf Solentiname kam. Es gibt nur wenige kulturelle Traditionen auf unseren Inseln, aber eine besteht darin, daß wir die Guacales, das sind die Kalebassen, die uns als Schüsseln und Trinkgefäße dienen, verzieren. Jetzt allerdings auch schon immer weniger, denn fast alle Familien benutzen Plastikgläser, so ist das eben. Aber damals, Ernesto Cardenal war noch nicht lange auf der Insel, sah er bei einem Bauern – bei Eduardo Arana – eine besonders schön verzierte Kalebasse, sie war mit einer Seejungfrau verziert, ich erinnere mich genau, und da kam ihm der Gedanke, daß in diesem Bauern ein Künstler stecken könnte. Er gab Eduardo Papier und Farbstifte und ermunterte ihn, ein Bild zu malen. Eduardo hatte zwar große Bedenken, denn er konnte nicht einmal lesen und schreiben, aber es gelang ihm wirklich ein gutes Bild. Zu dieser Zeit kamen auch gerade Maler aus Managua zu Besuch, sie brachten Ölfarben und Leinwand mit und gaben sie Eduardo. So kam es, daß Eduardo sein erstes Ölbild malte. Ernesto hat dann eine Werkstatt errichtet, er schnitzte schöne Holzfiguren, und bald waren die ersten Holzschnitzer am Werk, Oscar Mairena zum Beispiel, und auch Alejandro. Alejandro wohnte bereits seit langem in der Gemeinde auf Mancarrón. Als Ernesto nach Solentiname kam, das war 1967, war Alejandro ein junger Bursche von 17 Jahren, und ich schickte ihn sofort auf Arbeitssuche zu Ernesto. Er präsentierte sich mit seiner Machete und fragte an, was er arbeiten könne. Es gab viel zu tun, das Terrain war zu säubern, Bäume zu fällen, die Häuser zu bauen. Bald aber arbeitete Alejandro nicht nur dort, sondern integrierte sich in die christliche Gemeinde. Ernesto förderte ihn, gab ihm Unterricht. Als Ernesto einmal für zwei Wochen nach Managua fuhr, fand er bei seiner Rückkehr das erste Bild Alejandros vor. Es war anders als die Bilder von Eduardo, um ehrlich zu sein, gefiel es uns viel besser. Die Malerei von Eduardo wirkte irgendwie wie aus der Vogelperspektive gemalt, wie aus einem Flugzeug auf die Dinge herabschauend. Die Landschaft von Alejandro regte uns alle an, wir bewunderten die fein gemalten Blätter, die in allen Einzelheiten ausgemalte Insellandschaft mit ihrem See, den Bäumen, den Tieren.

Das waren die Anfänge. Andere Bauern folgten nach. Rodolfo Arellano, Elba Jiménez, Oscar Mairena. Meine anderen Kinder begannen auch, Mariíta, Gloria, Esperanza, Miriam.

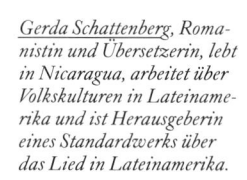

Ich bin praktisch als letzte dazugekommen, ich fing um das Jahr 74 an, und da ich sehr langsam male, hatte ich nur zwei oder drei Bilder gemalt, als die Oktoberoffensive von 1977 kam und das Leben auf Solentiname unterbrochen wurde.
G. Schattenberg: Und wenn Ernesto Cardenal nicht auf die Insel gekommen wäre?
Doña Olivia: Nicht auszudenken. Noch heute danke ich Gott dafür, daß dieser Priester gerade nach Solentiname kam; ich empfinde es richtig als ein Wunder, daß er kam und daß er in uns Bauern die Holzschnitzer und Maler entdeckte. Wenn Ernesto Cardenal nicht nach Solentiname gekommen wäre, dann hätten wir sicher genauso weitergelebt wie seit Jahrhunderten. Wir besaßen Fähigkeiten, aber sie waren verschüttet, keiner wußte davon, denn wir wurden in Unwissenheit gehalten. Sicher, es bestand ein »Gemeinschaftsgefühl des einfachen Menschen«, wie ich es nennen würde. Ein solidarisches, aus der gemeinsam geteilten Not heraus geborenes Gefühl. Wir kannten uns alle. Wenn ein Boot vorbeifuhr, schauten wir nach, wer dort fuhr, wir winkten uns zu, wir halfen uns gegenseitig beim Transport, halfen uns zum Beispiel beim Hausbau. Auf den Inseln sind viele Häuser noch strohgedeckt, da muß das Dach nach bestimmter Zeit erneuert werden. Wir waren damals an die hundert Familien, das machte etwa tausend Personen aus. Jede Familie wohnte für sich irgendwo am Ufer des Sees, aber wir hielten doch zusammen. Jeder hatte kaum das Notwendigste zum Leben. Es gab lange Zeit keine Schule auf den Inseln, wir wußten gar nicht, was das ist, eine Schule. Auf den Inseln selbst gab es keine Kirche, und wenn Pfarrer von außerhalb kamen, dann predigten sie Bescheidung, Ausharren in Geduld.

So sah das alles aus, als 1967 wunderbarerweise Ernesto Cardenal nach Solentiname kam. Mit der christlichen Gemeinde, die er schuf, gewann unser Gemeinschaftsgefühl einen anderen Charakter. Mit ihm begannen sich die Dinge zu ändern. Ernesto weckte in uns ein neues Bewußtsein. Wir lernten, was es heißt, ein richtiger Christ zu sein, was das Evangelium für uns arme Bauern bedeutete.

Die sonntäglichen Bibelgespräche bewirkten in uns einen Verhaltenswandel, einen Wandel im Denken und auch im Handeln. Ein neues Verhältnis zum anderen, zur Gemeinschaft. Das traf ganz besonders auf die Jugendlichen zu, sie fanden sich zu einer Jugendgruppe zusammen, die Alejandro leitete. Und später, das ist bekannt, setzten sie das Wort Gottes in die Tat um, setzten ihr Leben im Kampf gegen den Tyrannen ein.

Wir machten einen langen Entwicklungsprozeß durch. Es war keine Angelegenheit von Monaten, sondern von Jahren. Wir wurden uns allmählich unserer Wirklichkeit bewußt, und dabei halfen uns die Bibelgespräche. Wir setzten uns in der kleinen Kirche in einem Kreis zusammen. Dann begann einer eine bestimmte Stelle aus dem Evangelium vorzulesen, die anderen hörten zu. Anschließend stellte Ernesto Fragen, was wir über die Bibelworte dachten und darüber zu sagen hatten. Jeder sagte frei heraus seine Meinung, aber manchmal entstand auch ein langes Schweigen. Es gibt schwierige Passagen, die eine Person allein gar nicht verstehen kann. Und manchmal sprachen wir auch etwas vorsichtiger, weil Spitzel kamen, gerade in den Jahren 1972/73. So wurden wir uns über viele Dinge klar. Und nach dem Gottesdienst aßen wir alle zusammen in dem offenen Gemeinschaftshaus, das vor der Kirche stand. Es war Sitte, daß jeden Sonntag eine andere Familie das Essen für alle bereitete. Es war immer wie ein Fest.
G. Schattenberg: Doña Olivia, Sie haben mit Recht den neuen gemeinschaftlichen Charakter, den das Leben auf Solentiname angenommen hatte, unterstrichen. Nun zurück zur Malerei. Wie unterscheiden sich Ihre Bilder von denen der anderen Maler von Solentiname, worin besteht das Gemeinsame, und worin unterscheiden sie sich, was meinen Sie?
Doña Olivia: Jeder hat seine Art zu malen. Ich sehe mir die Bilder an und kann auf den ersten Blick sagen, wer das Bild gemalt hat. Sicher, wir malen alle unsere Inselwelt, unsere Dschungellandschaft, die wir täglich vor Augen haben und die andere als paradiesische Landschaft bezeichnen. Wir malen das Wasser, die Bäume, die Palmen, die schönen weißen Reiher, die Vögel, die Menschen beim Fischen, beim Kirchgang oder bei der Ernte. Wenn wir uns eine Bananenstaude ansehen, können wir sagen, sie sehen alle gleich aus, auch die Blätter eines Baumes sehen gleich aus, aber jeder hat seine Art, die Staude zu sehen, das Blatt zu sehen, sie in einem bestimmten Zusammenhang, in einem bestimmten Farbton zu malen. Darum ähneln sich die Bilder und sind doch alle unterschiedlich.

Auch die Thematik ist zum großen Teil die gleiche, aber jeder sieht sie mit anderen Augen. Jeder hat seine eigenen Erfahrungen und dadurch seine eigene Art, die Dinge zu sehen, und darum auch seine eigene Art, die Dinge auf der Leinwand darzustellen. Einer hält sich genauer an die Natur, ein anderer läßt seiner Phantasie freien Lauf.

In den Farben unterscheiden sich die Bilder, das ist auffällig. Wie einer die Farben mischt, welche Farbschattierungen er vorzieht. Der Bauer lebt in der Natur, das ist das einzige, was er sieht. Aber einige malen den See besser als andere, einige besonders sorgfältig den Himmel und die Wolken, wie zum Beispiel Alejandro. Einige setzen Menschen in die Landschaft, andere nicht. Einige haben schon früh religiöse Bilder gemalt, wie Gloria den Christus am Kreuz oder Miriam das Heilige Abendmahl.

Es sind also die drei Dinge: die Farben, die Figuren und die Bäume, wie sie Blatt für Blatt gemalt sind, darin unterscheiden sich die Bilder vor allem. Es gibt die kollektiven Züge und die Besonderheiten der einzelnen Maler, ihre Individualität. Und dann kommt noch etwas hinzu. Die Malerei verändert sich, weil sich unsere Wirklichkeit ändert. Jetzt, nach dem Sieg, sind neue Themen hinzugekommen, wir erleben die revolutionären Veränderungen. Die Revolution umfaßt alles, was sich jetzt in Nicaragua in Bewegung gesetzt hat. Die Milizen zum Beispiel, die gibt es jetzt auch in Solentiname, die Alphabetisierungskampagne fand statt, die Kinder gehen jetzt regelmäßig in die Schule. Es gibt neue landwirtschaftliche Projekte. Das alles bereichert auch die Malerei mit neuen Themen.

G. Schattenberg: Doña Olivia, Sie leben jetzt in Managua, reizt es Sie nicht, auch ein Managua-Bild zu malen?

Doña Olivia: Ich weiß nicht, oder vielleicht in dem Sinne, daß jetzt Solentiname nicht mehr nur eine Insel der Hoffnung ist, sondern ganz Nicaragua neue Hoffnungen in uns weckt. Ich möchte weiter meine Insellandschaften malen, die Schönheiten Solentinames, aber auch mit den neuen Dingen, die die Revolution gebracht hat. Aber wenn ich ein Bild sehe, auf dem es kein Wasser gibt, dann fehlt mir irgend etwas. Das Wasser ist unser Lebenselement, das male ich besonders gern. Und unsere Vögel, die Reiher zum Beispiel. Ich schaue mir hier die Vögel an, sie sind so klein. Die Reiher sind groß und schön, sie geben dem See eine besondere Schönheit.

Als ich mein erstes Bild fertig hatte, fühlte ich mich richtig glücklich, zufrieden und glücklich. Und jetzt male ich, wann ich nur kann, und welch ein Glück, denn ich bin schon alt und krank. Die Malerei hilft mir zu leben, und sie verschafft mir eine innere Ruhe. Der Krieg war schrecklich, die Aufregung der Flucht nach Costa Rica, die Zerstörung der Gemeinde von Solentiname durch die Nationalgarde, der Tod meines Sohnes Donald. Die Malerei hilft mir, das alles zu überwinden. Zu Anfang habe ich oft meine Tochter Maríita beobachtet, wie sie malte, wie sie die Farben mischte. Ich habe sie gefragt, warum sie die Farben so mischte, anstatt das Grün zu nehmen, wie es auf der Palette war. Sie zeigte mir, wie man den gewünschten Farbton erhielt. Und Maríita hat die Maltechnik ganz allein entdeckt, durch Experimentieren. Jeder malte ja bei sich zu Hause, wir zeigten unsere fertigen Bilder Ernesto und besprachen sie dann. In der Werkstatt wurden vor allem Figuren geschnitzt, Vögel und Fische, und auch mit Ton gearbeitet, aber nicht gemalt. Ernesto war ein guter Holzschnitzer, Oscar Mairena schnitzte schöne Figuren aus Balsaholz, Alejandro und andere Bauern auch. Wir waren eine ganze Gruppe von »cardenalistas« – Anhängern von Cardenal –, Rodolfo Arellano, Oscar Mairena, unsere ganze Familie Guevara. Pablo Mayorga war noch ein kleiner Junge, als er zu malen anfing. Seine Mutter zeigte Ernesto einige Zeichnungen, und er richtete es dann so ein, daß Pablito nach der Schule in die Gemeinde ging, dort sein Mittagessen erhielt und malte. Er hat einen großen Teil der Kirche ausgemalt.

María zeigte Gloria, wie sie malte, und Gloria zeigte es Marina, und Miriam lernte es bei María, so lernte einer vom anderen. Carlos García fing erst ganz spät an zu malen, 1975 etwa. Er ist ein besonderer Fall. Er war ein ganz schüchterner Junge, ganz in sich gekehrt. Selten sahen wir ihn bei den sonntäglichen Gottesdiensten, selten kam er, wenn wir unsere Bilder besprachen. Er fing später als alle anderen an zu malen und kam immer gleich mit seinem fertigen Bild, um es Ernesto zu zeigen. Heute malt er die besten Bilder.

Wir malten von Anfang an mit Ölfarben und auf Leinwand, so fingen wir an, und dabei blieben wir. Ich male langsam, langsamer als die anderen, ich brauche bestimmt zwei Monate für ein Bild. Aber dafür habe ich entdeckt, daß ich an zwei oder drei Bildern parallel malen kann, das ist vielleicht genauso wie bei einem Gedicht, man schreibt sich einen poetischen Einfall auf, um ihn nicht zu vergessen, und so geht es mir mit der Malerei. Mir fällt ein neues Thema ein, das bringe ich auf die Leinwand, das bereitet mir eine neue Freude und beruhigt mich. Genau das ist es, ich fühle mich ruhiger. Ich schaue mich immer nach neuen Themen um, sogar wenn ich fernsehe; aber wenn ein See auftaucht, ein Gewässer, dann freue ich mich, dann denke ich bei mir, wie schön, und es ist mir, als sei ich auf meine Insel versetzt.

RODOLFO ARELLANO

ICH BEOBACHTE ERST UND DANN MALE ICH

Ich stehe um fünf in der Frühe auf, sehe nach, ob etwas im Haus fehlt, Brennholz vielleicht oder Bananen zum Frühstück, das besorge ich, und dann gehe ich aufs Feld. Ich baue Mais und Bohnen an, für unseren täglichen Gebrauch, aber wenn möglich auch zum Verkauf. Der Acker ist etwa einen Morgen groß, das ist nicht viel. Reis wird hier auch angebaut, aber das ist sehr aufwendig. Mais und Bohnen können das ganze Jahr über angebaut werden, es gibt zwei Ernten, beim Reis aber nur eine. Und dann die Schädlinge, die oft die Ernte kaputtmachen, beim Reis aber auch die Vögel, der Zanate insbesondere, und die Ratten und die Ameisen.

Solentiname

Rudolfo Arellano

Ich bleibe etwa zwei Stunden auf dem Feld, die Sonne steht noch nicht zu hoch, und es ist noch schön kühl. Nach der Feldarbeit komme ich nach Hause zurück, bade und frühstücke. Und dann beginne ich zu malen. Aber schon während der Arbeit auf dem Acker frische ich meine Gedanken auf und kehre zu dem Bild, an dem ich male, mit neuen Ideen zurück, und meist mit besseren als vorher. Ich denke an das Thema, das ich male oder malen werde, damit es keine Unterbrechungen gibt.

Am Nachmittag gehe ich wieder auf den Acker, schaue nach der Aussaat oder bringe die Ernte ein. Wenn der Mais noch jung steht, muß man wegen der Schädlinge besonders aufpassen. Die Schädlinge machen uns hier auf der Insel viel zu schaffen, aber noch schwieriger ist das Klima. Es gibt sehr heiße, trockene Sommer, oder aber es regnet zu früh oder zu lange, das wissen wir vorher nie. Wenn wir zu früh aussäen, und es ist zu trocken, dann wollen die Pflanzen nicht wachsen und geben kein Korn. Wenn wir zu spät aussäen, dann ist es genauso schlimm, weil der Regen die Pflänzchen zu klein erwischt und sie nicht rechtzeitig blühen können. Da sind wir machtlos. Wir arbeiten ja vor allem noch nach den ganz alten Methoden, woanders gibt es vielleicht schon Möglichkeiten, das besser zu kontrollieren.

Am Nachmittag, wenn langsam der Abend hereinbricht, fahre ich gern zum Angeln hinaus. Das habe ich schon gemacht, als ich noch ganz klein war. Wir haben hier viele verschiedene Fische, mojarras, saliguapotes, laguneros, sabaletas, um nur die schmackhaftesten zu nennen. Ich angele mit der Rute, als Köder nehme ich kleine Krebse, da beißen sie gut. Es gibt immer etwas zu tun, manchmal fahre ich auch zu einer Versammlung, gerade jetzt, weil wir uns organisieren, oder ich fahre einen Familienangehörigen oder einen Freund auf einer anderen Insel besuchen. Aber das nur manchmal. Wenn ich beim Malen bin, arbeite ich stundenlang und stehe nur auf, um etwas zu essen. Gerade in Zeiten, wenn kein Acker bestellt werden muß, male ich den ganzen Tag. Ich kann ja nur am Tag malen, beim Licht des Tages, denn wir haben hier noch keinen elektrischen Strom.

Ich habe vor vielleicht sieben Jahren angefangen zu malen. Damals war ich Tagelöhner, arbeitete etwa zwei Wochen außer Haus, die andere Zeit auf meinem Acker, aber es reichte nicht hinten und nicht vorn. Ich bekam einen miserablen Lohn. Meine Frau hatte schon angefangen zu malen, andere Bauern auch schon. Ernesto Cardenal ermunterte sie, verschaffte ihnen das Material. Ich besprach mich mit einem anderen Bauern, der bereits malte, er erzählte mir, daß Ernesto ihm mit Pinseln und Farben half. Und so war es bei mir auch. Ich habe also vielleicht ein Jahr später als meine Frau, Elba, angefangen zu malen, ich hoffte, daß es mir und meiner Familie zugute kommen würde. Ich habe schließlich acht Kinder, 16 ist die älteste, drei die jüngste, sie wollen versorgt sein. Ich hoffte also, daß die Malerei mir half weiterzukommen. Ich begeisterte mich aber gleich am Malen, es ging mir gut von der Hand, ich hatte meine eigenen Ideen.

Mein erstes Bild, das ich malte, ja, das möchte ich zu gern noch einmal sehen, ich möchte es zu gern haben, um zu sehen, wie ich anfing. Es wurde aber sofort verkauft, und ich weiß nicht, wo es ist. In der Malerei ist es wie beim Lesen und Schreiben lernen, zuerst hat man eine häßliche Schrift, und dann wird sie immer schöner. Es war eine Landschaft. Auf die rechte Seite setzte ich ein Haus mit Schindeldach, in der Mitte war der See mit einem Boot drauf, eines der kleinen Boote, die hier fahren, und einige Leute badeten im See; es war eine Art Badeort, so stellte ich es mir vor. Ich malte, was ich in der Natur gesehen hatte, in der Wirklichkeit. Ich würde nicht etwa Dinge malen, die ich nicht kenne, die keinen Zusammenhang haben. Ich malte ein Boot, weil es hier solche Boote gibt, ich malte das Haus mit Schindeldach, weil sie hier stehen, und ich malte den See, weil er unser Lebenselement ist. Ich sehe zum Beispiel diesen Mangobaum und male seine Blätter, wie ich sie vor Augen habe. So ist alles, was ich male, wirklich. Ich male eine Bucht, wie ich sie mir vorstelle, weil ich sie gesehen habe, weil ich weiß, da ist sie.

Das zweite Bild stellte die Inselgruppe Solentiname dar. Ich malte unsere Inseln und das Wasser und die Vögel, die es hier gibt. Pelikane und andere, mindestens acht verschiedene Vogelarten. Es war ein schönes Bild, denn es gefiel den anderen. Inzwischen habe ich schon an die fünfzig Bilder gemalt. Was mir am meisten Arbeit bereitet? Ich meine, die Bäume, Pflanzen und Gräser in ihren Details zu malen, die verschiedenen Formen der Blätter der verschiedenen Bäume genau auszumalen. Ich male gleich auf die Leinwand. Ich mache eine ungefähre Aufteilung, was aufs Bild kommen soll – wenn ich den See male, bis wohin die Küste reicht, wo der Himmel beginnt, hier steht der Mangobaum, dort die Palme. Wie auf meinem letzten Bild, dem Kinderspielplatz von Solentiname. Und dann sagt mir jemand, aber das entspricht ja gar nicht der Wirklichkeit. Die Palme steht ganz woanders und der Mangobaum auch. Ich male bei mir zu Hause, male, was ich gesehen, aber nicht mehr direkt vor Augen habe. Wenn ich direkt dorthin gehe, würde ich es wahrscheinlich genauer malen. Aber ich sitze zu Hause und male, was ich dort gesehen habe.

Auch wenn ich wegfahre, beobachte ich genau alles. Kürzlich sind wir nach Masaya gefahren, haben den Vulkan Santiago gesehen, das prägt sich mir ein. Oder diese kleine Anhöhe, die wir vor uns haben, die schaue ich mir genau an. Es ist besser, so zu arbeiten, etwas zu malen, was man kennt, das gelingt einem besser. Sicher kann man auch aus der Einbildungskraft heraus arbeiten, aber es ist nicht das gleiche. Es ist nicht so schöpferisch, wie etwas zu malen, was man einmal gesehen hat und im Bild wiedererschafft. Eine Landschaft zum Beispiel oder einen Baum: einen Baum, den man genau kennt, malt man in allen seinen Einzelheiten, das ist aber bei einer imaginären Landschaft nicht so, weil man sie nur erfindet. Sehen wir die Landschaft hier – das ist der Baum, da liegen die Steine darunter. Wenn ich nun das Thema dieses Baumes male, dann setze ich den Baum an seinen Ort und die Steine darunter, da sie dort liegen. In einer erfundenen Landschaft male ich eben keine Steine, wenn ich nicht will, hier aber muß ich sie malen.

Wie gesagt, male ich zu Hause, da muß ich vieles malen, was ich beobachtet, aber nicht im Moment vor Augen habe. Ich suche mir den geeigneten Platz, wo Schatten ist, aber genug Licht, wo der Wind nicht so bläst. Im Krieg war es schlimm. Wir konnten nichts mehr richtig machen, ich verteckte meine Malutensilien im Wald, damit die Nationalgardisten sie nicht fanden. Wir hatten immer sonntags an den Gottesdiensten teilgenommen, die Ernesto abhielt, wir hatten uns an den Bibelgesprächen beteiligt. Es war üblich, daß jeden Sonntag eine Familie das Essen für alle zubereitete. An der Tür hing ein Zettel mit den Namen der Familien und an welchem Sonntag sie dran waren. Als die Nationalgarde nach der Erstürmung der Garnison von San Carlos nach Solentiname kam, sah sie auf der Liste sofort, welche Familien sympathisierten. Ich fuhr dann etwa zwei Jahre nicht nach San Carlos. Elvis Chavarría, den die Soldaten zusammen mit Donald Guevara erwischten, im Gefängnis folterten und töteten, war ein Verwandter von uns, und die ganze Familie Chavarría stand auf der »roten Liste«. Ich verstaute mein Malmaterial in einer Kiste und versteckte sie im Wald. Aber ich hörte nie auf zu malen, es hielt mich nicht zu Hause, ich ging in den Wald und malte, um nicht zu vergessen. Damit die Hand nicht aus der Übung kam. Meine Frau allerdings malte gar nicht mehr. Sie hatte noch mehr Angst als ich. Es waren harte Zeiten, aber wir halfen uns untereinander. Ich gab die Ernte zum Verkauf nach San Carlos einem anderen Bauer mit, er kaufte dann auch ein, was wir brauchten. Manchmal fuhr auch Elba, denn ihr als Frau taten die Soldaten nicht so leicht etwas an.

Dann aber blieb uns keine andere Wahl als die Flucht. Wir passierten bei La Punta die Grenze und mußten dann an die zehn Stunden laufen, die meiste Zeit durch Sumpfland, das Wasser reichte uns oft bis zu den Waden. Und das alles mit Frau und Kindern. Ich hatte sogar einige Bilder mitgenommen und brachte sie nachher auch wieder heil zurück; vor allem die Bilder, die schon weit gediehen waren, die konnte ich doch nicht einfach so zurücklassen. In Costa Rica half mir ein Freund, ich arbeitete auf einer Farm als Wächter, damit konnte ich meine Familie so recht und schlecht durchbringen. Im August kehrten wir zurück, Anfang August. Das Rote Kreuz brachte die Frauen und die Kinder bis nach San Carlos, wir Männer gingen den gleichen Weg zurück, auf dem wir geflohen waren, aber jetzt frohen Muts.

Elba Jiménez

IN DEN AUGEN ALLER MENSCHEN WOHNT EINE UNSTILLBARE SEHNSUCHT

Gut, ich will versuchen, mich zu erinnern, wie alles angefangen hat. Ich habe angefangen, auf einem Stück Karton zu malen, da war gerade unser Zweitältester geboren. Das sind nun schon zehn Jahre her, oder mehr. Als ich meine erste kleine Malerei auf diesem Stück Karton fertig hatte, setzte ich mich an einem Sonntag ins Boot und fuhr hinüber zu Ernesto Cardenal, um ihm mein Bild zu zeigen. Es gefiel ihm, und er sagte zu mir, daß ich zusehen sollte, wie ich mir Pinsel und Ölfarben besorgte, damit ich weitermalen konnte. Es gab ja schon mehrere Bauern auf Solentiname, die durch Ernesto Cardenal zum Malen gekommen waren. Ich malte aber noch ein kleines Bild auf Packpapier, das hatte ich gerade zur Hand. Dann ging ich zur Marina Ortega, sie redete mir auch gut zu, daß ich nun schon anfangen könnte, richtig zu malen. Ich hatte mir schon immer angeguckt, was die anderen gemalt hatten, und mir meine eigenen Vorstellungen gemacht.

Ich hatte jetzt Pinsel und Farben und malte auf einem Stück Holz, es war ein ziemlich kleines Stück, denn ich fing ja gerade erst an, wagte ich mich an ein großes noch nicht heran. Auf diesem ersten Holzbild malte ich ein kleines Boot mit seinen Rudern und eine Hütte mit einem Palmstrohdach. Ich malte die Bäume und die Wolken, ich malte das Wasser, und darauf das Boot, bis das Bild sich so langsam füllte. Ich brachte das Bild Ernesto, und er fand es schön.

Nach diesem ersten Bildchen wagte ich mich schon an ein größeres, es war ein Apfelsinenbaum. Ja, das Thema des Bildes war ein großer Apfelsinenbaum. Ich weiß auch nicht, warum ich gerade auf diese Idee kam, es reizte mich eben. Ich malte den ausladenden Baum mit den Apfelsinen, und nachdem ich die Apfelsinen gemalt hatte, setzte ich zwei kleine Papageien

Elba Jiménez

Elba Jiménez mit ihren Kindern

auf die Zweige, und unter dem Baum malte ich einen sitzenden Mann, einen anderen, der Apfelsinen mit einem Stock herunterholt und noch einen anderen, der Apfelsinen schält, außerdem überall herumliegende Apfelsinen. Das war mein Apfelsinenbaumbild.

Das war der Anfang, so bin ich zum Malen gekommen. Das Bild wurde sofort verkauft. Dadurch konnte ich mir meine Malutensilien kaufen, und es konnte weitergehen. Rodolfo begann ebenfalls zu malen, andere Bauern malten ja schon seit einiger Zeit. Die anderen waren schon viel weiter, aber wir kamen langsam auch dazu. Die Bilder der anderen waren schon viel schöner, viel prächtiger. Ich guckte sie mir gern an, sie gefielen mir. Ich dachte da zuerst noch nicht, daß ich vielleicht auch malen könnte, daß ich diese Arbeit vielleicht auch erlernen könnte. Sicher ist es eine Arbeit, aber gleichzeitig macht es auch großen Spaß. Alles ist Arbeit, nicht wahr? Beim Malen arbeitet man nicht nur mit der Hand, sondern mit allen Sinnen, man überlegt, wie male ich diesen Baum, wohin setze ich ihn, wie fülle ich diese Ecke, male ich hier noch einen Reiher und hier noch ein Huhn, das will alles überlegt sein. Angefangen vom Haus, wie es aussehen soll, welche Tiere es umgeben sollen, denn Tiere umgeben uns hier immer. Welche Farben das alles im einzelnen haben soll. Das alles sind Gedanken, Vorstellungen, die ausgearbeitet werden wollen. Ich male vor allem schon, was mir vor Augen kommt, was meine Aufmerksamkeit erregt. Ich sehe diesen Guabobaum und sage mir, den werde ich malen, er sieht gerade so hübsch aus, wie er in Blüte steht. Das reizt mich. Unser Haus, nein, das habe ich noch nicht gemalt, so wie es jetzt aussieht, ist es schrecklich häßlich. Vielleicht werden wir es eines Tages auch schön haben können. So wie es ausschaut, will ich es nicht malen, höchstens wie ich es mir einmal wünsche, hübsch hergerichtet und mit vielen Hühnern und Schweinen herum, das schon …

Aber das wird schon noch eine Weile dauern. Wir leben hier bereits ziemlich lange, ja, mit der Unterbrechung durch den Krieg. Wir mußten vor der Nationalgarde fliehen. Damals vergaßen wir fast unsere Malerei, die Nationalgarde verfolgte uns Bauern, die wir mit der Kommune, mit Ernesto Cardenal und den Guerrilleros, zu tun hatten. Wir hatten große Angst. Wir versteckten alles Material, das uns so viel Geld gekostet hatte, wir mußten es verstecken. Sie sollten es nicht finden, und so konnten wir höchstens heimlich weitermalen. Wir versteckten die Bildchen in einer Kiste, und als wir sie hervorholten, waren sie von Holzwürmern durchlöchert, es war schon eine Plage. Es führte zu nichts, wir gaben die Malerei für diese Zeit auf. Jetzt haben wir endlich wieder Ruhe.

Ich arbeite an einem Bild an die zwei Wochen, einen Monat, das kommt ganz darauf an. Wenn ich ein Bild fertig habe, weiß ich schon längst, welches das nächste sein wird, welches Thema. Ich habe mir beim Malen bereits vorgestellt, mal sehen, was das nächste sein wird. Ich male immer, wann ich nur kann, manchmal den ganzen lieben Tag lang. Aber manchmal werde ich von zu vielen Dingen abgelenkt. Sie sehen die Kinder, acht haben wir im ganzen, die wollen versorgt sein. Ich gehe in die Küche und schaue, was gekocht werden kann, wasche die Wäsche im See, kümmere mich um die Tiere. Es gibt immer etwas zu tun. Jetzt habe ich kein Kleines mehr zu versorgen, das hält am meisten auf.

Gloria Guevara

CHRISTUS AM KREUZ IST EINER VON UNS

Gerda Schattenberg: Du hast ein Christusbild gemalt, das in der Bundesrepublik durch ein Plakat sehr bekannt geworden ist. Christus am Kreuz ist auf deinem Bild ein junger Bauer, und Bäuerinnen beweinen ihn. Was hat dich bewegt, das Bild so zu malen?
Gloria Guevara: Ich hatte vorher schon einige Bilder gemalt, aber mit den Themen unserer Insellandschaft, mit dem See, den Bäumen, den Pflanzen und den Vögeln. Eines Tages jedoch kam es mir in den Sinn, Christus am Kreuz zu malen, allerdings nicht den traditionellen Christus, wie wir ihn seit der Kindheit von den Heiligenbildern her kannten, sondern Christus als einen von uns. Es ist bestimmt durch die Bibelgespräche gekommen, die sonntäglichen Gespräche über das Evangelium, die wir damals zusammen mit Ernesto Cardenal in unserer kleinen Kirche von Solentiname führten. Wir lasen gemeinsam bestimmte Abschnitte des Evangeliums und besprachen sie in der Gruppe. Jeder sagte frei heraus, was er davon dachte, wie er sich persönlich davon betroffen fühlte. Es ging eigentlich darum zu begreifen, was es heute bedeutet, ein richtiger Christ zu sein. Christus war der Messias, der das Volk befreien wollte, er kam, um für die Armen zu sterben. Und da wir die christliche Lehre immer direkt auch auf uns bezogen, sahen wir uns um, wie es bei uns ausschaute. Bei uns in Nicaragua wurden die Menschen, die für eine Veränderung kämpften, die eine gerechte Gesellschaft wollten, in der die Menschen wie Brüder lebten, verfolgt, gefoltert, getötet. Sandino wurde getötet. Rigoberto wurde getötet, und er war ein Dichter. Die Widerstandskämpfer von der Sandinistischen Befreiungsfront wurden von der Nationalgarde verfolgt, ins Gefängnis geworfen, zu Tode gefol-

Gloria Guevara

tert. Das war ihr Kreuzestod. Das war ihr Leidensweg durch die Gefängnisse. So habe ich das Evangelium verstanden. Darum malte ich die heutige Leidensgestalt des Geopferten, den gekreuzigten Christus als einen von uns, als einen jungen Bauern, als einen Guerrillero. Ich malte ihn in Jeans und Baumwollhemd, er kann ein Bauer aus Solentiname sein oder ein Bauer aus dem Norden, wo die Guerrilla besonders aktiv war und die Repression besonders grausam. Und der Gekreuzigte ist nicht allein. Die Bäuerinnen umringen ihn und beweinen ihn. Ich wollte zeigen, daß die Bäuerinnen solidarisch sind, daß sie ihm vorher geholfen haben und jetzt Anklage erheben.

Gerda Schattenberg: Und die Landschaft könnte genauso den bergigen Norden wie Solentiname darstellen...

Gloria Guevara: Ich habe die Landschaft Solentinames gemalt, etwas anderes konnte ich gar nicht malen. Auf der Insel Mancarrón, der größten Insel des Archipels Solentiname, gibt es auch Bergzüge, und ziemlich hohe. Und überall liegen diese seltsamen, rundgeschliffenen, dunklen und glatten Steine. Ich bin in dieser Landschaft aufgewachsen, ich kannte damals noch gar keine andere. Diese Steine, die Berge, auch der Himmel ist der Nachmittagshimmel von Solentiname, wenn er sich langsam orangen färbt, bevor die Abenddämmerung unvermittelt hereinbricht.

Gerda Schattenberg: Du hast dieses Bild 1975 gemalt, zwei Jahre später, im Oktober 1977, hast du dich selbst dem Widerstandskampf angeschlossen und warst an der Erstürmung der Garnison von San Carlos in der Oktoberoffensive der Sandinistischen Befreiungsfront beteiligt.

Gloria Guevara: Ja, das ist nicht erstaunlich. Wir sind als Kinder von unserer Mutter streng gläubig erzogen worden. Ich war dann sehr aufgeschlossen für die Fragen des echten Christseins, für die Art, wie Ernesto Cardenal uns das Evangelium auf Solentiname nahebrachte. Ich empfing begeistert die Ideen vom Wandel des Menschen, vom neuen Menschen, vom neuen Denken und Handeln. Christ sein bedeutete für uns, die Botschaft Christi, seines Lebens, seines Opfers und der Befreiung, die er uns brachte, zu empfangen. Wir empfingen sie in unserer bäuerlichen Gemeinschaft, die das Ferment des Reiches der Liebe, der Gerechtigkeit und der Freiheit war. Wir erlebten in Solentiname die Anfänge des Reiches Gottes: des Aufbaus einer brüderlichen Gemeinschaft von Menschen. Ich empfand deshalb, daß Christus, der Verfolgte, unser Zeitgenosse ist, unser Bruder, der neue Mensch, der Bauer, der zum Befreiungskämpfer wird.

Gerda Schattenberg: Damals entstanden jedoch nur weniger Bilder biblischen Inhalts, nicht wahr?

Gloria Guevara: Ja, ich kam ganz allein auf diese Idee. Ich glaube schon, daß es das erste Bild mit einem biblischen Thema war. Ich habe dann noch ein anderes gemalt, ein Thema aus dem Alten Testament, Adam und Eva, aber auch völlig anders als auf den traditionellen Heiligenbildern. Ich malte unsere Insellandschaft und dahinein setzte ich Adam und Eva; sie hatten keinen Apfel, sondern ein paar Kokosnüsse. Ich malte ihnen auch kein Feigenblatt vors Geschlecht, sondern sie standen ganz natürlich da, nackt, Menschen wir wir. Auch sie sollten den neuen Menschen darstellen.

OSCAR MAIRENA

ZUM MALEN BRAUCHT MAN GUTE PINSEL, FARBEN, LEINWAND UND VIEL ZEIT

Ich kümmere mich um die Avocado-Pflanzungen, das ist jetzt meine Arbeit. Wir züchten verschiedene Sorten von Avocados, sie sind viel größer als gewöhnlich, fleischiger und schmackhafter. Wir müssen noch sehr aufpassen, denn die Pflanzungen sind jung und die Schädlinge in ihrer Gefräßigkeit oft schneller als wir. Ich bin für die Kooperative La Juana verantwortlich, die Pflanzungen liegen auf der Elvis Chavarría, die früher San Fernanda hieß, das ist die zweitgrößte Insel des Solentiname-Archipels. Die erste Ernte war gut, zum Glück, denn das ist es, was Nicaragua jetzt braucht. Meine Hütte steht nicht weit von hier, am anderen Ufer, dort wohne ich mit meiner Familie, 12 Kinder haben wir. Ich bin ja nicht eigentlich von Solentiname, sondern aus León, ich habe hierher geheiratet. Das Haus, in dem wir wohnen, ist von meinem Schwiegervater. Ich habe kein eigenes Stück Land, will auch gar keins besitzen, ich habe das Haus und jetzt diese Arbeit, mehr will ich nicht. Vorher war das natürlich schlimm, aber jetzt findet man Arbeit, wenn man arbeiten will. Darum sage ich mir, wozu soll ich Land besitzen? Das Land gehört allen. Das sage ich auch zu meinen Kindern: Das Land gehört allen, es gehört uns, wozu willst du ein Stückchen ganz für dich allein? Das aber sind Dinge, die viele Leute hier noch nicht verstehen.

Die Malerei, kann ich nur sagen, ist kapriziös. Wenn mir etwas gefällt, eine Landschaft, ein Tier, ein Baum, dann präge ich es mir ein und male es, hole aus mir heraus, was meine Aufmerksamkeit erregt hat, und male es, damit es mehr oder minder genauso wird. Doch die Dinge so zu malen, das geht nicht, denn sie mischen sich immer mit den eigenen Vorstellungen, die man sowieso mit sich herumträgt. Man malt also, was man sieht, es macht großen Spaß, man wählt schön die Farben, und die Dinge wer-

Oskar Mairena mit seiner Familie

Oskar Mairena

den anders, nicht wie man sie sah, sondern wie man sie sich vorstellt. Das Bild wird, wie es werden muß. Und das ist nicht so, wie man es sah. Darum sage ich, daß die Malerei ihre Überraschungen bietet.

Mein erstes Bild, ich erinnere mich genau, war ein ganz kleines, es war winzig. Ich malte eine Landschaft, eine Wiese, ich malte ein paar Bäume, das Gras. Alle drei Tage ging ich zu Ernesto und bat ihn, sich das Bild anzuschauen. Meine Frau sagte mir schon, du wirst Ernesto auf die Nerven fallen. Aber warum, entgegnete ich ihr, wenn er doch der Meister ist. Der Lehrer muß seinem Schüler alles beibringen, was er wissen muß, damit er weiterkommt, weil er zu ihm Vertrauen hat.

Und Ernesto hatte immer eine Engelsgeduld. Er freute sich, wenn etwas gelungen war. Und ich malte weiter an meinem Bildchen, heute malte ich den Baum, morgen schaute ich es mir wieder genau an, veränderte dieses und jenes, weil es mir schien, daß diese Farbe noch nicht genau getroffen war oder diese Farbe nicht gut zu der anderen paßte. Ich konnte nicht aufhören, ich wußte, es fehlte noch etwas, aber eines Tages sagte Ernesto, nun ist es gut, nun ist es fertig. Er nahm es mit. Ich weiß nicht mehr, ob jemand kam und es kaufte oder ob er es mit nach Managua nahm, jedenfalls sagte er nach ein paar Tagen zu mir: »Dein Bild ist verkauft.« Ich blieb ernst, obwohl ich vor Freude am liebsten hätte tanzen wollen. So bin ich eben. Nun gewann ich langsam Vertrauen, war nach diesem ersten kleinen Bild schon zuversichtlicher und begann sofort ein zweites.

Dann kamen einmal einige Maler aus Managua, aus der Schule für Bildende Künste. Wir versammelten uns mit ihnen und sprachen lange. Sie sagten uns nicht etwa, was wir malen sollten, aber zeigten uns, wie man die Farben mischt, wie man es anstellt, die beste Mischung zu erreichen, alles andere überließen sie uns. Aber diese Arbeit der Mischung der Farben ist sehr wichtig, um die richtige Wirkung zu erzielen; vielleicht kann man aus einem Weiß mit einem Blau eine ungeahnte Farbe erhalten, und nicht nur eine Farbe, sondern verschiedene. Diese Angelegenheit der Farben beschäftigt mich sehr. Ebenso das Material, die Pinsel. Wir haben jetzt wieder keine guten Pinsel, oder besser gesagt, mal haben wir welche, und dann wieder keine. Das ist auch ein Grund, warum ich jetzt, nach dem Sieg, noch nicht wieder angefangen habe zu malen. Andere sagen, das ist doch egal, man kann doch auch mit Schweineborsten oder Kuhhaar malen, aber mir will das nicht einleuchten. Ich bin schon ein schlechter Maler, sage ich mir, und dann soll ich auch noch mit einem schlechten Pinsel malen, da komme ich ja nie weiter.

Eigentlich gefallen mir alle Bilder, die ich gemalt habe. Aber wenn ich es richtig überlege, habe ich schon das Bild mit der Brasilia am liebsten, weil ich es malte, als ich noch malen lernte; obwohl ich immer noch lerne, nie hört einer auf zu lernen. Ja, das Bild mit dem Schiff ist mir gelungen, weil es zeigt, wie unser Leben war. So lebten wir früher. wir brauchten, um von San Carlos nach Granada über den Großen See zu kommen, an die zwölf Stunden. Abends fuhr man los, und am Morgen des nächsten Tages kam man an, wenn alles gutging und der See nicht zu stürmisch war. Wer zuerst kam und dazu das Geld hatte, mietete sich eine Hängematte und hatte es leidlich bequem. Die anderen schliefen auf dem Boden, im schönsten Durcheinander mit dem Vieh, das mitfuhr, und das war auch nicht ungefährlich, denn ein Schwein oder eine Kuh konnte sich losmachen, und was dann? Zu essen gab es, immer fuhr ein Koch mit, es gab Tortillas mit Fleisch oder Käse, Bananen und Jukka, das war nicht so das Problem, sondern daß man so langsam und mit den Tieren vermischt fuhr. Besser gesagt, wir wurden wie Vieh behandelt. Ich bin oft auf diesen Schiffen gefahren und auch auf der Brasilia, die ich gemalt habe, genauso, wie Sie sie sehen, dort die Tiere, dort die Bananenstauden, das Gemüse, die Kälber, die Fische, die Passagiere. Genauso, es ist nicht übertrieben. Es fehlten nur noch die Hühner und die Schweine. Ich habe zwei Schiffe gemalt, die Brasilia und ein anderes, das aber ist mir nur zur Hälfte aufs Bild gekommen. Die Hand führt den Pinsel, das Bild entsteht, und plötzlich ist kein Platz mehr, und so blieb die Hälfte des Schiffes draußen. Eigenwillig ist die Malerei, ich sage es ja.

Zum Malen braucht man gute Pinsel, Farben, Leinwand und viel Zeit. Jetzt, seit dem Sieg, kümmere ich mich um die Avocado-Pflanzungen und habe den ganzen Tag zu tun. Darum habe ich auch noch nicht wieder angefangen zu malen. Seit Jahren male ich nicht, denn vorher verfolgte uns die Nationalgarde, nach dem Sturm auf die Garnison von San Carlos. Die Nationalgarde behauptete, daß wir malten, um die Frente zu unterstützen, daß aus dem Geld Waffen gekauft werden. Ich hatte außerdem die ganze Zeit über in der Werkstatt von Ernesto gearbeitet, ich hatte an den sonntäglichen Bibelauslegungen teilgenommen, das waren für uns sehr wichtige Gespräche. Nachdem die Guerrilleros die Garnison gestürmt hatten, kam die Nationalgarde auch hierher. Ich wußte mir nicht anders zu helfen als alles, was ich hatte, ein Buch aus Deutschland mit der Reproduktion eines Bildes von mir, ein Buch des Che, ein paar Texte aus dem Evangelium, in einem Erdloch zu verstecken. Ich baute eine Gürteltierhöhle, wie wir es nennen – ein großes Loch und der Ausgang weit versteckt, an ganz anderer Stelle. Man sieht

*Anlegestelle vor der Hütte
Oskar Mairenas*

dann nur die Öffnung, weiß aber nicht, wo das Gürteltier seinen Ausgang gefunden hat, nicht wahr? Die Nationalgarde durchsuchte alles, die Soldaten fanden auch den Stein über der Höhle, suchten aber im Gebüsch nicht weiter. Ich hatte große Angst, wenn sie die Dinge gefunden hätten, wäre ich erledigt gewesen. Sie führten mich nicht ab, schlugen mich aber vor den Augen meiner Kinder mit ihren Gewehrkolben. Ich blieb blutend liegen, aber am Leben. Dann stand ich unter Bewachung, hatte praktisch das Haus zum Gefängnis. Nach einigen Tagen schaute ich in der Höhle nach, ob alles in Ordnung war, wikkelte noch einmal alles in Plastik ein, die Pinsel, die Farben, die Bilder, und versteckte wieder alles. Dann blieb uns nichts weiter übrig, als zu fliehen, wie es viele andere Bauern auch taten. Wir gingen nach Costa Rica, die ganze Familie. Erst fuhren wir stundenlang in einem kleinen Boot, dann legten wir einen langen Fußmarsch zurück, bis wir nach Upala gelangten. Nach dem Sieg kamen wir wieder. Ich schaute gleich in der Höhle nach – alles war verdorben. Der Regen hatte die Höhle ausgewaschen, da war nichts mehr zu machen.

Wie gesagt habe ich noch nicht wieder angefangen zu malen. Es gibt so viel anderes zu tun, wir fangen praktisch von vorn an, die Kinder wollen essen. Ja, zwölf sind es. Wie sie alle heißen? Denis, Rosibel, Melán, Oscar, Jorge, Elvis Donald, Marlene, Yolanda, Mayra, Maura, Rebecca und Omar. Doch, etwas habe ich gemacht, einen Reiher für das Denkmal, das sie für die gefallenen Guerrilleros von Solentiname in San Carlos errichtet haben. Ernesto sagte zu mir, du bist ein guter Schnitzer, warum machst du nicht den Reiher? Warum sollte ich es nicht versuchen, dachte ich bei mir. Ich hatte schließlich neun Jahre in der Werkstatt von Solentiname gearbeitet. Aber der Reiher ist mir nicht gut gelungen, ich hatte noch nie mit Zement gearbeitet, mir fehlte einfach die Erfahrung. Der Zement trocknete mir zu schnell unter den Händen, er war fest, ehe ich mich versah. Der Schnabel ist ein Schnabel, aber nicht der von einem Reiher. Heute spielen die Kinder darauf, reiten auf ihm herum, das ist ja auch nicht schlecht.

MERCEDES GRAHAM

DIE GESCHICHTE, WIE
VASCO NÚÑEZ DE BALBOA DEN PAZIFIK
ENTDECKTE UND WIE ICH SIE MALTE

Es sind vielleicht vier oder fünf Jahre her, da ergab es sich, daß ich des öfteren und auch für längere Zeit an die Karibikküste fuhr. Ich wohne nun schon seit Jahren in Panama, aber diesen Teil des Landes kannte ich nicht besonders gut. Ich weiß nicht, was mich am meisten beeindruckte, die üppige Vegetation der tropischen Urwälder der Karibik, die Tierwelt, die Quellflüsse, die Farben. Eines Tages begann ich, rein zum Zeitvertreib, mir Kieselsteine aus einem Quellfluß herauszusuchen, die meine Aufmerksamkeit durch ihre besondere Form erregten. Sie nahmen unter meinen Augen die Form von Tieren an. Und dann kam es mir in den Sinn, sie zu bemalen. Ich malte sie als die Tiere, als die ich sie gesehen hatte. Zuerst benutzte ich nur Farbstifte, dann griff ich zu Pinsel und Farben. Die aus dem Stein geformten Tiere, die auf dem Stein gemalten Tiere waren schon keine gewöhnlichen mehr, sie hatten etwas Phantastisches an sich. Ich hatte nie zuvor gemalt, hätte es mir auch nicht im Traum einfallen lassen, daß ich eines Tages malen werde. Aber die vom Wasser ausgewaschenen, fein polierten Steine ließen sich gut von mir bemalen. Ich bekam Lust, es auch einmal mit einem Bild zu versuchen. Ich hatte langsam gelernt, mit Pinsel und Farben umzugehen, ich hatte Freude an den unter meinen Händen entstehenden Gebilden. Aber dann kam noch etwas hinzu, das vielleicht den letzten Anstoß gab, ich fand ein Thema, mein Thema, wie ich sogar sagen würde, das mich motivierte, das mich beschäftigte. Ich hatte nicht nur die Natur mit neuen Augen gesehen, sondern ich entdeckte in der Natur auch die Spuren unserer Geschichte.

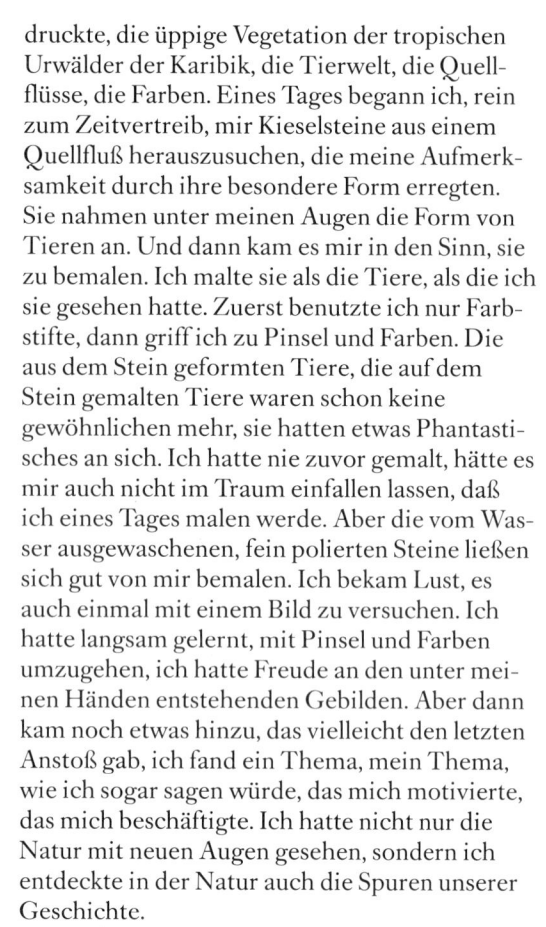

Ich stellte mir unwillkürlich vor, wie diese Natur zum erstenmal gesehen wurde, wie die Eroberer sie erblickten und in ihren Besitz zu nehmen versuchten. Ich sah förmlich vor mir, wie der spanische Konquistador Balboa mit seinen Karawanen hier durchzog auf der Suche nach dem verheißenen Goldschatz und dem unbekannten Meer, dem Pazifik. Die Natur begann sich zu bevölkern, ich malte mir meine Visionen in allen Einzelheiten aus, ich begann Bücher darüber zu lesen, Leute zu befragen. Ich hatte mein Thema gefunden, unsere Entdeckung, die auch zu meiner Entdeckung wurde, und dieses Thema ließ mich nicht mehr los

Denn da spielte sicher mit hinein, daß in diesem Naturschauspiel auch vieles aus meiner Kindheit in Nicaragua wieder lebendig wurde. Ich habe ja meine Kindheit und Jugendjahre in Nicaragua verbracht, und ich lebe zwar schon seit über zehn Jahren in Panama, pendele aber eigentlich immer zwischen Panama und Nicaragua hin und her. Ich erinnere mich, welchen Eindruck meine erste Fahrt nach Solentiname auf mich machte, als ich die christliche Kommune Ernesto Cardenals besuchte. Einige Bauern hatten da schon angefangen zu malen. Ich war fasziniert von der Landschaft, der Inselwelt, und auch tief berührt von den Bildern der Bauern, in denen sich diese Natur spiegelte. Das war lange, bevor ich zu malen begann, aber darum glaube ich fast, daß ich das alles schon in mir trug und

Vor der Hütte von Oskar Mairena

daß es nur den richtigen Anstoß brauchte, um zum Ausdruck zu kommen. Darum, sage ich, war es ausschlaggebend, daß ich mein Thema fand. Denn bestimmend ist für mich nicht, die Landschaft, die Bäume, das Wasser, die Blumen, die Tiere zu malen, sondern die sich in der Natur abspielende Geschichte. Wenn ich nichts zu erzählen habe, dann kann ich auch nicht malen. Das ist bei mir so. Es ist die Geschichte, wie sie in unseren Vorstellungen lebt, wie sie uns überliefert wird, von den Eltern auf die Kinder und die Kindeskinder. Die Geschichte, die zu Geschichten wird. Da gibt es eine Vermischung zwischen Phantasie und Wirklichkeit, da spielen die verschiedensten Elemente hinein, Träume, Erlebnisse, Legenden. Und Nicaragua ist reich an Legenden, schon unsere kindliche Vorstellungswelt bevölkerte sich mit Fabelwesen, Schreckgespenstern, Naturungeheuern, die uns als ganz real hingestellt wurden. Das sind auch Dinge, die ich gern einmal malen würde. Wenn ich nur an den *cadejo* denke, eine Art Riesenhund mit glühenden Augen, von dem alle reden, den viele gesehen zu haben behaupten, vor dem wir Kinder uns versteckten, weil wir fürchterliche Angst vor ihm hatten. Oder etwas anderes. Ich möchte schon seit langem den Kometen Halley malen, mit seinem Sternenschweif, aber es will mir noch nicht gelingen.

Panama hat seine eigenen Legenden, und wieviele ranken sich nicht um die Figur Balboas! Ich bin mit der Geschichte Balboas und der Gründung Panamas noch nicht fertig. Wenn ich mein Thema gefunden habe, denke ich es mir in allen Einzelheiten aus, ich träume sogar davon. Es kann passieren, daß ich mich monatelang damit herumtrage, es wird zur Obsession. Einmal, zu Anfang, sagte mir jemand, ich sollte doch ein Bild voller Schmetterlinge malen – es gibt hier wirklich Zeiten, da ist die Luft erfüllt von Schmetterlingen. Ich habe es angefangen und beiseite gestellt. Ich konnte nicht. Nun las ich aber einmal in einem Buch: »Panama wurde im August, im Monat der Schmetterlinge, gegründet«. Lange Zeit dachte man sogar, Panama bedeute »Fülle von Schmetterlingen«, obwohl es in Wirklichkeit »Fülle von Fischen« bedeutet. Ich begann mir sofort ein Fischerdorf an der Küste vorzustellen, voller Schmetterlinge. Es vergingen zwei, drei Wochen, in denen ich an die Schmetterlinge dachte, bis ich das ganze Bild vor mir sah. Dann erst setzte ich mich vor die Leinwand, machte eine grobe Aufteilung der Fläche, was soll da hinkommen und was dort, das eigentliche Bild hatte ich längst vor meinem inneren Auge fertig. So füllte sich das Bild mit über sechzig Schmetterlingen. Vielleicht ändere ich einige Details, aber ansonsten steht alles fest. Auch die Farben.

Auch die Farben sehe ich genau vor mir. Ich hatte von Maltechnik, von der Farbmischung keine Ahnung, aber aus eigener Anstrengung, durch die Kraft der Farben selbst, bin ich dahin gekommen. Ich kann nicht zeichnen. Ich male immer gleich mit Pinsel und Acrylfarben. Als ich mit Acrylfarben anfing und große Schwierigkeiten hatte, da sie mir zu schnell trockneten, da hat mir Alejandro Guevara sehr geholfen. Er war hier in Panama eine kurze Zeit, bevor er sich erneut dem Guerrillakampf anschloß. Alejandro, der aus Solentiname ist, malte auch mit Acrylfarben, und er half mir dabei, daß ich den Himmel und die Wolken richtig hinkriegte. Erst wollte und wollte es mir nicht gelingen, die richtige Transparenz zu erreichen, und die Wolken wurden auch nicht so, wie ich es mir vorstellte. Durch Alejandro lernte ich, den Himmel zu malen.

Weil ich das Bild so lange mit mir herumtrage, dauert auch die Vorbereitungszeit fast länger als das Malen selbst. Ich male an einem Bild vier bis fünf Wochen, aber dann male ich auch sechs bis acht Stunden am Tag, oder in der Nacht, da habe ich mehr Ruhe. Am Tag gibt es tausend Dinge zu tun, die Kinder wollen versorgt sein, der Mann. Ich male gern nachts.

Wie gesagt, bin ich mit meinem Balboa-Thema noch nicht fertig, dabei habe ich schon eine ganze Reihe von Bildern gemalt. Es ist praktisch eine Serie geworden: die Entdeckung des »Südmeeres« – des Pazifischen Ozeans – durch Vasco Núñez de Balboa, und damit die Entdeckung Panamas, oder dessen, was heute als Panama bezeichnet wird. Mir fehlt noch das Ende, seine Enthauptung. Balboa hat sich unter den Einheimischen niedergelassen, er lebt mit ihnen, hat sich eine Einheimische zur Frau genommen; er ist nicht mehr der Konquistador in Ritterrüstung und mit dem Schwert, sondern er wohnt in einer palmblattgedeckten Hütte, geht in Leinenhosen und Sandalen. So lebt er, erzählt man sich, und darum ließ ihn Pedrarias Avila köpfen. Ich mag nicht gern daran denken, und darum möchte ich eher eine andere Geschichte malen, die man sich auch von ihm erzählt: Balboa ersteigt einen Berg und erblickt zu beiden Seiten Wasser – er hat die beiden Ozeane entdeckt.

GERDA SCHATTENBERG
CARLOS GARCÍA – ICH MALE DAS UNBEKANNTE

Carlos García lebt auf einer der größten Inseln des Solentiname-Archipels, der Insel La Venada, heute Donald Guevara genannt, zur Erinnerung an den gefallenen Guerrillero. Eine von Schilfgras und Seerosen überwucherte Einbuchtung führt zu seiner Hütte, ein weitausladender Baum verdeckt mit seinen tief herunterhängenden Ästen das kleine Ruderboot. Die Hütte ist vom See aus kaum zu sehen und liegt doch keine zehn Meter vom Ufer entfernt. Gleich dahinter wuchert der tropische Urwald. Aus der Hütte zum See zu gehen heißt zu baden, zum Angeln auf den See hinauszufahren oder die Reise zum nächsten Festlandshafen San Carlos zu unternehmen. Als wir den Maler fragten, wann denn die beste Zeit zum Angeln sei, antwortete er, daß »es hier so viele Fische gibt, daß immer die beste Zeit ist, nur für einen selbst ist es am besten ganz in der Früh oder in der Abenddämmerung, da ist es am kühlsten«. Was uns besonders an der Hütte aus rohen Brettern und dem flachen Wellblechdach auffällt, ist, daß sie sich so ganz gegen die Außenwelt abzuschließen versucht – die beiden Türen sind zu, die drei kleinen Fensterluken auch, als solle kein Spalt offenbleiben, damit der Regen, der Sturm und die Ungeziefer nicht hineinkönnen. Es ist der Traum eines jeden Bauern in den Tropen, ein festes, geschlossenes Haus zu besitzen, das Schutz bietet. Die Natur ist nicht immer so freundlich wie an dem Tag, an dem wir den Maler besuchten. Aus der hinteren Tür geht es unvermittelt in den Dschungel, durch den ein schmaler Pfad zum Acker führt, vielmehr zu mehreren kleinen Feldern, die er dem Urwald abgerungen hat und je nach Fruchtfolge bestellt. Seitlich von der Hütte, auf festgetretenem Boden, befindet sich die offene Küche – die Mutter kocht mit Holz, wie alle Bauern hier –, und daneben steht ein offener Schober für die zahlreichen Haustiere, die hier herum kreuchen und fleuchen: Schweine, Hunde, Hühner mit ihren Kücken, zwei Truthähne. Wenn es geht, trage er die Staffelei nach draußen, erzählt uns der Maler, er male gern im Freien. So ließ er sich von uns fotografieren. Unsere besondere Aufmerksamkeit erregte dabei der mächtige Bambusbaum, der seitlich von der Kochstelle in den See hineinwächst. Auf meine Frage, ob er ihn schon gemalt habe, antwortete er lächelnd, nein, so wie er da stehe, noch nicht.

Carlos García weiß nicht, wie alt er ist. Er lebt mit seiner Mutter und einem Onkel, erzählte uns aber, daß er eine große Tochter habe, die schon verheiratet ist. Die Mutter kennt sein Alter auch nicht. Er wird Mitte dreißig sein. (Sie haben einen anderen Zeitbegriff als wir.) Er habe um das Jahr 1975 angefangen zu malen, jedenfalls als einer der letzten, wie er betont, als viele andere Bauern schon auf Anregung von Ernesto Cardenal malten. Erst dann sei er dazugekommen, und auch ihm habe Ernesto Cardenal sehr geholfen. »Dieser Junge war sehr schüchtern«, erinnert sich Doña Olivia Guevara, deren Kinder Alejandro, Mariíta, Gloria, Miriam und Esperanza um diese Zeit auch schon malten, »er war sehr in sich gekehrt. Selten sahen wir ihn bei den sonntäglichen Gottesdiensten, selten kam er, wenn wir unsere Bilder besprachen. Er fing später als alle anderen an zu malen und kam immer gleich mit dem fertigen Bild, um es Ernesto zu zeigen.«

Sein Lebensunterhalt ist der Ackerbau, er baut Mais und rote Bohnen an, manchmal auch Reis, pflanzt Bananen. »Gemüse kennen wir hier so gut wie gar nicht«, meint er. Fische fängt er, um das Essen ein wenig abwechslungsreicher zu machen. Fleisch zu essen, das ist schon ein Fest. Alles macht er allein. An einem Regentag – und auf den Solentiname-Inseln regnet es an die neun Monate im Jahr – trug er wie immer die Ernte ein. Er schleppte einen Sack Mais, rutschte mit der schweren Last auf dem morastigen Weg aus und fiel so unglücklich, daß ihm die Spitze eines Maisstrunks ins Auge drang. Er wurde nach San Carlos gebracht, dann nach Managua. Das Auge war verloren. Es wurde ihm ein Glasauge eingesetzt. »Das war vielleicht vor zehn Jahren«, sagte er, »jedenfalls lange bevor ich zu malen anfing.«

Carlos García lebt in größter bäuerlicher Armut. Elektrisches Licht, das gibt es nirgendwo auf Solentiname, außer in der Gemeinde Ernesto Cardenals auf Mancarrón, wo eine kleine Lichtmaschine von sechs bis zehn Uhr abends elektrisches Licht spendet. Die Bauern leben weit verstreut voneinander, getrennt durch das Wasser und auch abgeschieden auf den einzelnen Inseln selbst. Aber sie leben stets in Großfamilien, mehrere Generationen wohnen zusammen, die Kinder sind zahlreich. Rodolfo Arellano hat acht Kinder, Oscar Mairena zwölf, Olivia Guevara elf, und sie sind ihr ganzer Stolz. Carlos García lebt allein. Er lebt mit dem Elementarsten. Unvorstellbar für ihn das Wort

Carlos García vor seinem Haus auf Solentiname

Luxus, Bequemlichkeit. Seine große Freude ist die Malerei. Vor der weißen Leinwand stehen und ein neues Bild beginnen, die ersten Pinselstriche auftragen, die ersten Farbflecken auf der Leinwand sehen, das verschafft ihm eine tiefe innere Freude, eine unbändige Freude, wie er selbst es bezeichnet. Er weiß schon, was er malen wird, wenn er das letzte Bild noch nicht beendet hat, und freut sich schon die ganze Zeit auf diesen Augenblick.

Carlos García ist ein Träumer des bäuerlichen Alltags. Der Traum verläßt die Wirklichkeit nicht, er ist Bestandteil des Alltäglichen, durchdringt es, verleiht seinen Insel- oder Dschungellandschaften, die seine Alltagslandschaften sind, die Dimension von Transparenz und Einsamkeit, die den Betrachter seiner Bilder gefangennimmt. Er ist durch keine Kunstschule gegangen, vielleicht hat er nicht einmal eine Schule besucht. Seine Kultur ist die seiner bäuerlichen Lebenswelt. Der Zeitrhythmus ist bestimmt durch den Wechsel zwischen Regen- und Trockenzeit, die Aussaat und die Ernte, und die wenigen religiösen Feste. Es besteht auf den Solentiname-Inseln keine Dorfgemeinschaft, weil die Familien so isoliert voneinander wohnen, aber die Feste bilden einen gemeinschaftlichen Zusammenhang – dann schlachtet mindestens eine Familie ein Schwein und teilt es mit den anderen. Und die Feste und die Gottesdienste sind auch die einzige Gelegenheit für die Bauern, Musik zu hören, während sie sonst nur von den Geräuschen der Natur umgeben sind. Der Lebenskreis ist durch die Insel begrenzt, der Zugang zur »Welt« – über den Hafen San Carlos – nur mit dem Boot zu erreichen. Erst kürzlich wurde mit der »Solentiname« ein regelrechter Linienverkehr zwischen den Inseln und San Carlos eingerichtet. San Carlos liegt auf einer kleinen Landzunge genau an der Stelle, wo der Rio San Juan nach Osten fließt und die Verbindung zum Atlantik herstellt; es ist die östlichste Stadt am Großen See von Nicaragua. Dorthin fährt Carlos García genau wie die anderen Bauern von Solentiname, wenn es darum geht, die Ernte zu verkaufen oder einzukaufen, was sie nicht durch den Ackerbau, die Jagd oder das Angeln zum Leben bekommen, und das ist vor allem Salz, Zucker, Öl, Reis, Kleidung und Handwerkszeug.

Carlos García hat, wie gesagt, als einer der letzten Bauern zu malen angefangen. Er ist der eigenwilligste. Er hat seinen ganz besonderen Stil gefunden. Seine Bilder stellen auch die Solentiname-Welt dar, aber es sind Landschaften zwischen Traum und Wirklichkeit. Er geht besonders eigen mit seinen Themen und Farben um: »Ich will die Natur nicht so nachbilden, wie ich sie vor Augen habe, darum setze ich auch die Farben nicht genau so, wie sie sich mir in der Natur bieten. Ich wähle eine Farbe immer im Zusammenhang mit der anderen aus, sehe zu, wie sie die beste Wirkung ergibt. Wenn ich die Dinge so malen würde, wie ich sie in der Natur vorfinde, dann würden sie sich gar nicht richtig voneinander unterscheiden. Darum setze ich vielleicht dort ein weißes Huhn in die Landschaft oder dort einen blauen Truthahn, damit die Farben ihre rechte Geltung erhalten.« Er hat ein genaues Gespür für die Farbtöne, für das Grün in allen Schattierungen. Aber auffällig ist nicht nur sein Farbsinn, die Leuchtkraft seiner Farben, seine kontrastierende Farbgebung, wenn zum Beispiel ein Reiher in seinem leuchtenden Weiß aus dem tropischen Dschungel hervorwächst, sondern auch seine Figurengestaltung.

Der Maler folgt seinen eigenen Vorstellungen. »Yo tengo muchas imaginaciones«, sagt er, was so viel bedeutet wie, »mir gehen viele Bilder durch den Kopf«. Und er fährt fort: »Ich wähle dann die Bilder aus, die meiner Imagination entspringen und die mir in diesem Moment für das Bild am geeignetsten erscheinen.« Er bildet die Natur nicht spontan nach, wie er sie vor Augen hat, er bringt seine innere Bildwelt auf die Leinwand. Er ist genau in der Komposition und sorgfältig im Detail. Während die anderen Maler meist die Menschen in der Gruppe malen, bei kollektiven Verrichtungen und Vorgängen, wie beim Kirchgang, beim Fischen, bei der Ernte, bei der Überfahrt auf dem Dampfer, setzt Carlos García auch einmal eine einzige Figur in die Landschaft und verleiht dem Bild durch deren Haltung einen bestimmten Stimmungsgehalt. Sehen wir nur das Bild der allein vor dem Haus sitzenden, in sich gekehrten Frau mit einem Blumentopf im Schoß oder der Frau, die Wäsche aufhängt und dem Betrachter dabei den Rücken zukehrt. Eines seiner letzten Bilder zeigt jedoch eine genau ausgemalte kollektive Verrichtung – ein Haus wird gebaut, und die Menschen sind dabei, das Dach mit Palmstroh zu decken, sicher einer der ältesten gemeinschaftlichen Bräuche auf der Insel.

Als wir Carlos García fragten, warum die Frauengestalten auf seinen Bildern immer so traurig und verlassen aussehen, antwortete er: »Wir sind sehr arm, und ich male die Menschen, so wie sie hier leben. Unser Leben bietet wenig Abwechslung, wenig Freude. Wenn der Mann aufs Feld zur Arbeit geht, dann bleibt die Frau allein, und da sind es höchstens die Tiere, die ihr ein wenig Freude und Abwechslung bereiten, weiter nichts.« Und als wir weiter in ihn drangen, ob er damit seine Hütte und seinen Lebenskreis darstelle, versuchte er uns zu erklären: »Nein, ich male nicht die Palme, genau wie sie da steht, oder diese Blume, wie sie dort blüht, ich schaue mir natürlich genau an, was mich in der Natur umgibt und nehme es in mich auf, aber ich male, was ich noch nie so gesehen habe. Ich male das Unbekannte.«

SAMUEL ROVINSKI
SOLENTINAME IM HERZEN

Samuel Rovinski, einer der bedeutendsten Prosaschriftsteller Costa Ricas, vertrat sein Heimatland viele Jahre lang als Diplomat in verschiedenen Ländern und wurde in den letzten Jahren auch als Drehbuchautor und Filmregisseur bekannt.

Als sich das Boot sehr langsam der Insel nähert, scheint sich auch die Atmosphäre mehr und mehr zu verändern. Der See hat jetzt einen ähnlichen Glanz wie der See von Galiläa. Die Bäume und Sträucher wachsen ins Wasser hinein, die Ufer werden fließend, das Land schwimmt. Nichts verbirgt sich vor unseren Augen, aber doch scheint sich alles den Blicken entziehen zu wollen. Der Himmel dehnt sich aus, soweit das Auge reicht, ein Hauch von Unberührtheit liegt über der Insel. Eine Art Geheimnis auf Erden, wo es keine Geheimnisse gibt. Etwas, das auf eine Erscheinung hindeutet, das aber nichts anderes sein mag als eine Sinnestäuschung. Und als die Bucht enger wird, wird ein kleiner Landesteg sichtbar, wie an Lianen festgetäut. Cafarnaum.

Der Tempel liegt nicht in Ruinen, auch die Hütte des Dichters nicht. Die vom Tyrannen ausgeschickten Schächer haben nur geplündert. Sie haben die Aussaat und die kleine Hühnerfarm zerstört und die Kühe losgebunden. Sie haben die Bücher verbrannt, die Holz- und die Tonfiguren zertrümmert. Aber was sie suchten, fanden sie nicht mehr. Das Wort der Wahrheit und die Männer, die es verteidigten, waren längst in den Bergen. Ihre Hände, die Hände von Bauern und Schülern und Tagelöhnern, hatten sich zusammengefügt, um zu beten und den Segen ihres Hirten zu empfangen, denn sie wußten, sie würden für die Wahrheit sterben. Die am Leben geblieben sind, nachdem der Tyrann und seine Schächer vertrieben waren, bauten das Gemeinschaftshaus, die Kirche, die Hütte des Dichters und ihre eigenen Hütten wieder auf und machten sich erneut an die Aussaat.

Wir lassen die Mole hinter uns und steigen den Hügel hinauf; und schon sehen wir die Kirche in ihrem leuchtenden Weiß und das Haus des Dichters.

Die jungen Leute kümmern sich um das Vieh und die Aussaat, und sie malen und schnitzen, wenn sie Zeit haben. Von weitem verschmelzen ihre Körper mit denen auf der Leinwand, die christlichen Symbole nehmen Gestalt an im Stein. Wenn wir aufsehen, bläst ein Engel Chagalls die Himmelstrompete in einer tropischen Epiphanie, verkündet eine neue Kirche; nicht im Rot der Früchte oder in geistlichen Blautönen, sondern im Grün des Urwalds. Die ausladenden Bäume, auf denen sich die Brüllaffen tummeln, und die buntgefiederten Vögel nehmen fast die ganze Landschaft ein – in den üppigen Dimensionen einer naiven Vision. Der religiöse Glaube und der Wille zur Veränderung der Dinge verbinden sich. Chagalls Dorf ist hier eine neue christliche Kommune, ihre Figuren tragen nicht die Tunika, sondern die Cotona, das weißleinene Bauernhemd. Weiter unten, in der Bucht, lenkt ein junger Mestize geschickt sein Ruderboot auf die Mole zu, während ein weißer Reiher über seinem Kopf Kreise zu ziehen beginnt.

Zehn Jahre ist es her, seit wir Gast des Hirten waren. Wir besuchten ihn in einer gemeinsamen Gruppe von Schriftstellern und Journalisten. Einige sahen sich voller Neugierde um, aber mit einem kaum verborgenen Lächeln, andere nahmen voller Bewunderung die Erinnerung an ein Gedicht, eine Steinfigur oder ein Bild mit. Auch der eingebildete Dichter, der es sich nicht nehmen ließ, später in seinem Kreis herablassend, höhnisch über diesen Besuch zu berichten, fehlte nicht. Andere vergaßen alles, was sie gesehen hatten sehr schnell und erinnerten sich nur noch an die Mückenschwärme, die sie gequält hatten. Dennoch war der Geistliche ein Dichter, sein Wort mehr als eine Predigt. Seine Gedichte besangen sein Volk und den Kampf für die Freiheit. Als die Gemeinde vom Tyrannen zerstört worden war und wir sie nicht mehr besuchen konnten, lebte Solentiname in den naiven Bildern seiner Maler und in den Versen des Dichters weiter.

Alles auf der Insel scheint eine neue Zeit anzukünden. Die Kirche ist frei von Dekorationen und Heiligenfiguren und konzentriert das Gebet ganz auf Gott und das Wort des Propheten über diese Zeit und ihre Menschen. Alles scheint uns sagen zu wollen: »Entledige dich alles Überflüssigen und aller Frivolitäten. Denke an die Gerechtigkeit für alle Menschen. Bekehre dich. Folge der Wahrheit. Das Reich Gottes ist unter den Bedürftigen. Das Wort Gottes.« Aber diese Welt ist verschlungener als die von naiven Händen gemalten Linien, und sie ist keine Insel. Als wir sie verlassen, fängt uns das Netzwerk der Wirklichkeit sofort wieder ein.

Von seinem kahlen Hügel aus denkt Cifar, der Seefahrer, an seine stürmische Hochzeit, während die Schemen von Freibeutern an der Inselgruppe vorbeisegeln und die Mönche der spanischen Krone sich unter müdem Gähnen bekreuzigen. Auf den Inseln liegen keine

Schätze verborgen, sie sind auch keine strategisch wichtigen Orte. Nur eine Handvoll armer Christen lebt hier mit den Worten des Evangeliums und der Propheten, ohne Weihrauch, ohne Orgelmusik und Chorgesang, nur begleitet vom Gesang der Vögel, dem heiseren Geschrei der Brüllaffen und dem Rauschen der Wellen. Der Hirte, nun in der Hängematte liegend – die Brille ist ihm auf die untere Nasenhälfte gerutscht – verwandelt sich wieder in den Dichter, mit einem Buch von Frost in der Hand und Dylan Thomas im Ohr. Gleich neben ihm bilden rote Ameisen eine lückenlose Kette auf dem Weg zum Rest einer Frucht. Unter den Bäumen werfen die Kinder den Hühnern Korn hin, melken die Kühe, bauen an einer Hütte und schauen nach, wie das Gemüse steht.

Das sind Bilder einer nahen Vergangenheit. Der Hirte verließ die Insel. Er wurde Meister und Minister. Heute gibt er der Kultur des revolutionären Volkes neue Impulse. Für den Poeten ist die Revolution Dichtung und die Revolutionäre sind Dichter.

Auf den Routen der Freibeuter glitt Solentiname wie ein Trugbild vorbei. Sie übersahen sie einfach, fanden sie keines Blickes wert und zogen weiter auf der Suche nach ihrem Wunschbild von einem Land mit schwarzen Sklaven, weißen Landbesitzern und vertriebenen Mestizen. William Walker, der Mann mit dem eisernen Blick, der zwerghafte Träumer von Nashville, der falsche Byron und infame Abenteurer, ruhte sich niemals auf diesen Inseln von seinen trügerischen Eroberungsträumen aus. Er fuhr an ihnen vorbei, mit Volldampf via Granada, am anderen Ende des Sees, um es in Asche zu legen.

Währenddessen erschafft der Zöllner Rousseau sein Tahiti in Solentiname. Der dichte Urwald mit dem hervorlugenden Tiger füllt sich im Tropenlicht mit leuchtenden Farben. Die Vögel fliegen aus dem Traum direkt in das Leben, mitten unter die Geschöpfe des Dichters. Sein Blau ist blauer als der Himmel und vermischt sich mit dem des Sees; das Grün der Pflanzen, aufgeladen mit dem großzügig verteilten Chlorophyll des Malers. Mitten in dieser Epiphanie enthüllt sich das Mysterium: die Wahrheit, das Wort Gottes, getreu dem Propheten.

Rufe vom Boot her reißen uns aus unseren Träumereien. Es ist Zeit zum Aufbrechen. Die Kameras unseres Filmteams fangen die letzten Bilder von der Kirche, vom schon fernen Haus des Dichters ein.

Der Steg ächst unter unseren Füßen. Wir machen es uns wieder im Motorboot bequem. Die Insel schwimmt langsam davon und gewinnt ihre eigenen Geräusche zurück. Für uns werden sie unhörbar.

Der Anker wird eingeholt, und das Schiff verläßt die Bucht.

Solentiname wird zu einer Luftspiegelung im dichten Nebel am Horizont. Wir fahren nach Granada.

CARLOS RINCÓN
EIN BILD MALEN IST WIE MAIS ANBAUEN ODER
ORTSBESTIMMUNG EINER UTOPISCHEN KUNST

Carlos Rincón ist Literatur- und Kulturwissenschaftler und persönlicher Referent von Ernesto Cardenal.

Das Bild zeigt eine Szene aus dem bäuerlichen Lebensalltag. Vor dem Hintergrund zweier strohgedeckter Bambushütten – die erste, ein offener Schober, etwas vorgerückt vor dem Wohnhaus – lenkt der Maler den Blick in die Diagonale, von der rechts vor dem Haus sitzenden Frau zu den im Vordergrund aufgereihten Topfpflanzen in vielfältigen Grünschattierungen, bis unser Blick auf eine hellgrün aufleuchtende Pflanze fällt und innehält. Am grauen Himmel zeichnen sich hinter den Hütten die fein gemalten Zweige und Blätter der Bäume ab, darunter ein Blattdickicht aus Büschen und Kokospalmen. Ihr Grün durchläuft alle Abstufungen der Farbperspektive. Den Farbkontrast zu den Grün- und Brauntönen bilden der auf einem Stock sitzende Papagei, der im Fenster des Hauses hockende Sittich und zwei strahlend blaue Truthähne, deren Blau in der an den Balken des Schobers befestigten Hängematte wieder aufgenommen wird. Die Einsamkeit der gedankenversunken dasitzenden Frau wird durch die leere Hängematte und den leer neben dem Haus stehenden, dunkelviolett gehaltenen Schaukelstuhl hervorgehoben.

Ein anderes Bild zeigt eine tropische Landschaft. Ein tiefblauer Bach fließt aus den im Hintergrund sichtbaren Bergen auf den Betrachter zu. Die hoch aufstrebenden Baumstämme, die uns wie Säulen erscheinen – die aber die Natur so erschafft –, spiegeln sich im glatten Wasser, wachsen, umgekehrt, ins Unendliche. Nach oben schließen sie sich zu einem hohen Gewölbe über den weißen Reihern, den bunten Vögeln, dem aus den Büschen hervorlugenden und sich im Wasser spiegelnden Reh und der kleinen schwimmenden Blumeninsel. Alles in großer Detailtreue gemalt. Ein täglicher Anblick für einen Bauern aus Solentiname – und nur für uns eine verzauberte Welt?

Bilder wie diese werden von den Inselbewohnern seit 1969–70 gemalt, von Bauern und Bäuerinnen, die ihren Lebensunterhalt notdürftig aus dem Ackerbau gewinnen. Sie bestellen ihre kleinen Felder mit Mais, roten Bohnen, Reis und Bananen. Die Männer gehen auch auf die Jagd und zum Fischen draußen auf dem See. Sie jagen Schildkröten, Gürteltiere, Leguane, und wenn sie Glück haben, auch einmal ein Reh. Die Bauern leben weit verstreut auf den einzelnen Inseln des Archipels, sechsunddreißig insgesamt, von denen aber nur die größten bewohnt sind. Die hier leben, sind Tagelöhner, Pächter oder besitzen ein kleines Stück Land, das meiste Land gehörte jedoch den Großgrundbesitzern, bis es am 30. Oktober 1981 verstaatlicht wurde. Als Ernesto Cardenal seine christliche Kommune auf Solentiname errichtete, auf der Insel Mancarrón, der größten des Archipels, kamen auch Bauern auf der Suche nach Arbeit zu ihm – darunter Alejandro Guevara oder Oscar Mairena – und wurden dann einige der ersten Schnitzer und Maler.

Trotz der herrschenden Produktionsverhältnisse erhielten sich unter den Bauern Beziehungen der wechselseitigen Hilfeleistungen aufrecht – alle Familien kennen sich, und alle teilen mehr oder minder die gleiche Not. Sie helfen sich beim Transport und verteilen Nahrung untereinander. Wenn zum Beispiel eine Familie ein Schwein schlachtet, gibt sie anderen Familien davon ab. Bis heute betreiben sie eine Subsistenzwirtschaft, bestellen ihren Acker auf herkömmliche Art und Weise, mit den einfachsten Instrumenten. Sie brennen das Feld ab, säubern es mit der Machete, lockern es mit der Hacke auf und säen die Körner in die mit der Picke aufgerissenen Löcher aus. Den Zeitrhythmus bestimmt der Wechsel von Sommer und Winter, d. h. von Trocken- und Regenzeit. Bohnen und Mais ergeben zwei Ernten im Jahr, Reis jedoch nur eine und braucht zudem äußerste Pflege. Große Probleme schaffen die Ungeziefer und die Krankheiten, aber auch die Unbeständigkeit des Wetters.

Die Natur auf den Inseln wurde also nicht den historischen Veränderungen unterworfen, die mit dem heute allgemein zu beobachtenden Zyklus ihrer Beherrschung, Fruchtbarmachung und Zerstörung einhergehen. Dieser Zyklus hat auf den Solentiname-Inseln nicht stattgefunden, und die Lebensvorgänge ihrer Bewohner haben sich noch nicht von ihren natürlichen Grundlagen losgelöst: Die Natur bildet die unmittelbare Grundlage des Produktions- und Reproduktionsprozesses des Lebens. Für die Inselbewohner bedeutete das, daß ihre innere Natur nicht dem Formierungsprozeß des Individuums, der für die Industriegesellschaften charakteristisch ist, unterworfen wurde. Es fand keine Verinnerlichung der Arbeitsnormen im Zeitbewußtsein statt. Der Körper des Bauern wurde nicht in ein funktionstüchtiges Element eines rationalisierten Produktionsablaufes verwandelt. Und da diese Bauern unter vorkapitalistischen Produktionsverhältnissen leben, ist ihre Welt nicht durch den Tauschwert aller Dinge bestimmt.

Worin besteht die Besonderheit im künstlerischen Schaffen der Maler von Solentiname? Sie besteht darin, daß Bilder wie die beschriebenen innerhalb des Prozesses einer solidarischen und revolutionären Identitätsfindung entstehen. Sie sind Bestandteil einer Bewußtwerdung, in deren Verlauf sich eine neue Beziehung zwischen Kultur und politischer Gesellschaft herausbildete, und zwar im Zusammenhang mit einer breiten emanzipatorischen Bewegung des nicaraguanischen Volkes, die in Solentiname eine ihrer Kernzellen hatte.

Die Bauern von Solentiname gelangten auf den verschiedensten Wegen zu diesem neuen gesellschaftlich-politischen und religiösen Bewußtsein, wie durch die Bibelgespräche und das Schreiben von Gedichten. Die Malerei war in Solentiname Bestandteil des Projektes der Schaffung einer Basiskultur. Die Frage des Besitzes von Bildung und Kultur wurde direkt als Problem der Herrschaftsverhältnisse erkannt. »Die Verdammten der Erde besitzen keine Kultur«: Das malerische Schaffen bedeutete eine praktische Widerlegung dieser gängigen These. Es bedeutete den Bruch mit der herrschenden Kultur, entwickelte sich unabhängig von Institutionen, Gruppen und den etablierten Kunstbegriffen. Die praktische Bestimmung ihrer Grundzüge, Themenkreise und Zielsetzungen bezog sowohl die gegebenen bäuerlichen Verhältnisse als auch den Anspruch der Bauern ein, zu bewußten Protagonisten der Geschichte und der Kultur durch die Veränderung der Gesellschaft zu werden. Auf diese Weise wurde das künstlerische Schaffen in Solentiname – Dichtung, Schnitzkunst, Topferei, Malerei – zum Hauptelement eines neuen Modells zur Herausbildung einer gesellschaftlichen, kulturellen, religiösen und politischen Identität.

Um die Eigenheiten der Bauernmalerei von Solentiname zu bestimmen, wollen wir im folgenden drei Problemkreise untersuchen. Erstens ihre Stellung innerhalb der Bewegung der naiven Malerei als einer nicht theoretischen und nicht analytischen Kunst; zweitens die Bestimmung ihrer Beziehungen zu den beiden wichtigsten kollektiven Malbewegungen, der Schule von Hlebine in Kroatien und der haitischen *art primitif;* drittens die Untersuchung ihrer Entstehung, Funktion, ihrer Darstellungs- und Wirkungsweise.

Vier ganz verschiedenartige Phänomene, die anfangs ausschließlich unter dem Gesichtspunkt des »Expressiven« die Aufmerksamkeit erregten, und die außerhalb aller bekannten künstlerischen Modelle und frei von allen ästhetischen Ambitionen entstanden sind, brachten Ende des 19. Jahrhunderts die eurozentristischen Begriffe von Kunst und Künstler ins Wanken: die Entdeckung der afrikanischen Skulptur und der Kunst der Volksstämme Amerikas, Afrikas und Ozeaniens, der Kinderzeichnung, der Malerei der Geisteskranken und schließlich der im urbanen Milieu aufkommenden naiven Malerei. Die Kunst war bis dahin ausschließlich als die Schöpfung von Künstlern angesehen worden, d. h. von erwachsenen Menschen, die bestimmte akademische Disziplinen beherrschten, die im Besitz ihrer Vernunft waren und zum Kreis der zivilisierten Völker gehörten. Die Krise dieses vorherrschenden Kunstbegriffes fiel mit der des Kolonialismus zusammen. Die historische Avantgarde und die Neo-Avantgarde spitzten die Krise des ästhetischen Eurozentrismus zu und schufen einen nicht normativen Kunstbegriff, der jetzt auch solche kulturellen Phänomene wie die oben genannten einschloß. Beispiele liefern uns dafür so unterschiedliche Künstler wie Braque, Kandinsky und der Blaue Reiter sowie Jean Dubuffet mit seinem Museum der *Art brut.*

Seit die Künstler des Futurismus, Kubismus und Dada die akademischen Dogmen – realistische ebenso wie figurative – hinter sich gelassen hatten, erwies sich die Metaphysik des zeitlos Schönen als unzeitgemäß. An die Stelle der Nachahmung der Natur als Idee des Wahren und des Ideals der passiven Betrachtung des Kunstgegenstandes rückten qualitativ neue künstlerische Verfahrens- und Rezeptionsformen. Jetzt wird der künstlerische Schaffensprozeß nicht mehr nur als ausschließliche Arbeit des Künstlers verstanden, sondern es wird angestrebt, den Kunst Rezipierenden jedesmal mehr einzubeziehen. Zum anderen ist der Entwicklungsprozeß der modernen Kunst in all ihrer Widersprüchlichkeit einer besonderen Dialektik unterworfen. Tom Wolfe versuchte ihn ironisch auf diese Formel zu bringen: »Modern art has become completely literary; the paintings and other works exist only to illustrate the text.« Bis zum 19. Jahrhundert hatte die Kunst obligatorisch einen »literarischen« Charakter, während im 20. Jahrhundert die Bilder vielmehr immer in Beziehung mit einer Theorie geschaffen werden.

Die Malerei der Bauern von Solentiname ist weit entfernt von der von Wolfe deutlich gemachten paradoxen und ironischen Dialektik. Da ihre Bilder nichts mit Theorie zu tun haben – und auch nichts mit den seit der Renaissance überlieferten Maltechniken –, besitzen sie auch keinen *reflexiven Charakter,* den die Werke der zeitgenössischen Malerei gerade aufgrund ihres theoretischen Bezugspunktes aufweisen, mag es sich um Maler wie Picasso, Duchamps, Vasarely oder Jasper Johns handeln. Dieser theoretische Bezug ist nicht nur bestimmend für die in Europa oder den USA entstehenden Bilder, sondern wir finden diesen gleichen reflexiven Charakter auch im Werk des heute wichtigsten nicaraguanischen Malers, Armando Morales, dessen Bildkompositionen eine Beziehung zur *pittura metafisica* von Giorgio de Chirico unterhalten.

Für die Bauernmaler von Solentiname ist der Akt des Malens ein Mittel der Entdeckung und Aneignung ihrer Umwelt. Aufgrund ihrer tiefen Vertrautheit mit den Elementen der Natur, deren sie sich beim Malen besonders bewußt werden, bringen sie ein jedes in seiner unverwechselbaren Besonderheit auf die Leinwand. Der Bauer sieht nicht einen Baum, er sieht die Eiche, den Guanacaste, die Ceiba, den Guarumo, und das gleiche gilt für die Vögel. Er unterscheidet genau ihr Gefieder, ihren Schnabel, ihre Gestalt, ihren Flug. Diese Bauernmaler begreifen ihre Malerei noch als Form der Verständigung zwischen Menschen. Darum möchten sie, daß ihre Bilder unmittelbar aufgenommen und empfunden werden.

Aus der Theoriebezogenheit der modernen Kunst resultiert auch ihr analytischer Charakter, der in so verschiedenen Werken wie *Les Demoiselles d'Avignon*, *Flag* von Johns oder den *Modulaciones* von Le Parc sichtbar ist. Auch damit hat die Malerei von Solentiname nichts zu schaffen. Die surrealistische Malerei als Kunst einer stets wandelbaren Traumwirklichkeit versuchte sich mit der Theorie des »inneren Modells« diesen analytischen Imperativen zu entziehen. Als Breton und Masson auf ihrem Weg ins Exil – auf der Flucht vor dem Faschismus und dem Krieg – nach Martinique kamen, sahen sie plötzlich, beim Anblick des tropischen Dschungels, das »innere Modell« in der Natur selbst verwirklicht; so bekennen sie in ihrem *Dialogue créole,* den sie in dem Buch *Martinique Charmeuse de serpents* – ein Titel zu Ehren Rousseaus – veröffentlichen: In der Natur von Tropenländern wie den karibischen werde der Wunsch Rimbauds nach dem Wunderbaren – »Zeigt mir Blumen, die Stühle sind« – Wirklichkeit. Die mexikanischen Wandmaler Orozco, Rivera und Siqueiros versuchten ebenfalls, mit dem Kanon des Analytischen zu brechen, indem sie die Geschichte und die politischen Kämpfe ihrer Zeit als kollektives Epos gestalteten. Dadurch, daß die Malerei von Solentiname nicht theoretisch und nicht analytisch ist, stellt sie ihre Insel als die Welt dar.

Inwiefern können wir die Malerei der Bauern von Solentiname mit den beiden wichtigsten kollektiven Bewegungen der naiven Kunst in der Welt, der Schule von Hlebine und der haitischen Kunst, in Beziehung setzen? Die Ursprünge der Schule von Hlebine in Kroatien, Jugoslawien, gehen auf die Begegnung zwischen dem 16jährigen Bauernmaler Ivan Generalić und dem professionellen Zagreber Maler Krsto Hegedušić im Jahre 1932 zurück. Krsto Hegedušić, der der Künstlergruppe »Zemlja« – Erde – angehörte, ging mit der Idee in das Dorf Hlebine, neue Impulse für seine Malerei zu erhalten und mit den Bauern zusammenzuarbeiten – auf der Suche nach einer Malerei, die er und seine Gruppe als die Verwirklichung ihres künstlerischen und politischen Programms verstanden, mit dem Ziel, die Schranken zwischen Kunst und Gesellschaft zu überwinden. Die Malerei von Hlebine setzte zwei Grundelemente voraus: die Existenz einer von den Bauern getragenen, aber bereits in Auflösung begriffenen Volkskultur und die Bereitschaft eines Berufsmalers, seine künstlerischen Techniken an die Bauern weiterzugeben und gleichzeitig von seinen »Schülern« neue Anregungen zu empfangen.

Diese noch in Hlebine lebendige Volkskunst beinhaltete die Überlieferung von folkloristischen Themen und archaisch dekorativen Mustern als Ausdruck einer besonderen lokalen Gefühlswelt; sie umfaßte ein begrenztes Gestaltungs- und Dekorationssystem in leuchtenden Farben, das jedoch in seinen Variationsmöglichkeiten unendlich war. In Bezug auf das Material und die Maltechniken hatte die Hinterglasmalerei eine besondere Tradition. Die entstehende Malergemeinde von Hlebine knüpfte an diese überlieferten Elemente an und verlieh ihnen eine neue Bedeutung; sie verwendete sie zudem mit dem technischen Können, das ihr der professionelle Maler übermittelt hatte. Zum Kreis gehörten neben dem Meister Generalić bald die Bauernmaler Mirko Virius, Franjo Filipovic, Gragan Gazi, Ivan Vecenaj, Mijo Kovacic und andere. Der allgemeine und spezifische kulturpolitische Kontext in der Sozialistischen Föderativen Republik Jugoslawien Ende der 40er, Anfang der 50er Jahre trug zur Anerkennung der künstlerischen Gültigkeit dieser naiven Malerei, über Streitpunkte und Konfrontationslinien hinaus, bei.

Hirschhochzeit (1959), eines der bekanntesten Bilder von Generalić, mit seinen aus der Bildwelt des Mythos und des Traums entstammenden weißen Hirschen vor dem Hintergrund weißer Korallenbäume, veranschaulicht den genannten Entwicklungsprozeß. In dieser streng gebauten Hinterglasmalerei hebt das in der Volkskunst verwurzelte Prinzip der Wiederholung das vordergründig sichtbare Motiv aus der bäuerlichen Welt auf, um dem Bild eine mythische Symbolik zu verleihen, die sich vor allem aus der rhythmischen Variation und der virtuosen Farbkomposition ergibt. »Am Kreuzpunkt von Naivität und Erfahrung« siedelte Oto Mihalji-Merin die Werke der Reifezeit von Ivan Generalić an, und diesen Anspruch kann man auf die Werke der Maler von Hlebine seit den 60er Jahren ausdehnen, wobei allerdings zu bemerken ist, daß die meisten zu Berufsmalern geworden sind.

Die Malerei der haitischen Künstler, die sich am Anfang um das 1945 gegründete Centre d'Art von Port-au-Prince scharten, wurde von dem Holländer DeWitt Peters, der 1943 als Sprachlehrer nach Haiti gekommen war, gefördert. Sie fand bald die Bewunderung der französischen Surrealisten: André Breton erging sich in überschwenglichen Lobeshymnen; Jean-Paul Sartre, dessen existentialistische Position völlig im Gegensatz stand zu der Bretons, schrieb ins Gästebuch des Kunstzentrums, als er 1949 Haiti besuchte: »Es ist das erste Mal seit 1939, daß mir der Besuch einer Gemäldegalerie eine neue Erfahrung verschafft.« Verschiedene internationale Stiftungen (Rockefeller, Guggenheim) verliehen haitischen Malern Stipendien; das New Yorker Museum of Modern Art begann in den fünfziger Jahren, Bilder zu sammeln; nordamerikanische Galerien brachten haitische Bilder auf den internationalen Kunstmarkt.

Der Alltag der Schwarzen und Kreolen auf Haiti bewahrte während der langen Jahrhunderte der Sklaverei und über die Ausrufung der ersten schwarzen Republik der Welt während der französischen Revolution hinaus bis zum Anfang unseres Jahrhunderts die Grundwerte eines gemeinschaftlichen Lebens. Dieses spiegelt sich in einer totalen Stilisierung wider, die sich aus den vom Vodu vorgeschriebenen Verhaltensnormen ergibt. Der Maler Hector Hyppolite war genau wie André Pierre ein *hougan,* ein Priester des Vodu, dieser »demokratischen Religion frei von Dogmen« (Leiris). Sie waren Künstler-Priester, Vodu-Maler, für sie bedeutete malen, auf der Leinwand nachzubilden, was die Loas – die Ahnengeister – ihnen eingaben. Durch die Gestaltung von mythologisierten historischen Figuren, Ritualen und Zeremonien, Geschehnissen aus dem Alltag und der Geschichte schufen sie und andere Maler wie Castera Bazile, Philomé Obin, Wilson Bigaud und Préfète Duffaut eine gesellschaftlich wirksame Kunst, die unmittelbar mit dem Leben verbunden war und gleichzeitig religiösen Charakter trug. Der Akt des Malens war nicht nur unbedingt vereinbar mit der Ausübung des Vodu-Priestertums, sondern gerade ein Zeugnis der Treue zu den Loas. Einen Höhepunkt dieser gemeinschaftlichen Kunst stellen die Wandmalereien und die Skulpturen des Leidensweges in der Holy Trinity Cathedral von Port-au-Prince (1951) dar, an denen Bazil, Obin und Bigaud beteiligt waren.

Aber in den sechziger Jahren verkündigten einige der wichtigsten Vodu-Priester, die großen Loas – die der Diktator Duvalier als seine Schutzheiligen anrufen wollte – seien nach Afrika emigriert, und gaben den Kult auf. Auf diese Weise äußerte sich der Widerstand des Volkes gegen die Diktatur. Nur die Dämonen oder die geringeren Loas blieben an der Seite Papa Docs. Das stellte die Maler, die auf die erste große Künstlergeneration folgten, vor eine veränderte Situation: Die gesellschaftlichen Bindungen durch die Religiosität und die damit einhergehenden gemeinschaftlichen Bräuche und Zeremonien waren in Auflösung begriffen. Hinzu kam, daß sie bereits durch eine künstlerische Schule gingen, denn 1959 wurde die Académie des Beaux-Arts in Port-au-Prince gegründet. Viele wurden zu Berufsmalern, wobei zu unterstreichen ist, daß es in Haiti keine andere Kunst als die *art primitif* gibt. Anfang der siebziger Jahre erneuerte sich das Interesse in Europa und den USA für die haitische Kultur, wurde das Land zur Insel der künstlerischen Avantgarde hochstilisiert: Der Vodu wurde zum »théâtre de la cruauté« ästhetisiert (nach der Gleichung Vodu=Strindberg+Freud+Artaud +Living Theatre), die Altäre des Kults zum »environment« avant la lettre (siehe Dalis *Taxi pluvieux,* Kienholz' *Roxy's* oder Petricks *Großstadt*). Eine der Konsequenzen war eine noch stärkere Kommerzialisierung der Maler von Haiti, die nun schon auf die stattliche Zahl von sechshundert angewachsen waren. Maler jedoch wie Telemaque Obin und Gérard Valcin – obwohl selber auch Berufsmaler – suchten dagegen eine Kontinuität zu Hyppolite, Bazile oder Préfète Duffaut zu wahren. In den Landschaften Obins und den sehr dekorativen und stilisierten Vodu-Bildern von Valcin findet sich ein Widerhall von Malereien, die einen festen Platz in der Geschichte der modernen Kunst haben, wie *Maitresse Ezili* (1948), *Quatre misérables fusillés innocemment le 20 juillet 1914* (1958) und *Haitian Family* (1962).

Im Unterschied zu den Bauernmalern von Hlebine fanden die Bauern und Maler von Solentiname weder das Substrat archaischer Gestaltungs- und Dekorationsmuster einer Volkskunst noch überlieferte Maltechniken vor. Darum kennen sie das Prinzip der Variation bei der Komposition des Bildes nicht. Was die Maler Haitis betrifft, so entspricht ihre synkretistische Ikonografie genau dem religiösen Substrat des Vodus, d. h. ihrer aus christlichen und afrikanischen Gottheiten gebildeten ureigenen Kulturtradition. Die Arbeit des Holländers DeWitt Peters in Port-au-Prince und die von Ernesto Cardenal in Solentiname sind ebenfalls nicht vergleichbar. Die Bauernmaler von Solentiname sind keine professionellen Maler. Bei ihnen finden wir eine ganz besondere Dialektik zwischen den Produktions- und Reproduktionsprozessen des alltäglichen Lebens, den Vorstellungen und Anschauungen, in denen sich ihre Alltagswirklichkeit verdichtet, und ihrer kulturellen und künstlerischen Produktion. Sie ist Bestandteil einer doppelten Suche: nach einer eigenen Identität und nach dem vorweggenommenen Bild einer Welt, die als eine brüderliche Gemeinschaft von Menschen gelebt wird.

In den Anfängen der modernen naiven Malerei ist die exotische Traumlandschaft des tropischen, von Gewalt erfüllten Dschungels in der politisch zu nennenden Kunst des Zöllners Rousseau eine umfassende Metapher für die Welt und bringt die Sehnsucht nach einem paradiesischen Weltzustand zum Ausdruck. Spätere naive Landschaftsmaler wie der Italiener Maurizio Grimaldi, die Italienerin Irene Invrea und der Jugoslawe Ivan Rabuzin malen in Gesellschaften, in denen der Prozeß der Loslösung von der Natur schon abgeschlossen ist. Ihre Bilder beinhalten ein Herauslösen aus ihrer Umwelt, ein In-sich-Gekehrtsein, das ihre Landschaften zur harmonisierenden Vision der widersprüchlichen Gegenwart werden läßt. Die Maler von Solentiname, die sich in ihren Bildern genau an ihre Wahrnehmungswelt halten – an die Fauna und Flora der tropischen Urwaldlandschaft ihrer Inselwelt –, beenden den exotischen Traum. Das Bild ist Entdeckung der tagtäglich geschauten Wirklichkeit und Bestandteil des Prozesses einer Identitätsfindung.

Die Bilder der Maler von Solentiname, die in den Ausstellungsräumen des Kunstamtes Kreuzberg als Herzstück der bisher umfangreichsten Ausstellung nicaraguanischer Volksmalerei gezeigt werden, lassen keine Schematisierung zu: Die Malweise der einzelnen Künstler – und es sind mehr als zwanzig, die auf Solentiname malen – ist nicht mit einfachen Etiquetten zu belegen. Dennoch kann man von einer »Schule von Solentiname« sprechen. Die genaue Beobachtung der Natur, die das Ziel hat, die Dinge sichtbar zu machen, geht bei den Bauernmalern mit einer großen Sorgfalt in der Darstellung einher – die Vegatation, die Bäume, Äste und Blätter werden in ihrer Ähnlichkeit mit der Natur und zugleich in ihrer Einzigartigkeit dargestellt. Gewiß hat keiner der Maler je etwas über Perspektive oder Anatomie gelernt. Auf ihren Bildern werden die Landschaft und die Menschen in der Landschaft mit Entdeckerfreude gesehen und die schwierigen Probleme von Bildkomposition, Rhythmus und Farbe mit der ursprünglichen Lust eines Spiels ohne Regeln gelöst. Das Bild verwandelt sich für den Betrachter in ein Fenster, durch das er eine reale Landschaft und zugleich den Traum von einem Paradies erblickt. Breton sagte über die Art und Weise, in der Hector Hyppolite ähnliche bildnerische Fragen löste, folgendes: »Es ist verblüffend, daß er auf spontane und instinktive Art und Weise das bildliche Gleichgewicht erreicht.« Die »poetische Eindringlichkeit« und die »magische Kraft«, die in den Bildern von Solentiname aus der Sicherheit in dre Bildgestaltung und der erfinderischen Verwendung der Farben herrührt, ist nicht allein mit den Begriffen von ästhetischem Instinkt und Spontaneität zu erfassen.

Woher kommt das Licht, das Landschaften und Menschen aufleuchten läßt, und wie lösen die Maler ihre gestalterischen Probleme? Für den Prozeß der gesellschaftlichen Identitätsfindung auf Solentiname stellte die bei den Bauern vorhandene christliche Religiösität eine der wesentlichen Voraussetzungen dar. Sie erfüllte ihre Vorstellungen und ermöglichte ihnen eine Deutung der Geschehnisse in ihrem Umkreis. Dazu kam das Gefühl der Brüderlichkeit mit dem anderen, »das Gemeinschaftsgefühl des armen Bauern«, wie es die Malerin Olivia Guevara nennt.

Die Versöhnung zwischen Mensch und Natur, die in der Betrachtung der »Schönheit« der Welt der Gewässer, des Himmels und der Pflanzen und Tiere der Inseln erlebt wird, bewegte die Maler von Anfang an, sich mit den wirklichen Dingen und den gemalten Dingen zu identifizieren, d. h. ihnen die gleiche Wertigkeit zu verleihen: die unter dem Baum verstreut liegenden Steine und die notwendigerweise im Bild nachgeschaffenen Steine. Diese Annäherung zwischen Wirklichkeit und gemalter Wirklichkeit, zwischen dem Stein der Insellandschaft und dem Stein, der in der mit Farben und Formen auf der Leinwand geschaffenen Komposition erscheint, beruht auf einer intuitiven Wahrnehmung der Realität. Darum kann es für den Bauernmaler fast das gleiche bedeuten, zu säen oder zu malen, so wie für ihn die wahrgenommene Welt und die dargestellte Dingwelt übereinstimmen können. Alejandro Guevara drückte es auf einer der ersten Ausstellungen der Malerei von Solentiname, die Anfang der siebziger Jahre in Caracas, Venezuela, stattfand, folgendermaßen aus: »Eine Bananenstaude zu pflanzen und ein Maisfeld zu bestellen oder sie zu malen ist für uns praktisch das gleiche.«

Zu dieser bäuerlichen Beziehung zwischen Wirklichkeit und Malerei kommt die praktische Erfahrung des Malvorgangs hinzu. Der Bauernmaler bringt mit seinem Pinselstrich die Farbe auf die Leinwand und sieht dabei die Pflanzen, die Bäume, die Tiere wachsen: Das eine hängt immer vom anderen ab, jedes Detail nimmt im gegebenen Moment seinen genauen Platz ein, füllt seinen eigenen Raum. Die zutiefst bäuerliche Emotion, die das Malen begleitet, äußert sich vor allem in der feinfühligen Auswahl der Grün- und Blautöne, und sie appelliert an den Betrachter, besonders empfänglich für die malerischen Werte im Bild zu sein.

Beim Prozeß des Bewußtwerdens waren für die Bauern von Solentiname die gemeinsam mit Ernesto Cardenal geführten Bibelgespräche wegweisend. Sie nahmen die Lehren des Evangeliums ganz persönlich, bezogen sie auf ihr eigenes Leben und ihre Erfahrungen. Das schuf die Ansätze und die Perspektive für eine neue solidarische Identität. Das christliche Dilemma zwischen Nächstenliebe und Gewaltanwendung wurde von ihnen im Namen der »Heiligkeit der Revolution« überwunden; für sie war der Revolutionär ein Feind der Gewalt, er liebte das Leben und nicht den Tod. Die christliche Liebe kann ihn dazu bewegen, Gewalt anzuwenden, aber nur, um die Wirklichkeit getreu der Prophezeiung von Gleichheit und Gerechtigkeit des Evangeliums zu verändern und eine gewaltlose und friedliche Gesellschaft aufzubauen. Eine folgerichtige Konsequenz dieses Bewußtseinswandels war, daß sich junge Bauern von Solentiname dem revolutinären Widerstandskampf anschlossen. Sie lernten, ihre Wirklichkeit unter den Vorzeichen der notwendigen Veränderung der gesellschaftlichen Strukturen zu sehen. Als Bestandteil dieses Prozesses wurde die Malerei von Solentiname sowohl Träger als auch Ergebnis dieser Identitätsfindung, bis zu einem Punkt, an dem sie zum vorweggenommenen Bild einer ersehnten Zukunft wird: einer gerechten, brüderlichen Ordnung. Das kontemplative Erlebnis der Versöhnung zwischen dem Menschen und der Natur verwandelte sich in die Sehnsucht nach einer Welt, in der sich der Mensch mit dem Menschen versöhnt.

»Gut zu malen«, behauptet Carlos García, bedeute, »jeden Pinselstrich und jede Farbe an ihren richtigen Platz zu setzen«, d. h. daß jeder Pinselstrich den anderen voraussetzt und dabei immer die Gesamtheit des Bildes im Auge behalten wird. Aber es ist nicht nur das, wie García auch selbst sagt. Der Maler hat das Gefühl, daß seine Pinselstriche, vom ersten Farbauftrag an, eine ähnliche schöpferische Kraft besitzen wie die Natur. Der Pinselstrich läßt nicht nur die Blume auf der Leinwand wachsen, wie die Natur sie auf den Feldern erblühen läßt, die Erfahrung des Malens ist ein Betreten des Reiches der Freiheit. Auf diese Weise stellt das utopische Moment eine wesentliche Dimension der Malerei von Solentiname dar, sowohl als Element der Erfahrung des Malers als auch als Versinnbildlichung des Traums einer versöhnten zukünftigen Menschengemeinde.

Damit werden die dem künstlerischen Schaffen der Maler von Solentiname impliziten Mechanismen und Beziehungen verständlich. Den Ursprung des Bildes bildet die vom Maler erlebte Emotion, insbesondere die Emotion angesichts des zu schaffenden oder im Entstehen begriffenen Bildes. Die Natur ist eine unerschöpfliche Quelle von Themen und vor allem Anstoß für die gelungensten Bilder überhaupt. Die Emotion des Malers rührt aus dem Staunen über die Natur, die er intuitiv, fast schon als Bild – als reinstes Bild überhaupt – wahrnimmt. Die Natur wird als eine Anordnung von Formen und Farben – zwischen dem Blau oder Bleigrau des Wassers und dem Blau oder Bleigrau des Himmels – erfahren, die in gewissem Maße schon malerisch sind und dadurch für ihre spätere Gegenständlichkeit im Bild den Anstoß geben. Die Natur weist auf die Themen und die Proportionen der Darstellung hin: Für die Bauernmaler von Solentiname kann die Natur an bestimmten Orten des Archipels, in bestimmten auserwählten Augenblicken, eine rein malerische Bedeutung erhalten. Die Natur lädt ein, regt an. Und der Maler – wie es Rodolfo Arellano sagt – beobachtet die Landschaftsszenen, die seine besondere Aufmerksamkeit erregen, genau und bildet sie nach; oder – wie es Carlos García formuliert – übernimmt den Vorschlag der Natur, wie er sich ihm bietet, nicht, sondern wählt aus seiner inneren Bildwelt aus und besitzt eine so reiche Vorstellungskraft, daß er behaupten kann: »Ich male das Unbekannte.« Die erste, weit entfernte Skizze des Bildes in den Eigenheiten seiner Motive, in seiner Formgebung, Anordnung, Beziehungen der Bildelemente, seinem Rhythmus und seiner Farbskala wird von der Natur vorgeschlagen. Das Bild ist die malerische Ausarbeitung des imaginären Inhalts des Naturschauspiels. Darin liegt der psychische Inhalt des Bildes. Die Beziehung zwischen Natur und Maler ist unausweichlich durch das Imaginäre, die innere Bildwelt, vermittelt, durch die Wahrheit des Malers. Darin liegt die Dialektik des malerischen Schaffens auf Solentiname: Der Blick führt in den Traum und der Traum kehrt im Blick zurück, das Imaginäre führt uns zur besonderen Leuchtkraft des Bildes.

BAUERNMALEREI

Mario Marin
Das Dorf El Socorro
Öl/Leinwand, 1981

Faustino Altamirano
Landschaft mit Tieren
Öl/Leinwand, o. J.

Carlos García
Frau vor dem Haus
Öl/Leinwand, 1981

Ignacio Fletes
Der Geburtstag
Öl/Leinwand, 1981

Miriam Guevara
Landschaft mit Enten und Kolibris
Öl/Leinwand, 1977

Elba Jiménez
Landschaft mit Fluß in Ocker
Öl/Leinwand, 1980

Rodolfo Arellano
Landschaft mit verletztem Wild
Öl/Leinwand, o. J.

Milagros Chavarría
Landschaft mit pickenden Hühnern
Öl/Leinwand, o. J.

Olivia Silva
Der Kulturminister bei der Kaffee-Ernte
Öl/Leinwand, 1982

Pablo Mayorga
La Palmera
Öl/Leinwand, o. J.

Mariita Guevara
Landschaft mit Fluß und Booten
Öl/Leinwand, o. J.

Mercedes Graham
Und eines Morgens wagte er,
ein unendliches Blau zu erobern
Acryl/Leinwand, 1979

QUELLEN- UND
ÜBERSETZERNACHWEIS

Julio Cortázar, Das Neue Nicaragua. In: Barricada, Managua, 22.12.1979. Aus dem Spanischen von Gerda Schattenberg

Michael Rediske, Robin Schneider, Eduardo Pérez Valle, Chronologie der Geschichte Nicaraguas. Originalbeitrag

Sergio Ramírez, Warum in Nicaragua immer Krieg ist. In: S. R., El pensamiento vivo de Sandino. Managua 1981 (Editorial Nueva Nicaragua). Abschnitte I und II der Einführung: Der Junge aus Niquinohomo. Aus dem Spanischen von Gerda Schattenberg

Rubén Darío, Poesías. Caracas 1977 (Biblioteca Ayacucho, Nr. 9). Aus dem Spanischen von Dieter Masuhr

Ernesto Cardenal, Die Stunde Null. Wuppertal 1979 (Peter Hammer). Aus dem Spanischen von Stefan Baciu.

Humberto Ortega, Woher wir kommen. In: Francis Pisani, Muchachos. México 1981 (Joaquín Mortiz). Aus dem Spanischen von Gerda Schattenberg

John Berger, Wie Susan Meiselas fotografiert. Originalbeitrag. Aus dem Englischen von Nils Katritzke

Tomás Borge, Da hörte die Vorgeschichte auf und begann die Revolution. In: Pilar Arias, Nicaragua: Revolución. Relatos de combatientes del Frente Sandinista. México 1981 (Siglo XXI S. A.). Aus dem Spanischen von Klaus Trusch

Gabriel García Márquez, Die Besetzung des Nationalpalastes in Managua am 22. August 1978. In: Los Sandinistas. Documentos, reportajes de Gabriel García Márquez y otros. Bogota 1980 (Ed. La Oveja Negra Ltda). Aus dem Spanischen von Gerda Schattenberg

Joaquín Cuadra, Kleine Niederlagen, große Siege. In: Francis Pisani, Muchachos. México 1981 (Joaquín Mortiz). Aus dem Spanischen von Gerda Schattenberg

Antonio Skármeta, Die älteste Frau des Ortes. In: A. S., Der Aufstand. Wuppertal 1981. (Peter Hammer Verlag). Aus dem Spanischen von Joco Dehmann

Carlos Nuñez, Der Rückzug nach Masaya. In: C. N., Un pueblo en armas. Managua 1980 (DEPEP). Aus dem Spanischen von Wolfgang Heuer

Roland Barthes, Warum die Fotos von Koen Wessing aufmerksam machen. In: R. B., La chambre claire. Notes sur la photographie. Paris 1980. © Cahiers du cinéma, Gallimard, Editions du Seuil. Aus dem Französischen von Henning Ritter und Sigrid Vagt

Daniel Ortega, Aus der Rede zum 2. Jahrestag der Revolution. In: Barricada, 20.7.1981. Aus dem Spanischen von Michael Rediske

Sharon Spewak, Die nicaraguanische Revolution – Zwei oder drei Dinge, die ich von ihr weiß. Originalbeitrag. Aus dem Spanischen von Wolfgang Heuer

Carlos Rincón, Richard Cross, Gesichtsbilder – Geschichtsbilder. In: Nicaráuac, II/5, 1981. Aus dem Spanischen von Anna Witkowski

Carlos Tünnermann, Der Kulturschock der Alphabetisierungskampagne. In: Ventana, Managua, 23.1.1982. Aus dem Spanischen von Gerda Schattenberg

Rodolfo Mattarollo, Revolution und Rechtsstaat. Vortrag auf einem Juristenseminar in Managua 1982. Erstveröffentlichung. Aus dem Spanischen von Michael Rediske

Robert Lasswell, Die ganz andere Geschichte der Atlantikküste. Originalbeitrag. Aus dem Spanischen von Michael Rediske

Volker Wünderich, Der Marsch der Achttausend und das Siedlungsprojekt »Tasba Pri«. Originalbeitrag.

Gabriel García Márquez, Phantasie und Dichtung in Lateinamerika und der Karibik. In: Nuevo Amanecer Cultural, Managua, 12.10.1980. © Carmen Barcells, Barcelona. Aus dem Spanischen von Gerda Schattenberg

José Coronel Urtecho, Lob auf den Mais. In: Nicaráuac, II/6, 1981. Aus dem Spanischen von Gerda Schattenberg

Eduardo Pérez Valle, Feste feiert jeder gern. Originalbeitrag. Aus dem Spanischen von Gloria Tirapegui

Ernesto Cardenal, Eröffnungsrede zum Dichterseminar in Palacaguina. In: Ventana, Managua, 9.1.1982. Aus dem Spanischen von Helga Preugschat und Magdalena Schäfer-Waltenberg

Juan José Falcón, Modesto Silva, Pedro Pablo Meneses, Gedichte. Aus unveröffentlichten Manuskripten. Aus dem Spanischen von Dieter Masuhr

Mario Marín, Dorffeste. Originalbeitrag. Aus dem Spanischen von Gerda Schattenberg

Ernesto Cardenal, Kleine Einführung in die naive Malerei Nicaraguas. Artikel für die Enzyklopädie der naiven Malerei der Welt, die im Verlag Jugoslovenska Revija (Beograd) in Vorbereitung ist. Aus dem Spanischen von Beltrán Skármeta

Julio Cortázar, Apokalypse in Solentiname. In: J. C., Der Verfolger. © Suhrkamp Verlag, Frankfurt am Main. Aus dem Spanischen von Rudolf Wittkopf

Gedichte aus Solentiname. In: Poesía campesina de Solentiname. Managua 1980. Nubia Arce, Das Haar durcheinander. Aus dem Spanischen von Dieter Masuhr / Als ich mich verliebte in dich. Aus dem Spanischen von Dieter Masuhr / Bosco Centeno, Solentiname. Aus dem Spanischen von Gerda Schattenberg / Februarstürme. Aus dem Spanischen von Gerda Schattenberg / Mit der Nacht im Wald verschmolzen. Aus dem Spanischen von Gerda Schattenberg / Iván Guevara, Solentiname. Aus dem Spanischen von Gerda Schattenberg / Gloria Guevara, Mais waschen am See. Aus dem Spanischen von Dieter Masuhr / Elvis Chavarría, San Carlos. Aus dem Spanischen von Gerda Schattenberg / Zikaden, Sperber, Schnepfen. Aus dem Spanischen von Gerda Schattenberg. Kindergedichte aus Solentiname. In: Poesía campesina de Solentiname, Managua 1980. Aus dem Spanischen von Dieter Masuhr

Claribel Alegría und Darwin J. Flakoll, Die Guerrilleros von Solentiname. In: Ventana, Managua, 10.10.1981. Aus dem Spanischen von Gerda Schattenberg

Malergeschichten, aufgezeichnet von Gerda Schattenberg. Originalbeitrag

Gerda Schattenberg, Carlos García – Ich male das Unbekannte. Originalbeitrag

Samuel Rovinski, Solentiname im Herzen. In: S. R., La ruta de los filibusteros. Publikation in Vorbereitung. Originalbeitrag. Aus dem Spanischen von Gerda Schattenberg

Carlos Rincón, Ein Bild malen ist wie Mais anbauen oder Ortsbestimmung einer utopischen Kunst. Originalbeitrag

FOTONACHWEIS FÜR
TEXTFOTOS

Seite 67, 68, 69, Richard Cross; Seite 184, Cordelia Dilg; Seite 13, Edelmann (Die Zeit); Seite 29, Margaret Randell; Seite 167, 183, 185, 186, 188, 190, 191, 192, 193, 194, Gerda Schattenberg-Rincón; Seite 57, 92, 125, 126, Koen Wessing

BÜCHER

William Agudelo (Hg)
Ich singe ein Land, das bald geboren wird. Lieder aus Nicaragua
spanisch – deutsch
Wuppertal 1980: Edition Marandú im Dritte Welt Laden Wuppertal
160 Seiten mit einigen Noten

William Agudelo
Unser Lager bei den Blumen auf dem Felde. Ein lateinamerikanisches Tagebuch
Vorwort von Ernesto Cardenal
Gütersloh 1978: Gütersloher Verlagshaus (GTB 252)
192 Seiten

Gioconda Belli
Feuerlinie. Gedichte aus Nicaragua
Wuppertal 1981: Peter Hammer Verlag
68 Seiten

Börsenverein des Deutschen Buchhandels (Hg)
Ernesto Cardenal. Ansprachen anläßlich der Verleihung des Friedenspreises des Deutschen Buchhandels
spanisch – deutsch
Frankfurt 1980: Verlag der Buchhändler-Vereinigung
68 Seiten

Ernesto Cardenal
Das Evangelium der Bauern von Solentiname. Gespräche über das Leben Jesu in Lateinamerika
Gesamtausgabe (mit Bibelstellenregister)
Wuppertal 1980: Peter Hammer Verlag
680 Seiten. Leinen

Ernesto Cardenal
Gedichte
spanisch – deutsch
Frankfurt 1981 (2. Auflage): Suhrkamp Verlag (Bibliothek Suhrkamp 705)
272 Seiten

Ernesto Cardenal
Heimweh nach der Zukunft. Bilder und gute Nachrichten aus Solentiname
Wuppertal 1981: Peter Hammer Verlag
72 Seiten mit über 30 größtenteils farbigen Fotos

Ernesto Cardenal
Meditation und Widerstand. Dokumentarische Texte und neue Gedichte
Vorwort von Helmut Gollwitzer. Hg. von Hermann Schulz
Gütersloh 1980 (3. Auflage): Gütersloher Verlagshaus (GTB 221)
128 Seiten

Ernesto Cardenal (Hg)
Musik, die zum Himmel steigt. Religiöse Poesie
Gütersloh 1981: Gütersloher Verlagshaus (GTB 1036)
112 Seiten

Ernesto Cardenal
Nationallied für Nicaragua. Drei Gedichte
Neuauflage (früherer Titel: »Orakel über Managua«)
Wuppertal 1980: Peter Hammer Verlag
88 Seiten

Ernesto Cardenal
Psalmen. Mit dem Brief an das Volk von Nicaragua
Wuppertal 1981 (11. Auflage): Jugenddienst-Verlag
48 Seiten

Ernesto Cardenal
Die Stunde Null
(enthält ungekürzt: »Von der Heiligkeit der Revolution«; »Gebet für Marilyn Monroe«; »Für die Indianer Amerikas«; »Das Buch von der Liebe«)
Wuppertal 1980 (4. Auflage): Peter Hammer Verlag
400 Seiten

Ernesto Cardenal
Unser Land mit den Menschen, die wir lieben. Gedichte. Mit Bildern aus Solentiname und dem neuen Nicaragua
Wuppertal 1981 (2. Auflage): Jugenddienst-Verlag
64 Seiten mit farbigen Fotos

Dienste in Übersee (Hg)
Nicaragua: Revolution und christlicher Glaube
Redaktion: Gerhard Koberstein
Frankfurt 1982: Verlag Otto Lembeck (Texte zum kirchlichen Entwicklungsdienst, Band 21)
208 Seiten

Die Bauern von Solentiname malen das Evangelium.
Mit Meditationen von Helmut Frenz.
Gelnhausen 1982: Burckhardthaus-Verlag
64 Seiten. Pb.

Rose Gauger
Nicaragua im Jahr der Befreiung. Bericht über die ersten Monate der Revolution
Hamburg 1980 (2. Auflage): Junius-Verlag
128 Seiten mit Fotos

Informationsbüro Nicaragua (Hg)
Nicaragua – ein Volk im Familienbesitz
Reinbek 1981 (3. Auflage mit neuem Vorwort): Rowohlt Taschenbuch Verlag
(rororo 4345)
174 Seiten mit Fotos

Harald Jung
Nicaragua – Bereicherungsdiktatur und Volksaufstand
Frankfurt 1980: Verlag Klaus-Dieter Vervuert
170 Seiten mit Karten

Hermann Kohn
El Salvador. Nicaragua. Aufstand im US-Hinterhof
Dortmund 1981: Weltkreis-Verlag
192 Seiten mit Fotos

Perry Kretz
Barfuss zum Sieg. Nicaragua
Vorwort von Pedro Joaquin Chamorro. Sonderausgabe mit Beiblatt
Wuppertal 1980: Edition Marandú im Dritte Welt Laden Wuppertal
128 Seiten mit Fotos. Großformat

Johannes Meier
Selig, die hungern nach Gerechtigkeit. Aus dem Leben der Kirche in Mittelamerika
Würzburg 1981: Echter-Verlag
112 Seiten mit Fotos

Francis Pisani
Muchachos. Tagebuch der sandinistischen Revolution in Nicaragua
Zürich 1981: Rotpunkt-Verlag
384 Seiten mit Fotos

Sergio Ramirez
Chronik des Spitals San Juan de Dios. Roman
Wuppertal 1973: Peter Hammer Verlag
160 Seiten, broschiert

Sergio Ramirez
Die Spur der Caballeros. Roman
München 1980: Verlag Autoren-Edition
212 Seiten. Leinen

Sergio Ramirez
Viva Sandino! Leben und Tod des ersten lateinamerikanischen Guerillaführers
Wuppertal 1981 (3. Auflage): Peter Hammer Verlag
160 Seiten

Sergio Ramirez
VOM VERGNÜGEN DES PRÄSIDENTEN. Erzählungen aus Nicaragua
Wuppertal 1981: Peter Hammer Verlag
144 Seiten mit Grafiken

Antonio Reiser, Paul-Gerhard Schoenborn (Hg)
BASISGEMEINDEN UND BEFREIUNG. Lesebuch zur Theologie und christlichen Praxis in Lateinamerika
Wuppertal 1981: Jugenddienst-Verlag
384 Seiten

Roland Röscheisen
NICARAGUA – DIE REVOLUTION GEHT WEITER
Augsburg 1981: Maro Verlag
180 Seiten mit Fotos, Dokumenten und 13 Tabellen

Lore Schultz-Wild
DIE ZWEITE BEFREIUNG. ALPHABETISIERUNG IN NICARAGUA. Tagebuchaufzeichnungen, Dokumente, Kommentare
Vorwort von Fernando Cardenal
Wuppertal 1981: Jugenddienst-Verlag
208 Seiten

Hermann Schulz
EIN LAND WIE PULVER UND HONIG. ERNESTO CARDENALS BRÜDER: VERZWEIFELTE UND HOFFENDE
Vorwort von Sergio Ramirez
Gütersloh 1978: Gütersloher Verlagshaus (GTB 285)
128 Seiten

Ursula Schulz, Conrad Contzen
DEIN FRIEDE SEI MEIN FRIEDE. Geschichten von der Veränderung in Solentiname
Vorwort von Ernesto Cardenal
Wuppertal 1982: Jugenddienst-Verlag; Gütersloh 1982: Gütersloher Verlagshaus
80 Seiten mit farbigen Fotos

Antonio Skármeta
DER AUFSTAND. Roman (Roman zum Film von Peter Lilienthal und Antonio Skármeta »Der Aufstand«)
Wupertal 1981: Peter Hammer Verlag
240 Seiten

Sozialistisches Büro (Hg)
STRATEGIEN DES IMPERIALISMUS IN ZENTRALAMERIKA. Analysen, Informationen, Dokumente
Redaktion: Heinz Dietrich
Offenbach 1981: Verlag 2000 (Sozialisitscher Internationalismus. Ausgabe Juni 1981)
128 Seiten mit Fotos

Klaus-Dieter Tangermann
EIN VULKAN. ZENTRALAMERIKA
Berlin 1981 (3. Auflage): Verlag »die tageszeitung« (taz-Journal 2)
160 Seiten mit Fotos

Fredrik Vahle
MANUEL ODER DIE REISE ZUM ANFANG DER WELT. Geschichtsroman in vier Teilen
Bornheim-Merten 1981: Lamuv Verlag (Lamuv Taschenbuch 11)
240 Seiten mit 30 Fotografien

PERIODIKA

NICARAGUA NACHRICHTEN
Herausgeber: Nicaragua-Solidaritätskomitees in der BRD und West-Berlin
Redaktion: Informationsbüro Nicaragua, Wuppertal
Verlag: Edition Nahua, Wuppertal
Erscheinungsweise: jeweils zum 20. eines Monats
Abonnement 1982 (1. Halbjahr): 7,– DM (inclusiv Porto)
Einzelpreis: –,50 DM

NICARAGUA AKTUELL
Herausgeber: Mittelamerika-Komitee, Kiel
Verlag: Magazin-Verlag, Kiel
Erscheinungsweise: monatlich
Abonnement (6 Ausgaben): 12,– DM
Abonnementsbestellungen bitte direkt an: Magazin-Verlag, Königsweg 7, 2300 Kiel 1)
Einzelpreis: 2,– DM

BILDMAPPEN

GRAFIK-MAPPE NICARAGUA
Grafiken: Mauricio Mejia, Managua
Herausgeber: IKA – Zeitschrift für Internationalen Kulturaustausch, Stuttgart
Mappe mit 8 Original-Grafiken in einer numerierten Auflage von 500 Exemplaren
DIN A3, Übergröße, vierfarbig, 40,– DM

NICARAGUA
Grafiken: Diego Riviera, Mexiko
Texte: Ernesto Cardenal, Managua
Verlag: Verlag Winfried Wolf, Frankfurt
Grafikmappe mit 8 Blättern (perforiert)
DIN A2, vierfarbig, 20,– DM

REVOLUTION IN NICARAGUA. 16 Plakate aus einer Ausstellung des Nicaragua-Komitees Berlin 1980
Herausgeber: Nicaragua-Komitee, Berlin
Mappe mit 16 Verkleinerungen von Plakaten aus Nicaragua
DIN A3, vierfarbig, 20,– DM

VIVA NICARAGUA LIBRE! Eindrücke aus einem befreiten Land
Herausgeber: Georgina Valdovinos, Stuttgart
Verlag: Edition Con, Bremen
Fotomappe mit 12 Foto- und Textblättern
DIN A3, schwarz-weiß, 19,80 DM (2,– DM für Nicaragua)

BAUERNMALEREI AUS NICARAGUA
Herausgeber: Arbeitsgemeinschaft Evang. Schülerarbeit, Wuppertal
Verlage: Peter Hammer Verlag, KKLA-Utrecht, Editorial Nueva Nicaragua-Managua
DIN A2, Übergröße, fünffarbig, je DM 10,– (je DM 2,– für Nicaragua)
Serie I: Blatt 1–3 (lieferbar)
Serie II: Blatt 4–6 (lieferbar)
Serie III: Blatt 7–9 (September 82)
Serie IV: Blatt 10–12 (März 82)

BAUERNMALEREI AUS NICARAGUA
Sechs Postkarten (doppelt), 170 g-Karton, vierfarbig
Mit Texten in vier Sprachen
Wuppertal 1982: Editorial Nuevo Hombre
zusammen DM 5,– (DM 2,– für Nicaragua)

KINDERBILDER AUS NICARAGUA
12 farbige Postkarten mit verschiedenen Motiven
Herausgeber: Asociación de Niños Sandinistas »Luis Alfonso Velasquez«, Managua
Wuppertal 1982: Editorial Nuevo Hombre
zusammen DM 10,– (DM 3,– für Nicaragua)

Schallplatten

William Agudelo
Hey Compañero. Lieder aus dem neuen Nicaragua
Düsseldorf 1981: tvd-Verlag
Langspielplatte, 18,- DM

William Agudelo
Lieder aus Nicaragua
Neuauflage
Düsseldorf 1981 (6. Auflage): tvd-Verlag
Langspielplatte, 16,- DM

Ernesto Cardenal
Liebe und Revolution. Gottesdienst mit Ernesto Cardenal
Düsseldorf 1980 (3. Auflage): tvd-Verlag
Langspielplatte, 16,- DM

Ernesto Cardenal
Poemas
(Ernesto Cardenal liest eigene Gedichte in spanischer Sprache)
Managua 1981: Ministerio de Cultura
Langspielplatte, 20,- DM

Ernesto Cardenal, Peter Janssens
Epistel an Monsignore Casaldaliga
Telgte 1978: Peter Janssens Musikverlag
Langspielplatte, 18,- DM

Ernesto Cardenal, Peter Janssens
Gebet für Marilyn Monroe, Psalm 21
Telgte 1972: Peter Janssens Musikverlag
Langspielplatte, 21,- DM

Ernesto Cardenal, Peter Janssens
Wir hören schon die Musik
Telgte 1973: Peter Janssens Musikverlag
Langspielplatte, 21,- DM

Medico International (Hg)
Lateinamerikanische Künstler singen für Nicaragua
Madrid 1980: Movieplay
Langspielplatte, 20,- DM

Carlos Mejia Godoy
Exitos de Carlos Mejia Godoy
Madrid 1978: Movieplay
Doppelalbum, 26,- DM

Carlos Mejia Godoy y El Taller de Somido Popular
Misa Campesina Nicaragüense
Wuppertal 1981 (2. Auflage): Edition Marandú im Dritte Welt Laden Wuppertal
Langspielplatte mit Beiblatt (Übersetzung der Texte und Aufsatz zur Theologie der Befreiung), 22,- DM

Carlos Mejia Godoy y Los de Palacagüina
El Son Nuestro de Cada Dia
Wuppertal 1980: Edition Marandú im Dritte Welt Laden Wuppertal
Langspielplatte, 22,- DM

Carlos Mejia Godoy y Los de Palacagüina
Monimbó
Wuppertal 1981: Edition Marandú im Dritte Welt Laden Wuppertal
Langspielplatte mit Beiblatt (Übersetzung einiger Texte und Aufsatz zur Musik Carlos Mejia Godoys), 22,- DM

Carlos Mejia Godoy y Los de Palacagüina
La Nueva Milpa
Wuppertal 1981 (2. Auflage): Edition Marandú im Dritte Welt Laden Wuppertal
Langspielplatte, 22,- DM

Luis Enrique Mejia Godoy y Mancotal de Nicaragua
Sonnenaufgang. Neue Lieder – Nicaragua libre
Wuppertal 1981: Peter Hammer Verlag; Bonn 1981: Vorwärts Verlag
Langspielplatte, 19,80 DM

Adressen

Botschaft von Nicaragua
Konstantinstraße 41
5300 Bonn

Konsulat von Nicaragua
Harvestehuder Weg 78b
2000 Hamburg 13

Secretariado del Movimiento Europeo de Solidaridad con el Pueblo de Nicaragua
Föhrenstraße 33–35
5600 Wuppertal 2
und
Van Speijkstraat 21
3572 XB Utrecht/Nederland

Informationsbüro Nicaragua
Friedrichstraße 10
5600 Wuppertal 1

Informationsstelle Guatemala e.V.
Maistraße 29
8000 München

FDR/FMLN
Theodor-Brinkmann-Straße 24
5300 Bonn 1

Informationsstelle El Salvador
Siebengebirgsallee 81
5000 Köln 41